Le principe d'obligation

Le principe d'obligation

Sur une aporie de la modernité politique

Bruno **Bernardi**

collection
Contextes

Éditions de l'École des hautes études en sciences sociales
Librairie philosophique J. Vrin
2007

Imprimé en France

ISSN 1159-4535

ISBN VRIN 978-2-7116-1924-5

ISBN EHESS 978-2-7132-2151-4

www.vrin.fr   *www.ehess.fr/editions*

Pour Salomé

INTRODUCTION

CARREFOUR DE L'OBLIGATION

UNE SOCIÉTÉ DE DÉLIAISON

Une abondante littérature a été consacrée, dans la période récente, à décrire et expliquer ce que l'on désigne généralement comme une *crise du lien social*[1]. Ses multiples modalités (de l'incivilité et l'indifférence envers autrui au déclin de l'engagement civique) peuvent aisément se dire comme affaiblissement du *sentiment d'obligation*, qui peut s'entendre alors en un double sens. Se sentir obligé, c'est se sentir lié par une relation de fait : ce qui arrive à autrui me concerne et, d'une certaine manière, m'arrive également. Le sentiment d'obligation relèvera alors du sentiment d'appartenance. En un autre sens, c'est une relation de nature déontique : se sentir obligé, c'est se reconnaître tenu d'agir, ou de ne pas agir, de telle ou telle manière. Le sentiment d'obligation sera de l'ordre du devoir. Dans le premier cas, le sentiment est un affect, et renvoie à un lien effectif : on pensera en premier lieu au lien familial. Dans le second, le sentiment est d'ordre moral et implique une volonté (les morales de l'obligation sont des morales de la volonté et réciproquement) : il ne porte pas sur ce qui est mais sur ce qui doit advenir. Les discours, aujourd'hui nombreux, qui appellent à la restauration ou au réveil du sentiment d'obligation relèvent de l'un ou l'autre de ces registres, suivant qu'ils cherchent à raviver un sentiment d'appartenance ou à faire valoir les exigences de normes universelles[2].

1. Les recherches effectuées dans ce volume ont donné lieu à une première esquisse qui en donnait en quelque sorte le programme : « Impossible obligation », *Conférence* n°19, automne 2004, p. 75-106.

2. Cette proposition porte sur le sentiment d'obligation, non sur le fondement de l'obligation. De ce second point de vue, on y reviendra, les choses sont assurément plus

Cette distinction cependant ne va pas de soi : on peut penser que le sentiment moral d'obligation est d'abord l'expression des rapports que la société instaure entre les individus et que ceux-ci vivent comme affects. Il revient à Tocqueville d'avoir un des premiers, dans des pages célèbres[1], jeté les bases d'une telle approche – que l'on pourra dire sociologique[2] – et, décrivant la société moderne comme puissance de déliaison, d'avoir vu dans ce qu'il appelle « la passion de l'égalité » l'agent de cette corrosion auquel il donne le nom d'individualisme[3]. Si l'égoïsme – il le définit comme « un amour passionné et exagéré de soi-même » – est aussi vieux que l'homme, l'individualisme serait proprement moderne. Plus qu'une passion, l'individualisme serait « un sentiment réfléchi et paisible qui dispose chaque citoyen à s'isoler de la masse de ses semblables et à se retirer à l'écart avec sa famille et ses amis ; de telle sorte que, après s'être ainsi créé une petite société à son usage, il abandonne volontiers la grande société à elle-même ». Ce « sentiment réfléchi » qu'est l'individualisme serait pour Tocqueville « d'origine démocratique ». Par démocratie, qui est

complexes : les morales dont le fondement est religieux, ou celles qui trouvent la source de l'obligation dans une communauté de nature, paraissent résister à une telle distinction. On observera cependant que les morales d'inspiration religieuse donnent pour fondement à la communauté des hommes les *exigences* de la loi divine, et que les morales naturelles tirent leur normes de l'*appartenance* à une même nature.

1. Alexis de Tocqueville, *De la démocratie en Amérique,* éd. présentée par F. Furet, Paris, Flammarion, 1981, vol. 2, partie II, chap. 2.

2. Émile Durkheim a développé ce concept de l'obligation : « Détermination du fait moral », communication faite à la Société française de philosophie en 1906, recueillie dans *Sociologie et philosophie* (Alcan, 1924 ; PUF, 1996), avec le relevé de la discussion fort intéressante qui suivit (voir p. 50-51). Durkheim fait au demeurant de l'obligation envers la société le genre dont l'obligation des individus à l'égard les uns des autres est une espèce.

3. Tocqueville, *loc. cit.*, p. 125-127. On trouvera sans surprise des énoncés semblables dans *Le curé de village*, de Balzac, paru la même année (1840) que la seconde *Démo-cratie*. Évoquant ce « mal qui nous dévore, l'individualisme », le juge de paix de Montégnac déclare : « D'ici à quinze ans toute question généreuse se traduira par *Qu'est-ce que cela me fait ?* le grand cri du Libre-Arbitre descendu des hauteurs religieuses où l'on introduit Luther, Calvin, Zwingle et Knox jusque dans l'Économie politique. *Chacun pour soi, chacun chez soi*, ces deux terribles phrases formeront, avec le *Qu'est-ce que cela me fait ?* la sagesse trinitaire du bourgeois et du petit propriétaire ». Plus étonnante est la reprise de ce thème, huit ans plus tard, dans le *Manifeste du parti communiste* : « La bourgeoisie a joué dans l'histoire un rôle éminemment révolutionnaire. Partout où elle a conquis le pouvoir, elle a foulé aux pieds les relations féodales, patriarcales et idylliques. Tous les liens complexes et variés qui unissent l'homme féodal à ses *supérieurs naturels*, elle les a brisés sans pitié pour ne laisser subsister d'autre lien, entre l'homme et l'homme, que le froid intérêt, les dures exigences du *paiement au comptant*. Elle a noyé les frissons sacrés de l'extase religieuse, de l'enthousiasme chevaleresque, de la sentimentalité petite-bourgeoise dans les eaux glacées du calcul égoïste. Elle a fait de la dignité personnelle une simple valeur d'échange ; elle a substitué aux nombreuses libertés, si chèrement conquises, l'unique et impitoyable liberté du commerce » (seconde trad. parue dans *Le socialiste de Paris* en 1886, Paris, Éditions sociales, 1968, p. 33).

pour lui moins un concept politique qu'une catégorie sociologique, Tocqueville désigne ce type de société (son prototype est l'Amérique) se définissant d'abord par opposition aux sociétés aristocratiques dont elle représente la dissolution. Les sociétés aristocratiques étaient caractérisées par le double lien qu'elles instauraient entre les individus. Dans le temps, comme sociétés de tradition, elles inscrivaient chacun dans la continuité d'une généalogie et d'une identité familiale, assurant une permanence des *états* : un lien de fidélité et de devoir y unissait l'individu à ses ascendants et ses descendants. Dans l'espace social, comme sociétés de hiérarchie, elles avaient pour effet de « lier étroitement chaque homme à plusieurs de ses concitoyens » par un rapport de mutuelle dépendance, d'obéissance, et de protection. La substitution du changement à la tradition comme principe de la société, celle de l'indépendance et de l'égalité à la hiérarchie comme principes de l'existence individuelle, feraient des sociétés modernes ou « démocratiques » des sociétés de la déliaison : « Ainsi non seulement la démocratie fait oublier à chaque homme ses aïeux, mais elle lui cache ses descendants et le sépare de ses contemporains ; elle le ramène sans cesse vers lui seul et menace de le refermer enfin tout entier dans la solitude de son propre cœur ». C'est pourquoi – Tocqueville juge la conséquence nécessaire –, si l'individualisme, dont l'origine est sociale et historique quand celle de l'égoïsme est psychologique et morale, « ne tarit d'abord que la source des vertus publiques, à la longue il attaque et détruit toutes les autres et va enfin s'absorber dans l'égoïsme ». La passion démocratique porte ainsi en elle la dissolution de ses propres principes de politique et de morale : le libre engagement dans le lien social et l'autonomie de la volonté[1].

Il serait possible de discerner dans la crise du lien social que nous observons le pur et simple accomplissement de la prophétie tocquevillienne (ou, d'une autre façon, marxienne). La modernité serait, au bout du compte, parvenue à l'achèvement de ce qu'elle recélait dans son principe même : une société d'individus déliés, une société asociale[2]. Ce serait trop peu dès lors de parler d'affaiblissement de la relation d'obligation, il faudrait plutôt penser sa disparition. Il faudrait considérer l'obligation comme une modalité du lien attachée à des formes sociales révolues et que la modernité aurait progressivement mais inexorablement dissoutes. Les rappels au sentiment d'obligation qui nous sont de toute part lancés seraient

1. Aux yeux de Tocqueville, le mal n'est pas sans remède, comme s'est récemment attachée à le montrer Agnès Antoine : *L'impensé de la démocratie. Tocqueville, la citoyenneté et la religion*, Paris, Fayard, 2003.

2. On pourrait tout aussi aisément voir à l'œuvre, dans nos sociétés, la tendance discernée par Tocqueville à se créer « une petite société à son usage ».

ainsi condamnés à rester de simples incantations, couvrant par l'inflation rhétorique une inconsistance théorique et une impuissance pratique croissantes.

S'il en est bien ainsi – et à bien des égards on ne saurait en contester l'évidence –, il faudra, pour affronter la crise du lien social que nous connaissons, chercher quelles pourraient être ces nouvelles formes du lien qui ne relèveraient pas de la relation d'obligation et, rétrospectivement, tenter de comprendre comment le processus décrit par Tocqueville a été réfléchi : quelles sont les représentations qui, dans la modernité, ont conduit à ce qu'on pourrait appeler la disqualification et la dissolution de la relation d'obligation ?

OBLIGATION NÉCESSAIRE ET IMPOSSIBLE ?

Sans qu'il soit nécessaire pour cela de contredire ce premier niveau d'analyse, on doit cependant lui opposer un second constat qui forme avec le précédent un contraste flagrant : loin que la modernité ait signifié un effacement de la notion d'obligation, la représentation moderne de la société et des rapports des individus entre eux s'est précisément élaborée sous la problématique de l'obligation.

L'obligation est la seule modalité du lien que puisse reconnaître une volonté libre. Cette proposition pourrait être le lieu commun des théories modernes de la morale et de la politique. L'affirmation du principe de la liberté de conscience, son prolongement dans le principe moral de l'autonomie (Kant lui aurait donné son expression canonique), reposent sur l'idée que la liberté et le devoir sont dans un rapport de double présupposition : il n'y a qu'une volonté libre qui puisse être susceptible d'une action par devoir; c'est le fait de se déterminer par la représentation d'un devoir qui constitue la liberté de la volonté. L'action libre est l'action faite par obligation. D'une autre façon, la relation d'obligation est au fondement de ce qui s'est imposé, au long d'un processus pluriséculaire, comme principe de la démocratie : c'est parce qu'il est présumé être engagé librement dans une communauté politique, et parce que cette présomption est rendue effective par le pouvoir, qui lui est reconnu et assuré, de participer à la formation des décisions collectives, que l'individu est obligé de les exécuter. Communément, on croit pouvoir reconnaître chez Rousseau la formulation générale de ce principe. L'obligation, c'est ce à quoi une volonté se reconnaît librement engagée envers elle-même ou envers autrui.

Mais, s'ils sont reçus sur le mode de l'évidence – une évidence constitutive aussi bien des théories du droit naturel que de la doctrine contemporaine des *droits de l'homme* –, ces énoncés sont simultanément porteurs d'une aporie : *comment une volonté libre peut-elle se trouver engagée dans un lien d'obligation ?* N'y aurait-il pas quelque chose de contradictoire dans une notion qui associe, comme en témoigne l'usage courant du terme, liberté et contrainte [1]. Comment peut-on être à la fois libre et obligé ? Il y a beau temps que l'on a jugé exorbitant le coût respectif des réponses à cette question, qu'elles soient kantienne (que l'homme puisse se déterminer, sinon par une « volonté sainte », du moins par une « volonté pure » [2]) ou rousseauiste (que la volonté générale puisse, en chacun, prévaloir sur la volonté particulière [3]). Aussi bien serait-il tentant de voir dans la crise que la modernité connaît aujourd'hui l'effet de son impuissance congénitale à donner consistance, théoriquement et pratiquement, à la relation d'obligation. Formulé en ces termes, ce constat pousserait à faire du précédent une lecture bien particulière : la modernité, en prétendant fonder la société sur la volonté de ses membres et en soustrayant celle-ci à la dépendance de tout pouvoir et à l'autorité de tout principe transcendant, aurait mis au fondement du lien social l'agent le plus propre à dissoudre tout lien d'obligation. Elle se serait écrite sous le signe d'un principe dont elle rendrait simultanément la réalisation impossible. La modernité serait ainsi un égarement dont il s'agirait de se ressaisir. Ce discours, que tenait le cercle des notables de Montégnac dans *Le curé de village*, a retrouvé aujourd'hui une audience nouvelle : à bien des égards, depuis une quinzaine d'années, nous voyons ressurgir (dans des conditions bien sûr toutes différentes) des problématiques qui avaient dominé la première partie du XIXe siècle [4].

Le but de ces pages est d'abord de montrer, en examinant à nouveaux frais son histoire, qu'une double dimension préside à la formation de la catégorie moderne de l'obligation. Pour le dire de façon volontairement schématique et à titre provisionnel : dans l'ordre moral et politique, la pensée moderne se forme en constituant l'obligation comme son *problème* central en même temps que son *principe*. Le concept moderne d'obligation, on tentera de le montrer, est indissociablement thétique et problématique. Si l'obligation est bien le problème de la modernité, ce n'est donc pas comme un problème qui se pose à elle, comme la marque de son

1. On se bornera à citer cette définition d'un dictionnaire moderne (Larousse, 1980) : « Obligation : Engagement qu'imposent la loi, la religion, la morale ».

2. *Fondements de la métaphysique des mœurs*, trad. V. Delbos, revue par F. Alquié, t. II, « Bibliothèque de la Pléiade », Paris, Gallimard, 1985, p. 308.

3. Je suis ici volontairement les lectures standard de Rousseau. Nous verrons à quel point elles se méprennent (c'est dans une certaine mesure aussi le cas pour Kant) sur ce qu'est son orientation véritable.

4. Nous aurons l'occasion de revenir sur cette analogie.

inconsistance, mais comme le problème qu'elle se pose elle-même et qui lui donne consistance. Cependant, pour reconnaître ce fait, il faut identifier la racine proprement politique de la question et accepter d'inverser la présupposition commune qui fait de l'obligation morale la source de l'obligation sociale et politique. Envisager, peut-être, que les morales des siècles classiques soient ordonnées à une problématique *politique* de l'obligation. Parce que la société politique moderne se définit elle-même comme société pour laquelle le lien d'obligation n'est pas donné mais doit être constitué, le sentiment d'obligation y est affecté d'une précarité essentielle. C'est à cette racine politique de la problématique de l'obligation que l'on s'attachera[1].

Ce n'est pas assez pourtant de reconnaître une problématique moderne de l'obligation. Il nous faudra aller plus loin et montrer que la catégorie de l'obligation est, dans en très large mesure, une invention de la modernité. Dans l'usage contemporain, l'obligation est souvent confondue avec le devoir, au point que nous lisons rétrospectivement l'*obligatio* dans l'*officium* stoïcien (bien des traductions en attestent, qui sollicitent manifestement les textes). Loin que cette équivalence soit immédiatement donnée, elle est le résultat d'une évolution dont, pour une part, notre enquête aura à rendre compte[2]. La notion d'obligation naturelle elle-même, au delà de la continuité nominale, peut être appréhendée comme une construction moderne[3]. Mais, dira-t-on, l'*obligatio* est dans le droit romain l'objet d'une élaboration extraordinairement riche et précise sans laquelle les théories modernes du contrat sont inintelligibles. En un sens, cela est vrai : le contractualisme politique emprunte ses outils théoriques à l'héritage du droit romain. Plus vrai même qu'on ne croit : en faisant du contractualisme le fil rouge de la politique moderne, on pourrait avoir confondu la solution et le problème, et donné au contrat la place qui revient à l'obligation[4]. Mais il faudra surtout voir que, dans la modernité, la

1. Si, à une époque révolue, on avait tendance à faire une lecture politiste des débats religieux et moraux des siècles classiques, si l'on a, dans les dernières décennies, mis en lumière les soubassements religieux des grandes théories politiques, ne conviendrait-il pas de porter davantage attention aux bouleversements induits dans la conscience religieuse et morale par le passage à la modernité politique ?

2. De ce point de vue particulièrement, mais de bien d'autres encore, nous avons puisé dans le remarquable outil d'analyse que constitue l'ouvrage de Richard Tuck, *Natural rights theories, their origin and development*, Cambridge, Cambridge University Press, 1978.

3. Entre le droit naturel ancien et le droit naturel moderne – cela a été depuis longtemps montré entre autres par Michel Villey – il y a autant sinon plus de discontinuité que de continuité.

4. Il faut dès maintenant marquer l'exception remarquable représentée par René Sève, *Leibniz et l'école moderne du droit naturel*, Paris, PUF, 1989.

relation d'obligation (c'est ce qui a rendu le contractualisme possible) a été redéfinie en profondeur par son triple déplacement du terrain de la technique juridique du droit privé, dans lequel le droit romain l'avait élaborée, à celui du *droit naturel*, comme notion métajuridique, du *droit politique*, et encore de la *morale*[1].

Rendre compte de la formation de la problématique moderne de l'obligation pour mieux comprendre la façon dont elle fait retour dans notre horizon contemporain ne consistera pas, cependant, à en retracer les étapes successives, à en faire le récit, mais plutôt à montrer comment la question de l'obligation est l'espace commun dans lequel se constituent des lignes de pensées tout à la fois concurrentes et concourantes. On ne cherchera pas à faire une histoire de la notion d'obligation : cela supposerait de suivre pas à pas les chemins infiniment complexes de sa transformation et impliquerait, en particulier, de relativiser les grandes figures de la pensée juridique et politique pour montrer le rôle que tant d'auteurs prétendument mineurs ont pu y jouer[2]. Plus qu'à faire l'histoire de la notion, c'est à comprendre comment la problématique de l'obligation dont nous héritons s'est configurée, que l'on s'essaiera.

C'est la raison pour laquelle seront privilégiés un certain nombre de moments critiques et de figures décisives. Avec Bodin, on montrera le rôle paradoxal joué par l'affirmation du principe de souveraineté dans la formation de la problématique de l'obligation. À partir de Grotius, on tentera de comprendre le jusnaturalisme moderne comme tentative pour surmonter l'aporie de l'obligation consentie. Autour de Pufendorf, on décrira ce que l'on peut appeler la querelle de l'obligation dont Leibniz et Barbeyrac sont des acteurs essentiels. Nous verrons enfin qu'au tournant du XVIIIe siècle, on assiste tout à la fois à la consécration de la solution jusnaturaliste – que reflète le succès éclatant mais éphémère de Burlamaqui – et à son entrée en crise, brillamment signifiée par Diderot. Rousseau, parce qu'il pense à partir de ce double constat paradoxal, nous servira de point de vigie à partir duquel, en amont et en aval, on tentera de comprendre comment s'est configurée la question de l'obligation. On cherchera donc moins à tracer un parcours qu'à en marquer les jalons ; plus qu'un repérage chronologique, on proposera un relevé cartographique. La

1. Louis Althusser aimait à souligner que la pensée politique classique avait emprunté ses catégories au droit privé. À certains égards, ce travail fait écho à son enseignement.

2. Ce type de démarche, infiniment salubre et utile, a permis un renouveau de l'histoire de la philosophie, en particulier de la philosophie politique, dans les dernières décennies : on pensera à des travaux aussi divers que ceux, déjà anciens, de Quentin Skinner, de Brian Tierney ou de Richard Tuck, et à ceux d'un grand nombre de chercheurs qui se sont inscrits dans leur prolongement.

métaphore du carrefour voudrait tout à la fois suggérer que la question de l'obligation est celle où se recoupent les interrogations constitutives de la politique moderne et qu'elle est le lieu où, par leurs décisions respectives, les grandes pensées politiques se séparent: les relations entre Bodin et Grotius, Pufendorf, Barbeyrac et Leibniz, Rousseau et Kant, seront moins envisagées en termes de succession que de bifurcation.

Ce double choix d'objet et de méthode explique aussi ce qui, dans ce bref sommaire, pourrait donner lieu à un étonnement légitime : l'absence de chapitres consacrés en propre à quelques-unes des œuvres majeures de la pensée politique. Hobbes, Spinoza, Locke et Montesquieu seront abordés pour ainsi dire de biais. Il ne s'agit en aucune façon, bien sûr, de minimiser leur importance ni de suggérer qu'ils soient étrangers à la problématique de l'obligation (on tentera au contraire de montrer qu'elle permet de renouveler leur approche). Mais ces massifs ont, dans les dernières décennies, focalisé (à juste titre) l'intérêt: on a voulu, en se tournant vers des pensées à certains égards moins fortes, et en privilégiant les débats internes à la tradition jusnaturaliste, déplacer l'attention vers les lieux où se forment les problèmes auxquels ces grandes pensées tentent d'apporter une réponse.

Les bornes données à l'enquête (les deux siècles qui vont de Bodin à Rousseau) se justifient également par son objet : rendre compte de la *constitution* de la problématique moderne de l'obligation politique. Il s'agit de voir en Rousseau non celui qui lui aurait donné sa configuration définitive, mais au contraire celui à partir duquel une autre histoire, la nôtre, commence. Cette autre histoire demanderait un autre volume qui, de Tocqueville à Rawls, Habermas et aux communautariens, rendrait compte de ce que l'on pourrait caractériser comme une série de tentatives (le communisme en fut une figure essentielle) pour contenir ou dépasser l'irrésistible principe de déliaison dont la société moderne est porteuse[1].

ÉQUIVOQUE MODERNITÉ

En constituant notre démarche comme une enquête sur la modernité politique, nous la grevons, il faut l'assumer, d'une lourde hypothèque : la catégorie de *modernité,* ce n'est plus à montrer, est profondément équivoque. Curtius a défendu l'idée que l'opposition des anciens et des modernes était une des deux attitudes récurrentes à l'égard de l'héritage,

1. La place accordée à Tocqueville par nos pages d'ouverture et de conclusion voudrait faire signe vers cette seconde étape, projetée, de notre travail.

l'autre étant celle de la célébration des classiques[1]. Jauss soulignait que l'attitude moderne n'est pas pour autant un invariant, chaque modernité se définissant par l'héritage qu'elle récuse[2]. On pourrait reconnaître chez Foucault une articulation précise de ces deux propositions lorsqu'il dit de la modernité, conçue « plutôt comme une attitude que comme une période de l'histoire », qu'elle est « réflexion sur *aujourd'hui* comme différence dans l'histoire et comme motif pour une tâche philosophique particulière »[3]. Ne pourrait-on encore remarquer que la modernité au sens moderne, si on peut oser cette expression, quelle que soit la définition historique qu'on en retienne, a cette caractéristique d'être de façon récurrente confrontée à la nécessité d'hériter d'elle-même, de se demander si elle est encore ou n'est plus moderne, et d'être ainsi constamment reconduite à la question de son identité[4]? Le débat présent sur la postmodernité pourrait n'être, à ce titre, qu'une nouvelle figure du débat de la pensée moderne sur sa propre définition.

Cette équivocité n'est pas moindre, quoi qu'on en dise, lorsqu'il s'agit de la modernité politique, bien que les termes de la question puissent être précisés : suivant qu'on la caractérisera par l'émergence du principe de souveraineté, par celle de la forme État, par l'autonomisation de l'ordre politique par rapport à l'ordre normatif religieux ou moral, par la reconnaissance à l'individu de droits politiques subjectifs, par la distinction de la société civile d'avec la société politique (la liste n'est pas exhaustive), on constituera autant de concepts distincts de la modernité politique, de périodisations différentes, et l'on sera conduit – c'est une question décisive aujourd'hui – à situer chaque fois d'une autre façon le moment contemporain. Il ne saurait être question ici de présupposer l'une de ces définitions, ni d'en proposer une autre qui prétendrait se substituer à elles. On tentera simplement d'apporter un nouvel éclairage sur la modernité politique en montrant comment la problématique de l'obligation est l'espace dans

1. E. R. Curtius, *La Littérature européenne et le Moyen Âge latin*, trad. J. Bréjoux, Paris, PUF, 1956 ; rééd. « Agora », Paris, Presses Pocket, 1991.

2. H. R. Jauss, *Pour une esthétique de la réception*, trad. Cl. Maillard, Paris, Gallimard, 1978 ; rééd. Paris, Gallimard, 1994, p. 161 : le concept de modernité « se déploie bien plutôt à travers les changements d'horizon de l'expérience esthétique, et nous pouvons le découvrir dans sa fonction de délimitation historique chaque fois que se fait jour, pour une nouvelle conscience de la modernité, l'opposition déterminante – l'élimination d'un passé par la conscience historique qu'un nouveau présent prend de lui-même ».

3. M. Foucault, *Qu'est-ce que les Lumières ?*, repris dans les *Dits et écrits*, t. 2, Paris, Gallimard, 1994, p. 679-688.

4. On pourrait tenter une histoire de la modernité comme une succession de crises d'identité.

lequel s'exprime et se pense le système de double contrainte constitué par l'émergence corrélée des principes de souveraineté et de liberté de conscience. L'obligation, on le verra, est à la fois le problème constitué par la confrontation de ces deux principes et le titre commun des solutions qui lui sont apportées.

De ce dernier point de vue, la référence à l'idée de modernité a paru nécessaire – et c'est ce sens qu'on choisira de lui donner – pour rendre compte de ce que, au tournant du XVIe et du XVIIe siècles, se noue autour de la question de l'obligation la confrontation de deux principes, dotés chacun de leur dynamique propre : le principe de souveraineté comme expression du pouvoir d'auto-institution des sociétés politiques et le principe de la liberté individuelle de jugement et de conduite qui se dira plus tard dans le langage de l'autonomie[1]. Se met ainsi en branle une dynamique – l'école du droit naturel est le lieu, conflictuel, où elle s'exprime le plus nettement[2] – dont il nous semble non seulement qu'elle est loin d'avoir produit tous ses effets, mais qu'elle se manifeste aujourd'hui de nouveau avec une particulière acuité. Cette dynamique est ce que l'on appellera ici modernité.

Construit comme une sorte d'enquête dont le *primum movens* sera donné par Rousseau, notre travail définira progressivement son domaine d'investigation. Mais il convient de préciser d'emblée les limites de cette enquête, qui tiennent toutes à son objet. Concernant une matière déjà largement étudiée, selon les divers concepts évoqués plus haut de la modernité politique, on ne devra pas attendre une abondance de sources nouvelles et originales, mais plutôt un essai pour renouveler le regard. On ne trouvera pas non plus, on l'a dit, une histoire, et encore moins une exposition des conceptions modernes de l'obligation : une telle entreprise, si notre hypothèse se vérifie, reviendrait à faire l'historique de la modernité politique dans son entier. On cherchera seulement, avec ce que cela implique de choix, nécessairement discutables, et de lacunes, franchement assumées, de marquer les jalons qui paraissent les plus propres à rendre compte de la dynamique d'une problématique, de vérifier une hypothèse proposée par Rousseau : l'obligation est le principe commun de la modernité politique et tout à la fois le problème qu'il lui faut inlassablement affronter.

1. Le choix de ces formulations est une reconnaissance de dette envers Cornelius Castoriadis.

2. De là l'importance accordée à l'école du droit naturel dans ses quatre générations que peuvent symboliser Grotius (1583-1645), Pufendorf (1632-1695), Barbeyrac (1674-1744) et Burlamaqui (1694-1748) et l'effort fait, simultanément, pour la restituer dans le mouvement général des idées qui explique son rayonnement singulier.

À l'horizon de cette recherche nous essaierons de montrer que, sous le regard du moins de l'objet de notre enquête, nous ne sommes pas tant en voie de sortir de la modernité que parvenus au point d'y entrer enfin, difficilement, de plain-pied.

Nota bene : Nombre des textes examinés dans cet ouvrage ont été écrits en latin et ne sont disponibles que dans des traductions souvent anciennes. Il a paru nécessaire de donner le texte original et sa traduction, respectivement dans le corps du texte et les notes suivant les nécessités de l'argumentation. Les traductions dont l'auteur n'est pas nommé nous sont imputables.

CHAPITRE PREMIER

LE LABYRINTHE ET LE FIL D'ARIANE : SUR UNE HYPOTHÈSE DE ROUSSEAU

Rousseau occupe dans l'histoire de la pensée politique moderne une place tout à la fois de relais et de césure, qui peut nous permettre d'en saisir les articulations majeures [1]. Héritier du mouvement de long terme qui a vu la constitution de l'État et du principe de souveraineté en catégories centrales du politique, il est aussi celui chez qui s'affirme ce qui est devenu, après lui, le principe démocratique. Se constituant, si l'on peut risquer cette expression, en syndic de liquidation du jusnaturalisme, il est en même temps celui à partir duquel la doctrine des droits de l'homme en reprendra le fonds. Cette centralité historique est paradoxalement corrélée à une marginalité théorique dont attestent, en amont, son refus de fonder le politique sur le droit naturel et, en aval, son rejet de la représentation. L'une explique la reconnaissance dont l'auteur est l'objet, l'autre la méconnaissance persistante de sa pensée. Dans le foisonnement des théories politiques modernes, Rousseau pourrait ainsi servir de repère ou, comme disent les cartographes, de point géodésique à partir duquel une perspective panoramique pourrait être dressée. Pourtant, si la place inaugurale du *Contrat social* a été reconnue dès la fin du XVIIIe siècle par les penseurs du politique, si les études rousseauistes, tout au long du XXe siècle, se sont attachées à montrer

1. L'importance attribuée à Rousseau dans ce volume tient assurément aux longues années que j'ai consacrées à l'étude de sa pensée politique. En ont résulté un ensemble d'articles, plusieurs éditions annotées et commentées de ses œuvres et un volume *La fabrique des concepts, recherches sur l'invention conceptuelle chez Rousseau*, Paris, Honoré Champion, 2006. Cette relation est moins de la cause à l'effet que du moyen à la fin : ces études rousseauistes ont précisément été menées pour établir la position de repère qu'on lui reconnaît ici.

qu'il héritait d'une riche tradition, ces deux démarches sont rarement recoupées et la place de pivot qui est celle de Rousseau reste encore à établir. On peut relever comme une sorte d'invite à s'y essayer qu'en une occasion exceptionnelle, dans la sixième de ses *Lettres écrites de la montagne*, il se soit lui-même attribué cette position de surplomb et, adoptant une posture chez lui assurément insolite (on ne trouve aucun texte semblable dans toute son œuvre), ait proposé une lecture récapitulative de la modernité politique, au sein de laquelle il se charge de se situer[1]. Or, dans ce texte, il fait de la problématique de l'obligation le fil d'Ariane permettant de s'orienter dans le labyrinthe des théories politiques.

C'est cette proposition que nous commencerons par éclairer dans ce premier chapitre, avant de tenter, dans les suivants, d'en évaluer la pertinence et la fécondité.

L'OBLIGATION, LIEU COMMUN DE LA POLITIQUE MODERNE ?

Le *Petit Conseil* de la République de Genève, le 18 juin 1762, avait condamné à la fois l'*Émile* et le *Contrat social*: l'un comme « impie », l'autre comme « destructeur de tous les gouvernements ». C'est à cette dernière accusation que s'attache la sixième lettre, en proposant ce qui y est appelé une « analyse » du *Contrat social.* À la différence du résumé (de l'*extrait,* dit Rousseau), l'analyse a pour objet de mettre en évidence la logique qui commande le *système*. Très naturellement, il s'emploie d'abord à formuler la question à laquelle l'ouvrage entend répondre :

> Qu'est-ce qui fait que l'État est un ? C'est l'union de ses membres. Et d'où naît l'union de ses membres ? De l'obligation qui les lie. Tout est d'accord jusqu'ici.
> Mais quel est le fondement de cette obligation ? Voilà où les auteurs se divisent.

Rousseau, en grand styliste, excelle aussi bien dans les formulations lapidaires que dans les développements sinueux et pour ainsi dire enveloppants[2]. Le risque de la concision est l'ellipse. Aussi faut-il, dans le cas qui

1. Les œuvres de Rousseau, sauf mention contraire, sont citées dans l'édition des *Œuvres complètes*, « Bibliothèque de la Pléiade », Paris, Gallimard, 5 vol., 1959-1995, notés OC I à OC V. Ici, OC III, p. 806-807. Les *Lettres écrites de la montagne* (dorénavant citées LEM) ont fait l'objet d'un commentaire collectif par le Groupe J.-J. Rousseau, *La religion, la liberté, la justice*, B. Bernardi, F. Guénard, G. Silvestrini (dir.), Paris, Vrin, 2005. Ce chapitre reprend certains éléments du commentaire que j'y donne de la lettre VI (*ibid.*, p. 107-126).

2. Le *Contrat social* multiplie les énoncés ramassés, souvent adversatifs (à commencer par la première phrase de son premier chapitre : « L'homme est né libre, et partout il est dans les fers »), le second *Discours* et les *Rêveries* abondent en longues périodes. Les lecteurs

nous occupe, prêter la plus grande attention tout à la fois à l'extrême précision énonciative qu'à la façon dont l'enchaînement des énoncés les surdétermine dans un double mouvement descendant et ascendant, les expliquant ainsi les uns par les autres. Mais – difficulté plus spécifique – nous verrons que, dans ces lignes, le registre de l'énonciation est double. Parce qu'il se situe en aplomb de la pensée politique de ses prédécesseurs, Rousseau parle la langue commune, prenant les termes dans leur acception reçue; dans le même temps, parce qu'il se situe en aval, c'est à sa propre pensée qu'il veut introduire. Or la spécificité de sa pensée se met en œuvre comme remaniement de l'ensemble du système conceptuel qu'elle reçoit[1]. Ce texte étant écrit en quelque sorte en deux langues différentes, il faut aussi satisfaire à une règle de double lecture[2].

Une question en forme de réponse: unité et union – Que la question politique par excellence soit celle de l'unité n'est pas une affirmation novatrice: Platon l'avait mise au point de départ de la pensée politique[3], Hobbes l'a renouvelée au travers de la distinction de la *multitudo* et du *populus*[4]. En la qualifiant comme question de *l'unité de l'État*, Rousseau la remodèle cependant de plusieurs façons. Si l'on prend le concept dans son acception courante (ce qu'il faut faire d'abord, puisqu'il s'agit pour lui de tracer le cadre de questionnement commun aux penseurs politiques modernes), l'État se définit comme espace assujetti à un même pouvoir de commander et de contraindre[5]. Son concept est inséparable du principe de souveraineté: dire ce qui fait l'État, c'est dire ce qui fait la souveraineté[6]. On peut d'ores et déjà conjecturer que si l'obligation fait l'unité de l'État, c'est que la souveraineté est le pouvoir d'obliger. Mais, on le sait, Rousseau distingue dans son vocabulaire propre le Souverain de l'État : le premier est

superficiels, ignorant le caractère synthétique des premiers, les isolent et, négligeant la rigueur conceptuelle des seconds, prennent pour flottement ce qui est variation réglée.

1. Voir B. Bernardi, *La fabrique des concepts*, *op. cit.*, dont l'objet propre est de mettre en lumière cette méthode réglée de l'invention conceptuelle chez Rousseau.

2. On le verra, il serait inadéquat de parler de double langage.

3. *La République* est commandée par cette question : comment faire que la cité soit une ? Dans le *Politique*, l'art du tisserand est paradigmatique parce qu'avec du différent il fait de l'un.

4. Hobbes, *De Cive*, VI, § 1, et XII, § 8, *Le Citoyen ou les Fondements de la politique*, trad. S. Sorbière, Paris, GF-Flammarion, 1982, p. 148-150 et 222-223.

5. On peut aussi renvoyer à la formule du Chevalier De Jaucourt, article « État » de l'*Encyclopédie*: « une société civile, par laquelle une multitude d'hommes sont unis ensemble sous la dépendance d'un souverain ».

6. On rappellera la célèbre formule de Loyseau : « La souveraineté est la forme qui donne l'être à l'État, même l'État et la souveraineté pris *in concreto* sont synonymes... », *Traité des Seigneuries* (1608), cité ici d'après J.-F. Courtine, *Nature et empire de la loi*, Paris, Vrin, 1999, p. 18.

actif (il fait la loi), le second passif (il lui est assujetti)[1]. Cette distinction implique une analyse de l'obligation en active (l'action d'obliger) et passive (le fait d'être obligé). Et cette analyse elle-même pose inévitablement comme problème la synthèse qui lui correspond : comment faire en sorte de ramener à l'unité obligations passive et active? Montrer que l'analyse rend à la fois possible et nécessaire la synthèse : telle est la lecture proprement rousseauiste, on le verra, de la question commune.

Cependant, l'emploi du verbe *faire* détermine de façon plus décisive encore cette question préjudicielle : demander ce qui *fait* que l'État est un, ce n'est pas demander ce qui caractérise cette unité mais ce qui la produit, plus exactement c'est demander de l'État une définition génétique. Le principe productif de l'unité sera ce qui détermine le type d'unité dont il s'agit. Entendue *lato sensu*, cette question est de l'ordre de la causalité, et supportera pour réponses toutes les causes susceptibles de produire l'obligation (comprise alors comme obligation passive) comme leur *effet*. En ce sens, « il y a mille manières de rassembler des hommes ». Mais en un autre sens, celui de Rousseau, « il n'y en a qu'une de les unir »[2]. Tout lecteur du *Contrat social* sait que la question de l'unité politique y est thématisée d'une façon qui lui est propre : le chapitre v du livre I est consacré à l'opposition entre la causalité contraignante, qui produit une *agrégation*, et l'*association* volontaire. Or c'est précisément par un *acte* que cette unité est produite : « l'acte par lequel un peuple est *un* peuple » (dans cette formulation, on a rarement souligné l'unité et la réplique manifeste à Hobbes[3]). Si cet acte (le pacte social) produit « l'obligation pour le petit nombre de se soumettre au choix du grand » (obligation passive) c'est qu'il est une obligation, cette fois conçue comme obligation active. Là s'enracinera la réponse de Rousseau.

Cette double lecture implique-t-elle que l'on ait affaire à un double langage et qu'en formulant la question commune Rousseau se livre à une classique opération de restriction mentale, laissant au lecteur le soin de lire sous le texte prétendument commun le sien propre, qui s'écrirait dans un autre référentiel? Conclure ainsi serait ignorer la double présupposition que la question impose, de quelque manière qu'on la lise.

1. *Contrat social*, livre I, chap. VI.

2. Ms. de Genève, livre I, chap. v, OC III, p. 297.

3. L'acte par lequel un peuple produit son unité n'est intelligible que si l'on reconnaît dans la *multitudo* la puissance de se constituer en *populus*. Rousseau est à cet égard proche de Spinoza, et tous deux sont opposés à Hobbes. On notera que penser le peuple souverain à partir de sa volonté générale consiste, sinon dans le vocabulaire du moins dans la logique conceptuelle, à considérer comme *un* corps tout ce qui concourt à causer un même effet.

Demander ce qui *fait* l'unité de l'État, c'est nécessairement supposer que celui-ci est une institution, non un fait de nature. Là est d'ailleurs une des raisons qui ont poussé Rousseau à formuler sa question de cette manière. S'il s'était agi de la société (ou de la société civile) et non de l'État, l'accord n'eût pas été unanime, loin de là : Pufendorf et la plupart des jusnaturalistes défendent l'idée de sociabilité naturelle. Hobbes et à sa suite Rousseau sont bien seuls à cet égard. Mais s'agissant de l'État, des sociétés politiques, aucun moderne ne conteste leur caractère institué [1]. Il serait bien possible que Rousseau, sur ce point, ait vu plus clair que la plupart des historiens de la philosophie : ce qui séparerait vraiment de l'antiquité la modernité politique ne serait pas le rejet de la définition aristotélicienne de l'homme comme *zoôn politikon* mais la distinction de la société civile et de la société politique, et la représentation de cette dernière comme unité d'institution [2]. Quoi qu'il en soit, c'est la question du lien politique et non celle du lien social qui est envisagée ici.

Mais la question porte une deuxième présupposition, plus lourde encore : la multiplicité dont il s'agit de produire l'unité est celle d'individus, le sens accordé dans la suite au terme de *membres* le démontre clairement [3]. Il faudrait donc voir dans l'individualisme méthodologique l'orientation épistémologique commune de la modernité. Cette dernière proposition doit cependant s'accompagner de deux réserves, excluant deux confusions fréquentes. La première vaut généralement : cet individualisme, c'est une conséquence du point précédent, concerne la société politique et elle seule. C'est un individualisme méthodologique *politique* et non un individualisme méthodologique *sociologique*. La seconde est particulièrement importante pour Rousseau : l'individualisme *méthodologique* implique si peu un individualisme *politique* que le premier peut même servir à combattre le second. C'est de ne pas avoir fait ces distinctions qui entraîne le plus grand nombre de contresens sur le statut de la volonté générale.

1. Être moderne, ce n'est bien entendu pas ici appartenir à une époque dite moderne mais s'inscrire dans une mouvance de pensée qui fait la modernité.

2. Il y aurait lieu ici de relire les pages si denses de Marx, *Critique du droit politique hégélien*, trad. A. Baraquin, Paris, Éditions sociales, 1975, p. 124-135.

3. Rousseau ne compte manifestement pas pour moderne le contractualisme corporatiste dont on peut trouver de nombreuses traces d'un bout à l'autre du long Moyen Âge, et dont il a pourtant eu connaissance au moins par sa formulation la plus récente dans la *Politica methodica* d'Althusius. Ce contractualisme-là, à ses yeux, ne serait pas moderne parce qu'il n'est pas un contractualisme de l'obligation. On peut discuter la conséquence mais, cette fois encore, tenir compte du fait manifeste de la part de Rousseau d'une profonde acuité historique et théorique.

Rousseau cependant ne va pas directement de la question : *qu'est-ce qui fait l'unité de l'État ?* à la réponse : *l'obligation*. Il pose une médiation qui a son importance : *c'est l'union de ses membres*. On peut y voir tout d'abord l'explicitation de la question et la confirmation de l'analyse que nous venons d'en faire. Parler de *membres* (le terme a en outre le mérite d'éviter à la fois ceux de sujet et de citoyen, qui auraient forcé Rousseau à sortir de la généralité dans laquelle il veut à ce stade se comprendre) renvoie de façon implicite mais transparente à la notion de *corps politique,* d'ailleurs présente quelques lignes plus loin [1]. Parler de la société comme d'un corps, et des individus comme de ses membres, c'est une fois encore s'aligner sur un vocabulaire qui, à l'époque de Rousseau, était si classique qu'il en était devenu trivial et avait même quelque chose d'obsolète. De plus, dire que l'*union des membres* du corps politique fait l'*unité de l'État* peut sembler d'abord relever de la pure et simple tautologie. Un peu d'attention fera voir les choses sous un angle bien différent. Poser l'équivalence entre le corps politique et l'État, pour commencer, est une véritable décision. Le propre de la très ancienne notion de corps politique était de laisser indissociés le social et le politique, et c'est le plus souvent à la complémentarité des différents *états* conçus comme des organes qu'elle renvoyait [2]. C'est par le biais du vocabulaire des corporations (le corps est alors une notion d'ordre juridique et non physiologique) que le titre de membre avait été attribué aux individus [3]. Parler des membres de l'État, c'est parler des individus comme ayant un statut spécifiquement politique (répétons-le, en laissant volontairement indéterminé ce statut). C'est d'une union *politique* qu'il doit s'agir et il faudra comprendre l'obligation, dans son principe et dans ses effets, comme obligation *politique*. Mais il est difficile de ne pas voir que Rousseau joue encore sur l'équivocité du génitif : *l'union de ses membres*. Si on le lit comme simplement objectif, les membres sont unis par un effet de l'obligation qui peut s'imposer à eux ; si on le lit aussi comme subjectif, ce sont les membres qui s'unissent en nouant une relation d'obligation volontaire. On retrouve la polarité des obligations passive et active. Dans un cas les membres sont unis, dans l'autre ils s'unissent. L'obligation active sera alors l'union qui fait l'obligation passive dont relève l'unité [4].

1. Voir *La fabrique des concepts*, *op. cit.*, chap. II.

2. Voir par exemple le célèbre passage d'Agrippa d'Aubigné, *Méditations sur les Psaumes*, psaume 133 (cité par A. Philonenko, article « Droit et Politique » du *Dictionnaire de Philosophie politique*, P. Raynaud et S. Rials (dir.), Paris, PUF, 1996).

3. C'est à l'intersection de ces modèles que le contractualisme corporatiste s'était élaboré, concevant la société comme un corps constitué de corporations.

4. En termes proprement rousseauistes : à l'union des citoyens correspond la souveraineté, à l'unité de l'État correspondent les sujets.

Cette équivocité contribuera de façon majeure à faire que le principe commun soit un espace problématique.

Le redoublement de la réponse en question : *et d'où naît l'union de ses membres?* semblera n'avoir de fonction que rhétorique: donner son équilibre à ce quatrain dialogué en deux distiques. On ne saurait pourtant ignorer l'avertissement donné en préambule aux *Lettres écrites de la montagne* : « De cela seul qu'un auteur s'exprime en bons termes, je ne vois pas comment il s'en suit que cet auteur ne sait ce qu'il dit » [1]. De fait, la seule substitution de *naître* au *faire* de la question initiale permet une double inflexion. D'un côté, la plus grande indétermination du verbe (on y lira alors la recherche d'une origine) permet un relâchement de la stratégie de double écriture : il importe, au moment de faire de l'obligation le principe commun des politiques modernes, d'élargir le cadre autant que faire se peut, pour que toutes puissent s'y retrouver. Mais on peut penser aussi que ce registre est appelé, en aval, par la notion même d'obligation qu'il s'agit d'annoncer: la *naissance de l'obligation* est un topos juridique depuis le droit romain (notre second chapitre y reviendra) et le reste de nos jours. *D'où naissent les obligations ?* Cette question sera alors moins celle de leur origine que celle de leur fondement et c'est bien ainsi qu'il va falloir l'entendre.

Une réponse qui fait question : le pouvoir d'obliger – C'est donc sur un terrain très soigneusement préparé que Rousseau va pouvoir, dans un même mouvement, donner sa caractérisation du principe commun de la modernité politique et signifier son caractère éminemment problématique.

Le lien politique est un lien d'obligation : telle serait la proposition partagée par l'ensemble des penseurs du politique : *Tout est d'accord jusqu'ici*. Cette unanimité, bien sûr, est un leurre, et ce qui est partagé est tout autant ce qui partage. Mais, avant d'aborder la façon dont Rousseau propose une sorte de classification des pensées politiques en fonction de leurs conceptions de l'obligation, il faut prendre la mesure de ce que cette proposition engage, autrement dit : circonscrire ce qui pourrait être une définition minimale du concept d'obligation. Pour cela, il convient de se retourner vers ce que nous avons déjà établi, ou plus exactement sur ce qui ressort de la lecture la plus large de ces énoncés (ici, celle qui engage le système conceptuel spécifique de Rousseau ne doit, à l'évidence, pas être prise en compte [2]).

Dire que l'obligation fait que l'État est un, c'est dire que le pouvoir politique est un pouvoir d'obliger, le pouvoir de poser des obligations

1. LEM, OC III, p. 686.
2. C'est au contraire ce à quoi s'attachera notre chapitre VI.

valables pour tous ceux sur qui elle s'exerce. Nous avons clairement affaire au concept de la souveraineté. L'obligation se distingue alors de la contrainte en ce qu'elle implique un pouvoir de commander qui exige l'obéissance des volontés auxquelles elle s'adresse[1]. Dire que l'obligation fait l'union des membres du corps politique, c'est d'une part (on l'a vu) dire que cette obligation doit être produite, instituée[2], d'autre part que l'unité consiste en ce que tous les membres du corps politique sont assujettis à un même pouvoir de commander[3]. Dire, enfin, que *l'obligation est ce qui lie* n'est pas, contrairement à ce qu'on pourrait croire, une pure tautologie : on ne peut lier que ce qui ne l'est pas déjà ou, plus exactement, si un lien de fait précède le lien d'obligation, celui-ci ne peut être simplement la formulation de ce lien de fait, il faut encore qu'il le constitue en lien de droit. Rousseau ne peut pas ignorer que la puissance de lier et de délier (*potestas ligandi et solvendi*) est un attribut divin : c'est le principe de souveraineté, et pas seulement Hobbes dans le *Léviathan*, qui fait de l'obligation un *dieu mortel.*

Affirmer que cette notion de l'obligation est admise par tous *les auteurs* (il faut entendre ceux qui traitent de ce que Rousseau appelle constamment le *droit politique*), c'est leur attribuer une base conceptuelle commune : la représentation du pouvoir politique comme *souveraineté*, des membres du corps politique comme *volontés* sur lesquelles la souveraineté s'exerce, de l'exercice de la souveraineté comme édiction d'un *droit*. Nous recherchions une définition minimale de l'obligation et nous retrouvons devant un ensemble de représentations qui, toutes, apparaissent avec la modernité et, ensemble, la constituent. C'est bien, comme nous l'avions suggéré, à une caractérisation de la modernité politique que Rousseau se livre.

Pourtant, cette communauté de pensée est immédiatement remise en question. Une troisième et dernière question va faire voler en éclat l'apparente unanimité. Si tout allait bien jusqu'ici, dès ce moment rien ne va plus : *Mais quel est le fondement de l'obligation ? Voilà où les auteurs se divisent.* Du *faire* au *naître* et maintenant au *fonder*, le déplacement a été soigneusement réglé. La question de son fondement n'est pas rapportée sur la notion d'obligation, elle découle nécessairement de l'ensemble de représentations auxquelles celle-ci est attachée. Si l'unité de l'État doit être

1. Pour un développement de cette relation voir B. Bernardi, *Qu'est-ce qu'une décision politique ?,* Paris, Vrin, 2003, notamment p. 17-19.

2. C'est pourquoi Hobbes voit dans la promulgation ce qui fait du commandement une loi. *De Cive*, chap. XIV, *Le Citoyen*, *op. cit.*, p. 248-249.

3. Le principe de souveraineté fait pièce d'une part à la dualité des autorités politique et ecclésiale, d'autre part à la dissémination du pouvoir d'obliger constitutive du système féodal.

produite, si elle est une unité d'institution, il faut qu'elle soit l'objet d'une décision, un acte de volonté. Si elle consiste en l'union des membres du corps politique, il faut que leurs volontés soient assujetties à cette décision. Si l'obligation est la modalité sous laquelle des volontés peuvent être tenues d'obéir, il faut que cette obligation soit constituée. Demander ce que peut être le fondement de l'obligation, c'est constituer ce problème : qu'est-ce qui peut faire que des volontés soient tenues à se soumettre à une autre volonté ? Ce problème est inhérent au principe qui fait de l'ordre politique une institution humaine, il est très exactement *le problème de la modernité politique.*

Mais, une fois encore, on peut entendre ce problème du fondement en deux sens distincts. Dans la mesure où il s'agit de savoir comment une volonté souveraine peut être fondée à se faire obéir des volontés qui, dans l'État, lui sont assujetties, la question doit s'entendre comme portant sur sa légitimité : qu'est-ce qui peut légitimer un pouvoir d'obliger ? Mais, en un autre sens, la question est celle de son effectivité, de la solidité de l'union : qu'est-ce qui peut produire, dans la volonté de chacun des membres du corps politique, le consentement sans lequel l'obligation resterait lettre morte ? Rousseau est à tel point conscient de cette distinction (le *Contrat social* cherche une « règle d'administration *légitime et sûre* »[1]) qu'elle régira, nous le verrons, la façon dont il situe la spécificité de sa propre réponse parmi celles des modernes, y compris ceux dont il affirme être le plus proche.

Rousseau produit donc ici une thèse à double tranchant sur la modernité politique. Le principe de souveraineté, en se définissant comme pouvoir d'obliger, porte en lui comme sa face cachée le principe d'obligation : on ne peut obliger que des volontés. La consistance du principe de souveraineté est suspendue au fondement de l'obligation. L'obligation est donc tout à la fois le principe qui fait l'unité de la pensée politique moderne et le problème qui la divise, le fil d'Ariane qui permet d'en explorer le labyrinthe et la source des bifurcations qui rendent celui-ci inextricable.

Une série de questions naissent de cette caractérisation du problème commun de la modernité politique, qui est aussi celui du *Contrat social*, comme problème de l'obligation.

1. C'est sa phrase d'ouverture : « Je veux chercher si dans l'ordre civil il peut y avoir quelque règle d'administration légitime *et sûre* » (je souligne). La plupart des lecteurs du *Contrat social* ne voient pas que celui-ci se développe sur cette double ligne : cela les induit à ne pas comprendre le livre IV, tout entier consacré à la question de la solidité de l'union, et à ignorer une dimension essentielle de la ligne argumentative.

En faisant de la problématique de l'obligation le carrefour des pensées politiques de la modernité, Rousseau livre-t-il le résultat d'une analyse qu'il aurait conduite, reformulant dans ses termes propres ce qui se dirait de façon différente chez les auteurs qu'il considère ? Ou s'agit-il d'une affirmation textuellement vérifiable, la notion d'obligation appartenant bien au système conceptuel des politiques, non seulement au même titre que l'État, la souveraineté et la volonté, mais comme leur point de recoupement ? Si tel est le cas, l'accord dont il affirme que fait l'objet la définition « minimale » qu'il donne de l'obligation est-il bien vérifié ?

Les concepts auxquels nous avons vu que la notion d'obligation était liée appartiennent tous au vocabulaire spécifique de la modernité politique. La notion d'obligation, dans son usage contemporain, appartient d'une part à la langue technique juridique (où elle est un héritage du droit romain), d'autre part et de façon beaucoup plus floue relève du registre de la moralité (le plus souvent dans le sillage de son élaboration kantienne). Est-il possible de saisir le moment et les modalités sous lesquelles cette notion de l'obligation politique s'est formée? Dans quelle mesure est-elle effectivement centrale dans la constitution des pensées politiques modernes ?

Rousseau s'inscrit lui-même parmi ceux qui ont débattu du problème du fondement de l'obligation. Dans quelle mesure cette affirmation est-elle susceptible d'éclairer sa pensée? En quoi consiste précisément la théorie rousseauiste de l'obligation ? En se rattachant de lui-même à une tradition, Rousseau ne nous conduirait-il pas à le considérer comme un héritier et un continuateur, plus que comme un novateur, donc à distinguer sa modernité de la nôtre plutôt qu'à l'y intégrer ?

C'est en un sens à examiner ces questions que sera consacrée notre enquête. Mais, avant cela, nous devons encore nous attarder auprès de la sixième des *Lettres écrites de la montagne* : Rousseau ne s'y contente pas, en effet, d'une caractérisation générale de ce que nous devons désormais considérer comme le principe et problème de l'obligation.

Les deux lignées de la modernité

L'affirmation selon laquelle la question du fondement de l'obligation divise les penseurs du politique est immédiatement développée sous la forme d'une classification des *auteurs* en fonction de la réponse qu'ils lui apportent :

> Selon les uns, c'est la force; selon d'autres, l'autorité paternelle; selon d'autres, la volonté de Dieu. Chacun établit son principe, et attaque celui des autres. Je n'ai pas moi-même fait autrement : et, suivant la plus saine

> partie de ceux qui ont discuté ces matières, j'ai posé pour fondement du Corps politique la convention de ses membres; j'ai réfuté les principes différents du mien.

La typologie proposée par Rousseau est conceptuelle, elle ne comporte aucune indication nominative. Il nous faut donc, dans un premier temps, la prendre comme elle se donne et rendre compte de la façon dont l'analyse de la notion d'obligation s'y poursuit. Dans un second temps nous aurons à nous demander si, sous les concepts, il est possible de mettre des noms, et donc à mieux déterminer les interlocuteurs que Rousseau se donne : les uns comme adversaires qu'il réfute, les autres comme appartenant à une lignée dont il se réclame.

La présentation de ce que nous appellerons désormais les deux lignées politiques présente une dissymétrie manifeste : la première est immédiatement scindée en trois principes distincts (force, autorité naturelle du père, volonté divine) et son unité n'est suggérée que de façon négative, dans son opposition à cette « plus saine partie » qui, au contraire, est désignée dans l'unité d'un seul principe (la convention) sans qu'aucune subdivision soit proposée. Cherchant dans ce premier temps à préciser la typologie conceptuelle de Rousseau, c'est de cette seconde lignée que nous partirons.

Convention – Donner la convention pour fondement à l'obligation, c'est – dans la trilogie dont cette notion a pour charge de penser la relation : l'État, la souveraineté, la volonté des membres – donner la prééminence à la dernière. Une convention, dans son sens obvie (qu'il faut retenir ici), est l'accord d'une pluralité de volontés qui crée entre elles un lien. La convention serait donc ce qui donne naissance à l'obligation. Elle serait, selon la terminologie juridique, la *source* de l'obligation. Cela conduit à déterminer plus précisément la notion même d'obligation. Sauf, encore une fois, à accuser Rousseau de tautologie, l'obligation n'est pas simplement une convention quelconque, la simple concordance de multiples volontés, mais quelque chose de plus : un lien qui oblige, c'est-à-dire au nom duquel une volonté peut être contrainte à respecter les termes de la convention qu'elle a passée. La nature de cette convention est donc d'engager librement des volontés les unes envers les autres. L'objet propre de cet engagement est l'union de ces volontés, en tant que celle-ci produit l'unité de l'État, c'est-à-dire la reconnaissance d'un seul et même pouvoir de les obliger, cette fois au sens de requérir d'elles une obéissance légitime. L'obligation s'analyse ainsi d'une part comme engagement que la volonté prend librement, *elle s'oblige*, et d'autre part comme ce rapport par lequel *elle est obligée*. Donner la convention pour fondement à l'obligation, c'est fonder la seconde, l'obligation passive, sur la première, l'obligation active, et ainsi opérer leur synthèse[1]. Rousseau le dit quelques lignes plus loin de façon très explicite : le fondement de l'obligation est alors « le libre engagement de celui qui s'oblige »[2]. Par une série de conséquences nécessaires, donner un tel fondement à l'obligation, c'est former des concepts bien particuliers de la souveraineté et de l'État. La souveraineté étant le pouvoir d'obliger et celui-ci ne pouvant procéder que de la convention par laquelle les volontés s'obligent, la souveraineté ne peut être que l'émanation conventionnelle de libres volontés. La liberté des membres du corps politique est la condition de possibilité de la souveraineté. L'État lui-même, en tant qu'effectuation de cette unité, ne peut se concevoir que comme émanation de la souveraineté ainsi comprise.

On pensera sans doute que Rousseau ne fait que reformuler le raisonnement suivi par le premier livre du *Contrat social* et qu'il expose sa propre pensée politique. Cette lecture est impossible. S'il définit explicitement, ici, toute une lignée (cette *plus saine partie* des penseurs politiques) dans laquelle il s'englobe, on peut difficilement penser qu'il s'y confond. Aussi bien, ce principe de la convention peut supporter une pluralité de lectures distinctes. Entre la volonté qui s'oblige et la volonté obligée, on peut interposer la médiation d'une volonté autorisée par la première à obliger la seconde ou penser leur relation comme immédiateté[3]. On peut aussi conjuguer ces deux rapports, si l'on distingue dans le pouvoir d'obliger celui de faire loi et celui de la faire exécuter[4]. De même, donner une telle définition à l'obligation politique n'exclut pas que, parmi les auteurs globalement envisagés, plusieurs puissent penser par ailleurs l'existence d'obligations de fait ou d'une obligation morale, voire d'une obligation par la volonté divine. Enfin, rien n'est déterminé encore ni de la façon dont une volonté s'oblige ni de la façon dont elle peut être obligée. Autant de questions qui font que le principe commun que partage cette « plus saine partie » des penseurs du politique est lui-même constitutif d'une série de questions qui les divisera. Retenons à titre provisionnel cette suggestion : on prend peut-être pour la pensée de Rousseau le cadre commun à l'intérieur duquel elle se spécifie.

Obéissance passive – Pour l'heure, nous pouvons revenir à la première lignée : ces auteurs dont Rousseau nous dit qu'il les a réfutés. De ce qui

1. Notons-le dès maintenant : la synthèse suppose l'analyse. Nous le verrons, c'est la situation du contractualisme par rapport au principe de souveraineté d'une part et au principe de volonté de l'autre.

2. LEM, OC III, p. 807.

3. L'acceptation ou le refus du principe de représentation reposent sur cette opposition.

4. C'est sur cette distinction que Rousseau fonde ses définitions de la souveraineté (inaliénable) et du gouvernement (en charge d'une commission d'exécution).

précède nous pouvons inférer que leur point commun (qu'ils donnent pour fondement à l'obligation la force, l'autorité paternelle ou Dieu) est de ne pas concevoir l'obligation comme résultant d'une convention, du libre engagement de chacun. Cette remarque paraîtra d'abord stupide : il va de soi en effet que la force contraint, que le lien de la naissance est nécessaire et que les volontés de Dieu, à raison de sa toute puissance, s'imposent à toutes les volontés. Cette observation est fort juste ; elle ne permet pas cependant de penser ce que viendrait faire alors l'idée d'obligation. Or Rousseau, cela est clair, considère bel et bien cette lignée, dans ses trois variantes, comme appartenant à la problématique moderne de l'obligation. Cette apparence d'incohérence se dissipe assez vite si l'on veut bien prendre en compte la dualité constitutive de la notion d'obligation : si l'idée de convention consiste à fonder l'obligation passive sur l'obligation active (je suis obligé parce que je me suis obligé), ne peut-on prétendre fonder l'obligation active sur l'obligation passive (je me reconnais obligé parce que je suis obligé) ?

Mais – dira-t-on – si l'on en retire le libre engagement, que reste-t-il de l'obligation sinon l'assujettissement ? Plus qu'il n'y paraît (et plus que ne veulent, sans doute, certains des auteurs concernés) : la volonté de ceux qui sont obligés est requise pour qu'ils s'acquittent de leur obligation. Fonder l'obligation sur la force est bien autre chose que le simple constat de fait : comme une cause produit un effet, le plus fort l'emporte. C'est penser la force, d'une façon ou d'une autre, comme capable de produire du consentement, *de se transformer en droit et l'obéissance en devoir*[1]. L'autorité paternelle n'est pas le pouvoir du père (conséquence d'une dépendance de fait), elle est *autorité* parce qu'elle présente l'obéissance comme un devoir, auquel la volonté des enfants doit se conformer. La volonté de Dieu elle-même, dans sa toute puissance et son absoluité, est ici considérée en tant qu'elle se présente comme commandement, et pose en face d'elle la volonté de ceux à qui elle commande[2]. C'est cette figure de Dieu, dont la volonté vaut loi et oblige les volontés humaines, que prétendent incarner les monarques de droit divin ; et pour cela leur souveraineté prend modèle sur la *summa potestas* de la papauté, héritière du *pouvoir des clés*, celui de lier et délier, reçu du Christ par saint Pierre[3]. Les théories de la souveraineté, même les plus absolues, supposent des volontés qu'il s'agit d'obliger, elles réclament l'obéissance et au-delà l'adhésion : la reconnaissance de la

1. *Contrat social*, livre I, chap. III, *Du droit du plus fort.*
2. Voir, *Qu'est-ce qu'une décision politique ?, op. cit.*, p. 19-20.
3. J.-F. Courtine, *Nature et empire de la loi*, Paris, Vrin, 1999, chap. I, p. 9-43.

souveraineté comme pouvoir d'obliger. C'est en ce sens qu'elles sont bien des théories de l'obligation[1].

En s'inscrivant dans l'horizon de la souveraineté, les conceptions modernes – même les plus absolutistes – ont fait leur la représentation selon laquelle, dans l'ordre politique, le pouvoir a affaire à ceux sur qui il s'exerce comme à des volontés, auprès desquelles il ne peut se faire valoir que comme puissance légitime d'obliger. C'est ce constat qui est au cœur du diagnostic de Rousseau : est moderne la conception du politique comme rapport de volontés entre elles. C'est par la souveraineté que ce mouvement s'est engagé, c'est par l'obligation qu'il s'est propagé[2].

À ce premier courant, dans son ensemble, Rousseau ne se borne pas de reprocher – comme on croit souvent – d'être illégitime, ni – comme on verra plus loin – d'être inefficace. Il lui reproche en outre, d'être inconséquent : réclamer l'obéissance volontaire (c'est ce qu'implique la définition de la souveraineté comme pouvoir d'obliger), c'est reconnaître face à soi des volontés libres. Une fois la boîte de Pandore ouverte, il est inutile de chercher à la refermer : il n'y a plus de salut que du côté de la volonté elle-même, de son pouvoir de s'obliger. Le principe de souveraineté, pour un penseur conséquent, débouche tôt ou tard sur celui de la convention. On pourra montrer que c'est bien de ce point de vue que sont conduites les « réfutations » des trois principes, pris séparément, dans le *Contrat social.* L'examen des principes du droit politique, pour Rousseau, doit être conduit sous ces trois critères : légitimité, efficacité, conséquence. C'est appauvrir considérablement sa pensée de ne reconnaître que le premier.

Il y a bien ici, on en conviendra, une proposition globale concernant l'interprétation de la modernité politique, son sol d'émergence, sa dynamique interne, son horizon commun et ses lignes de fracture. En restituer la paternité à Rousseau était notre première tâche, en interroger la pertinence et la fécondité est celle qui nous attend. Mais il nous faut d'abord tenter de rendre cette typologie plus concrète en cherchant à déterminer qui peuvent être, de part et d'autre, les *auteurs* évoqués ici.

1. On pourrait envisager de distinguer une obligation par volonté d'une obligation par consentement, chacune correspondant à ces deux lignées. C'est sans doute ainsi qu'il faut penser les choses dans le système conceptuel propre de Rousseau (le citoyen ne peut que vouloir, c'est le sujet qui consent ; le consentement du sujet ne peut reposer que sur la volonté du citoyen). Mais, parmi ceux qu'il identifie à cette même lignée, plus d'un – à commencer par Locke – pense en terme de consentement et non de volonté. Hobbes, selon ces critères, se laissera encore plus malaisément situer.

2. Le prochain chapitre aura pour objet cette généalogie apparemment surprenante de l'obligation.

LES AUTEURS QUI ONT TRAITÉ DE CES MATIÈRES

Rousseau, en effet, ne se contente pas de distinguer des principes mais en fait clairement attribution (« selon les uns…, selon d'autres…, selon d'autres…, suivant la plus saine partie de ceux qui ont discuté de ces matières… ») : ce sont bien des *auteurs* à qui il s'oppose ou se rallie. C'est une sorte d'arbre généalogique de la modernité politique qu'il dresse ainsi, et il s'y attribue lui-même une place : il se reconnaît une famille. Il faut donc tenter de préciser ces allusions, non pour mettre à l'épreuve la justesse de cette classification et de la caractérisation des auteurs concernés (dans quelle mesure cette question peut être féconde, nous nous le demanderons plus loin), mais surtout pour apporter le maximum de clarté à l'interprétation de la politique moderne qui sous-tend cette typologie. Rousseau affirme *réfuter* les uns et *suivre* les autres : c'est aux raisons qui fondent ce partage et à la lecture qu'il fait des auteurs évoqués qu'il faut donc s'attacher. Pour cela, il faut s'efforcer de les identifier.

Réfuter : Rousseau et ses adversaires déclarés – C'est de la lignée, si l'on peut dire, la moins saine, qu'il nous faut cette fois partir : sa spécification en trois types et l'affirmation que le *Contrat social* les a réfutés donnent deux indications sur la voie à suivre. La chose est pourtant moins simple qu'il n'y paraît[1] : entre cette typologie et les chapitres réfutatifs du *Contrat social* la correspondance est difficile[2]. Non seulement l'ordre d'examen de la force et de l'autorité paternelle est inversé, mais la volonté divine est mise sur le même plan que ces deux premiers principes quand, dans le *Contrat social*, elle n'est évoquée qu'en quelques lignes à propos du droit du plus fort. Surtout, la mise en correspondance des trois principes posés dans un cas et des auteurs désignés ou directement cités dans l'autre (Filmer, Grotius, Hobbes, Bossuet, Ramsay, Pufendorf, Barbeyrac même) ne va pas sans soulever de difficultés[3]. En ce qui concerne la force, particulièrement : faut-il y voir comme le pense Derathé une allusion à Hobbes, ou comme le suggère Candaux aux théoriciens du pacte de soumission ?[4] Cependant, si l'on prend en compte qu'il s'agit là de trois

1. Et que semble croire J.-D. Candaux, éditeur des LEM *in* OC III : son annotation ne relève pas les difficultés du texte et ses attributions référentielles paraissent hâtives.

2. Livre I, chap. II à IV.

3. Sur ces identifications des références du *Contrat social*, données ici par ordre de première entrée en scène, l'accord des commentateurs, appuyé sur le second *Discours*, ne fait pas litige : voir mon annotation de ce texte, Paris, GF-Flammarion, 2001.

4. R. Derathé, *Jean-Jacques Rousseau et la science politique de son temps*, Paris, PUF, 1950, p. 248, note 1 ; Paris, Vrin, 1995 ; J.-D. Candaux, OC III, p. 1662, note 3 à la page 806.

principes de l'obligation, au sens dégagé plus haut, ces difficultés peuvent s'éclairer.

« Il serait difficile de mentionner des auteurs qui font de la force le fondement de l'obligation parmi les hommes ». Cette observation de Derathé [1] ne peut être avalisée sans examen préalable de ce que Rousseau entend sous cette formule. Le texte du chapitre III du *Contrat social* est la meilleure entrée possible : « Le plus fort n'est jamais assez fort pour être toujours le maître, s'il ne transforme sa force en droit et l'obéissance en devoir. De là le droit du plus fort; droit pris ironiquement en apparence, et réellement établi en principe ». C'est bien de faire de la force le fondement (la source) d'une obligation qu'il s'agit (et l'objet de ce chapitre est bien de réfuter une telle idée) : le principe ne consiste pas à dire que la force est le droit mais qu'elle peut donner naissance au droit. C'est cela qu'il faut discuter. Cette fois encore, Rousseau affirme qu'une telle théorie a été défendue : contrairement à l'explication courante, que le droit du plus fort soit *réellement établi en principe* ne peut signifier (idée fréquente par ailleurs chez Rousseau) que la force se déguise en droit. Il aurait alors écrit : *établi dans les faits,* et non : *en principe*. Ce ne sont pas les faits mais les théories qui les justifient, non les puissances mais les auteurs qui se mettent à leur service que cette phrase dénonce, ou encore ces puissances elles-mêmes en tant qu'elles tiennent un discours justificatif de cette nature. Ainsi requalifiée, la difficulté signalée par Derathé peut être abordée dans de nouvelles conditions.

Si le *Contrat social* n'est pas plus précis que son « analyse » dans la désignation de l'adversaire, le chapitre du *Manuscrit de Genève* qui réfute les « fausses notions du lien social » [2] peut être d'un précieux recours. Son dernier développement est consacré à réfuter l'idée selon laquelle un acte de force pourrait être changé en pouvoir de droit, et la proximité des deux textes est suffisamment nette pour que l'on puisse expliquer l'un par l'autre :

> Que par le laps de temps une violente usurpation devienne enfin un pouvoir légitime; que la prescription seule puisse changer un Usurpateur en magistrat suprême, et un troupeau d'esclaves en corps de nation, c'est ce

1. R. Derathé, *ibid.*

2. Livre I, chap. v, OC III, p. 207-305. Une autre typologie organise ce texte. Rousseau y réfute successivement 1) l'autorité naturelle du père de famille, 2) la puissance tirée de la possession d'un territoire sur ceux qui l'habitent, 3) le droit d'esclavage tiré de la guerre de conquête, 4) le consentement qui légitimerait la tyrannie.

> que beaucoup de savants hommes ont osé soutenir et à quoi il ne manque d'autre autorité que celle de la raison [1].

Nous avons ici affaire, sans aucun doute, à la transformation de la force en droit et de l'obéissance en devoir et, de nouveau, à son établissement en principe par de « savants auteurs ». Sous cette formulation, Robert Derathé n'hésite pas, cette fois, à identifier toute une tradition : « les auteurs qui se réclament du droit de prescription invoquent tous un consentement tacite ou présumé des peuples soumis » [2] et il cite deux passages décisifs de Grotius et Bossuet, deux auteurs que Rousseau lit et cite couramment.

Grotius, dans un chapitre consacré à la question juridique de la prescription et qui s'interroge par conséquent sur le rapport du droit avec le temps, montre que la possession durable peut être source d'un droit de propriété ou de souveraineté et, au contraire, l'absence durable d'usage source de leur perte [3]. Il en profite pour réfuter l'opinion de ceux pour qui les peuples peuvent toujours reprendre leur liberté, car selon eux « ou l'Autorité souveraine a été acquise par la force, et en ce cas là elle peut se perdre par la même voie : ou elle a été déférée volontairement, et en ce cas là, on peut se repentir, ou changer de volonté » (on aura reconnu, au mot près, le raisonnement du chapitre I du *Contrat social*). Pour Grotius, au contraire : « quoiqu'une Souveraineté ait été originairement acquise par la force, elle peut devenir légitime par une volonté tacite, qui en assure la jouissance au possesseur ». L'argument par le consentement tacite et présumé est essentiel parce qu'il implique bien un passage de l'obligation passive à l'obligation active ou, comme le dit simplement Rousseau, la transformation de l'obéissance en devoir.

La référence à Bossuet a un degré moindre de pertinence, dans la mesure où la volonté de Dieu est pour lui le vrai fondement de l'obligation, et s'il invoque le consentement présumé par prescription ce n'est qu'un argument supplétif. Cette référence nous importe pourtant en ce qu'elle montre que, sous le même argument, était communément compris le droit de conquête [4]. Après avoir décrit ce droit comme pur attribut de la souveraineté, Bossuet argue en effet de sa consolidation par la possession

1. *Ibid.*, p. 303.

2. R. Derathé, annotation au *Ms. de Genève*, OC III, p. 1419, note 3 à la page 303. Il faut observer que vingt ans séparent ces deux affirmations de Derathé. Mais il me semble que c'est parce qu'il n'a pas identifié la théorie de l'obligation développée par la Lettre VI qu'il n'a pu faire le rapprochement avec le passage du *Ms. de Genève* qu'il éclaire si utilement.

3. *Du droit de la guerre et de la paix*, trad. Barbeyrac, L. II, chap. IV, § XIV, 1, reprint Université de Caen, p. 275-276. Grotius, nous aurons lieu d'y revenir, est là en pleine théorie juridique des obligations.

4. *Politique tirée des propres paroles de l'Écriture*, L. II, art. II, prop. 2., Paris, Pierre Cot, 1709, p. 79.

durable : « Ainsi on voit que ce droit de conquête, qui commence par la force, se réduit, pour ainsi dire, au droit commun et naturel, du consentement des peuples, et par la possession paisible : Et l'on présuppose que la conquête a été suivie d'un acquiescement tacite des peuples soumis, qu'on avait accoutumé à l'obéissance par un traitement honnête ». Cette fois encore, le consentement est à la fois l'effet de la force et ce qui la change en droit.

La prétention à soutenir le droit de conquête est un motif majeur, dans le chapitre IV du *Contrat social*, pour récuser « Grotius et tous les autres », et il y ainsi lieu de penser que Rousseau comprend sous ce principe de la force toutes les théories de la souveraineté qui font de l'obéissance contrainte et passive un antécédent possible de l'obéissance volontaire : non seulement la résignation d'un peuple à la tyrannie, mais aussi le droit de conquête et le droit d'esclavage tiré de la guerre. Au nombre des auteurs concernés il faut donc compter l'ensemble des « juris consultes », ces « savants hommes », au premier rang desquels Grotius, Pufendorf et leur traducteur et commentateur, Barbeyrac. Derrière le droit de conquête, il faut aussi, plus généralement, inclure tous ceux qui reconnaissent une quelconque consistance à la « souveraineté d'acquisition », en premier lieu Hobbes [1]. Il faut même aller plus loin : la structure de l'argument concerne toute les pensées qui, de quelque façon que ce soit, donnent la même valeur de légitimité à l'acceptation d'un état de fait qu'à la libre décision d'une volonté. Dans tous les cas, on confond le consentement et la volonté. C'est bien cette confusion que vise l'objection faite à Aristote : « La force a fait les premiers esclaves, leur lâcheté les a perpétués » [2]. La prescription est le voile juridique qui dissimule l'accoutumance à la servitude. Voilà comment on change *la force en droit et l'obéissance en devoir* : en dégradant la volonté en consentement [3].

Il est enfin possible que Rousseau se soit également souvenu de l'article « Autorité politique » de l'*Encyclopédie*, dans lequel Diderot reprend une argumentation analogue à celle de Bossuet, à cette différence près qu'il veut que le consentement soit déclaré :

> Quelquefois l'autorité qui s'établit par la violence change de nature ; c'est lorsqu'elle continue et se maintient du consentement exprès de ceux qu'on

1. « La République d'acquisition est celle où le pouvoir souverain est acquis par la force », *Léviathan*, L. II, chap. XX, trad. F. Tricaud, Paris, Sirey, 1971, p. 207.

2. CS, L.I, chap. II.

3. Apparemment paradoxale, l'inscription des jusnaturalistes dans cette première lignée n'est pourtant pas sans pertinence au jugement de R. Tuck : « When Rousseau repudiate the entire tradition as conservative, and chose Grotius as his main target, his instincts where absolute right », *Natural rights theories*, *op. cit.*, p. 3. Mais, pourquoi faire d'une thèse un instinct ?

> a soûmis : mais elle rentre par là dans la seconde espece dont je vais parler; et celui qui se l'étoit arrogée devenant alors prince, cesse d'être tyran.

Le consentement montre ici toute son équivoque. S'il se substitue à la force, on ne peut parler ni de continuité, ni du maintien. S'il est un effet de la force, il se ramène à l'obéissance passive. Dire que le consentement peut transformer la force en droit, c'est l'établir, elle, en principe.

Lorsque Rousseau évoque l'autorité paternelle comme principe de l'obligation et modèle des sociétés civiles – en attestent aussi bien le second *Discours,* le *Discours sur l'économie politique* que le *Manuscrit de Genève* – c'est toujours à Filmer qu'il pense d'abord, même s'il ne connaît celui-ci que par les réfutations qu'en ont donné Pufendorf, Locke et Sidney [1]. Mais, comme l'a bien montré Florent Guénard, la réfutation de Rousseau obéit à une logique qui lui est propre : il montre que la famille elle-même est une institution et que celle-ci est de nature conventionnelle. Ce dernier argument est d'ailleurs le seul retenu dans le *Contrat social* où, en revanche, la référence à Filmer est effacée : « La famille elle-même ne se maintient que par convention » [2]. Importe à Rousseau de montrer qu'il n'y a pas de souveraineté fondée en nature : aucune volonté n'est naturellement obligée par une autre [3]. Si le père exerce une autorité, c'est celle que les enfants lui reconnaissent par leur libre volonté. Filmer au demeurant n'a de valeur que symbolique. La thématique paternaliste faisait partie de la panoplie traditionnelle des défenseurs de la monarchie : on la retrouve, parmi tant d'autres, chez Ramsay et Bossuet qui, l'un et l'autre, ont rédigé leurs œuvres respectives sans avoir eu connaissance de celle de Filmer [4]. C'est chez Bossuet d'ailleurs que l'on peut trouver la formulation la plus significative pour nous, lorsqu'il affirme que la monarchie est pour la société politique « l'état le plus naturel » qui « a son fondement et son modèle dans l'empire paternel, c'est-à-dire, dans la nature même. Les hommes naissent tous sujets : et l'empire paternel qui les accoutûme à obéir, les accoutûme en même temps à n'avoir qu'un chef » [5]. Ce sont bien là les affirmations – il y a une sujétion naturelle, le temps peut transformer l'obéissance en devoir – que Rousseau entend réfuter. Il est d'ailleurs

1. Voir à ce sujet la contribution de Florent Guénard, « L'État et la famille », in *Discours sur l'économie politique*, édition commentée, B. Bernardi (dir.), Paris, Vrin, 2002, p. 87-102. Contrairement à Derathé je pense probable que Rousseau a eu connaissance du *Premier discours sur le gouvernement civil* par le résumé de Jean Leclerc, publié en 1690.

2. CS, L. I, chap. II.

3. C'est cet argument qui fait l'unité du chapitre : après le modèle paternaliste, c'est celui des esclaves par nature, faits pour obéir, qui est réfuté contre Aristote.

4. R. Derathé, *Jean-Jacques Rousseau et la science politique* ..., *op. cit.*, p. 183, note 1.

5. Bossuet, *Politique*..., livre II, art. I, prop. VII, *op. cit.*, p. 69.

curieux, alors qu'il les a lus tous deux, qu'il ne cite jamais Ramsay et rarement Bossuet, et souvent au contraire Filmer qu'il n'a pas lu. Peut-être est-ce parce que, chez les deux premiers, cette thématique est subordonnée à celle de la volonté divine.

La volonté divine est le troisième fondement donné à l'obligation, en dehors de la convention. C'est elle, on l'a dit, qui est le plus rapidement évoquée par le *Contrat social*, dans des termes jugés à l'époque indécents : « Toute puissance vient de Dieu, je l'avoue; mais toute maladie en vient aussi »[1]. On ne saurait en effet traiter plus à l'emporte-pièce le propos de saint Paul (Rom. 13, 1) sur lequel se fondait traditionnellement la doctrine politique de l'Église. Cette désinvolture s'explique plus facilement sans doute, si elle vise plus précisément cette interprétation (mise en question par une large partie des auteurs réformés), à laquelle Bossuet venait de donner une de ses formulation les plus abruptes : « On leur doit obéir par nécessité, non seulement par la crainte de la colère; mais par l'obligation de la conscience ». Et d'ajouter un peu plus loin que, de la même manière, « les serviteurs doivent obéir à leurs maîtres [...] comme si c'était Dieu »[2]. L'énoncé paulinien est susceptible d'une pluralité d'interprétations. On peut aussi bien y lire une invitation aux chrétiens de ne pas se méprendre sur la royauté du Christ et une conséquence de l'affirmation : « Mon royaume n'est pas de ce monde ». La doctrine dont Bossuet se fait le défenseur (elle n'a pas la caractère traditionnel qu'on lui prête souvent) choisit au contraire de voir dans l'autorité politique la représentation sur terre de l'autorité divine. C'est bien la question du fondement de l'obéissance politique qui est en jeu et il ne faut pas voir matière à objection dans la remarque de J.-D. Candaux : identifiant à juste titre Bossuet et Ramsay comme ceux que vise ici Rousseau, il observe que c'est « à la source de la souveraineté plutôt qu'à l'origine de la société civile » que ceux-ci plaçaient Dieu[3]. Précisé-

1. CS, L.I, chap. III. Rousseau au demeurant se réclame du christianisme de Jacques contre celui de Paul, LEM, Lettre I, OC III, p. 702.

2. Bossuet, *Politique...*, livre VI, art. II, prop. I, *op. cit.*, p. 258 et 259. Au demeurant, cette conception du pouvoir souverain des rois comme émanation directe de la puissance divine n'est pas la survivance d'une doctrine de l'Église médiévale mais une innovation moderne défendue contre Rome par les souverains qui voulaient s'affranchir de son autorité. C'est ce que montre fort bien J.-F. Courtine, *Nature et empire de la loi*, *op. cit.*, p. 20-23. C'est à Jacques Ier d'Angleterre, auquel s'opposent Suarez et Bellarmin au nom du Pape, que l'on doit la formule : *regem non a populo sed immediate a Deo suam potestatem habere*.

3. OC III, p. 1662, note 5 à la page 806. Candaux se trompe par contre lourdement en mentionnant également Jurieu. Celui-ci tout au contraire affirme clairement : « Nous nions que l'origine des souverainetés soit de droit divin... Le peuple fait les souverains et donne la souveraineté », XVIe des *Lettres pastorales*, du 15 avril 1689 (citée par Derathé, *op. cit.*, p. 250. J.-F. Courtine, *loc. cit.*, cite plusieurs textes de Jurieu qui vont dans le même sens et

ment, c'est du fondement de la souveraineté et non de la société civile qu'il est question, nous l'avons montré, dans la problématique de l'obligation. On observe d'ailleurs chez Ramsay une forte insistance sur la distinction entre « la source » de l'autorité politique (elle est unique, c'est la volonté de Dieu) et les « canaux » par lesquels cette volonté peut passer (aussi bien l'autorité paternelle que la conquête ou même la volonté des peuples)[1].

La distinction de trois principes dans la première lignée de la modernité politique correspond donc bien, dans la pensée de Rousseau, à la désignation d'auteurs identifiables, mais ces attributions ne constituent pas une distribution exclusive : on l'a vu, nombre d'auteurs croisent les trois principes mais chaque fois en les ordonnant à l'un d'eux. Reste leur point commun qui, dans tous les cas, est de faire de l'obligation passive la source de l'obligation active et ainsi de substituer le consentement à la volonté.

Suivre : Rousseau et ses alliés avoués – Si la netteté de formulation de son principe nous a facilité la définition de « la plus saine partie des auteurs de ceux qui ont discuté de ces matières », nous sommes d'autant plus embarrassés pour identifier ceux avec qui Rousseau se reconnaît une telle unité de pensée qu'une telle déclaration est aussi exceptionnelle chez lui que l'est en général ce texte : il est beaucoup plus prolixe concernant ses oppositions que ses accords, au point que le nombre de références qu'il fait à un auteur est inversement proportionnel à son degré d'accord avec lui. Cependant, la sixième des *Lettres écrites de la montagne* peut elle-même, dans son dernier moment, nous aider à sortir de cette perplexité.

Les opposants au patriciat dominant à Genève avaient soutenu Rousseau par des *Représentations*. Ils y objectaient que la condamnation de ses ouvrages par le Petit Conseil rompait avec la tolérance usuelle à Genève, aussi bien en matière religieuse que politique[2]. Au moment de conclure sa propre défense du *Contrat social*, Rousseau reprend cet argument :

> Les Représentants ont très bien établi que mon livre, où je ne sors pas de la thèse générale, « n'attaquant point le Gouvernement de Genève et imprimé hors du territoire, ne peut être considéré que dans le nombre de ceux qui

montre que l'opposition entre Jurieu et Suarez est moins grande que celle qui les oppose l'un et l'autre aux thèses soutenues par Bossuet.

1. Ramsay, *Essai philosophique sur le gouvernement civil*, La Haye, 1719 (1721). Plusieurs passages significatifs sur ce point sont cités par Derathé, *op. cit.*, p. 249.

2. Le texte des *Représentations* est publié en annexe du commentaire des LEM, *La religion, la liberté, la justice*, *op. cit.*, p. 273-306. Rousseau renvoie ici à la première représentation, du 18 juin 1763, *op. cit.*, p. 275. Le passage entre guillemets (insérés par moi) en est une citation. Il faut cependant rappeler que Rousseau a conseillé les représentants lors de la rédaction de leurs adresses.

> traitent du droit naturel et politique, sur lesquels les lois ne donnent au Conseil aucun pouvoir, et qui se sont toujours vendus publiquement dans la ville », quelque principe qu'on y avance, et quelque sentiment qu'on y soutienne. Je ne suis pas le seul qui, discutant par abstraction des questions de politique, ait pu les traiter avec quelque hardiesse. Chacun ne le fait pas, mais tout homme a droit de le faire. Plusieurs usent de ce droit ; et je suis le seul qu'on punisse pour en avoir usé. L'infortuné Sidney pensait comme moi, mais il agissait ; c'est pour son fait, et non pour son livre, qu'il eut l'honneur de verser son sang. Althusius, en Allemagne, s'attira des ennemis ; mais on ne s'avisa pas de le poursuivre criminellement. Locke, Montesquieu, l'abbé de Saint-Pierre, ont traité les mêmes matières, et souvent avec la même liberté tout au moins. Locke, en particulier, les a traitées exactement dans les mêmes principes que moi. Tous trois sont nés sous des rois, ont vécu tranquilles, et sont morts honorés, dans leurs pays. Vous savez comment j'ai été traité dans le mien [1].

Il faut, avant de tirer parti de ce texte, noter qu'il s'inscrit dans une stratégie défensive, à la fois politique et juridique. Ainsi, en qualifiant son propos de discussion « par abstraction » (nous dirions d'un point de vue théorique) des questions de politique, Rousseau vise à se dédouaner de l'accusation de sédition : on notera au passage l'anticipation de la distinction kantienne de l'usage public et de l'usage privé de sa raison. De même, pour invoquer une jurisprudence, il faut se mettre d'abord dans le cas commun. Rousseau a donc intérêt à insister sur ce qui le rapproche des précédents invoqués, non à souligner les différences. Ces précautions prises, nous avons ici un certain nombre d'indications décisives pour notre objet.

Les matières dont Rousseau *discute* et *traite* comme tant d'autres concernent « le droit naturel et politique ». Cette expression est susceptible de deux lectures. On pourra d'abord y voir – c'est sans doute l'intention des Représentants – l'inscription de Rousseau dans une filiation qui avait trouvé sa plus récente expression dans les ouvrages de Jean-Jacques Burlamaqui, tous deux publiés à Genève : *Principes du droit naturel* (1747) et *Principes du droit politique* (1751). On comprendra alors le droit politique comme une branche du droit naturel [2]. Mais on observera que pas un des auteurs de ce courant (ni Grotius, ni Pufendorf, ni Barbeyrac, ni Cumberland, ni Burlamaqui lui-même) ne figure parmi ceux qui sont ensuite nommés. Il faudrait alors distinguer deux ensembles : ceux qui traitent du droit naturel et ceux qui traitent du droit politique, et c'est au

1. OC III, p. 812.

2. De Grotius à Burlamaqui, la relation s'est inversée : chez le premier le droit naturel est une sorte de supplément au droit des gens et au droit politique, chez le dernier il est devenu doctrine générale de la morale du droit et de la politique.

nombre de ces derniers que se rangerait Rousseau. Il conviendrait sans doute plutôt de dire – ce serait là le fond de sa pensée – que l'impuissance du droit naturel à vraiment former l'obligation politique est ce qui l'a déterminé à chercher des principes du droit politique distincts de ceux du droit naturel[1].

Aussi bien est-ce la liste des auteurs mentionnés par Rousseau qui doit retenir notre attention : Sidney, Althusius, Locke, Montesquieu, l'Abbé de Saint-Pierre. Elle est au premier regard très hétérogène, pour ne pas dire hétéroclite. On ne saurait discerner entre ces auteurs aucune continuité historique ni aucune communauté de principe. Comment rapprocher un Althusius qui se meut encore dans l'horizon des corporations et Locke qui pense à partir de la liberté de l'individu ? l'Abbé de Saint-Pierre qui rêve une politique rationnelle et Montesquieu qui cherche à dégager les lois régissant la réalité politique ?[2] On peut cependant suggérer un critère à la fois négatif et positif de ce regroupement : aucun n'est à proprement parler un théoricien du droit naturel, tous ont plus spécifiquement consacré leur œuvre à « des questions de politique ». Par le choix des auteurs mentionnés, Rousseau fait donc discrètement valoir sa propre ligne de pensée contre celle des Représentants. Mais, c'est bien entendu la mention particulière qui distingue deux de ces auteurs qui nous importe le plus : « Sidney pensait comme moi »; « Locke en particulier les a traitées (ces matières) exactement dans les mêmes principes que moi ».

L'association de Sidney et de Locke est ancienne chez Rousseau : apparue dès le second *Discours*[3], elle revient avec régularité, mais c'est communément parce que l'un et l'autre se sont attachés à réfuter Filmer. On a parfois suggéré qu'il ne faisait en cela que reprendre l'annotation de Barbeyrac au grand traité de Pufendorf. Cette relation prend un tout autre sens ici puisqu'il s'agit cette fois de l'affirmation d'une communauté de principe. Tout porte à penser, en effet, que c'est à ces deux noms que Rousseau pense en premier lieu quand il parle de cette « plus saine partie des auteurs qui ont discuté ces matières ».

1. Rappelons que le *Contrat social* est sous-titré *Principes du droit politique* : voir mon introduction à ce texte, *loc. cit.* Le dernier chapitre de ce volume aura précisément pour objet de mettre en évidence chez Rousseau une double théorie de l'obligation, morale et naturelle d'une part, politique de l'autre.

2. Ces deux dernières caractérisations sont celles-là même de Rousseau. Sur l'Abbé de Saint-Pierre : « C'eut été un homme très sage s'il n'eut eu la folie de la raison » (OC III, p. 657). Sur Montesquieu : « Il se contenta de traiter du droit positif des gouvernements établis » (Émile, L. V, OC IV, p. 836).

3. OC III, p. 182.

Que la convention soit le fondement de l'obligation, et la reconnaissance de la liberté constitutive de l'homme ce sans quoi aucune convention n'est possible, ce sont là deux assertions dans lesquelles ont peut reconnaître, sans hésiter, les prémisses mêmes de la pensée politique de Locke. Dès son chapitre II, le second *Traité du gouvernement civil* fait (§ 4) de la liberté et de l'égalité la condition de l'homme dans l'état de nature et affirme y voir (§ 5) « le fondement de l'obligation où sont les hommes de s'aimer mutuellement ». Suivant Hooker, « il fonde sur ce principe d'égalité tous les devoirs de charité et de justice auxquels les hommes sont obligés les uns envers les autres »[1]. Plus nettement encore, le chapitre VIII (*Du commencement des sociétés civiles*) pose en préalable (§ 95) que « les hommes, étant tous naturellement libres, égaux et indépendants, nul ne peut être tiré de cet état, et être soumis au pouvoir politique d'autrui, sans son propre consentement, par lequel il peut convenir, avec d'autres hommes, de se joindre et s'unir en société... »[2], et en déduit (§ 97) que « chaque particulier convenant avec les autres de faire un corps politique, sous un certain gouvernement, s'oblige envers chaque membre de cette société, de se soumettre à ce qui aura été déterminé par le plus grand nombre, et d'y consentir »[3]. Sans présupposer en aucune façon que Rousseau partage la manière dont Locke comprend et met en œuvre ce principe, il ne fait guère de doute que c'est d'abord à lui qu'il pensait en parlant de « la plus saine partie » des auteurs qu'il affirme suivre en faisant de la convention le fondement de l'obligation. Notre but étant ici seulement de dresser l'arbre généalogique de la modernité politique selon Rousseau, il ne saurait être question d'aller plus avant dans l'examen de la relation de Rousseau avec Locke. Nul doute cependant que celui-ci demande à être plus méthodiquement conduit qu'il n'a été fait jusque ici.

Ce qui est vrai de Locke l'est plus encore assurément de Sidney. Si Algernon Sidney n'a pas eu la même postérité que Locke dans l'histoire de la modernité politique, il ne faudrait pas sous-estimer la place qui a été la sienne, ni l'importance que lui attribue Rousseau. Né en 1624, exécuté en martyr de la liberté le 7 décembre 1683 (pour complot républicain), il a été acteur de tous les épisodes de la vie politique anglaise de son siècle : sa vie aventureuse et tragique a durablement occulté l'importance de son œuvre[4].

1. Locke, *Traité du gouvernement civil*, trad. Mazel, Paris, GF-Flammarion, chap. II, p. 173-174.

2. *Ibid.*, chap. VIII, p. 250.

3. *Ibid.*, chap. VIII, p. 251.

4. Pour la biographie de Sidney et une présentation synthétique de son œuvre voir P. Carrive, *La pensée politique d'Algernon Sidney*, Paris, Klincksieck, 1989, qui donne aussi une bibliographie. On doit également à Paulette et Lucien Carrive une traduction de ses

Ce n'est qu'assez récemment que celle-ci a été vraiment prise en compte et que l'on a cessé de voir dans ses *Discourses concerning Government*[1] une laborieuse réfutation de Filmer, pour y reconnaître une pensée originale. Malgré les travaux de Paulette Carrive pour faire sortir de l'ombre cette pensée, la prise en compte de Sidney par les commentateurs de Rousseau reste lacunaire et superficielle. Il n'y a pas de doute pourtant, Rousseau a lu Sidney, dans son ensemble et avec attention[2] : assez en tout cas pour en avoir recopié un certain nombre de passages dans un cahier de notes. On a pu constater, en outre, plusieurs emprunts référentiels tacites à Sidney, en divers lieux de l'œuvre[3].

Il ne faut d'ailleurs pas chercher bien loin, ni chez Sidney ni chez Rousseau, pour comprendre ce qui a pu conduire, sur la question qui nous occupe, le second à dire du premier : « [il] pensait comme moi ». Le premier texte des *Discourses* que Rousseau recopie pour le conserver est un passage dans lequel Sidney affirme :

> On dit de façon générale que celui qui institue peut aussi abroger, et tout particulièrement quand l'institution n'est pas seulement faite par lui, mais aussi pour lui. Si donc la multitude institue, la multitude peut abroger[4].

Un autre des textes copiés (par l'exemple de Charles Gustave de Suède, est montré que les rois sont toujours élus, tout au moins par les nobles) est repris de la section V du chapitre II, dans laquelle Sidney se définit comme quelqu'un pour qui tout pouvoir légitime repose sur le consentement (*I, who deny any power to be just, that is not founded upon consent*)[5]. Le titre de cette section est une thèse : *Freemen join together and frame*

Maximes de la Cour discutées et réfutées, Paris, Kimé, 1998. Cette œuvre de Sidney n'a été redécouverte et publiée qu'en 1996.

1. Œuvre posthume, les *Discourses* ont été publiés en 1698 par John Toland. Diverses éditions au XVIIIe, mais il faut attendre la fin du XXe siècle pour que le texte soit réédité. Les références seront données ici à l'édition procurée par Thomas G. West, Indianapolis, Liberty Classics, 1990.

2. Rousseau a lu la traduction du *Discours sur le gouvernement* publiée par P. A. Samson, La Haye, Van Dole, 1704. On notera que cette traduction est rééditée en 1755 (de nouveau reprise en l'an II, c'est cette dernière édition qui est couramment citée). Il serait à souhaiter qu'elle soit de nouveau rendue disponible.

3. P. Carrive, *La pensée politique d'A. Sidney, op. cit.*, p. 220-221. Les extraits, au nombre de six, concernent cinq sections différentes prises dans les trois chapitres des *Discours*. Les emprunts (huit ont été signalés par les éditeurs de différentes œuvres de Rousseau) concernent presque tous d'autres lieux. Rousseau a réellement fréquenté Sidney.

4. *Discourses*, chap. I, sect. 6, éd. Th. G. West, *op. cit.* p. 21. La traduction est de Lucien Carrive dans P. Carrive, *op. cit.*, p. 242.

5. *Discourses*, chap. II, sect. 15, p. 100. *Moi, qui conteste qu'un pouvoir puisse être légitime s'il n'est fondé sur le consentement.*

greater or leser Societies, and give such Forms to them as best please themselves[1], et cette thèse est développée par Sidney dans des termes qui font directement signe vers la façon dont Rousseau caractérise cette « plus saine partie » des auteurs qu'il entend suivre :

> *I say, that they who place the power in a multitude, understand a multitude composed of freemen, who think it for their convenience to join together, and to establish such laws and rules as they oblige themselves to observe*[2].

Il est au demeurant inutile de multiplier les références. Si son propos se perd souvent en considérations annexes et manque parfois d'élaboration, Sidney est d'une remarquable fermeté dans ses principes : le consentement d'hommes libres et lui seul peut-être source du pouvoir, de la loi et des obligations qui en émanent. En l'attente de l'étude nécessaire sur ses rapports avec l'œuvre de Sidney, il suffira ici de noter que Rousseau en a bien marqué la thèse centrale.

En nommant Locke et Sidney pour définir cette voie de la pensée politique qu'il affirme suivre, Rousseau a sans doute voulu conjuguer deux figures : celle du conseiller et théoricien politique que fut Locke, celle de l'homme intrépide, prêt à sacrifier sa vie, et du penseur radical que représentait Sidney. Il était impressionné par la force théorique du premier, plus admiratif pour la force de conviction du second. Mais il a voulu peut-être aussi mettre en parallèle deux conceptions (l'une plus individuelle, l'autre plus collective ; l'une plus en concordance avec son anthropologie, l'autre plus en accord avec ses principes politiques) de la liberté que l'un et l'autre reconnaissaient à ceux qu'ils appelaient tous deux hommes libres : *freemen.* Si Locke lui permet de penser en quel sens les hommes sont *nés libres*, Rousseau partage avec Sidney l'idée que, dans l'ordre civil, ce n'est que par son exercice commun que cette liberté peut être recouvrée[3].

1. *Ibid.*, p. 97. « Des hommes libres se rassemblent, forment de plus ou moins grandes sociétés et leur donnent le genre d'organisation qui leur convient le mieux ».

2. « Selon moi, ceux qui attribuent le pouvoir à la multitude entendent par là une multitude composée d'hommes libres estimant de leur avantage de se rassembler et d'établir des lois et des règles qu'ils s'obligent eux-mêmes à observer ». Sans nul doute, et Rousseau ne peut pas y être resté insensible, Sidney répond directement à Hobbes : comme Rousseau, Sidney reconnait dans la multitude la capacité de se constituer par elle-même en peuple. C'est un point, on ne saurait trop le rappeler, sur lequel la pensée politique de Hobbes diverge radicalement de celle de Spinoza, dont Rousseau au contraire se rapproche.

3. Il est à cet égard notable que la présence de Locke, très manifeste dans le second *Discours*, soit plus ténue dans le *Contrat social*, et que dans ce dernier texte inversement résonnent les échos les plus précis de Sidney.

UNE HYPOTHÈSE, SES MODES D'EMPLOI

La lecture que nous venons d'en proposer le montre, Rousseau témoigne dans ces pages d'une claire perception des enjeux de la pensée politique de son temps, des lignes de fracture qui tout à la fois unissent et séparent les auteurs entre eux, et de la place qu'il occupe lui-même dans cet ensemble. Mais ce texte remarquable (et très insuffisamment remarqué) des *Lettres écrites de la montagne*, où il introduit sa propre analyse du *Contrat social* est susceptible de plusieurs usages.

Le simple repérage auquel nous avons procédé pourrait d'abord servir de point de départ pour de nouvelles études sur la façon dont Rousseau a lu les auteurs qu'il appelle (selon une formule qui remonte à Bodin) pour les uns *jurisconsultes*, pour les autres *politiques*. Il s'agirait alors d'établir sur quels textes précisément il s'appuie, d'examiner dans quelle mesure la caractérisation qu'il donne de chacun des auteurs est valide, surtout de déterminer le rôle qu'ils ont respectivement pu jouer dans la formation de ses propres thèses. La communauté de pensée qu'il déclare avec Locke (auteur qu'il cite d'autant moins qu'il compte plus pour lui) [1] et avec Sidney (qui a jusqu'ici la part congrue dans les études rousseauistes) devrait être interrogée à nouveaux frais. Il conviendrait tout autant de réfléchir aux anomalies criantes que comporte la « carte » des pensées politiques ainsi dressée : la place de deux des auteurs que Rousseau a la plus discutés : Hobbes et Montesquieu, y est également problématique. Mais ce n'est pas la voie que nous avons choisi de suivre ici [2].

La présentation par Rousseau de sa propre pensée comme une théorie de l'obligation demande aussi à être prise au sérieux. Elle peut éclairer sa dynamique : le problème de l'obligation est ce qui commande la recherche dont la volonté générale et le contrat social (deux versants d'un même concept) produisent la solution. Elle peut rendre compte aussi de son économie. Tel pourrait bien être le moyen le plus pertinent de penser sa philosophie morale et sa philosophie politique, aussi bien dans leur distinction (nous le verrons il y a deux théories différentes de l'obligation chez Rousseau, une théorie de l'obligation morale et une théorie de

1. On notera que Rousseau lit surtout le second *Traité du gouvernement civil* quand les jursnautralistes, surtout Barbeyrac, privilégient l'*Essai philosophique sur l'entendement humain*; sur ce point, voir le chapitre 4. Parmi les rares études sur cette question : Jules Steinberg, *Locke, Rousseau, and the Idea of Consent (an Inquiry into the Liberal-Democratic Theory of Political Obligation)*, London, Greenwood Press, Westport, 1978.

2. Il s'agirait alors de reprendre, sous un nouvel angle, le dossier entier dont l'ouvrage de Robert Derathé constitue aujourd'hui encore la base la plus solide et la plus complète, mais auquel nombre d'études particulières ont apporté des éléments nouveaux qu'il faut intégrer et que d'autres doivent compléter.

l'obligation politique) que dans leurs points d'articulation (ce serait la place, en particulier, de la question des mœurs et de la religion civile). Telle pourrait être aussi la voie la plus pertinente pour régler les rapports si problématiques de Rousseau avec le droit naturel[1]. C'est à explorer cette piste que sera consacré notre dernier chapitre.

Mais c'est à un troisième usage de ce texte que notre enquête, dans son ensemble, sera consacrée. Rousseau, nous l'avons vu, fait ici une proposition de lecture, globale et détaillée à la fois, de la modernité politique : c'est à interroger sa fécondité que nous nous essayerons. Encore faut-il ne pas se tromper sur son statut. Ce serait commettre une double erreur que de lire cette proposition comme relevant d'une perspective historique. Rousseau n'est pas un historien de la philosophie, c'est une évidence qu'il est inutile d'argumenter. Non parce qu'il aurait manqué des connaissances nécessaires pour cela (la légende tenace d'un Rousseau semi-cultivé, travaillant de seconde main et « à l'instinct », ne peut plus être sérieusement soutenue), mais parce qu'en mettant en rapport ses prédécesseurs, il cherche moins à manifester une évolution des idées qu'à mettre en évidence des orientations (dans son vocabulaire des *principes*), constituant par leur divergence des problèmes qu'il veut reconnaître et affronter. Dans le cas qui nous occupe, les auteurs auxquels il fait allusion ne sont pas inscrits dans une succession, les uns suivant les autres, mais dans un réseau complexe d'oppositions, en fonction de la réponse qu'ils apportent à une question donnée. Aussi bien, si l'explication précise du propos de Rousseau exigeait que nous tentions de les identifier, ce serait lourdement se tromper que de prendre cette identification pour l'aboutissement de l'analyse. Il faut, au contraire, pour vraiment reconnaître le statut de ce que nous avons appelé l'hypothèse ou la proposition de Rousseau, faire à rebours le chemin d'abord suivi : des auteurs remonter aux principes qu'ils adoptent, de ceux-ci aux deux grandes lignées politiques, et enfin au problème qui réside dans leurs présuppositions communes, ce sur quoi « tout est d'accord » et qui, paradoxalement, constitue la source de leurs oppositions.

Ainsi comprise, la proposition de Rousseau consiste – c'est ce que nous avons essayé de montrer – à mettre en évidence qu'à partir du moment où l'on se représente la société politique comme trouvant son principe d'unité dans l'obéissance à un pouvoir souverain d'obliger, il faut raisonner en terme de volontés. La volonté souveraine ne pouvant se penser que comme

1. Les commentateurs de Rousseau voient en lui un continuateur du jusnaturalisme ou au contraire son critique le plus radical, suivant qu'ils étudient sa philosophie morale ou sa philosophie politique.

volonté posant en face d'elle les volontés qu'elle entend obliger, le rapport de ces volontés entre elles se définit comme obligation. Si la souveraineté est le pouvoir d'obliger des volontés, la question essentielle est de savoir ce qui peut fonder cette obligation et ce qui peut la rendre effective, de déterminer quelle conception de l'obligation est conséquente avec ces présuppositions. La réponse de Rousseau semble tenir en ce paradoxe : le principe de souveraineté porte en lui-même, comme sa conséquence inévitable, son fondement dans la convention, la reconnaissance de ce qu'il n'y a d'obligation qu'envers ceux envers qui on s'est soi-même obligé. La fameuse proposition du *Contrat social* selon laquelle « l'obéissance à la loi qu'on s'est prescrite est liberté »[1] a son corollaire et son fondement dans cette autre : *la liberté consiste à ne devoir obéir qu'à la loi qu'on s'est prescrite*. Si l'on part non de la souveraineté mais de l'obligation, le résultat sera le même : cette proposition – c'est un des points que nous avons cherché à établir – renvoie à une double définition de l'obligation, d'une part comme pouvoir d'obliger, d'autre part comme acte d'une volonté qui s'oblige, et cherche à résorber cette distinction dans le modèle d'une obligation réciproque, qui n'est autre que le contrat social. Le principe de souveraineté et le principe de liberté de la conscience ne peuvent trouver de point de rencontre possible que dans l'obligation contractuelle.

On le constate, si la proposition de Rousseau n'est pas de nature historique mais philosophique, elle n'en porte pas moins plusieurs hypothèses concernant la formation et le développement de la problématique de l'obligation qui désignent quelque chose comme une dynamique de la politique moderne. On cherchera à mettre à l'épreuve cette proposition en commençant par interroger l'idée, de prime abord paradoxale, selon laquelle le principe de souveraineté porterait en lui celui d'obligation, pour étendre l'investigation à l'ensemble formé par les XVIIe et XVIIIe siècles. Prendre l'œuvre de Jean Bodin pour point de départ de notre enquête n'implique au demeurant en aucune façon que la question de l'obligation politique se forme *ex nihilo* à la fin du XVIe siècle[2] : il s'agit plus simplement de prendre au sérieux l'idée selon laquelle ce moment serait celui d'un tournant proprement moderne[3].

1. *Contrat social*, livre I, chap. VIII.

2. Brian Tierney soutient que le XIIIe siècle voit se former une véritable problématique de l'obligation politique : *Religion et droit dans le développement de la pensée constitutionnelle*, trad. J. Ménard, Paris, PUF, 1993, p. 54 *sq.*

3. B. Tierney, *op. cit.*, p. 64-67, s'appuie essentiellement sur l'œuvre d'Hervé de Nedellec. On observera que celui-ci pense en termes de consentement non de volonté, encore moins de convention.

Au moment d'engager cette enquête, il faut signaler la relation particulière qu'elle entretient avec celle récemment conduite par Jean Terrel[1]. Remettant en cause une pseudo évidence sur laquelle s'était construite l'interprétation des théories politiques de l'âge classique, Jean Terrel s'est attaché à montrer que, loin d'être liés d'emblée, souveraineté, droit naturel et contrat sont trois principes qui se constituent de façon autonome, et auxquels Hobbes par un coup de force théorique donne une unité, unité que Rousseau reformera sur de nouvelles bases. Cette thèse, qui porte précisément sur la formation de ce que l'on a appelé contractualisme, est constituée de façon probante : elle servira ici de point de départ. Mais il semble possible de la prolonger. Si les théories du droit naturel, de la souveraineté et du contrat se sont d'abord constituées de façon distincte, n'est-ce pas comme éléments de réponse à un problème commun beaucoup plus large : celui de l'obligation ? Le geste théorique de Hobbes apparaîtra alors comme une tentative pour ramener à l'unité des réponses potentiellement divergentes au problème commun. Celui de Rousseau consisterait essentiellement à revenir à ce qui lui semble être le problème de la politique moderne, celui du « fondement de l'obligation ». C'est ce qui expliquerait la difficulté que l'on a à vouloir penser sans reste Rousseau comme contractualiste. Le contrat n'est chez lui qu'un élément d'une théorie beaucoup plus large de l'obligation politique qui implique une théorie corollaire mais distincte de l'obligation morale.

Bien au-delà de Rousseau, il s'agirait donc de comprendre que l'héritage que nous recevons de ces moments fondateurs de la politique moderne est moins une conception contractualiste de la société que le problème qui lui a donné naissance, celui de l'obligation. Ainsi pourrait-on comprendre aussi que, l'efficience de la réponse étant devenue problématique, le problème fasse retour vers nous avec une acuité particulière.

1. J. Terrel, *Les théories du pacte social : droit naturel, souveraineté et contrat de Bodin à Rousseau*, Paris, Seuil, 2001.

CHAPITRE II

SOUVERAINETÉ ET OBLIGATION : BODIN ET LE DÉTOURNEMENT DU DROIT ROMAIN

Que l'œuvre de Bodin soit le lieu pertinent pour interroger la surprenante proposition de Rousseau (le principe de souveraineté, parce qu'il enveloppe la problématique de l'obligation, débouche inévitablement sur l'idée de convention) se justifie de plusieurs façons. Rousseau lui-même voit en Bodin le théoricien de la souveraineté par excellence, et c'est à lui qu'il a affaire (plus encore qu'à Hobbes) pour élaborer son propre concept de la souveraineté[1]. Cette place, au demeurant, est celle que les historiens de la philosophie politique reconnaissent à Bodin : si l'histoire du principe de souveraineté commence plusieurs siècles avant lui[2], les *Six livres de la République* sont bien le lieu de la formation de son concept et de sa première théorisation. Lui-même revendiquait cette prééminence : « Il est icy besoin de former la définition de souveraineté, parce qu'il n'y a ni jurisconsulte, ni philosophe politique, qui l'ait définie »[3]. Or, à la surface même du texte, apparaît bien vite l'implication majeure de l'obligation dans la définition de la souveraineté. Ainsi dans cette affirmation : « La loy dépend de celui qui a la souveraineté, qui peut obliger tous ses subjects, et ne s'y peut obliger soy-mesme »[4]. Penseur de la politique mais aussi, et

1. Voir *La fabrique des concepts*, *op. cit.*, chap. IV.

2. J. Krynen, *L'empire du roi. Idées et croyances politiques en France, XIII*e*-XV*e *siècles*, Paris, Gallimard, 1993.

3. J. Bodin, *Les six livres de la République*, cité d'après l'édition de 1593, Corpus des œuvres philosophiques de langue française, Paris, Fayard, 1986, 6 vol., dorénavant cités SLR I à VI. Ici, SLR I, chap. VIII, p. 179.

4. SLR I, VIII, p. 195. Nous aurons à revenir de façon plus précise sur ce texte.

même d'abord, du droit[1], Bodin n'use pas simplement de la notion d'obligation : il est à même d'en proposer une théorie complexe, problématique mais très élaborée. C'est à chercher comment ses théories de la souveraineté et de l'obligation s'éclairent l'une l'autre que nous devons nous essayer.

On ne saurait cependant aborder l'œuvre de Bodin sans souligner l'acuité du débat interprétatif dont il fait l'objet. Longtemps, sa théorie politique, ramenée à quelques énoncés du chapitre VIII du premier livre, a été traitée comme l'expression classique de « l'absolutisme ». Cette fiction historique, qui résorbait les théories de la souveraineté sous la figure tardive et instable de la royauté de droit divin, a été justement contestée[2], et la pensée de Bodin peut être ainsi libérée d'une hypothèque qui en grevait la lecture. Mais elle fait l'objet, dès lors, d'un conflit d'interprétation à la double dimension : politique d'une part, historique de l'autre. À prendre au sérieux, disent les uns, la radicalité de la théorie bodinienne de la souveraineté, il faut y voir l'affirmation de la stricte immanence du politique, expression de la pure volonté des hommes. En rupture avec la tradition, Bodin inaugurerait une lignée dont le prolongement direct serait à chercher chez Hobbes puis Rousseau. Le caractère absolu du pouvoir souverain, disent les autres, ne signifie en aucune façon l'absence de toute normativité encadrant son exercice : les normes de la loi naturelle et les règles du droit privé s'imposent au souverain, et les magistrats ont le droit, même le devoir, de s'opposer au prince qui les violerait[3]. Dans la lecture de Bodin, ce conflit interprétatif se noue autour de « la loi de nature et de Dieu » : ne concerne-t-elle que la personne du prince, puisque, comme l'affirme Gérard Mairet, elle n'est ni une limite ni un frein pour la souveraineté, ou

1. Si les *Six livres de la République* sont célèbres et la *Methodus ad facilem historiarum cognitionem* peu lue mais souvent citée (*Méthode pour faciliter la connaissance de l'Histoire*, trad. du latin, d'après l'édition de 1572, par Pierre Mesnard, Alger-Paris, Publications de la faculté des lettres d'Alger-Les Belles Lettres, 1941), le Bodin juriste est moins pris en compte. Pourtant, il a été avocat, a longuement enseigné le droit romain à Toulouse, et conçu un système de droit, *Juris universi distributio*, 1580, éd. et trad. par L. Jerphagon, commentaire par S. Goyard-Fabre : *Exposé du droit universel*, Paris, PUF, 1985.

2. N. Henshall, *The Myth of Absolutism. Change and Continuity in Early Modern Europe*, London-New York, Longman, 1992. Ronald G. Asch, Heinz Duchhardt (dir.), *Der Absolutismus – ein Mythos ? Strukturwandel monarchischer Herrschaft in West- und Mitteleuropa (ca. 1550-1700)*, Köln-Weimar-Wien, Böhlau (Münstersche historische Forschungen, 9), 1996.

3. Deux commentateurs récents, Gérard Mairet et Jean-Fabien Spitz, ont exprimé de manière nette cette opposition : G. Mairet, présentation des *Six livres*..., Paris, Le Livre de poche, 1993 (condensé de l'édition de 1583), *Le Dieu mortel*, Paris, PUF, 1987, et *Le Principe de souveraineté*, Paris, Gallimard, 1997. J.-F. Spitz, *Bodin et la souveraineté*, Paris, PUF, 1998.

faut-il, comme s'attache à montrer Jean-Fabien Spitz, discerner chez Bodin une théorie des « limites » de la souveraineté – non seulement la loi de la nature et de Dieu, mais les contrats passés par le prince avec ses sujets, et encore leur consentement en ce qui concerne leurs propriétés (particulièrement nécessaire concernant l'imposition) ? Après avoir endossé la livrée de l'absolutisme royal, Bodin se voit ainsi requis de choisir entre la casaque du peuple souverain et celle d'un constitutionnalisme modéré.

En dépit de sa sinuosité d'exposition, la pensée de Bodin est très attentive à la cohérence interne de ses thèses et à leur enchaînement : il convient donc de chercher ce qui peut rendre compte d'une telle divergence de lecture tout en tâchant de reconnaître cette cohérence interne. Il n'est pas interdit d'espérer – il s'agit bien dans ce conflit de savoir si la souveraineté peut être obligée – que l'élucidation de la problématique bodinienne de l'obligation puisse contribuer à mettre en évidence l'unité de sa pensée.

UN CONCEPT ÉCLATÉ DE L'OBLIGATION ?

La souveraineté est pouvoir d'obliger, c'est même sa « première marque »[1]. Il s'agira moins ici d'établir le caractère principiel de cette proposition – en quelque sorte la marque de Bodin – que d'en dégager la signification précise : qu'est-ce qui caractérise, pour lui, ce lien d'obligation ? Pour répondre à cette question, il faut l'examiner du point de vue de celui sur qui s'exerce la souveraineté puis de celui qui l'exerce.

Obligation, sujétion et souveraineté – Les *Six livres de la République* obéissent à une double exigence de rationalité systématique et de prise en charge d'une large matière empirique – exigences que chercheront encore à satisfaire *jurisconsultes* et *politiques* après Bodin[2]. Le premier livre est à cet égard exemplaire : d'un côté, il se veut construction méthodique d'une définition posée dans sa première phrase (« République est un droit gouvernement de plusieurs mesnages, et de ce qui leur est commun, avec puissance souveraine »), de l'autre, il prolifère en examens de cas, d'opinions, de distinctions annexes. Le chapitre VI (« Du citoyen et de la différence entre le

1. SLR I, X, p. 306.

2. Cette seconde exigence ressortit à la fois d'un impératif humaniste (recueillir le maximum d'information historique par la compilation des historiens antiques et modernes) et d'une règle de la discipline juridique (on doit examiner toutes les lois, toutes les opinions des jurisconsultes antérieurs pour les intégrer ou les réfuter) : leur conjonction explique l'ampleur, rebutante pour un lecteur moderne, des œuvres de Bodin, Grotius ou Pufendorf. Hobbes amorce la rupture avec ce mode discursif, Locke l'accomplit dans le second *Traité du Gouvernement civil*. Rousseau, à cet égard, s'inscrit à leur suite, mais Vico et Montesquieu participent encore de cette logique.

subject, le citoyen, l'estranger, la ville, cité, et République ») y joue le rôle de pivot et prépare le concept que le chapitre VIII formera de la souveraineté. On en retient généralement la définition aux apparences volontairement provocatrices du citoyen « qui n'est autre chose en propres termes que le franc sujet tenant de la souveraineté d'autruy » [1]. Or, bien qu'apparemment hétéroclite, l'ensemble des développements consacrés aux notions mentionnées par le titre convergent vers cette définition et l'expliquent. Mais, il faut le voir aussi, cette convergence est d'une autre façon une divergence.

La différenciation entre ville, cité et République peut se résumer ainsi : les murs font la ville, les lois la cité, le souverain la République[2]. Si la première distinction est obvie (la ville est une réalité de fait, la cité une institution « de droit »[3]), la seconde l'est beaucoup moins[4] : elle signifie qu'une même souveraineté peut s'exercer sur plusieurs cités ayant des « lois et coustumes » différentes et, par la seule unité du pouvoir d'obliger, faire la République *une*[5]. En un sens, cette affirmation n'est que l'énoncé d'un état de fait, héritage du monde médiéval nouvellement hypothéqué par les guerres de Religion : les souverains du XVIe siècle exercent leur souveraineté sur des conglomérats hétérogènes, dont les réseaux d'allégeance sont désormais doublés et minés par la division des obédiences religieuses. Mais, en un autre sens, Bodin transforme ce fait en un principe novateur : ce n'est pas la loi mais la souveraineté qui fait l'unité politique. Les sujets ne sont pas unis en une République parce qu'ils sont soumis aux mêmes obligations par des lois communes, mais parce qu'ils sont obligés par le même souverain[6]. L'obligation est avant tout assujettissement : c'est ce que reflète d'abord la définition du citoyen comme sujet « soumis à la souveraineté d'autrui ».

1. C'est contre la définition aristotélicienne du citoyen magistrat que Bodin prend position, SLR I, VI, p. 123.

2. SLR I, VI, p. 117-123. Voir aussi la *Méthode pour faciliter...*, *op. cit.*, p. 144.

3. SLR I, VI, p. 121.

4. Rousseau donne acte à Bodin de ne pas avoir « effacé » la première distinction comme la plupart des « modernes », mais ne saurait bien sûr admettre la seconde : voir la note du *Contrat social*, livre I, chap. VI.

5. En toute rigueur, ce qui fait la cité est aussi « l'union d'un peuple sous une seigneurie souveraine », SLR I, II, p. 42 ; mais la cité a en outre unité de lois et de coutumes, SLR I, VI, p. 120.

6. Il n'y a pas, chez Bodin, minoration du droit mais prééminence du pouvoir de légiférer sur la loi établie, ce qui est un puissant levier d'unification juridique. Unifier est le but commun du souverain et du juriste, à la fin du XVIe siècle particulièrement. Cette conjonction est sans doute à l'origine de la figure du Bodin absolutiste. Concernant l'exigence juridique d'unité chez Bodin, voir le commentaire de S. Goyard-Fabre à *l'Exposé du droit universel*, *op. cit.*, sur l'exigence politique d'unité, voir la présentation par G. Mairet des *Six livres...*, *op. cit.*

Cependant, le citoyen n'est pas simplement sujet, il est sujet par excellence (comme pour Aristote le membre de l'assemblée était citoyen par excellence). En un sens même, le citoyen fait le souverain. De façon générale, on tient pour sujet quiconque est soumis aux décisions souveraines : à ce titre, les esclaves sont sujets aussi bien que les étrangers dans la mesure où ceux-ci doivent respecter les décisions du souverain sur le domaine duquel ils résident. Mais le citoyen est sujet d'une façon spéciale, que dénote sa définition comme « franc sujet ». En quoi consiste donc cette franchise ? De la longue enquête qui éclaire la notion, il ne ressort pas que le citoyen soit moins assujetti que l'esclave ou l'étranger mais qu'il l'est par une forme spéciale d'assujettissement. Bodin la spécifie comme lien d'obligation : on veut souvent reconnaître au citoyen des privilèges qui lui seraient propres, or « les privilèges ne font pas le citoyen, mais l'obligation mutuelle du souverain au subject, auquel, pour la foi et obéissance qu'il reçoit, il doit justice, conseil, confort, aide et protection »[1]. On a affaire ici, manifestement, à un autre concept de l'obligation que l'on sera d'abord tenté de caractériser comme contractuelle. C'est ce que semblerait formuler sa reprise au chapitre suivant : « le Prince est obligé de maintenir par la force des armes et des loix ses subjects en seureté de leurs personnes, biens et familles : et les subjects par obligation réciproque, doivent à leur Prince, foy, subjection, obéissance, et secours »[2]. Cependant, le vocabulaire employé le montre clairement, ces formulations renvoient beaucoup plus en amont, vers ce que l'on a pu appeler de façon équivoque le *contrat féodal* et plus justement les *obligations vassaliques*, qu'en aval vers ce qui sera au siècle suivant théorisé comme *contrat de soumission*. La réciprocité de l'obligation n'est pas donnée comme condition constitutive du lien mais comme son effet : l'obéissance et la protection sont les marques par lesquelles se reconnaissent la sujétion et la souveraineté. Il n'en reste pas moins que le citoyen est engagé dans une double relation d'obligation. Comme sujet, comme tout sujet, il est obligé par la volonté du souverain : il lui est soumis. Comme franc sujet, son obéissance n'est pas simple soumission mais consentement. L'opposition entre « monarchie seigneuriale » et « monarchie royale » repose sur cette même distinction[3].

La définition de la souveraineté développée au chapitre VIII exclut de façon explicite que l'on puisse voir dans l'obligation réciproque du Prince et de ses sujets un contrat constitutif de la souveraineté, mais elle permet aussi de montrer comment ces deux types d'obligation s'articulent. La

1. SLR, I, VI, p. 131.
2. SLR, I, VII, p. 151.
3. Cette distinction est thématisée au livre II, chap. II et III.

souveraineté, par définition, ne saurait être conditionnelle, ce qu'implique au contraire toute relation contractuelle : elle est absolue parce que résultant d'une pure donation sans contrepartie, « attendu que les autres donations, qui portent charge et condition, ne sont pas vrayes donations : aussi la souveraineté donnée à un Prince sous charges et conditions n'est pas proprement souveraineté »[1]. C'est bien pourquoi – il y a là un des énoncés cardinaux de la pensée bodinienne – le paradigme de son exercice est celui de la loi, non celui du contrat : « Il ne faut pas confondre la loy et le contract : car la loi dépend de celui qui a la souveraineté, qui peut obliger tous ses sujets, et ne s'y peut obliger soy mesme »[2].

En quel sens le souverain peut-il alors être obligé sans s'obliger ? Qu'est donc cette obligation mutuelle qui n'est pas contractuelle ? Nous pouvons, pour l'instant, y reconnaître un effet de la sujétion spécifique qui est celle du citoyen : elle s'exprime comme « foi et obéissance »[3]. L'obéissance en un sens premier est, on l'a vu, le fait de tout sujet qui se conforme au commandement du souverain. Mais, lorsque cette obéissance est consentie, elle est conformation à ce commandement comme venant du souverain : c'est ce que semble recouvrir le terme de *foi*. Le citoyen est donc le sujet qui se conforme à la décision du souverain *parce qu'il est le souverain*. La protection est l'effet que cette obéissance induit en retour chez le souverain. La séquence serait la suivante : la souveraineté est le pouvoir d'obliger, l'obéissance du citoyen son effet, la protection du souverain l'effet de cet effet. L'obligation est alors un rapport liant des volontés entre elles, obligation réciproque (il y a double lien) mais pas contractuelle (la protection est l'effet de l'obéissance pas sa condition). Cette lecture semble corroborée par une autre formulation de Bodin : « C'est donc la recongnoissance et obéissance du franc suject envers son Souverain, et la tuition, justice et defense du prince envers le suject, qui fait le citoyen »[4]. La première obligation (la volonté du souverain obligeant les sujets) fait le souverain, la seconde (l'obligation réciproque) fait le citoyen comme franc sujet. C'est sous la première que la seconde est possible. Aux yeux de Bodin, sa reconnaissance par les sujets est donc bien constitutive de la souveraineté, non comme sa condition mais parce qu'elle en est l'effet.

Ce qui est vrai des citoyens en particulier l'est encore s'ils sont considérés en corps. Le consentement est si peu condition de la souveraineté que la capacité à en faire l'économie entre dans sa définition : « Le point principal de la majesté souveraine, et puissance absoluë, gist

1. SLR, I, VIII, p. 187.
2. *Ibid.* p. 195.
3. Un second protocole de lecture est proposé plus loin.
4. SLR, I, VI, p. 141.

principalement à donner loy aux sujects en general sans leur consentement »[1]. On ne saurait être plus net: est souverain qui peut obliger une volonté malgré elle. Mais la souveraineté n'en manifeste pas moins sa puissance dans le consentement qu'elle obtient. C'est ce qui est établi expressément concernant toutes les formes de validation des décisions souveraines. Ainsi Bodin affirme-t-il, en partant de l'exemple de l'Angleterre : « La vérification des estats, non plus que d'une Cour, d'un Parlement, d'un corps et Collège, ne suffit pas pour montrer la puissance de commander : mais bien le consentement pour valider les actes »[2]. La souveraineté, comme pouvoir d'obliger, a pour premier effet de se faire reconnaître pour telle par les volontés qu'elle oblige. Elle s'effectue dans le consentement qu'elle obtient et, en ce sens, il n'y a de véritable souveraineté que celle qui s'exerce sur de « francs sujets »[3].

La définition bodinienne de la loi découle de cette conception de la souveraineté comme « puissance de lier et obliger un subject »[4]. Si la loi est ce qui lie, c'est dans la mesure où elle est commandement qui exige l'obéissance : « La loi n'est autre chose que le commandement du souverain, usant de sa puissance »[5]. La loi est la volonté du souverain dont c'est précisément le caractère propre que sa volonté vaille commandement. Ce n'est pas la loi qui oblige mais la souveraineté, sous la forme de la loi. Il y a un excès de la souveraineté sur la loi que Bodin s'emploie à signifier de toute sorte de manières. C'est d'abord l'affirmation de la règle *princeps legibus solutus* (le prince n'est pas lié par les lois) qu'il ne faut pas entendre, bien sûr, comme légitimation de l'arbitraire mais comme ce principe que celui qui a pouvoir de donner des lois a aussi pouvoir de les défaire et n'est donc tenu par aucune loi. C'est aussi le pouvoir de déroger qui permet au souverain de soustraire un de ses sujets à la loi sans que cela signifie en aucune manière que sa sujétion soit anéantie : « En quelque sorte que ce soit, le suject, qui est exempté de la puissance des loix, demeure toujours en la sujection et obéissance de ceux qui ont la souveraineté »[6]. La loi retirée reste la souveraineté. Du même principe découle encore que tous les privilèges sont suspendus à la volonté du souverain et, quand bien même ils seraient

1. SLR, I, VIII, p. 204 et X, p. 306.

2. SLR, I, VIII, p. 203. Il ne semble pas dans cette mesure adéquat de parler du consentement comme *limite* de la souveraineté (J.-F. Spitz, *op. cit.*, *passim*). Au demeurant, cette expression ne se trouve pas chez Bodin.

3. C'est une implication de la souveraineté sur laquelle J.-F. Spitz insiste, *op. cit.*, p. 6. Il semble cependant (est-ce un effet de son enracinement lockéen?) ne pas distinguer le consentement de la volonté.

4. SLR, I, VI, p. 149.

5. SLR I, VIII, p. 221.

6. SLR I, VIII, p. 191.

qualifiés de perpétuels, doivent être renouvelés par la volonté de tout nouveau souverain comme n'étant lié par aucune volonté, fut-elle celle de ses prédécesseurs. L'excès de la souveraineté sur la loi est l'excès de la volonté sur ce qui est voulu : « les loix du Prince souverain, ores qu'elles fussent fondées en bonnes et vives raisons néanmoins ne dépendent que de sa pure et franche volonté » [1].

La conception de l'obligation qui sous-tend l'ensemble de ces représentations fait d'elle ce lien par lequel une volonté est tenue par une autre volonté : d'un côté – celui du sujet – l'obligation est une astreinte (le sujet est obligé par les volontés du souverain, qui sont pour lui des lois), de l'autre – celui du souverain – elle est une « franche volonté » (ce pour quoi le souverain n'est tenu par aucune loi, ce qui ferait de lui un sujet). Plus précisément, la relation d'obligation repose de part et d'autre sur un double registre de la causalité et de la volonté, mais à front renversé. Dire que la souveraineté oblige, c'est dire qu'elle est une volonté qui produit l'obéissance comme son effet; mais cet effet engage la volonté de ceux sur qui elle agit : ils consentent à l'obligation. Réciproquement, la soumission des sujets est l'effet que la puissance souveraine produit sur eux mais cet effet se manifeste comme mouvement de leur volonté : les « francs sujets » obéissent aux lois parce qu'ils se fient au souverain. Volonté d'un côté, consentement de l'autre. La construction de Bodin repose sur la conjonction de deux conceptions du lien d'obligation, comme lien nécessaire et comme lien volontaire.

La façon dont Bodin ramène à l'unité, en ce point précisément, deux arguments tirés l'un du droit romain, l'autre du droit canon, est proprement remarquable [2]. C'était une règle du droit des obligations que nul n'est tenu par la simple promesse : *Nulla obligatio consistere potest, quae a voluntate promittentis statum capit*. La promesse comme simple intention déclarée ne valant pas contrat, nul ne peut en droit exiger son exécution. De son côté, le droit canon disait que « le Pape ne se lie jamais les mains », pour cette raison que son pouvoir de lier, comme successeur de saint Pierre, ne saurait – à l'image de la toute puissance divine – se donner une quelconque limite. Il s'agit bien deux fois du même principe : une volonté ne peut s'obliger. Mais les concepts de volonté et d'obligation y sont bien différents. La première règle considère la volonté dans son rapport à elle-même comme pure intention, ne produisant aucun effet, ni réel ni de droit : pour qu'il y ait obligation, il faudrait le lien que produit l'engagement d'une volonté

1. SLR I, VIII, p. 192.
2. *Ibid.*

envers une autre[1]. Dans le second cas, il s'agit de Dieu, sa seule volonté est toute puissance : toute obligation serait diminution de la puissance divine. La simple promesse ne lie pas assez, la volonté divine lie trop : par défaut ou par excès, on ne peut s'obliger envers soi. Le prince ne peut s'obliger selon la première règle – ses intentions ne valent pas contrat avec ses sujets –, ni selon la seconde – sa puissance de commander est illimitée, comme l'est la puissance divine de faire[2]. Mieux : le commandement (l'obligation) est la puissance propre de la souveraineté comme *summa voluntas*. Comme loi, le vouloir souverain est un faire. Par la médiation de la *summa potestas* papale, le transfert du paradigme de la toute puissance divine à la puissance civile permet ainsi à Bodin de former son concept de la souveraineté comme pouvoir d'obliger[3].

Les obligations du souverain – Il faut pourtant en ce point relever un étrange paradoxe : alors que sa conception de la souveraineté – on vient de le montrer – repose sur ce principe que *le souverain qui oblige ne peut s'obliger ni être obligé*, Bodin donne une place centrale à deux questions qu'il semble avoir radicalement disqualifiées : le souverain peut-il s'obliger ? le souverain peut-il être obligé ? Plus déroutant encore, dans les deux cas, sa réponse est positive.

Comment le souverain, à la fois, ne peut-il pas et peut-il s'obliger ? « Le prince n'est point subject à ses loix, ni aux loix de ses prédécesseurs, mais bien à ses conventions justes et raisonnables »[4]. La seconde figure est bien, cette fois, celle du contrat. Cette apparence de contradiction peut être levée si l'on voit d'une part que deux concepts bien distincts de l'obligation sont ici en jeu et, d'autre part, que ces deux énoncés obéissent à un ordre de subordination stricte. La loi et le contrat portent respectivement ces deux concepts de l'obligation. « Plusieurs s'abusent, qui font une confusion des loix, et des contracts du Prince, qu'ils appellent loix : aussi bien celui qui appelle les contracts du Prince loix pactionnées »[5]. La loi est l'expression de la volonté du souverain en tant que celle-ci est un pouvoir de

1. On le verra au chapitre suivant, le jusnaturalisme se construira au contraire sur l'idée qu'une volonté peut s'engager envers elle-même et que de cet engagement naît une obligation. C'est moins alors du droit romain que du droit canon que la conception de l'obligation sera tirée.

2. En attribuant la puissance à la volonté, le principe de souveraineté est un événement métaphysique majeur.

3. Se vérifie ici la proposition, déjà évoquée, de J.-F. Courtine : la période qu'il appelle classique-moderne voit l'État « revendiquer pour son propre compte les traits fondamentaux de la souveraineté romaine », *op. cit.*, p. 20.

4. SLR I, VIII, p. 194.

5. *Ibid.* Une note de Bodin attribue à Pierre Bellaga cette notion de loi pactionnée qu'il récuse.

commander, c'est-à-dire d'exiger de ses sujets l'obéissance. L'obligation est alors ce lien par lequel la volonté du sujet est tenue par celle du prince : il est obligé. La souveraineté excluant la sujétion, le souverain ne peut en ce sens jamais s'obliger, sauf à faire abandon de sa souveraineté. Le contrat est la convention par laquelle deux volontés s'accordent pour créer un lien conditionnel entre elles, l'une s'engageant à donner ou faire en échange de ce que l'autre donne ou fait. L'obligation est dans ce cas le lien de droit qui découle de la convention et dont chacune des parties peut réclamer à l'autre l'exécution. Si, aux yeux de Bodin, le souverain peut s'obliger, c'est en ce second sens, comme toute volonté peut le faire. Il le peut, bien sûr, envers ceux qui ne sont pas ses sujets, qu'il les reconnaisse comme souverains – c'est la logique des alliances et de tous les traités des souverains entre eux – ou comme sujets d'une autre souveraineté, ces derniers ne pouvant s'engager sans l'aveu de leur propre souverain. Mais il le peut encore envers ses propres sujets, qu'ils soient considérés isolément ou pris en corps. Cela suppose seulement qu'il leur reconnaisse – ce qui dépend de sa seule volonté et constitue donc une loi – la capacité de s'engager et d'engager leurs biens par leur volonté, qu'il en fasse donc de *francs sujets*. C'est le cas lorsque le prince accorde un privilège à un individu ou un corps, en échange d'une somme en argent ou de quelque service. Ces transactions sont alors sous l'autorité des lois et les deux parties peuvent également se réclamer devant les tribunaux de l'obligation qui les lie. Cette seconde sorte d'obligation est strictement subordonnée à la première : l'excès de la souveraineté sur la loi fait que le souverain peut se délier des engagements qu'il a pris chaque fois qu'il le jugera utile. Cette clause dérogatoire contient, au bout du compte, le concept entier de la souveraineté[1]. Elle ne vide pas pour autant de contenu les conventions passées par le souverain : cette consistance est exactement celles de la loi et de la citoyenneté et fait la différence entre ce que Bodin nomme la souveraineté royale et la souveraineté seigneuriale[2]. Comme le citoyen est sujet par excellence, la royauté est souveraineté par excellence : le consentement et la loi les caractérisent ensemble.

C'est donc une conception d'une grande clarté que Bodin résume ainsi :

> Il ne faut donc pas confondre la loy et le contract : car la loy dépend de celui qui a la souveraineté, qui peut obliger tous ses subjects, et ne peut s'y obliger soy mesme : et la convention est mutuelle entre le souverain et les subjects, qui oblige les deux parties réciproquement : et ne peut l'une des

1. SLR I, VIII, p. 191. Le statut de la dérogation chez Bodin est celui de l'exception chez Schmitt.

2. SLR II, chap. II et III.

parties y contrevenir au préjudice, et sans le consentement de l'autre et le Prince en ce cas n'a rien par dessus le subject; sinon que cessant la justice de la loy qu'il a juré garder, il n'est plus tenu de sa promesse, comme nous avons dit: ce que ne peuvent les subjects entre eux s'ils ne sont relevés du Prince[1].

La clarté de cette construction (il n'y a aucune équivoque sur le sens à attribuer à ces deux affirmations: *le prince ne peut s'obliger, le prince peut s'obliger*) est cependant suspendue au strict clivage de deux concepts de l'obligation: l'obligation souveraine et l'obligation contractuelle. À l'effet de recouvrement permis par la représentation de la volonté comme puissance, s'oppose ici un effet de découplement. Ces deux notions de l'obligation sont si hétérogènes que l'on peut se demander pourquoi Bodin en maintient l'homonymie. On ne saurait comprendre sa pensée sans rendre compte de cette difficulté. Mais il faut d'abord constater qu'elle n'est pas isolée.

Bodin ne se contente pas de dire que le souverain peut s'obliger, il affirme expressément qu'il *est obligé*. C'est en effet l'expression qui revient constamment dans les *Six livres de la République*: «le Prince est obligé aux lois de Dieu et de la nature». Cette fois encore, le caractère principiel de cette affirmation demande moins à être établi que spécifié: de quelle modalité de l'obligation est-il ici question? Étant exclu que l'on puisse invoquer ici le modèle de l'obligation contractuelle (Dieu et le prince ne sont pas des parties qui pourraient se lier d'un engagement réciproque et conditionnel), il semblerait qu'il faille se tourner vers l'obligation souveraine. Dieu, souverain des souverains, les lierait par les lois exprimant sa volonté et auxquelles ceux-ci seraient tenus d'obéir. On peut trouver dans la tradition médiévale de nombreuses formes d'une telle conception[2]. C'est en particulier dans un tel horizon que la *summa potestas* de la papauté pouvait revendiquer l'autorité sur les souverains. Inversement, les souverains, à commencer par l'empereur, prétendaient recevoir directement, en ce qui concerne l'ordre terrestre, le pouvoir d'exprimer la volonté de Dieu. Ce serait à l'évidence nier tout l'effort de Bodin pour penser le caractère *sui generis* de l'ordre politique et affirmer la nécessaire absoluité de la puissance souveraine que de l'inscrire, même sous sa seconde forme, dans un tel cadre de représentation. Cette double impossibilité semble avoir conduit Gérard Mairet à minimiser à toute force la

1. SLR I, VIII, p. 195. On comprend mal pourquoi J.-F. Spitz (*op. cit.*, p. 44) juge ce développement «maladroit et sans grande cohérence». Serait-ce d'avoir attribué à Bodin la notion de loi *pactionnée* qu'il récuse pourtant clairement?

2. On trouve à la vérité en quelques lieux (par exemple, SLR I, VII, p. 217) la persistance de ces formules chez Bodin, mais elles n'y ont aucune fonction conceptuelle.

référence aux lois de la nature et de Dieu, allant jusqu'à dire que chez Bodin « l'appel à la loi de la nature est purement rhétorique »[1]. Cette dernière explication n'étant guère satisfaisante, il s'emploie surtout à montrer que la loi de la nature et de Dieu ne concerne pas la souveraineté – elle n'a pas de pertinence politique – mais la personne du souverain : elle serait donc de nature morale[2]. Outre que cette explication ne lève guère la difficulté – la volonté souveraine étant la volonté du souverain, on en reviendrait à subordonner la politique à la morale –, elle contredit l'affirmation formelle de Bodin, pour qui, à cette loi, le souverain « est plus estroitement obligé que pas un des subjects »[3]. Elle néglige également le fait que tous les effets de cette obligation mentionnés par Bodin ne concernent jamais la conduite morale de la personne mais bien l'exercice de la souveraineté. On ne saurait donc ainsi écarter la difficulté.

On observera pour commencer que l'expression choisie par Bodin (loi de la nature et de Dieu) a un effet de neutralisation : cette loi n'est pas présentée comme commandement ou ordre mais comme ordonnancement de la nature que Dieu a créée. Le souverain ne doit pas tant obéir à Dieu que respecter l'ordre qu'il a établi. D'ailleurs, dans leur forme et leur contenu, les *Six livres* ne renvoient pas à un arrière-plan théologique mais au vocabulaire et aux principes du droit naturel des Anciens : c'est Cicéron que Bodin cite le plus souvent et les règles de l'honnêteté qu'il invoque. Le déplacement est si méthodique que, lorsqu'il s'agit de récuser les « flatteurs » qui prétendent mettre le pape et l'empereur au-dessus de toute loi d'honnêteté, il leur oppose Pindare disant qu'à « la loi naturelle…tous, Rois et Princes, sont sujets »[4]. Ce texte relève du réseau référentiel du droit naturel et plus spécifiquement du stoïcisme, familier au romaniste qu'était Bodin. Le concept de la loi renvoie ici à la puissance ordonnatrice de Dieu plutôt qu'à sa volonté prescriptrice. Les liens dans lesquels les lois de la nature et de Dieu tiennent les souverains sont des liens nécessaires, d'une nécessité qui n'est pas celle de la causalité de la mécanique mais exprime une norme commune interne de la nature.

Le concept de l'obligation auquel on a affaire ici ne peut donc pas plus être celui de l'obligation souveraine que celui de l'obligation contractuelle. Il semble relever d'un troisième genre. L'application que Bodin en fait à la question de la propriété permettra de le caractériser[5]. Le point de départ de

1. G. Mairet, Présentation des *Six livres de la République*, *op. cit.*, p. 10.

2. *Ibid.*, p. 12 : La loi naturelle ne serait pas de l'ordre du public mais du « privé », de la « conscience ».

3. SLR I, VIII, p. 214.

4. *Ibid.*, p. 221.

5. SLR I, VIII, p. 221-224.

l'examen est la proposition de flatteurs, déjà évoquée, tirant de la *summa potestas* du pape et de l'empereur un droit qu'ils auraient de « prendre les biens de leurs sujets sans cause ». La *puissance absolue* invoquée, rétorque Bodin, « n'est autre chose que dérogation aux loix civiles »[1]. Or il ne s'agit pas ici d'une loi civile mais d'une loi de la nature et de Dieu, qui porte « qu'il n'est licite de prendre, ni mesme convoiter le bien d'autruy ». Une telle loi détermine « l'équité » ou ce qui est « honnête ». D'elle découle la distinction de principe entre le *dominium* et l'*imperium*, la propriété et la puissance. La puissance absolue des souverains s'exerce dans le cadre de ce principe d'équité : « le Prince ne peut rien qui soit injuste ». Mais alors, au nom d'une cause honnête et non « sans cause », le souverain peut disposer du bien de ses sujets par achat, échange, ou « confiscation légitime », si la conservation de l'État l'exige – dans la mesure où « la raison naturelle veut que le public soit préféré au particulier » – et ses décisions sur leurs propriétés obligent ses sujets. C'est l'*imperium* qui fixe les limites du *dominium*. La souveraineté royale, obéissant aux lois de la nature et de Dieu, passera par le consentement des sujets ; la souveraineté seigneuriale, ne regardant qu'à son pouvoir légitime de faire loi, s'en passera. Dans l'espace ainsi ouvert se posent bien sûr quelques questions décisives : le sujet peut-il juger de l'équité ? se soustraire aux lois du souverain s'il les juge iniques ? se révolter contre le souverain qui violerait l'équité ? tuer celui-ci comme tyran ? Bodin répond par l'affirmative à la première, par la négative à la seconde – malgré ce qu'il peut dire concernant les droits de remontrance et de retrait ainsi que des mesures dilatoires accordées aux seuls magistrats[2] – et de même, mais avec la plus grande vigueur, aux deux dernières[3]. Or, c'est ce qu'il importe de montrer ici, ces réponses ressortissent chacune à la nature de l'obligation en jeu.

Faire de la propriété un droit de nature, antérieur à toute loi civile, c'est y reconnaître un lien qui lie tous les hommes, quels qu'ils soient, et dont se tire une obligation de restituer à chacun son bien ou de le dédommager pour la perte subie. Tout suggère de prime abord que nous avons affaire ici au

1. J.-F. Spitz, *op. cit.*, p. 105-116, restitue cette prise de position dans le débat portant sur l'extension de la règle *princeps solutus* (restreinte au lois civiles ou étendue à la définition du juste et de l'injuste selon la loi naturelle et divine) et montre que, sur ce point comme bien d'autres, Bodin s'inspire de Balde. On peut voir, à l'intérieur de la tradition franciscaine, ce débat opposer Duns Scot à Pierre Olivi. *Cf.* O. Boulnois, *La puissance et son ombre*, Paris, Aubier, 1994 et L. Parisoli, « Obligation naturelle et obligation positive ; science normative et perfection spirituelle dans l'École franciscaine », *Archives de Philosophie du droit*, t. 44, 2000, p. 65-85.

2. SLR, III, IV, p. 91-115.

3. SLR II, V, p. 72-86. Bodin y reproche aux monarchomaques d'être infidèles sur ce point aussi bien à Luther qu'à Calvin.

concept de l'obligation naturelle au sens du droit, « simplement naturelle (*naturalis tantum*) » dit Bodin dans son *Exposé du droit universel*[1]. On peut, avant d'y revenir plus précisément, en donner ici une définition provisoire. L'obligation est un lien que l'on peut faire valoir en droit pour en exiger le respect. L'obligation est dite naturelle si elle ne découle ni d'une loi civile ni d'une convention passée entre particuliers mais d'un lien établi par la nature. Par exemple, la protection que le père doit à ses enfants. Ces définitions, au moins en première approximation, viennent du droit romain. Mais, parce qu'il a résorbé le concept de loi sous le droit civil – c'est l'effet le plus manifeste du principe de souveraineté –, Bodin fait qu'on ne peut plus juger que par les lois civiles, autrement dit les lois édictées par le souverain. S'il y a bien un droit de la nature et de Dieu, celui-ci n'est plus susceptible de sanction civile mais relève du seul jugement de Dieu, qu'il n'appartient à aucune puissance terrestre d'exécuter. Dans l'ordre civil du moins, l'obligation qui découle des lois de la nature et de Dieu est une obligation sans sanction : c'est ce qui explique la réponse positive de Bodin à la première question posée sur les effets de cette obligation et la réponse négative aux trois autres. Il appartient à tous de porter un jugement sur l'équité mais le droit de sanctionner est le privilège de la souveraineté : c'est le pire de tout les crimes, l'usurpation de la souveraineté, que de se l'arroger. Ce que dit Bodin des magistrats, loin de contredire ce principe, même de le limiter, le confirme. C'est du souverain que le magistrat tient son autorité, soit selon la modalité des « lettres de commandement » – il n'a alors qu'à exécuter en bon sujet – soit sous celle des « lettres de justice », qui valent commission, au nom du prince, de mettre en œuvre ses lois[2]. Si le magistrat peut user de remontrances ou de dilation pour faire revenir le souverain sur sa décision, c'est au titre de la fonction de conseiller qui lui a été conférée et il doit se rendre en fin de compte au commandement souverain. On est dans un modèle analogue à celui du conflit opposant le souverain avec ses sujets au sujet d'un contrat qu'ils auraient passé. La cas même de la démission du magistrat qui refuse de mettre en exécution une décision allant contre la loi de la nature reste à l'intérieur de ce schéma : pas plus qu'un autre sujet, il n'est en droit de se délier de son devoir d'obéissance mais il peut se défaire d'un privilège de magistrature qu'il tient d'une convention passée avec son souverain[3].

1. J. Bodin, *Exposé du droit universel*, *op. cit.*, p. 53.

2. SLR, III, IV, p. 93-97.

3. SLR, III, IV, p. 105-108. La lecture que J.-F. Spitz fait de ce chapitre, *op. cit.*, p. 93-102, semble gouvernée par ce qu'il voit des limitations de la souveraineté là où Bodin pense une hiérarchie des obligations.

S'il nous a conduit à les contester l'une et l'autre[1], l'examen de la façon dont le souverain est obligé par les lois de la nature et de Dieu nous contraint donc à donner raison, sinon dans leurs moyens du moins dans leurs thèses centrales, aux deux lectures antagonistes de Bodin : les lois de la nature et de Dieu constituent bien les normes qui s'imposent à la souveraineté mais aucune instance humaine n'est en mesure de leur donner la sanction sans laquelle il n'y a pas de loi[2].

À ce stade de notre enquête, nous avons mis en lumière chez Bodin quatre concepts distincts de l'obligation : l'obligation souveraine par laquelle la volonté du prince oblige celle de ses sujets, l'obligation mutuelle que le rapport de souveraineté induit entre le prince et les citoyens, l'obligation contractuelle qui procède de l'engagement de plusieurs volontés, l'obligation naturelle qui découle des lois de la nature et de Dieu. C'était donc une litote que de présenter la pensée de Bodin comme une problématique de l'obligation. Ce trop plein peut faire douter de la consistance d'une pareille plurivocité. Plutôt cependant que de conclure trop vite que la diversité de ces définitions interdit de penser l'unité d'un concept de l'obligation, il paraît nécessaire d'envisager qu'elles puissent être rapportées à un genre commun. Il peut être fécond d'interroger leur origine et celle de leur distinction, à commencer par le droit romain dont nous avons signalé à plusieurs reprises la prégnance dans les *Six livres de la République*. Il ne s'agit pas pour autant d'y chercher la vérité de Bodin – sa *Juris universi distributio* se veut, en rupture avec les glossateurs du *Corpus civilis,* une exposition des principes du droit avec *raison* et *méthode*[3] – mais d'y reconnaître la source à laquelle il puise, quitte à montrer comment il l'a détournée.

1. Mais cela de façon non symétrique : en minorant la place des lois de la nature et de Dieu, G. Mairet obscurcit l'économie de la pensée de Bodin. En lui surimposant une problématique des limites, J.-F. Spitz atteint la consistance même du concept de souveraineté.

2. Janine Chanteur présente ce contraste de façon claire et équilibrée, tout en le laissant irrésolu : « La loi naturelle et la souveraineté chez Jean Bodin », in *Théologie et droit dans la science politique de l'État moderne*, Rome, École française de Rome, 1991. Nous verrons que Bodin prend en charge cette difficulté plus qu'on ne le dit, mais aussi qu'elle revient après lui de façon récurrente, en particulier chez les jusnaturalistes.

3. « Artem illam ratione et methodo tradere », *Juris universi distributio*..., Dédicace, *op. cit.*, p. 8. Le commentaire et la traduction de S. Goyard-Fabre prêtent à Bodin une visée « scientifique ». S'il insiste sur la nécessaire *rationalité* du droit, Bodin précise que sa « discipline » est un « art », non une « science », son genre étant « prudentiel » et non « théorique ».

OBLIGATIO EST JURIS VINCULUM : LE STATUT DE L'OBLIGATION DANS LE DROIT ROMAIN

La double relation entretenue par Bodin avec le droit romain se lit d'emblée dans la définition que sa *Distributio* donne de l'obligation : « *Obligatio est juris vinculum, quo dare facere tenemur* »[1] qui renvoie sans équivoque à celle des *Institutes : « Obligatio est juris vinculum, quo necessitate adstringimur alicujus rei solvandae secundum nostrae civitatis jura* »[2]. À la stricte reprise de la définition classique succède une volonté de simplification et un infléchissement de l'explication. D'une certaine façon, il s'agit pour nous de préciser ce que Bodin retient et de mesurer l'écart qu'il produit. Toutefois, cela suppose d'abord d'établir une sorte d'état des lieux. La difficulté de l'entreprise n'est pas mince : le droit romain est un domaine si vaste et a une histoire si riche – inauguré avec les XII Tables, il est en perpétuelle formation jusqu'à Justinien et reste vivant, par le jeu des interprétations, pratiquement jusqu'au XVIe siècle de notre ère[3] – qu'il défie toute synthèse. Or, non seulement le droit des obligations occupe une place centrale dans l'édifice ainsi progressivement constitué, puisqu'il couvre en large part les actions en justice, mais la théorie des obligations y fait l'objet d'une extraordinaire créativité : son histoire pourrait se confondre avec celle du droit romain dans son entier. Il nous est possible cependant, heureusement, de resserrer le cadre de l'enquête selon un triple principe de restriction. C'est la catégorie juridique d'obligation en tant qu'elle peut éclairer son usage politique qui nous importe ici, non le détail du droit des obligations[4]. De plus, Bodin aborde le droit romain en théoricien, non en historien du droit : notre objet est de rendre intelligible la place de l'obligation dans l'économie conceptuelle du *Corpus civilis* pour la comparer à

1. *Juris universi distributio*, *op. cit.*, p. 52. « L'obligation est un lien de droit par lequel nous sommes tenus de donner ou de faire » (trad. L. Jerphagnon).

2. *Institutes* de Justinien 3, 14 : « L'obligation est un lien de droit, par lequel nous sommes astreints nécessairement à nous acquitter d'une chose conformément au droit de notre cité ». La traduction usuelle (« par la nécessité duquel ») est fautive : le latin ne donne ni *cujus necessitate* ni *qua necessitate*. *Necessitate* a valeur adverbiale et porte sur la façon dont nous sommes tenus à remplir nos obligations, non sur la façon dont le lien de droit engendre l'obligation. Pour former sa propre définition, Bodin revient à une formulation antérieure du jurisconsulte Paul rapportée par le *Digeste*, 44, 7, 3 pr., sur laquelle nous aurons à revenir.

3. En Occident, entre le VIe et le XIe siècles, la doctrine du droit romain sombre dans l'oubli mais sa redécouverte est d'autant plus marquante et donne naissance à un remarquable développement disciplinaire.

4. Notre lecture des textes juridiques ne sera pas celle d'un technicien du droit, par défaut de compétence et parce que notre problématique n'est ni de l'histoire ni de la théorie du droit mais politique et philosophique.

celle de la *Distributio*. Enfin, par conséquent, l'histoire de la catégorie d'obligation ne nous intéresse que dans la mesure où elle peut aider à cette intelligibilité[1].

Nexum et *obligatio* – Il faut, pour comprendre le statut de l'obligation en droit romain, se défaire de toute notion moderne de l'obligation et en particulier de son acception comme devoir[2]. Pour creuser l'écart nécessaire à une telle déprise, on soulignera qu'avant d'être ce à quoi l'on est tenu, l'obligation est d'abord envisagée comme ce à quoi on peut astreindre autrui[3] : avoir une obligation ne signifie pas que l'on est obligé mais bien plutôt que l'on est en situation d'obliger autrui à exécuter un droit que nous avons sur lui. C'est le sens gardé dans notre langage financier. Il en est ainsi parce que la problématique de l'obligation s'élabore sous celle de *l'action*[4]. L'action est le droit de réclamer en justice son dû (on notera – il faudra y revenir – que l'on est strictement dans le cadre du droit privé). Pour qu'il puisse y avoir action, il faut donc pouvoir invoquer un dû, lequel concerne soit une chose sur laquelle on réclame un droit (propriété, usage légitime, servitude...), soit une personne de qui l'on réclame l'accomplissement de ce à quoi elle est tenue envers nous. Les unes sont des actions réelles (*vindicationes*), les autres des actions personnelles (*condictiones*). Pour

1. *L'obligation*, F. Terré (dir.), *Archives de Philosophie du droit*, t. 44, 2000, propose un ensemble d'études constituant un précieux point d'appui (en particulier : Jean Gaudemet, « Naissance d'une notion juridique. Les débats sur l'"obligation" dans le droit de la Rome antique », p. 19-32, et R.-M. Rampelberg, « L'obligation romaine : Perspective sur une évolution », p. 51-68, qui donnent l'un et l'autre de précieuses indications bibliographiques).

2. Ce principe élémentaire est ici à la fois particulièrement nécessaire et difficile à respecter. R. Tuck, *Natural rights theories*, Cambridge, Cambridge Univeristy Press, 1979, p. 9, le dit de façon lapidaire « The term obligation did not generally mean obligation in our sense ».

3. C'est ce que montre la définition de Paul : *Obligationum substantia (...) in eo constitit (...) ut alium nobis obstringat ad dandum aliquid vel faciendum vel praestandum* (La substance des obligations consiste à contraindre autrui à nous donner ou faire quelque chose, ou à nous rendre un service). Paul emploie l'actif : *obligatio obstringat ad dandum...*, là où les *Institutes* emploieront le passif : *obligatio est vinculum quo necessitate adstringimur*. Dans la conception romaine c'est l'*obliger* qui explique logiquement l'*être obligé*. Si l'attribution à Paul de cette citation est exacte (certains la contestent), elle témoignerait aussi d'une antériorité de formulation.

4. On suivra ici le texte des *Institutes*, 4, 6, 1 : *Actio est jus persequendi in judicio quod sibi debetur. 1. Agit unusquisque, aut cum eo qui ei obligatus est vel ex contractu, vel ex maleficio : quo casu, proditae sunt actiones in personam, aut cum eo qui nullo jure ei obligatus est, movet tamen alicui de aliquare controversiam : quo casu, proditae actiones in rem.* / L'action est le droit de poursuivre en jugement ce qui nous est dû. 1. On agit contre quelqu'un qui a envers nous une obligation issue d'un contrat ou d'un préjudice – dans ce cas les actions sont intentées contre une personne – soit contre quelqu'un avec qui on est en conflit au sujet d'une chose, sans qu'il nous soit lié par une obligation en droit – dans ce cas les actions sont intentées au sujet d'une chose.

qu'une action personnelle puisse être intentée, il faut donc que celui que l'on poursuit nous soit redevable : c'est précisément ce qui définit la relation d'obligation. Celle-ci peut résulter, disent les *Institutes,* soit d'un contrat, soit d'un délit. Cette définition et cette distinction, secondaires parce qu'obvies pour la technique juridique, sont conceptuellement décisives. Pour commencer, tout délit n'est pas motif à action : il faut qu'il constitue un préjudice (*maleficium*) pour celui qui intente l'action (il doit avoir intérêt à agir), il faut encore que ce délit soit constitué en droit, ce qui exclut la violation des obligations « simplement naturelles ». Cependant – c'est le plus important –, l'obligation pour préjudice implique que celui-ci a établi un lien de fait entre l'auteur et la victime, lien constitutif d'un dû, une dette, dont suit l'obligation elle-même. L'obligation découlant d'un contrat doit donc, par symétrie, s'analyser de la façon suivante : le contrat a constitué un lien entre les contractants. Parce que celui-ci a une validité juridique, ce qui n'est pas le cas de toutes les conventions, il en découle une obligation. C'est cette obligation qui fonde l'action. Le modèle prévalant de la dette va dans le même sens : l'emprunt et le prêt, ensemble, constituent le lien volontaire, l'obligation de rendre est son effet nécessaire, l'action en justice a pour objet de contraindre à l'exécuter. Le vol crée une dette, donc une obligation. Ce n'est donc pas l'emprunt qui fait l'obligation mais la dette. Il ne saurait être question par conséquent de confondre l'obligation et le contrat, et si le contrat peut être pensé en terme de volonté (libre engagement des contractants), l'obligation, elle, est du côté de la nécessité : elle est contrainte (*obstringere, astringi*[1]).

Cette construction est le résultat, par un double mouvement de complexification et de simplification, de près d'un millénaire d'élaboration juridique mais cette élaboration, quant au sens de l'obligation, témoigne d'une grande continuité. Si la notion d'obligation n'est formée que dans les derniers moments de la République, elle est préparée depuis la loi des XII tables sous un autre vocable : le *nexus* (gén. *nexus*) ou *nexum* (gén. *nexi*). Le *nexum*, qui signifie proprement le nœud, est d'abord une contrainte physique. On appelle *nexus* celui qui a été fait esclave par une décision de justice. Il est d'ailleurs intéressant de noter que dans le droit primitif – on retrouve ici la double source contractuelle et délictuelle du lien – on qualifie ainsi quiconque est réduit en esclavage, que ce soit pour vol ou pour dette. Dans le premier cas, la victime se dédommage en s'appropriant la personne de son voleur ; dans le second le prêteur fait exécuter le contrat (*nexum*) par lequel son débiteur avait garanti son emprunt par l'hypothèque de sa

1. Cette réversibilité de l'actif au passif marque bien la nature du lien qu'exprime l'obligation.

liberté[1]. Le plus important est que, dès l'origine, on puisse saisir à la fois la double source de l'obligation et la distinction de deux moments : celui de la formation du lien qui peut être volontaire – le rite de « la balance et l'airain » le sanctionnait – et celui de son exécution obligatoire, qui est contrainte de droit. Celle-ci est dite *solutio* parce qu'elle défait le lien. C'est pour clarifier cette structure que la notion d'obligation proprement dite va être élaborée, l'*obligatio* servant d'abord à caractériser le *nexum* et venant ensuite s'y substituer.

Avant d'être à proprement parler définie comme catégorie, l'*obligatio* semble avoir eu un usage dont plusieurs textes témoignent. Le verbe *obligare* est employé pour la première fois par Plaute pour désigner une hypothèque : l'acheteur d'un domaine a obligé ses autres possessions[2]. Si les termes de la vente ne sont pas respectés, le vendeur pourra faire valoir l'obligation pour l'acheteur de lui remettre les biens hypothéqués. Cicéron, le premier, use du terme *obligatio*, dans le même sens, mais dans un cas plus complexe, dans une de ses lettres à Brutus : il s'agit encore d'une hypothèque mais cette fois contractée pour autrui. Si celui qui a emprunté ne s'est pas acquitté de sa dette, son garant devra le faire à sa place[3]. Le fait qu'il s'agisse d'une comparaison prouve que l'usage était déjà bien établi. Un autre texte de Cicéron permet de bien marquer la relation entre *obligatio* et *nexum*. Il s'agit encore une fois d'une comparaison entre un engagement pris dans l'espace public, celui de la politique, et un engagement de droit privé[4]. Définissant ce cas type, Cicéron constate : « Concernant ces objets de réclamation que sont les transactions, celui qui s'est obligé par le *nexum* doit assumer le risque du procès ». Par le *mancipium* a été constitué un lien de droit, le *nexum*, qui est porteur de l'obligation. La structure est ici

1. R. M. Rampelberg, « L'obligation romaine : perspective sur une évolution », *loc. cit.*, p. 52 et 54.

2. Plaute, *Truculentus*, v. 214 : *Nam fundi et aedes obligatae sunt ob Amoris praedium*.

3. *Lettres à Brutus*, I, XVIII, 3 : *Est autem gravior et difficilior animi et sententiae maximis praesertim in rebus pro altero quam pecuniae obligatio. Haec enim solvi potest et est rei familiaris iactura tolerabilis ; rei publicae quod spoponderis, quem ad modum solvas, nisi is dependi facile patitur pro quo spoponderis ?* / L'obligation pour le compte d'autrui est plus pénible et difficile quand elle porte sur son état d'esprit et son jugement, surtout pour des affaires de grande importance, que lorsqu'elle porte sur de l'argent. L'obligation d'argent, en effet, on peut l'acquitter, et la perte de sa fortune personnelle est supportable. Ce sur quoi on s'est engagé auprès de l'État, comment l'acquitter, si celui pour qui on s'est engagé ne se résigne pas à son règlement ?). Cette référence et la précédente sont indiquées par R.-M. Rampelberg, *loc. cit.*, p. 51.

4. Cicéron, *Pro Murena*, 3 : *Quod si in eis rebus repetendis quae mancipi sunt is periculum iudici praestare debet qui se nexu obligavit, profecto etiam rectius in iudicio consulis designati is potissimum consul qui consulem declaravit auctor beneficii populi Romani defensorque periculi esse debebit.* Le *mancipium* (prendre en main) désigne toutes les formes de transactions (achat et vente, don fait ou reçu).

extrêmement claire : le *nexum* est la source de l'*obligatio* qui est le fondement de l'*actio*. L'*obligatio* n'apparaît pas pour se substituer au *nexum* mais pour en éclairer le fonctionnement en permettant de distinguer la constitution du lien et son effet obligatoire. Ce point, qui aura son importance pour définir la structure conceptuelle de l'obligation comme *vinculum juris*, est d'abord essentiel pour comprendre le contexte de sa mise en forme par Labéon.

Obligation et contrat – Vivant à l'époque augustéenne, Labéon était un des grands juristes de l'école dite proculienne. C'est à lui que l'on doit la première définition en forme du contrat et, simultanément, de l'obligation. Nous en connaissons les termes par Ulpien dont un fragment le citant est lui-même repris au titre 50 du *Digeste*[1]. Pour Labéon, le contrat serait « une obligation de l'un envers l'autre – ce que les grecs nomment *sunallagma* – comme l'achat et la vente, la location et la conduction, la société » (*contractum autem ultro citroque obligationem, quod graeci sunallagma vocant, veluti emptionem, venditionem, locationem, conductionem, societatem*). La première remarque à faire est que, le *definiens* ne pouvant être en même temps le *definitum*, le contrat n'est pas l'obligation. Dire que le contrat est cette sorte d'obligation qui est réciproque n'est guère plus satisfaisant : le contrat ne serait plus alors qu'une simple dénomination, un terme pour désigner les obligations réciproques, et l'on n'en saurait guère plus sur ce qui est source de cette obligation. Le but de Labéon est bien de définir le contrat, notion rendue nécessaire, selon Rampelberg, par de « nouvelles pratiques commerciales majoritairement synallagmatiques »[2]. Alors que le droit ancien ne connaissait que l'échange réel ou les conventions unilatérales de l'un envers l'autre, il fallait penser, en particulier pour les échanges « internationaux », des conventions impliquant obligation réciproque et conditionnelle. On parlera alors d'un « échange obligationnel »[3]. De la nouveauté de la notion en droit romain témoigne en tout cas le recours à un mot emprunté non directement au droit grec mais à Aristote, que Labéon aurait pu connaître par l'intermédiaire de Cicéron. L'intérêt de cette dernière notation, plus encore que d'indiquer l'origine aristotélicienne de la notion, est de souligner qu'en Grèce comme à Rome la problématique de l'obligation concerne le droit privé et s'inscrit dans l'horizon d'une action

1. *Digeste*, 50, 16, 19. Intitulé *De verborum significatione*, ce glossaire est une mine de sources et de définitions. Ulpien donne cette citation comme venant du premier livre du *Droit du préteur urbain* de Labéon.

2. « L'obligation romaine... », *loc. cit.*, p. 58.

3. *Ibid.*, p. 59.

en justice[1]. En tout cas, le contrat est à la fois défini par la réciprocité et l'obligation. Il faut donc entendre qu'il est ce type de lien qui crée une double obligation telle que l'une ne peut aller sans l'autre : les deux liens ne sont pas juxtaposés mais condition l'un de l'autre. Le contrat apparaît comme un type particulier de *nexum* dont découle une catégorie également particulière de l'obligation[2].

Le plus intéressant peut-être, dans ce moment du droit romain, est que l'appui pris sur la notion d'obligation pour définir celle de contrat conduit en retour à une élucidation de celle d'obligation : l'obligation réciproque qu'implique le contrat met en lumière que c'est la volonté de ceux qui sont liés qui est engagée. Elle l'est d'une double façon : c'est le consentement réciproque qui fait le contrat, c'est la volonté des contractants qui est obligée. C'est ainsi que l'on peut comprendre la précision qui donne tout son sens à la définition de Paul, partiellement citée plus haut : « la substance des obligations ne consiste pas à faire nôtre une chose corporelle ou une servitude, mais à contraindre autrui à nous donner quelque chose, à faire quelque chose pour nous ou à exécuter quelque chose en notre faveur »[3]. Ce n'est plus le corps qui y est immédiatement lié comme dans la figure ancienne du *nexum* mais la volonté qui est obligée et, médiatement, lie les corps. Paul rend manifeste ici ce pour quoi l'obligation est personnelle. Ce point est doublement décisif. Il montre, d'une part, que la relation d'obligation concerne une volonté qui est contrainte à donner, faire ou exécuter et, d'autre part, que la volonté y intervient comme devant se soumettre. C'est ainsi, si l'on peut se permettre ce raccourci, que la dette devient devoir; mais ce devoir s'impose, c'est le propre de l'obligation, comme une nécessité.

Il reste cependant, et c'est un point essentiel à retenir, que l'obligation n'est pas le contrat et qu'il y a par conséquent de nombreuses obligations, en particulier délictuelles mais aussi unilatérales, qui ne dérivent pas d'un contrat. Toute convention ne crée pas d'obligation, le « pacte nu » ne vaut pas contrat. Il faut encore que la convention s'inscrive dans le cadre du droit

1. Aristote, *Éthique à Nicomaque*, 1131 a, insiste sur le fait que la notion de *synallagma* concerne le droit privé et que la justice qui s'y applique est corrective. On observera que le *synallagma* peut être involontaire : c'est le préjudice. Le synallagmatique chez Aristote couvre le champ entier de l'obligation et non celui plus restreint des obligations contractuelles. Les traducteurs n'en rendent pas clairement raison.

2. C'est en un sens le réveil des potentialités de cette structure, restées quinze à seize siècles en sommeil, qui donnera naissance au contractualisme. Il faudra pour cela qu'ait été transformé le concept de l'obligation.

3. *Digeste*, 44, 7, 3 : *Obligationum substantia non in eo consistit, ut aliquod corpus nostrum, aut servitutem nostram faciat : sed ut alium nobis obstringat ad dandum aliquid, vel faciendum, vel praestandum.* La traduction est ici celle proposée par R.-M. Rampelberg.

civil ou du droit des gens[1]. Certes, le droit romain, jusqu'à la compilation du *Corpus civilis,* sera engagé dans un double effort de distinction et de classification des obligations en même temps que de leur absorption sous la catégorie de contrat, de plus en plus diversifiée et étendue[2], mais sans que soit jamais opérée la conjonction qui permettrait de poser leur identité : même dans l'obligation contractuelle, celle qui résulte d'un contrat synallagmatique, une chose est la création volontaire du lien, une autre l'obligation pour les volontés d'en consentir les effets. Cette distinction est nécessaire parce qu'entre ces deux moments intervient l'action, autrement dit l'inscription de la relation des parties dans l'espace judiciaire qui seule fait de leur convention une obligation. Elle l'est aussi parce que, si la relation contractuelle est bien pensée comme produite par la volonté des contractants – c'est une idée longue à mûrir mais on a vu que la notion de contrat allait en assurer le succès[3] – à aucun moment l'obligation n'est envisagée comme création de la volonté de ceux qui sont obligés. L'obligation est un lien de droit et un lien de droit est nécessaire pour les volontés qui y sont tenues.

L'histoire de la formation de la catégorie d'obligation confirme bien ce que mettait en évidence sa place dans l'économie systématique présentée par la codification justinienne : être obligé, c'est pour une volonté être contrainte par une action à faire en faveur d'autrui ce qu'il exige. Il n'y a d'obligation que par le lien préalable, convention ou délit, dont l'obligation découle, dans la mesure où ce lien est reconnu par un jugement comme ayant valeur légale. L'action a pour objet de faire reconnaître le caractère obligatoire du lien.

Vinculum juris – Il est intéressant de le noter, la notion de *vinculum juris* apparaît en même temps que s'efface celle de *nexum*, comme si un lien prenait la suite d'un autre[4]. L'importance croissante accordée aux obligations issues d'un contrat, donc à leur fondement dans la volonté des contractants, ayant rendu d'une certaine façon obscure la nécessité enveloppée dans la conception primitive du *nexum*, il aurait fallu la rappeler et pour cela la déplacer vers la définition même de l'obligation. C'est bien ce que semble faire le texte des *Institutes* dont nous sommes partis : *Obligatio*

1. On retrouvera ce point au sujet de l'obligation naturelle.

2. C'est ainsi que sont formées les notions de *quasi contrat* et de *quasi délit*.

3. Selon P.-M. Rampelberg, *loc. cit.*, p. 59, le juriste Festus Pedius (Ier siècle) aurait théorisé cet aspect.

4. Le droit romain procédant par intégration cumulative, comme le montre à l'envie le *Digeste*, les textes anciens invoquant le *nexum* restent présents mais sans avoir le rôle organisateur qu'a acquis l'*obligatio*, comme en atteste ce condensé destiné à régler la pratique du droit que sont les *Institutes*.

est juris vinculum, quo necessitate adstringimur alicujus rei solvandae secundum nostrae civitatis jura.

Cette définition a pu être qualifiée à juste titre d'énigmatique[1] et pose sans doute autant de problèmes qu'elle n'en résout. À commencer par celui de l'origine de l'expression même de *juris vinculum*. Les débats des historiens du droit sur ce point restent largement ouverts et conjecturaux : on en retiendra qu'il faut y voir une innovation « tardive »[2]. Mais le débat sur son sens n'est pas moins délicat. Le *vinculum* est un lien, d'abord au sens le plus matériel du terme : les *vincula* sont les chaînes ou les fers qui entravent l'esclave ou le prisonnier. On retrouve bien ce que portait la notion du *nexum*, mais – cette différence est capitale – comme métaphore[3]. La contrainte que détermine le *vinculum* n'est pas celle de l'entrave qui lie le corps mais une contrainte *de droit*. La structure métaphorique de l'énoncé ouvre pour l'interprétation un espace dans lequel vont proliférer les commentaires. Ils porteront dans deux directions : la nature du lien, son mode d'effectuation.

Une glose du VIe siècle donne sur le premier point une distinction lapidaire mais précieuse : *Juris vinculum, id est jus quia jus vinculum est*[4]. Il faut comprendre ici que le lien ne reçoit pas seulement du droit une forme juridique mais que c'est d'être un droit qui fait l'obligation. Un droit c'est ce qui est dû, la justice – c'est la première proposition des *Institutes* – est *voluntas jus suum cuique tribuendi*. Le droit est ce qui assure cette attribution dans le cadre d'une juridiction instituée, comme le précise la fin de la définition : *secundum nostrae civitatis jura*. C'est une précision que donnait déjà Ariston au IIIe siècle, en disant que du contrat synallagmatique naissait une « obligation civile »[5]. On a discuté de savoir si cette précision valait restriction au seul droit civil par opposition au droit des gens et au droit naturel[6]. Cette question doit s'entendre de deux façons différentes selon que l'on se place du point de vue des sources du droit ou de celui de la

1. E. Jeuland, « L'énigme du lien de droit », *Revue trimestrielle de droit civil*, Paris, Dalloz, juillet-septembre, n° 3, 2003, p. 455-474.

2. J. Gaudemet, *loc. cit.*, p. 29-30, après avoir envisagé une série d'hypothèses conclut : « Il faut y voir une création doctrinale, peut-être critiquable, et en tout cas d'époque tardive (IIIe ou IVe siècle) ».

3. Le *nexum* et l'*obligatio*, le *contractus* aussi sont des notions d'emblée juridiques et même de technique juridique : c'est par analogie que leur usage a été étendu, et de façon post-classique. Le *vinculum* a d'abord un usage concret et n'est introduit dans la langue juridique que par la métaphore du *juris vinculum*.

4. *Glose de Turin*, citée par J. Gaudemet, *loc. cit.*, p. 30 qui renvoie lui-même à Lelio Lantella, « Note semantiche sulle definizione de "obligatio" », *Studi Grosso*, IV, 1971, p. 107-116.

5. *Digeste*, 2, 14, 7.

6. R.-M. Rampelberg, *loc. cit.*, p. 67.

juridiction. Que les obligations aient leur source en droit des gens découle de la définition même que donnent de ce dernier les *Institutes : ex hoc iure gentium et omnes paene contractus introducti sunt, ut emptio, venditio, locatio, conductio, societas, depositum, mutuum, et alii innumerabiles*[1]. L'esclavage et les transactions sont les deux grandes créations attribuées par les Romains au droit des gens, le lien le plus unilatéral et la convention. Mais il suffit de voir comment les mêmes catégories sont reprises dans l'économie du *Corpus civilis* pour constater que le droit civil les prend en charge pour leur donner force de droit. La situation est différente pour le droit naturel : les obligations « simplement naturelles », selon la terminologie reçue, ne peuvent donner lieu à aucune action, sinon dans la stricte mesure où ce qui par nature est un *officium* devient par le droit une *obligatio*[2]. On doit en tout état de cause comprendre que, dans tous les cas, c'est dans le cadre du droit institué que le *jus* peut se faire valoir comme obligation[3].

D'être de droit, le lien ne perd cependant rien, tant s'en faut, de son caractère contraignant : le contrat pas moins qu'un autre. La question se pose donc aussi de savoir selon quelle modalité il exerce cette contrainte. Un commentaire de Placentin tente de le montrer en explicitant la métaphore : si un *vinculum corporale* entrave la marche, empêchant de s'en aller (*abire*), l'obligation est un *vinculum intellectuale* qui « astreint à promettre, faire ou donner »[4]. On notera l'intéressante dissymétrie : là où le lien corporel est une entrave qui empêche, le *juris vinculum* produit la nécessité d'agir. Ici s'enracine l'affinité entre obligation et commandement. Mais, parmi les témoignages que produit Jean Gaudemet, le plus précieux pour nous est sans aucun doute celui, autrement plus tardif, d'un juriste français du XIIIe siècle : Jacques de Revigny, mort en 1296, fut, avant d'être évêque de Verdun, un des maîtres de l'École d'Orléans. Son œuvre abondante et influente – on lui doit un des rares dictionnaires médiévaux du droit –

1. *Institutes*, I, 2.

2. Sur ce passage de l'*officium* à l'*obligatio*, une étude de cas très éclairante : Philip Landolt, « D. 12.6. 60 pr. et l'obligation naturelle », *Revue internationale des droits de l'Antiquité*, 3e série, t. XIV, 1998, p. 255-264.

Le recours à la notion d'obligation naturelle en droit romain est marginal et désigne le plus souvent une sorte d'obligation civile disqualifiée. Par exemple : devenu majeur, celui qui se serait lié par des obligations durant sa minorité, n'est pas tenu civilement (sa minorité rend l'engagement nul) mais il le reste naturellement.

3. Si les *Institutes* parlent des *préceptes* de ces trois sources du droit, lorsqu'il s'agit de la pratique du droit, seules les prescriptions du droit écrit et du droit coutumier entrent en compte.

4. J. Gaudemet, *loc. cit.*, p. 30-31 : Placentin, in *Corpus glossatorum juris civilis*, I, Turin, 1969, p. 46 *sq*.

comporte un *Commentaire* des *Institutes* longtemps attribué à Bartole[1]. Revigny voyait dans l'expression *juris vinculum* une ellipse risquée, dans la mesure où « l'obligation, ce n'est pas un droit qui enchaîne, mais plutôt ce qui résulte d'un *fait* lequel enchaîne ou lie au moyen d'un lien de droit »[2]. Le fait (*factum*) doit ici s'entendre au sens juridique que fixe le *Digeste*[3], comme toute parole, écrit ou action de nature à créer avec autrui un lien de droit. L'argumentation mérite d'être transcrite :

> Moi je montre que l'obligation n'est pas un lien de droit et la Glose dit bien *de même que des bœufs sont liés par des cordes, de même les hommes sont liés par des paroles* [...] Si quelqu'un dit que la *ligatio* est la corde ou ce par quoi les bœufs sont liés, il dit mal car la *ligatio* est ce qui résulte de l'application du lien à la chose liée [...] L'*obligatio* ne peut pas être appelée le lien lui-même, mais bien plutôt ce qui résulte de ce lien, ou l'effet du lien lui-même ; il lie la chose par le lien de droit (*vinculum juris*) et de ce *ligamentum* résulte l'*obligatio*.

Beaucoup plus que l'image devenue proverbiale, c'est la structure conceptuelle dégagée par Jacques de Revigny qui doit retenir notre attention. L'*obligatio* (le fait d'être lié) n'est pas le lien mais l'effet de la *ligatio* (l'action de lier), et le *vinculum* ce lien par lequel la *ligatio* est opérée. Il a été fait quelque chose (ou dit ou écrit etc.) par quoi un lien est créé avec autrui ; reconnaître ce lien comme un lien de droit, c'est en tirer une obligation. Pour rendre compte de l'obligation, il faut toujours remonter au fait par lequel un lien de droit a été constitué. Il s'agit bien, dans cette clarification de l'expression *vinculum juris,* de réactiver la structure conceptuelle de l'obligation, laquelle témoigne d'une remarquable permanence.

Nous avions vu dans l'apparition de la formule du *vinculum juris* l'expression d'un besoin renouvelé, devant l'expansion de la thématique du contrat comme engagement volontaire, de rappeler la dimension de contrainte inhérente à l'obligation. Le souci de clarification exprimé par Revigny vise, quant à lui, à souligner que cette contrainte tient son caractère d'obligation (autrement dit de contrainte de droit) de l'opération qui la produit, et ainsi à souligner que l'effet d'obligation trouve son intelligibilité dans l'acte qui lie. L'implication directe de cet énoncé est qu'il n'y a

1. C'est sous son nom que ce texte eut de nombreuses éditions entre 1504 et 1596. Or, Bartole (ainsi que son élève le plus célèbre, Balde) fait partie des références majeures de Bodin.

2. *Obligatio non est jus vinciens, immo id quod resultat ex facto, quod vincit vel ligat cum juris vinculo.* Jean Gaudemet, *loc. cit.* p. 31, donne ces références à J. de Revigny d'après L. Lantella, *loc. cit.*

3. *Digeste* (*De verborum significatione*), 50, 16, 218.

d'obligation que par un pouvoir de lier en droit, son implication indirecte qu'exercer ce pouvoir c'est faire la loi : ne renvoient-elles pas ensemble au contexte d'une société dans laquelle le pouvoir de lier (celui du pape et celui des princes, ainsi que leurs relations) est devenu un enjeu essentiel et commence à se penser comme souveraineté ?[1].

L'ensemble de ces déterminations permet, pour l'heure, de mieux comprendre en quel sens l'obligation est un *vinculum juris*, un lien de droit, et ce pourquoi elle a été élaborée. Pour le droit romain, la justice a pour objet général de faire qu'à chacun soit accordé son dû. Le droit dit ce qui est dû, l'action judiciaire a pour objet d'obtenir l'exécution du droit. Invoquer une obligation, c'est exiger qu'un lien de droit supposé préexistant soit suivi d'effet : l'institution judiciaire doit y pourvoir. En tant que catégorie de la technique juridique, l'obligation se situe donc dans le cadre du droit institué. Faire de l'obligation ce qui découle d'un lien de droit, c'est nécessairement supposer que le lien préexiste à l'obligation. L'obligation relève du constat. Par ce trait, elle participe de la logique qui gouverne plus généralement les représentations antiques du droit : dans la nature, dans la coutume (de tous les hommes ou d'un peuple), dans le cadre d'une cité, le lien est toujours déjà donné. Le droit a pour charge d'en définir la nature et d'en tirer les conséquences, pas de le fonder. La méthode même des juristes relève de cet esprit : elle collecte le droit, l'ordonne, l'interprète.

La notion d'obligation, dans le droit romain, a donc cette structure très particulière, d'un côté, d'engager la volonté de celui qui est tenu par l'obligation et, de l'autre, de supposer un lien déjà donné, par lequel des volontés sont nécessairement liées alors que, dans le contrat, la volonté constitue le lien. On pourrait ainsi être tenté de définir l'obligation comme lien nécessaire et de l'opposer au contrat comme lien volontaire. Cette présentation, pourtant, masquerait plusieurs aspects essentiels aussi bien pour la catégorie de contrat que pour celle d'obligation. Ce n'est pas le libre engagement des volontés qui fait le contrat (la promesse nue, les simples conventions…, ne sont pas des contrats) mais l'ensemble des conditions (formalité de l'engagement, nature de son objet, etc.) qui rendent les clauses du contrat exigibles en droit. Autrement dit, est contrat cette sorte de convention qui est porteuse d'obligation. Inversement – c'est ce qu'a nettement montré l'examen du *nexum* – dans la constitution du lien d'obligation, la volonté de l'obligé est toujours déjà engagée : c'est quelque chose qu'il a dit ou fait (ou est supposé avoir dit ou fait) qui est source de son obligation. À cet égard, contrat et obligation sont deux catégories complé-

1. J. Krynen, *L'empire du roi*, *op. cit.*

mentaires : le contrat est un acte de volonté dont découle une nécessité, l'obligation est un lien nécessaire qui engage la volonté. Mais le contrat comme l'obligation impliquent un ordre juridique établi, dont la fonction est précisément de constater que l'obligation découle d'un lien entre les parties concernées et de dire que ce lien est un lien de droit producteur d'effets juridiques (à commencer par la distinction entre la simple convention et le contrat porteur d'obligations).

C'est la raison pour laquelle la notion d'obligation et celle de contrat n'ont, dans le droit romain, de véritable prégnance que dans le domaine du droit privé (ici compris comme régissant les rapports des particuliers entre eux, par opposition au droit public) et, si elles interviennent en droit international (droit des gens dans son acception moderne), ce n'est que dans la très faible mesure où les rapports des princes entre eux (ou des puissances) sont considérés comme des rapports de personnes et, à ce titre, relèvent des catégories du droit civil[1]. L'obligation et le contrat servent à penser les rapports des particuliers entre eux, mais ne constituent pas un modèle de représentation du lien social ni de formation des sociétés politiques. On peut ainsi expliquer le contraste saisissant entre la puissance des élaborations conceptuelles produites à l'intérieur du droit romain et la limitation du cadre dans lequel elles sont mises en œuvre. À certains égards, les grandes innovations des jurisconsultes de la fin de la Renaissance et du XVIIe siècle consistent à faire fructifier cet héritage en mettant la fécondité de ces notions au service de l'élaboration des problématiques du droit naturel et du droit politique. Mais cela supposera, au préalable, qu'à la conception du droit comme ordre déjà donné soit substitué le modèle de la législation comme commandement d'un pouvoir légitime[2]. Il se pourrait qu'à cet égard Bodin, pour une part délibérément, pour une autre par les effets induits de sa pensée, ait joué un rôle déterminant.

1. C'est une des difficultés constitutives du droit international que les conventions qui s'y passent ne puissent jamais être vraiment des contrats producteurs d'obligations, faute d'un ordre juridictionnel. Sur la difficulté de donner une place à l'obligation en droit public, voir Roland Drago, « La notion d'obligation en droit public et droit privé », dans F. Terré (dir.), *L'obligation*, « Archives de Philosophie du droit », 44, Paris, Dalloz, 2000, p. 43-49.

2. P. Haggenmacher, *Grotius et la doctrine de la guerre juste*, Paris, PUF, 1983, p. 135, – appuyant son propos sur ceux de Margherita Isnardi Parente et Janine Chanteur –, a pu ainsi écrire : « Alors que le Moyen Âge avait considéré le gouvernant surtout comme un juge, Bodin lui prête au premier chef les traits d'un législateur ». On pourrait aller plus loin et suggérer que la pensée de Bodin rend manifeste le déplacement remarquable que la souveraineté introduit dans la conception de la royauté : du paradigme de la *main de justice*, le pouvoir de juger, on passe à celui du législateur, détenteur du pouvoir de lier, d'obliger.

UNE COHÉRENCE IMPLICITE DE BODIN ?

La caractérisation de la catégorie de l'obligation dans le droit romain servira de toile de fond à toute une partie de notre propos[1]. Il y aura lieu en particulier d'interroger la place qui est la sienne dans la formation des théories modernes du droit naturel ainsi que dans la genèse de ce qu'on appelle depuis longtemps le contractualisme. Mais ce sont d'abord les difficultés soulevées par l'interprétation de la pensée de Bodin qui nous ont conduit à ce détour : difficulté externe, si l'on peut dire, de l'opposition de deux lignées de lecture incompatibles, difficulté interne de l'équivocité de la notion d'obligation dans les *Six livres de la République*. La fréquence des références qu'y fait l'ouvrage semble autoriser sa mise en rapport directe avec le droit romain, et l'on peut se demander si, dans son œuvre, Bodin fait une véritable distinction entre ce qu'il écrit comme romaniste, comme jurisconsulte, ou comme politique. Le fait, cependant, qu'il ait rédigé, au même moment pour ainsi dire que son grand ouvrage, un texte dans lequel il s'explique avec le droit romain ne saurait être négligé. Il faut d'abord examiner la façon dont la *Juris universi distributio* caractérise la notion de l'obligation[2].

L'obligation dans la Juris universi distributio – Comme son titre latin l'indique (le terme choisi pour le rendre en français fait difficulté), le but de Bodin dans cet ouvrage n'est pas d'exposer les principes du droit (on comprendrait mal qu'une telle tâche soit remplie dans les quarante petites pages de cet opuscule) mais de proposer un ordre rationnel et donc de produire les divisions nécessaires pour une telle exposition : division par ordre pourrait alors rendre *distributio*. Bodin signale ce en quoi sa *distributio* rompt avec celle reçue par les romanistes et pratique au contraire silencieusement les remaniements conceptuels qu'elle implique[3].

1. Faut-il rappeler que, du XIIe au XVIIIe siècle, le droit romain est une des disciplines structurantes de toute formation intellectuelle, qu'il l'est resté pour la formation juridique jusqu'au milieu du XXe. On dit à juste titre que sans l'univers symbolique chrétien l'art occidental est inintelligible. Est-il exagéré de dire que sans le lexique conceptuel du droit romain, des pans entiers de la philosophie et de la pensée politique le sont aussi ?

2. Le texte latin auquel nous renverrons est publié avec une traduction de L. Jerphagnon, des notes de R.-M. Rampelberg et un commentaire de S. Goyard-Fabre, Jean Bodin, *Exposé du droit universel*, Paris, PUF, 1985,

3. Il ne saurait être question ici d'étudier pour elle-même la théorie bodinienne du droit ; on se bornera à ce qui paraît nécessaire pour comprendre sa conception de l'obligation. S. Goyard-Fabre, dans Jean Bodin, *Exposé du droit universel*, *op. cit.*, lui consacre un long et utile « commentaire philosophique », dont on notera cependant qu'il est très marqué par l'attribution à Bodin d'une volonté « axiomatique » et d'une visée de « scientificité » dont il n'est pas certain qu'elles ne sollicitent pas les notions d'*ordre* et de *discipline prudentielle* dont use Bodin.

Ceux-ci pourtant ne sont pas de moindre conséquence. Il convient donc d'interroger ensemble la place que Bodin attribue à l'obligation et la définition qu'il en donne.

On notera que, levant toute hypothèque sur l'usage que l'on peut faire de ce texte, Bodin prend lui-même la peine, dans les dernières lignes de la *Distributio,* d'expliciter le lien qu'elle entretient avec son grand ouvrage. Définissant succinctement la cause finale du droit comme étant la justice, il décline celle-ci comme pouvant être arithmétique (l'égalité), géométrique (l'équité) ou harmonique (l'union et la paix) et ajoute : « J'ai développé ces choses au dernier chapitre du livre VI du *De Republica* »[1]. Cependant – et cela est pour nous d'une portée plus grande –, il inscrit d'emblée sa réflexion juridique sous le signe de sa pensée politique. Engageant l'examen du droit par sa cause formelle[2], il opère une véritable *réduction à la loi*: 1) il distingue le droit naturel et le droit humain (rubrique sous laquelle il requalifie le droit des gens comme droit universel et intègre ce qui est commun à tous les droits civils), 2) il exclut du champ du droit le droit naturel (parce que dépourvu de sanction) ainsi que le droit civil au sens strict (« ce qui est propre à une cité ou une autre » ne peut être objet de connaissance[3]), 3) il ramène tout le droit au droit humain et celui-ci à la loi (y compris le droit coutumier s'il porte sanction). Or, la définition de la loi que donne Bodin est en profonde rupture avec le droit romain et correspond au contraire à celle des *Six livres de la République* : « la loi n'est rien d'autre que l'ordre ou la sanction de la puissance souveraine »[4]. L'ordre, la sanction et la décision sont bien les attributs de la souveraineté. Il faut mesurer ce qui fait ici la nouveauté.

Cette définition fait de la volonté du prince la seule source de la loi, c'est ce que l'on souligne communément. Mais la première et la plus profonde rupture qu'elle a opéré avec le droit romain est d'envisager le droit comme ayant pour fin moins de rétablir la justice que de l'instituer. Au moment d'aborder l'action de la loi dont l'objet (commun avec l'office du juge) est d'exécuter la loi, et donc de constituer la cause efficiente du droit, Bodin le dira très explicitement : la loi a d'abord pour objet de « constituer le droit »,

1. *Distributio*, *op. cit.*, p. 80.

2. Les quatre causes ordonnent l'ouvrage entier : à la cause formelle correspond le droit lui-même, c'est-à-dire la loi, à la cause matérielle correspondent les personnes, les choses, et les faits, à la cause efficiente : l'action de la loi et l'office du juge, à la cause finale : la justice.

3. *Distributio*, *op. cit.*, p. 22

4. *Ibid.*, p. 16 : *Lex quid : cum lex nihil alium sit quam summae potestatis jussum sive sanctio. Est enim sancire et scissere, jubere.* On notera que Bodin reste fidèle en latin à l'expression classique *summa potestas* que ses textes français rendent toujours par souveraineté.

l'action de la loi de l'exécuter[1]. Pour les grandes compilations justiniennes (elles prolongent en cela la posture des jurisconsultes classiques) le droit est là : il s'agit de mettre à jour sa cohérence et son sens, et ses sources ne sont envisagées que sous ce rapport. Bodin se place d'emblée dans une perspective qui fait de la constitution du droit son premier objet. Le concept politique de la loi est l'antécédent nécessaire de son concept juridique.

Lorsqu'il s'agit de définir la matière du droit, ce déplacement de point de vue conduit Bodin à substituer à l'ancienne division (personnes, choses, actions) celle des personnes, des choses et des *faits*. Autre innovation majeure de Bodin, cette promotion des *facta et dicta personarum* (nous en avons vu le rôle chez Jacques de Revigny) en catégorie majeure de la *distributio juris* a explicitement pour but de passer d'un cadre qui n'envisageait que la seule action judiciaire (*forensis actio*) à un cadre plus large permettant de penser dans leur généralité tous les actes susceptibles de donner lieu à obligation, et par conséquent seulement à action[2]. Il s'agit de penser l'action de la loi correctrice sous la loi institutrice et, si on peut oser l'expression, la pathologie sous l'ordre normal. Ce déplacement entraîne aussi un remaniement de la catégorie de l'action, désormais conçue comme *action de la loi* plus que comme action *devant* la loi, ou plutôt implique de subsumer l'action devant la loi sous l'action de la loi.

C'est dans ce cadre qu'il faut replacer le traitement bodinien de la catégorie d'obligation. On pourra d'abord penser que, dans ce nouveau dispositif, l'obligation subit un déclassement corollaire à la redéfinition de l'action. Un examen plus attentif fera voir les choses sous un autre angle. Les *faits* se partagent d'abord en faits nus (*facta nuda*) et faits liés à un droit (*facta cum jure cunjuncta*). Cette distinction renvoie à la problématique de l'obligation. Les faits nus sont les conventions et les délits. La convention se définit par opposition à l'obligation : « l'obligation consiste en cela qui a été fait ou n'a pas été fait [...], la convention en cela qui doit être fait ou donné »[3]. Dans le premier cas (l'obligation), le lien de droit est constitué, dans le second (la convention), il pourra l'être, si la convention n'est pas exécutée et si elle est susceptible de créer un droit (ce qui en toute rigueur n'est le cas que des conventions contractuelles ou synallagmatiques ou de celles qui peuvent s'y reconduire). La convention n'est pas une obligation, mais d'elle découlent des obligations. Des délits, sans doute parce que la

1. *Ibid.*, p. 58 : *Nam lex et aequitas ad jus constituendum pertinent : legis actio et judicis officium ad exequendum.*

2. *Ibid.*, p. 28-30.

3. *Ibid.*, p. 30. *Conventio ... ab obligatione differt quod in eo quod factum vel non factum sit constitit, conventio in eo quod dari fieri debeat.* « Consistere in » signifie ici : prendre son assise sur, se fonder.

chose lui semble obvie, Bodin n'explicite pas la relation qu'ils ont avec l'obligation : le délit est le fait nu par excellence dont le droit dit quelles obligations il crée. Les *faits liés à un droit* sont, quant à eux, divisés en *antécédents* et en *conséquents*[1]. Sont des faits antécédents : l'acquisition et l'aliénation; conséquents : l'obligation et la libération. On retrouve la distinction entre relations réelles et personnelles. Toutes sont liées au droit en ce sens que c'est un lien de droit qui les constitue ou les dissout (alors que dans les *faits nus* le lien juridique est dans l'après-coup). Ce sont des actes juridiques et non seulement des actes pouvant avoir une portée juridique. C'est en ce lieu que Bodin donne sa définition de l'obligation, jusqu'ici seulement distinguée de la convention :

> L'obligation est un lien de droit, par lequel nous sommes tenus de donner et de faire. Elle est quadruple. Naturelle seulement; de Droit des gens et pourtant non naturelle, comme le fait qu'une décision injuste oblige et doit être tenue pour vérité (l. 4. *de statu hom.* L. Iulianus, *de condict. indebit.*); Civile seulement, celle qui est propre à une seule cité ; Naturelle et de Droit des gens, celles qui naissent des conventions et des justes décisions, ou encore de ces délits qui sont poursuivis selon le sentiment commun de tous les peuples et de la nature[2].

Comme nous l'avons dit, Bodin commence par une pure reprise de la formule des *Institutes*, mais il faut mesurer les inflexions qu'il lui apporte. La nouvelle division qu'il propose est la plus manifeste. Deux sortes d'obligations ne sont évoquées que formellement : les obligations simplement naturelles et simplement civiles. Nous savons pourquoi : les unes et les autres échappent à l'art du droit, par défaut ou excès de détermination, et ne sont donc pas de véritables obligations. La quatrième sorte d'obligation correspond à ce que Bodin appelle *droit humain* ou droit proprement dit et recoupe les obligations déjà évoquées. Mais la seconde modalité de l'obligation, pour scabreuse qu'elle soit, est lourde d'implications. En soi, dire qu'une décision injuste oblige et doit par conséquent être considérée comme si elle était fondée n'est pas une révolution : c'est une affirmation constante des juristes que l'autorité doit être respectée parce qu'elle est l'autorité. Bodin prend soin de donner ses références au *Digeste*[3]. Mais

1. *Ibid.*, p. 48.

2. *Distributio*, *op. cit.*, p. 52. *Obligatio est juris vinculum, quo dare facere tenemur, ea quadruplex est, Naturalis tantum, Gentium quidem omnium. non tamen naturalis, ut sententia injusta obligat, et pro veritate habetur. l. 4. de statu hom. L. Iulianus, de condict. Indebit. ff. Civilis tantum, quae unius civitatis propria est, Naturalis et gentium omnium, quae ex conventionibus justique decretis oritur, aut ex iis delictis quae omnium populorum, et naturae consensu vindicantur.*

3. De façon générale, la *Distributio* est émaillée de ces renvois au *Corpus civilis*.

inscrire cette idée dans la définition de l'obligation et en faire une de ses divisions est de toute autre conséquence. On peut y voir une implication de la définition de la loi par la *Distributio* qui correspond à ce que nous avons vu dans les *Six livres* : la décision de la puissance souveraine a force de loi parce qu'elle excède la loi.

C'est sous les dehors d'une simplification qu'une autre inflexion est apportée à la définition de l'obligation : dire que l'effet de l'obligation est de faire que nous soyons « tenus à donner ou faire » est plus élégant que la longue formule des *Institutes,* mais cette rédaction est loin d'être anodine. La suppression de la référence au droit civil tient à ce que l'obligation relève du droit humain, pas du droit simplement civil. La substitution du verbe *tenemur* à l'expression *necessitate astringimur* vaut interprétation de ce qu'est le *vinculum juris* : à la voie passive, *teneri*, signifie, dès la langue classique, être convaincu de quelque chose, un délit généralement, que l'on ne peut nier et aux conséquences de quoi on ne peut se soustraire [1]. Dire que l'obligation nous tient, c'est représenter la nécessité du lien comme ce qui doit être objet de reconnaissance et, d'une certaine façon, d'acquiescement de la part de qui est tenu. Corollairement, cette expression concentre l'attention sur ce à quoi on est obligé et passe sous silence celui envers qui on est obligé. Ne serait-ce pas que l'obligation est devenue double : obligation envers celui *en faveur de qui* on est obligé et simultanément envers le souverain *par qui* on est obligé ?

Il semble que la définition de l'obligation donnée par la *Juris universi distributio* appelle une appréciation nuancée. Bodin, c'est le premier point à noter, reste rigoureusement fidèle à la structure de la catégorie dans son élaboration romaine et prolonge l'entreprise clarificatrice de ses commentateurs : l'obligation est ce qui découle d'un lien de droit, elle suppose que quelque chose ait été fait, en quoi la loi reconnaît la source d'une obligation. En se déplaçant du point de vue du droit qui constitue et en plaçant la problématique de l'action (auxquelles les obligations donnent source) sous celle de l'action de la loi, il peut sembler cependant, c'est le second point, que l'obligation soit destituée du rôle de premier plan qu'elle occupait dans l'économie des *Institutes*. Mais, précisément, cette seconde remarque est susceptible d'un retournement majeur.

Seule la loi oblige, la loi est l'ordre de la puissance souveraine : telles sont les propositions, communes aux *Six livres de la République* et à la *Juris universi distributio*, sous lesquelles Bodin organise à la fois sa conception du droit et celle de la politique. Elles impliquent un remaniement de la

1. Cicéron en fait un emploi répété dans son *Contre Verrès*, pr. 2 ; 2, 99 ; 2, 144 ; 5, 101, etc.

catégorie d'obligation, implicite mais clairement effectué par les conséquences que Bodin en tire. Sous sa forme active (la définition de Paul: *alium obstringere*) ou passive (celle des *Institutes : adstringimur*), l'obligation déterminait toujours ce à quoi un particulier était tenu envers un autre, et son champ d'application était strictement celui du droit privé. En faisant de l'obligation d'abord ce à quoi on est tenu par la loi et de la loi le commandement du souverain, Bodin fait que l'obligation est avant tout ce rapport par lequel la loi du souverain oblige les sujets. En toute rigueur il forme la question de l'obligation comme une question de droit public. Ce déplacement de la catégorie de l'obligation du droit privé au droit public, en lui-même décisif, aura de plus pour conséquence d'entraîner à sa suite la catégorie de contrat[1]. Bodin pourrait être de cette façon, et bien malgré lui, le fourrier du contractualisme.

Mais, avant de prendre la mesure des conséquences impliquées par cette requalification de l'obligation, il faut d'abord saisir comment les diverses formes de l'obligation que nous avons relevées chez Bodin trouvent ici leur principe d'unité.

Une pluralité ordonnée– Nous avions repéré, dans une première approche des *Six livres de la République*, quatre concepts de l'obligation qu'il paraissait difficile de ramener à l'unité: l'obligation souveraine par laquelle la volonté du Prince oblige celle de ses sujets, l'obligation mutuelle que le rapport de souveraineté induit entre le Prince et les citoyens, l'obligation contractuelle qui procède de l'engagement de plusieurs volontés, l'obligation naturelle qui découle des lois de la nature et de Dieu. Dans quelle mesure l'examen que nous avons conduit de l'obligation en droit romain et de la reprise infléchie qu'en fait la *Distributio* permet il de renouveler notre compréhension de ce dispositif?

L'obligation se fonde sur ce qui a été fait ou non fait[2]. Telle est la formule dans laquelle Bodin recueille l'élaboration de la structure de l'obligation par le droit romain. C'est de ce point que l'on partira, en premier lieu, pour éclairer l'une des acceptions de l'obligation qui nous paraissait faire le

1. On donne communément pour origine au contractualisme le transfert au droit politique des élaborations médiévales concernant les universités et les corporations. Il semble bien, ce faisant, que l'on manque cette autre source que constitue la théorie romaine des contrats. Le contractualisme qui naît de la première – parce qu'il pense la société politique comme société de sociétés – est une impasse, c'est Althusius. Le contractualisme issu de la seconde aura un tout autre avenir parce qu'il pense la société comme formée d'individus. On a confondu ces deux modèles faute d'avoir distingué le contrat et la simple convention et même le contrat et l'obligation.

2. Voir ci-dessus.

plus difficulté. Comment Bodin peut-il dire – nous étions-nous demandé – que le souverain et les sujets sont réciproquement obligés, le premier à apporter « tuition, justice et defense » aux sujets, ceux-ci « recongnoissance et obéissance » au souverain, sans tomber dans un contractualisme qu'il rejette évidemment ? On a vu que cette réciprocité n'est pas celle d'un contrat parce qu'elle n'est pas conditionnelle. Autrement dit, les obligations dont il est question ici ne sont pas des obligations constitutives de la souveraineté mais constituées par elle. La souveraineté est le fait préalable dont découle ces obligations en tant que la souveraineté est reconnue comme créatrice de lien de droit. Si le souverain peut exiger de ses sujets qu'ils lui prêtent obéissance, c'est parce que le lien de sujétion que la souveraineté enveloppe est le fondement *(constitit)* de l'obligation pour les sujets de rendre au souverain l'obéissance comme son dû. Si les sujets sont en droit d'attendre de leur souverain sa « tuition », c'est que le lien que constitue la souveraineté porte en lui l'obligation pour le souverain de les protéger. Cette dernière relation est la plus éclairante : c'est parce qu'il est leur souverain que les citoyens, ces « franc sujets », peuvent réclamer de lui sa protection, non parce qu'il leur donne cette protection qu'il est leur souverain. Nous avions montré que ces obligations respectives devaient se comprendre comme des effets de la souveraineté. Cette analyse peut être confirmée mais doit être précisée : cet effet n'est pas de l'ordre de la causalité naturelle, mais un effet de droit. Cela signifie que ce n'est que par l'action de la loi que ces obligations respectives peuvent se faire valoir. Il est vrai que la définition de la loi comme ordre et décision du prince, comme celle, corollaire, de la souveraineté comme pouvoir de faire loi, mettent l'obligation du prince sous sa propre volonté. C'est bien ce que dit Bodin. Mais cela implique aussi que ce n'est que sous la loi et par l'action de la loi que le prince pourra exiger de ses sujets l'obéissance à laquelle ils sont obligés. Il ne s'agit pas là, au demeurant, d'une limite de la souveraineté, mais de la dimension dans laquelle elle se déploie nécessairement, conformément à sa propre nature. C'est bien, encore, ce que dit Bodin lorsqu'il définit la souveraineté royale comme souveraineté par excellence, et le citoyen, franc sujet, comme sujet par excellence.

Cette même structure rend compte, de façon plus immédiatement lisible, de l'obligation contractuelle que le souverain peut nouer avec ses sujets. Le fait constitutif de l'obligation est bien cette fois un contrat et proprement un contrat synallagmatique par lequel le prince et ses sujets s'engagent réciproquement et conditionnellement les uns envers les autres. On remarquera qu'il s'agit toujours de « faits liés au droit ». Il ne saurait revenir aux sujets de faire valoir une convention tacite comme valant contrat avec le souverain : d'une certaine façon, de telles conventions existent (tout ce que le souverain peut avoir par coutume ou consentement concédé à ses sujets) mais elles n'ont pour lui aucune valeur d'obligation. En revanche, si le souverain vend ou prête (par exemple un bien ou une charge), à un de ses sujets, il y a bien là création d'obligations réciproques. Mais, on l'a vu, ce n'est que sous la loi faite par le prince et donc sous ce fait, toujours supérieur et suspensif de ces obligations, que comme souverain il se lie lui-même d'un lien de droit et peut s'en délier.

L'obligation par la loi naturelle et de Dieu pose un problème assurément plus difficile. On l'a vu, l'obligation naturelle n'en est pas vraiment une : elle ne peut donner naissance à aucune action, puisqu'une action est un acte juridique qui ne peut être intenté que dans le cadre d'une législation civile, du droit humain selon la terminologie de Bodin. Une obligation sans sanction est un simple devoir. On pourrait donc penser que les lois de la nature et de Dieu ont, dans les *Six livres,* la place qu'accorde la *Distributio* à l'obligation simplement naturelle : une mention sans suite comme c'est un lien sans effet. C'est ce que semble entendre Gérard Mairet. Mais le moins qu'on puisse dire est que le contraste est grand entre la litote (*naturalis tantum*) d'une seule occurrence dans le second texte et l'affirmation répétée et circonstanciée par le premier : les Princes, comme tous les hommes et plus spécialement que chacun d'eux, sont *obligés aux lois de la nature et de Dieu*. Ce dernier syntagme, tout figé qu'il soit dans le texte bodinien, devrait davantage retenir l'attention. On a souligné, à juste titre, la faible présence de la doctrine chrétienne chez Bodin ainsi que les résonances stoïciennes qui accompagnent souvent ses invocations des lois de la nature. Nous avions observé que ce concept de loi paraissait plus celui d'une loi ordonnatrice que d'une loi prescriptrice et nous avions conclu que les lois de la nature étaient celle de Dieu comme exprimant l'ordre de sa création. Mais ce qui nous avait semblé une alternative l'est-il vraiment pour Bodin ? Cela serait vrai si l'obligation que constitue un commandement adressé à une volonté différait dans sa nature de celle qui découle du lien préalable par lequel une volonté se trouve engagée. Or nous venons de voir que, dans les deux cas, le même concept d'obligation était opératoire. Ne faut-il pas comprendre, dès lors, que les lois de la nature sont *aussi* des lois de Dieu ou, plus exactement, qu'elles sont doublement constitutives d'obligation : celle qui découle du lien dans lequel les hommes sont tenus par l'ordre de la création, et celle que constituent les commandements divins adressés à leurs volontés ? Il y aurait ici non deux obligations distinctes, mais un fait constitutif d'une double obligation : la création par Dieu de la nature et de son ordre crée pour les hommes des obligations dont les commandements divins lui réclament l'exécution. Les premières relèvent des lois constituantes de Dieu, les secondes de l'action de la loi divine. De ce second point de vue, il existe bien un tribunal devant lequel l'exécution de ces obligation sera jugée et sanctionnée : le tribunal de Dieu. Simples devoirs au regard du droit humain (aucun homme n'ayant légitimité à sanctionner à la place de Dieu), ce n'en sont pas moins des obligations à son égard : il se chargera d'en demander compte. Nous n'avons donc pas ici la distinction de deux concepts de l'obligation, mais celle de deux ordres distincts : celui de la justice du droit humain et celui de la justice du droit divin. L'obligation pour Bodin suppose un législateur, dont il connaît deux espèces (il est loin de voir en chaque homme son propre législateur) : le souverain pour le droit humain, Dieu pour le droit naturel. Il y aurait lieu, au demeurant, de se demander si ce dispositif conceptuel, au-delà de l'intelligibilité qu'il apporte à la pensée de Bodin, ne permettrait pas de rendre compte de la transformation, décisive pour la réception du stoïcisme, qui fait passer de l'*officium* à l'*obligatio* dans la conception du devoir. Dans ce passage que l'on peut observer entre la fin du XVIe et le début du XVIIe siècles, la médiation du stoïcisme juridique aurait ainsi joué un rôle déterminant dans la redécouverte du stoïcisme moral[1].

Le dernier (le premier en importance) des concepts de l'obligation que nous devons examiner est celui de l'obligation souveraine. Or la principale difficulté que nous avions soulevée à son sujet se trouve profondément transformée. Alors que, dans les trois cas qui précèdent, l'obligation était ce à quoi l'on est tenu, obligé, l'obligation souveraine est pouvoir d'obliger. On ne pouvait sans équivoque subsumer ces relations sous le même concept, sauf à se contenter de cette tautologie : à l'action répond la passivité qui lui correspond, ce à quoi l'un est obligé est ce à quoi l'autre peut obliger. L'aperçu que nous avons donné de la formation du concept d'obligation modifie la perspective : la relation première, nous est-il apparu, est celle par laquelle, en vertu d'un lien de droit, on oblige autrui à faire quelque chose en notre faveur. Cette action d'obliger est ce à partir de quoi se pense, comme sa réciproque, la situation de celui qui est obligé. En reformant sa conception de l'obligation à partir de l'obligation souveraine, Bodin ne fait donc que restituer sa structure première et ainsi en simplifier la compréhension. Mais la portée de ce déplacement ne se limite pas à un gain d'intelligibilité. Puisque le fondement de l'obligation est dans le fait qui la constitue, la question n'est plus de savoir quel est ce fait par lequel on est tenu par autrui à faire ou donner, mais celui par lequel on peut tenir autrui à donner ou faire. À cette question, la réponse de Bodin est limpide :

1. Voir M. Villey, *La formation de la pensée juridique moderne*, Paris, Montchrestien, 1968, chap. IV. Nous reviendrons sur ce passage à propos des jusnaturalistes du XVIIe siècle au chapitre suivant.

c'est la loi. Et, en toute rigueur, la loi est bien ce qui lie d'un lien de droit. De là l'importance de la définition de la loi comme *jussum* du souverain. Le fait constitutif de l'obligation est le commandement donné, effet de la souveraineté comme pouvoir de faire loi. Il faut alors suivre le chemin inverse de celui parcouru au moment précédent : si l'articulation des concepts de loi et d'action de la loi nous a permis d'éclairer l'obligation portée par les lois de la nature et de Dieu, il est légitime de penser que la façon dont Dieu oblige doublement les hommes nous aidera aussi à comprendre comment le souverain oblige ses sujets. Nous le verrons, c'est en large partie ainsi que le concept de souveraineté bouleverse la problématique de l'obligation.

L'examen montre donc que les emplois de la notion d'obligation chez Bodin, loin d'être marqués d'équivocité, font preuve d'une grande cohérence. On sera même tenté de conclure, un peu vite, au caractère circulaire de sa construction. Le point essentiel est de reconnaître que la relation d'obligation n'est pas celle dans laquelle une volonté s'engage librement, mais celle par laquelle elle est nécessairement liée. Les rapports de fait que la souveraineté établit entre le prince et ses sujets, les contrats qu'ils passent entre eux, les commandements de la puissance divine, les lois de la volonté souveraine, sont autant de *faits* dont découlent des obligations à faire ou donner pour ceux qui y sont liés par un lien de droit. Conforme à la définition de l'obligation dans le droit romain (et par là à certains de nos usages juridiques et financiers), cette acception choque la compréhension moderne courante. Dès lors que l'on prend conscience de cet écart, il faut rendre compte de la façon dont il s'est produit. Mais là n'est pas la seule conclusion à tirer. La subordination de toute forme d'obligation à la loi (comme cause formelle du droit) implique de séparer radicalement les obligations que l'on a aux lois de la nature et de Dieu de celle qu'on doit aux lois humaines. La définition des lois positives comme ordres de la volonté souveraine (chaque fois nous y avons été reconduits) fait de la sujétion la source générale de toutes les obligations. Ce sont là deux traits lourds de conséquences. Si Bodin reprend sa notion de l'obligation au droit romain, en la plaçant sous la dépendance d'un concept de la souveraineté que, selon lui, personne jusque-là n'avait vraiment constitué, il en bouleverse profondément la compréhension. Il faut mesurer les effets de ce bouleversement.

La souveraineté et le bouleversement de la problématique de l'obligation

Droit et politique : une double subsomption – Il faut ici repartir de la définition que Bodin donne de la loi et l'envisager à la fois en compréhension et en extension. Elle est le point d'articulation de sa théorie politique et de sa théorie juridique de l'obligation, comme le donnent à voir, dans leur correspondance, les formulations respectives des *Six livres* : « La loi n'est autre chose que le commandement du souverain, usant de sa puissance »[1] et celle de la *Distributio* : « *Lex nihil aliud [est] quam summae potestatis jussum sive sanctio* »[2]. Bodin se traduit lui-même. Du français au latin ou du latin au français ? Peu importe[3]. Mais ce qu'apporte chacune de ces formulations à la compréhension de l'autre est loin d'être insignifiant. En particulier parce qu'elles inscrivent le même concept dans deux discursivités connexes mais distinctes : la politique et le droit. L'équivalence établie entre *jussum* et *commandement* n'est pas aussi anodine qu'il y paraît. Le *jussum* (littéralement : ce qui *a été* ordonné) est un résultatif et met l'accent sur le contenu de la volonté exprimée (*ce que* la loi ordonne). Le *commandement* est au présent, c'est l'*acte* par lequel une volonté se manifeste comme ordre et fait signe vers *celui* dont cet ordre émane. Preuve en est que, dans le premier cas, la source du *jussum* est abstraitement caractérisée (la *summa potestas*) et que, dans le second, l'auteur du commandement est personnalisé (le *souverain*). Cette inflexion s'explique doublement : dans une perspective juridique, c'est le contenu de la loi qui importe, ainsi que l'*actio* à laquelle elle peut donner lieu (et dont résulte la *sanctio*) ; dans une perspective politique, c'est la relation du souverain au sujet (souveraineté *versus* sujétion) qui est primordiale. L'équivalence entre *souveraineté* et *summa potestas,* pour constante qu'elle soit chez Bodin[4], n'est pas moins intéressante. Le texte français introduit une sorte de glose en disant que le souverain, lorsqu'il commande par une loi, *use de sa puissance*. Ce qui est synthétiquement donné par le latin juridique : « la loi est ce qu'a ordonné la puissance souveraine », est analytiquement développé par le français politique : c'est parce qu'il y met en œuvre sa puissance que la volonté du souverain fait loi. Cette analyse a pour effet

1. SLR I, VIII, p. 221.
2. *Distributio*, p. 16.
3. La première édition française des *Six livres* date de 1576, la première édition latine de 1586. La première édition de la *Distributio* date de 1576 selon les uns, 1578 selon d'autres.
4. Au demeurant, Bodin donne encore pour équivalent latin la *majestas*, SLR I, VIII, p. 179, où tout un système d'équivalences entre le latin, le grec, l'hébreu et le français est mis en place.

d'abord de laisser ouvert l'espace dans lequel le souverain peut *aussi* avoir une volonté qui ne soit pas une loi, parce qu'il ne met pas en jeu sa puissance (c'est, on l'a vu, ce qui lui permet *aussi* de contracter avec ses sujets). Mais, et c'est là le plus important, elle distingue la puissance comme source de la loi et le commandement comme sa forme. C'est ce que nous avions reconnu comme excès de la souveraineté sur la loi : sous le pouvoir de *faire loi*, la souveraineté est le pouvoir d'y déroger. Le concept synthétique de la souveraineté est juridique parce qu'il marque que la loi est la forme sous laquelle la souveraineté s'effectue; le concept analytique est politique parce qu'il désigne de quelle puissance cette effectuation dépend. Cette double définition en compréhension de la loi constitue bien le carrefour de la pensée de Bodin : son effort consiste tout à la fois à faire entrer la loi – et avec elle tout l'ordre juridique – *sous la puissance politique,* et – en faisant de la loi le mode d'exercice de la souveraineté – à faire passer l'ordre politique entier *par l'ordre juridique*. C'est pourquoi on peut reconnaître dans cette pensée aussi bien l'affirmation de la souveraineté absolue que le plus foncier légicentrisme[1].

Ce double mouvement rend compte aussi de la façon dont Bodin redéfinit la loi, en extension, dans la *Distributio*. Rédigé sous Justinien, le texte des *Institutes* révèle le profond flottement entraîné, dans une construction juridique qui se veut une, par la nécessité d'intégrer les substructures politiques profondément hétérogènes auxquelles le droit romain a successivement su s'adapter (de la Rome archaïque, puis républicaine, à l'Empire dans ses différentes phases, jusqu'à sa redéfinition chrétienne). En témoigne l'étonnante énumération des différentes sources du droit écrit dans laquelle est prise sa présentation de la loi : *Scriptum ius est lex, plebiscita, senatusconsulta, principum placita, magistratum edicta, responsa prudentium*[2]. Aussi bien, les explications qui sont données de cette liste présentent-elles, plus qu'une distribution des sources du droit écrit, une sorte d'abrégé d'histoire du droit romain. Sont d'abord évoquées, au passé, ces anciennes formes sous lesquelles le peuple romain entier, ou la plèbe seule, faisaient la loi, puis les décisions du Sénat qui par l'autorité qui lui était reconnue avaient force de loi, les décisions de l'Empereur lorsque son *imperium* emporta le pouvoir de légiférer, enfin les décisions des magistrats et même des jurisconsultes en tant que ceux-ci s'étaient vu conférer par la puissance impériale l'autorité de statuer en matière de droit.

1. L'alliance des juristes et du pouvoir royal, décisive pour la formation du concept de l'État et patente tout au long du processus de formation de la monarchie française, trouve ici son fondement théorique.

2. *Institutes*, I, 2. « Le droit écrit c'est : la loi, les plébiscites, les senatus-consultes, les décisions des princes, les édits des magistrats, les réponses des prudents ».

À ce long texte, Bodin substitue la définition lapidaire de la loi que nous venons de commenter, ramenant cette pluralité à la simplicité du *principis placitum* : a le caractère de la loi cela seul qui a reçu la sanction souveraine. Il prend soin pour cela de bien distinguer la fonction du conseil sous laquelle il fait entrer aussi bien les avis d'un sénat, les consultations du peuple, que les édits des magistrats ou les réponses des jurisconsultes, de la décision du souverain qui seul peut faire loi[1]. Cette distinction, nous y reviendrons, est corollaire de celle de l'entendement et de la volonté dans laquelle l'émergence du principe de souveraineté pourrait avoir joué un rôle majeur. Cependant, en ramenant ainsi au genre unique de la loi toutes les formes du droit, Bodin n'exclut pas tant qu'il n'inclut : tout ce que le souverain autorise est revêtu de son autorité, et les décisions prises en son nom doivent obliger comme étant ses lois[2].

Figures limites : le débordement de Bodin – La réduction à la loi qui marque la construction de Bodin, si l'on se place du point de vue juridique qui est celui de la *Distributio*, a donc pour objet manifeste de mettre le droit sous le principe d'unification qu'est la souveraineté et de doter la loi de la puissance d'obliger qui est celle du souverain. On pourrait, de ce point de vue, y lire le principe même du légicentrisme : la loi oblige, la loi seule oblige. Ce sont pourtant des expressions que l'on cherche en vain dans le texte de la *Juris universi distributio* alors qu'on peut les trouver sans peine dans les *Six livres de la République*. Il y a là, du moins au premier regard, une anomalie qu'il faut expliquer. Nous pouvons déjà y voir un effet de l'analyse de la loi comme acte de la puissance souveraine : c'est parce qu'il use de sa puissance d'obliger ses sujets que le souverain donne à ses volontés la forme et l'efficace de la loi. Ce n'est donc pas tant la loi qui oblige que le souverain par la loi. La souveraineté, dans les *Six livres,* est constamment caractérisée comme pouvoir d'obliger les sujets et la loi comme commandement du souverain portant cette obligation. Ces points ont suffisamment été établis. Mais il importe de clarifier ce qu'impliquent ces propositions pour la conception de l'obligation. Or il semble bien que Bodin appréhende les conséquences de ses propres principes comme porteuses des plus grands dangers : il ne les aborde que pour tenter

1. *Distributio*, *op. cit.*, p. 18-20. Voir aussi SLR, III, 1 (le chapitre sur le Sénat ou Conseil) et VI, 4, p. 183-185. Distinguer l'office du conseiller de l'exercice de la souveraineté ne signifie pas pour Bodin sa disqualification au contraire c'est la place que revendique sa *Méthode pour faciliter la connaissance de l'histoire*, *op. cit.* ; voir sur ce point Robert Damien, *Le conseiller du Prince*, Paris, PUF, 2003, p. 115-126.

2. *Ibid.*, Les « *sententiae* » de Bartole et de Balde ayant reçu l'aval du Prince doivent être tenues pour lois.

d'endiguer les effets qu'il en redoute. C'est pourquoi elles apparaissent dans ce que l'on pourrait appeler des *figures limites* du texte bodinien.

Si la souveraineté, lorsqu'elle est pleinement elle-même, s'effectue sous la forme de la loi (elle est souveraineté royale), elle ne saurait s'épuiser en elle. Il y a un excès de la souveraineté sur la loi qui s'exprime négativement dans le pouvoir de dérogation, et positivement dans le fait que la volonté du prince oblige ses sujets par cela seul qu'elle est volonté souveraine. C'est la figure du débordement de la loi par la souveraineté que Bodin ne trace sans doute jamais aussi clairement que dans l'affirmation célèbre : « Aussi voyons-nous à la fin des edicts et ordonances ces mots : CAR TEL EST NOTRE BON PLAISIR, pour faire entendre que les loix du Prince souverain, ores qu'elles fussent fondées en bonnes et vives raisons, neantmoins qu'elles ne dependent que de sa pure et franche volonté »[1]. Pas plus que le bon plaisir n'est la fantaisie du prince, mais ce qui lui a semblé bon (c'est une stricte traduction du *principis placitum*), la proposition de Bodin ne signifie que la souveraineté est indifférente à la justification des lois : nous avons vu, au contraire, que le souverain était tenu aux lois de la nature et de Dieu. Par cet ordre de dernière instance, il s'agit plutôt de mettre en évidence que c'est par la volonté du prince que le sujet est obligé et que son obligation ne consiste pas à faire sienne les raisons du Prince, fussent-elles « bonnes et vives », mais de soumettre sa volonté à la sienne, d'obéir. L'obligation est donc ici cette relation par laquelle une volonté commande et une autre obéit. Elle peut avoir lieu parce que la volonté souveraine a ce caractère d'être une puissance de lier les volontés de ses sujets (nous avons vu ce que ce concept doit à celui de la toute puissance divine par l'intermédiaire du *pouvoir des clés* transmis par Pierre aux papes ses successeurs). La distinction ainsi opérée implique que le sujet est d'abord obligé *par* la volonté du prince et par suite *à* ce qu'il ordonne, au *commandement* avant le *jussum*. Deux dimensions de la volonté du souverain sont ainsi distinguées sous l'effet du principe de souveraineté, suivant qu'elle est considérée dans le rapport à d'autres volontés (les sujets qu'elle oblige) ou à son objet (ce qu'elle décide).

Cette distinction se réplique dans celle, déjà évoquée, du conseil et de la décision. Robert Damien, axant son enquête sur la figure du conseiller bibliothécaire, examine avant tout la *Methodus* de Bodin. Le conseil est alors ce qui instruit la décision. Les *Six livres* et la *Distributio* peuvent conduire à souligner que la théorie du conseil est d'abord solidaire de celle de la souveraineté. Négativement, la distinction du conseil et du commandement

1. SLR I, VIII, p. 192.

a pour objet de défendre l'inaliénabilité et l'indivisibilité de la souveraineté : reconnaître à tout autre qu'au souverain ne serait-ce qu'une part de la souveraineté, c'est la ruiner. Le conseil est avis, il peut être proposition même; la décision seule est disposition et relève du souverain. Il est à cet égard frappant de constater que Bodin use des verbes *cernere* et *decernere* et du terme même de *decretum* en les dépouillant de toute dimension de commandement[1]. Il est amusant même de lire les longues pages, empreintes d'une certaine mauvaise foi, dans lesquelles il défend que les textes latins classiques l'entendent comme lui[2]. Mais ce serait une erreur que de voir là l'opposition de deux fonctions, celle du conseiller et celle du prince, et de faire de la souveraineté un pur pouvoir de vouloir : positivement, il s'agit aussi de mettre en relief que cette double dimension est intérieure à la souveraineté : « le Prince peut être si sage et si bien advisé, qu'il ne trouvera meilleur conseil que le sien : ou bien se deffiant d'un chacun ne prendra l'advis des siens, ni des estrangers »[3]. Le conseil et le commandement sont également constitutifs de la loi comme *jussum*. Il y a deux sources de la loi : les « bonnes raisons » qui la motivent et la « franche volonté » qui en fait un commandement. Les « bonnes raisons », au demeurant, relèvent plus de la reconnaissance des « lois naturelles et de Dieu » que d'une expertise qui leur est toujours subordonnée. C'est ainsi qu'il faut comprendre la place que Bodin assigne à l'enseignement de la *Methodus*, celle d'un moyen nécessaire : « Quant au sçavoir, bien qu'il soit requis, et mesmement la science des loix, des histoires, et de l'estat des Républiques : toutesfois le bon jugement, l'intégrité, la prudence sont beaucoup plus necessaires »[4]. L'objet du conseil est le jugement éclairé. Distinguer le commandement du conseil revient donc à désigner la « franche volonté » et le « bon jugement » du souverain, son entendement et sa volonté, comme les deux sources de la loi. Mais cette distinction peut se lire d'une autre manière : par sa franche volonté le souverain oblige ses sujets; ses bonnes (ou mauvaises) raisons sont ce par quoi il est lui-même obligé aux lois de la nature et de Dieu. Ce qui se comprend comme entendement d'un côté peut donc aussi s'entendre comme volonté de l'autre[5]. Plutôt que de voir là une faiblesse de Bodin (qui ne se soucie pas de

1. *Distributio*, p. 18-20.
2. SLR, III, 1, p. 35-43.
3. *Ibid.*, p. 7.
4. SLR III, 1, p. 13.
5. Il est frappant de constater que Rousseau, en formant le concept de la volonté générale, n'a de cesse de ramener à l'identité l'entendement et la volonté du corps politique : la volonté générale est tout uniment pouvoir de vouloir et pouvoir de généraliser. Voir sur ce point, *La fabrique des concepts*, *op. cit.*, chap. 10 à 12.

constituer une philosophie), ne convient-il pas d'y reconnaître une clé pour bien des pensées du siècle suivant : l'émergence du principe de souveraineté n'aurait-elle pas contribué à faire de la relation entre entendement et volonté un enjeu majeur de la pensée classique ? La polarisation de deux dimensions de la volonté, considérée d'une part dans son rapport à d'autres volontés, d'autre part dans son rapport à son objet, ne serait-elle pas un des legs majeurs des théories de la souveraineté à la pensée moderne ?

Si, par le double relation de sa volonté à celle de Dieu et à celle de ses sujets, le prince peut à la fois être celui qui oblige et celui qui est obligé, la situation devient autrement difficile pour le sujet qui se trouve, doublement et de manière également forte, obligé par les lois du prince et celle de Dieu. Que doit faire le sujet en cas de conflit ? C'est une des questions qui posent le plus de difficultés à Bodin : elle mérite bien d'être appelée figure limite. On en retiendra ici trois occurrences. Au livre I[1], envisageant l'obligation que les sujets doivent au souverain, Bodin pose, à une page de distance, deux principes difficilement compatibles. Selon le premier, « Il n'est pas licite au subject de contrevenir aux loix de son Prince, sous voile d'honneur et de justice [...] car la loi qui défend est plus forte que l'équité apparente ». Selon le second, il faut apporter cette restriction : « si les edicts n'estoyent directement contraires à la loi de Dieu, qui est par dessus tous les Princes ». Au livre II[2], il condamne le tyrannicide, quelles que soient les circonstances, mais consent : « Il est bien licite de ne lui obéir [au tyran] pas en chose qui soit contre la loy de Dieu ou de nature, s'enfuir, se cacher, parer lez coups, souffrir la mort plustost que d'attenter à sa vie, ni à son honneur ». Au livre III enfin[3], évoquant le cas du magistrat à qui il est enjoint d'exécuter un ordre injuste et les moyens qu'il peut licitement employer pour s'y opposer, il conclut sur cet avertissement : « Mais aussi faut-il bien prendre garde, que le voile de conscience et de superstition mal fondée, ne face ouverture à la rebellion ». On le constate, la réponse que Bodin apporte à la difficulté ne brille pas par sa netteté : il faut toujours obéir au prince... excepté lorsqu'il ne le faut pas ! Tout au plus peut-on comprendre que la résistance passive peut être parfois licite, la rebellion contre le souverain jamais. Le souci de Bodin (on a dit son opposition radicale aux monarchomaques) est clairement de consentir le moins possible à ce qu'on pourrait appeler les droits de la conscience. Mais l'important ici est la façon dont la question se pose à lui. Parce que le souverain tient ses sujets par une obligation qui est celle de sa franche volonté,

1. SLR I, VIII, p. 216-217.
2. SLR II, 5, p. 80.
3. SLR III, 4, p. 115.

distincte de ses bonnes raisons, l'obéissance qu'il obtient d'eux concerne leur devoir d'obéir, non celui d'approuver. Il ne les soustrait en aucune façon aux lois de la nature et de Dieu qui les oblige aussi bien que lui. Le licite et le juste, la loi et l'équité, l'obéissance et la conscience distinguent deux registres engageant la volonté sous deux rapports différents. Ce n'est pas seulement que le souverain doive compter aussi avec les obligations qui lient les sujets envers Dieu : en obligeant leur volonté comme sujets tenus à ses lois, il pose simultanément que leur conscience a ses propres obligations. Le problème est critique pour Bodin parce que ne découlant pas d'une fausse conception de la souveraineté (il est aisé de son point de vue de répondre aux monarchomaques) mais bien de sa propre définition de l'obligation souveraine. On peut donc voir dans cette figure l'effet de double contrainte qu'impose à la volonté de tout homme la double juridiction de la loi de la nature et de Dieu d'une part, et des lois du souverain de l'autre. Mais on peut aussi y reconnaître l'émergence d'un effet induit par la formation du concept même de l'obligation souveraine : en obligeant ses sujets le souverain s'adresse à eux comme à des volontés, en exigeant leur obéissance il leur suppose un pouvoir de vouloir, en les obligeant aux lois du souverain il leur suppose aussi, au-dessus d'elle, des obligations aux lois de Dieu. En se posant comme volonté, la puissance souveraine pose en face d'elle la volonté de ceux qu'elle oblige. Dans le même temps qu'il reconnaît ce second principe, Bodin cherche à en juguler les effets.

La dernière et la plus décisive des *figures limites* de la pensée de Bodin est en même temps la plus déconcertante puisqu'il s'agit de la souveraineté elle-même. Si l'on s'est beaucoup partagé sur les thèses et concepts de Bodin (nous avons vu à quel point leur interprétation pouvait être litigieuse et nous avons tenté de reconnaître la source de ces litiges), on s'est moins interrogé sur l'économie des *Six livres de la République*[1]. Pourtant, celui qui consacre un ouvrage à la *distributio* exigée par l'étude du droit ne peut traiter avec indifférence l'ordre qui convient à celle de la politique. Or une double anomalie semble marquer la façon dont est produite la définition de la souveraineté.

Le premier livre se présente comme justification d'une définition : « République est un droit gouvernement de plusieurs mesnages, et de ce qui leur est commun, avec puissance souveraine ». Le premier chapitre, en définissant la fin de la République, dit bien ce qui fait la droiture de son gouvernement. Les chapitres II à V expliquent ce qu'il faut entendre par

1. Bien souvent les commentateurs en restent au contraste qui leur apparaît flagrant entre le souci de systématicité affiché par Bodin et ce qui est perçu par son manque d'ordre : celui-ci pourrait bien n'être qu'un leurre.

ménage[1]. Or, au lieu de passer à la souveraineté, les chapitres VI et VII ont pour objet la définition du citoyen et du sujet, conduisant ainsi Bodin à anticiper l'usage du concept de souveraineté, les sujets étant ceux « qui sont en obéissance d'un Prince ou seigneurie souveraine », et les citoyens « les francs sujets de la souveraineté d'autruy ». D'où l'apparente circularité de la définition de la souveraineté, lorsqu'au chapitre VIII Bodin affirme : « Le point principal de la majesté souveraine, et puissance absoluë, gist principalement à donner loy aux sujects en general sans leur consentement »[2]. Il n'y a pas là une maladresse de construction, mais bien l'indication d'un des principes essentiels de Bodin. Le sujet, *a fortiori* le citoyen, est celui qui n'est pas esclave : à la différence de l'esclave, son obéissance n'est pas contrainte mais obligée[3]. Ce n'est que sur des êtres dotés de volonté que la souveraineté peut s'exercer, et ce n'est que dans la mesure où ces volontés sont reconnues libres de s'engager les unes envers les autres (ce sont alors de francs sujets) que cette souveraineté l'est pleinement : elle est souveraineté royale. Il faut donc constater que Bodin met au centre de sa construction une proposition dont on pourrait presque dire aussi qu'il la dissimule : la formation de son concept de la souveraineté ne peut avoir de consistance que par la reconnaissance de ses sujets comme de franches volontés. Nous avons vu par les figures précédentes que Bodin n'avait de cesse de juguler les effets potentiellement nocifs de ce même principe.

Le chapitre VIII – c'est une seconde anomalie dans la définition de la souveraineté – présente une étrange construction : sa logique en est purement négative. À aucun moment (c'est pourquoi on est toujours conduit à en extraire les rares propositions définitionnelles), Bodin ne consacre un développement positif à ce qu'est la souveraineté. Un premier versant est consacré à montrer que n'est pas souverain quiconque tient sa souveraineté d'autrui ou la reçoit de façon conditionnelle (l'énoncé positif qui lui correspond est que la souveraineté est absolue, au sens de sans limite) ; un second versant démontre que le souverain n'est jamais tenu envers ses sujets ni par ses propres lois, ni par les conventions qu'il passe avec eux, ni par le consentement que ceux-ci peuvent lui signifier individuellement ou en corps (sa volonté est absolue au sens de déliée des lois). Cette étrange manière de faire dénote une logique défensive : il s'agit clairement de protéger le principe de souveraineté contre ce qui pourrait le

1. Il y a trois parties du gouvernement des ménages : la puissance paternelle (chap. II), la puissance maritale (chap. III), et la puissance domestique du seigneur sur ses esclaves, du maître sur ses serviteurs (chap. V).

2. SLR, I, VIII, p. 204 et X, 306.

3. C'est ce qui rend compte de la consécution du chapitre V qui précisément traite de l'esclavage et des chapitres VI et VII qui traitent du sujet et du citoyen.

ruiner dans son cœur même, sa puissance d'obliger. Cette tonalité est d'autant plus surprenante que le concept de la puissance souveraine est au contraire doté d'un pouvoir d'expansion devant lequel rien ne paraît pouvoir résister (et c'est bien ce qui lui est communément reproché). L'économie du texte et l'argumentation de sa deuxième partie ne laissent pas de doute sur ce qui préoccupe Bodin : c'est de cette sourde menace que porte en elle la volonté des sujets, principe de désobéissance et d'anarchie, qu'il s'agit de protéger la souveraineté. Or cette menace existe bien parce que la souveraineté, dans son principe, la constitue elle même : en exigeant de ses sujets leur « foy et obéissance », elle leur reconnaît une volonté qui lui est tout aussi indispensable à leur obligation qu'elle est pour elle le plus grand des dangers. On doit observer cependant que l'obligation que les souverains ont aux lois de la nature et de Dieu joue, en retour, comme un rôle de contrepoids (le terme paraît préférable à celui de limite) destiné à empêcher que la souveraineté, en annihilant la volonté des sujets, ne détruise ses propres conditions de possibilité[1].

Prises ensemble, on le voit, ces figures limites de la pensée de Bodin obéissent à une logique commune : le principe de souveraineté, parce qu'il se définit comme puissance pour une volonté d'obliger d'autres volontés, porte en lui ce second principe de la franchise ou liberté des individus, qui le menace en même temps qu'il le constitue. Les figures que nous venons d'évoquer sont autant de formes de cette menace. Cette logique au demeurant ne répond pas seulement de ces lieux critiques de le pensée de Bodin : elle gouverne son économie d'ensemble. Si on veut en rendre compte par le seul principe de souveraineté, la construction des *Six livres de la République* est plate et peu intelligible. Identifier le couple que la souveraineté forme avec la volonté reconnue aux sujets permet d'expliquer, on l'a vu, la structure du livre I et permettrait de restituer l'ouvrage entier dans sa véritable dynamique. Parce qu'il a reconnu la puissance propre de ce second principe, Bodin n'a de cesse d'en juguler les débordements.

UN PRINCIPE PEUT EN CACHER UN AUTRE

Notre hypothèse initiale consistait à envisager que, paradoxalement, le principe de souveraineté soit à l'origine de la représentation de la société politique selon un modèle d'union par convention. L'enquête que nous avons conduite dans l'œuvre de Bodin dément radicalement une telle idée :

1. Les lois de la nature et de Dieu ont encore un rôle comparable à l'égard des volontés de chaque individu en particulier : loin de laisser à elles-mêmes les volontés individuelles, elles les lient par des obligations dont la première est que l'on doit obéir à l'autorité souveraine.

la théorie bodinienne de la souveraineté, en opposant la loi au contrat, a tout au contraire pour objet de soustraire la souveraineté au consentement qui est en revanche le minimum exigé par toute relation conventionnelle. Mais, précisément, il nous est apparu de plus en plus clairement que les conclusions à tirer de ce constat ne devaient pas tant être renversées que subordonnées à cet autre résultat de notre analyse : la théorie de la souveraineté est produite par Bodin moins pour récuser une hypothèse contractualiste qu'il aurait reconnue chez les monarchomaques que pour encadrer, ou juguler, le principe de dissolution de l'obligation qu'est à ses yeux la franche volonté de ceux sur qui la souveraineté s'exerce. Or, nous l'avons vu, ce principe n'est pas extérieur mais intérieur à celui de souveraineté : parce que la souveraineté se définit comme volonté obligeant d'autres volontés, elle pose en face d'elle ces volontés qu'elle doit assujettir. De ce second point de vue, il est parfaitement tenable de penser non que la souveraineté implique la convention, en ce sens qu'elle y conduirait, mais bien plutôt qu'elle a pour objet de résorber une conception conventionnelle de l'obligation qu'elle tend à induire par ses propres présuppositions. La souveraineté apparaît ainsi comme un dispositif ayant pour objet de refermer la boite de Pandore qu'elle contribue elle-même à ouvrir : la représentation des membres du corps politique comme des volontés.

On peut dès lors mieux comprendre pourquoi, pour former son concept de la souveraineté, Bodin est allé chercher dans le droit romain la relation d'obligation, faisant de cette catégorie du droit privé une catégorie du droit politique. Parce que l'obligation désigne ce lien de droit par lequel on est tenu à donner ou faire en faveur d'autrui, elle lui permet de penser l'obéissance due par les sujets au souverain. Mais, ce faisant, Bodin modifie radicalement la relation d'obligation. Ce n'est plus par un fait mais par une volonté que le lien de droit est constitué. Ce n'est plus à donner ou faire mais à consentir que le sujet est obligé. C'est sa volonté qui est liée et elle est liée à une autre volonté, celle du souverain. De ce point de vue, et à son corps défendant, Bodin rapproche l'obligation du contrat : son insistance à les distinguer est à la mesure même du risque de confusion que porte en elle sa nouvelle définition de l'obligation comme lien entre des volontés. Il prépare ainsi, malgré lui, tout à la fois le transfert de la catégorie du contrat, suivant le même chemin que l'obligation, du droit privé au droit politique, et le recouvrement des notions de contrat et d'obligation. Ce recouvrement – c'est une des surprises majeures qui nous attend – sera opéré par des penseurs, en premier lieu Grotius, ensuite Hobbes, dont le but est précisément de renforcer le lien d'obligation par la force contraignante que porte en lui l'engagement contractuel.

On peut encore avancer, en examinant ce qu'il en est de l'obligation aux lois de la nature et de Dieu chez Bodin, qu'en configurant la *summa voluntas* qui est celle du souverain sur celle de la *summa potestas* divine (par la médiation, rappelons-le, de la prétention de la papauté à exercer le pouvoir de lier et délier, qui avait quant à elle induit une représentation seigneuriale de Dieu), le principe de souveraineté a transporté du religieux au politique, si l'on peut employer cette expression, le ver déjà dans le fruit : dès lors que la loi divine est appréhendée comme commandement adressé à la conscience, celle-ci se voit inévitablement reconnu un pouvoir de *jurisdictio,* d'interprétation de cette loi. Comment la volonté de l'individu ne prétendrait-elle pas, dans l'ordre politique, au même droit que la conscience dans l'ordre religieux ?[1].

On l'a déjà dit, le début du XIXe siècle est un moment, parce que moment de crise, de retour critique de la modernité sur elle-même. On rapportera ici le témoignage d'un obscur qui vaut plus qu'une simple curiosité[2]. Louis Médard, notable protestant de la ville de Lunel, grand lecteur et collectionneur, avait pour usage d'insérer dans les ouvrages de sa bibliothèque des préfaces manuscrites de son cru. En tête d'un livre sur Luther, on peut lire :

> Sur l'influence de la Réforme. / Ce fut sous le rapport philosophique, un instrument sublime et terrible à la fois que ce libre-examen, immense faculté de l'esprit qui creuse et abîme tout ce que la raison n'admet pas. Il contenait en lui-même les germes de mort pour tous les pouvoirs établis, pour tous les faits consacrés depuis des siècles [...]. Quand le libre-examen mettra en présence la misère des masses et l'opulence de quelques-uns, alors n'est-il pas à craindre qu'il n'entraîne à ce doute épouvantable : si la terre doit être la patrimoine du petit nombre au préjudice de tous ? Le libre-examen a détruit l'autorité catholique, il a presque dévoré la royauté et le pouvoir légitime des gouvernements, il lui reste maintenant une dernière illusion à détruire, le prestige de la propriété privée. Ainsi, la plus noble faculté de l'homme, établie par la Réforme, peut être la cause innocente de tous les désordres et de la plus terrible Révolution[3].

L'effroi qui saisit ce notable au lendemain de la Révolution française et au début des embrasements sociaux du siècle suivant, n'est-il pas de même nature que celui éprouvé par Bodin, que l'on considère en général comme

1. C'est avec Locke, juste un siècle après Bodin, que cette relation parviendra à la clarté de l'évidence.

2. *Entre passion et raison : la collection des livres de Louis Médard (1768-1841),* Bibliothèque municipale de Lunel, fonds Louis Médard, 2005. Recueil de textes établi par D. Rougier.

3. *Loc. cit.,* p. 15. Préface manuscrite dans Villers, *Essai sur l'esprit... de Luther*, Paris, 1808.

un reformé judaïsant, et avec lui par une grande partie des penseurs politiques, catholiques et protestants, de l'époque classique?

Prises ensemble, ces observations conduisent à formuler une hypothèse un peu surprenante, porteuse elle-même d'une conséquence qui l'est plus encore: la représentation de l'individu comme libre volonté résulterait du concours de l'émergence dans la sphère religieuse de l'esprit de libre examen et dans la sphère politique du principe de souveraineté. Discrètement partisan de l'un, ardent défenseur de l'autre, Bodin ne pouvait méconnaître la difficulté constituée par leur confrontation. On serait ainsi porté à penser que la problématique de l'obligation résulte de cette rencontre et à envisager, de façon globale, les différentes théories de l'obligation comme autant de tentatives pour donner une norme à ce principe, en lui-même anomique, de la libre volonté de l'individu. Sous ce regard, il faudrait envisager que, si la souveraineté, le droit naturel et le contrat sont bien trois idées originairement distinctes, ce sont aussi trois solutions à une question commune: comment obliger de libres volontés? L'effort pour associer ces trois réponses entre elles, loin de constituer une rupture et un cas unique, devrait être reconnu comme le programme commun des penseurs politiques de la modernité.

Si une telle perspective devait être validée, il nous faudrait, renonçant à voir dans la modernité politique la geste glorieuse de l'affirmation de la liberté, apprendre à y lire, au moins autant, un effort opiniâtre mais toujours se débordant lui-même pour l'endiguer[1].

1. Discerner dans la problématique de l'obligation la matrice commune de la modernité politique nous conduirait d'une part à réinterpréter dans un cadre plus large l'enquête conduite par Jean Terrel et à relativiser, de l'autre, l'opposition binaire des deux « lignées » antagonistes de la pensée politique qu'avait cru pouvoir reconnaître Antonio Negri, *Le pouvoir constituant* (1992), trad. E. Balibar et F. Matheron, Paris, PUF, 1997.

CHAPITRE III

OBLIGATION ET DEVOIR : GROTIUS ET LA SUBREPTION JUSNATURALISTE

UN PARADOXE PEUT EN CACHER UN AUTRE

Que l'obligation soit cette relation par laquelle une volonté est assujettie à une autre – telle est, nous venons de le voir, sa définition chez Bodin – est une conception qui revêt pour nous un caractère paradoxal, tant il nous paraît aller de soi que le sentiment d'obligation exprime ce à quoi une volonté se reconnaît librement obligée. L'obligation morale, comme devoir que la volonté accomplit librement, s'oppose à la nécessité; l'obligation politique, comme résultant d'un libre engagement, s'oppose à la contrainte. C'est parce qu'elle s'oblige que la volonté est obligée. La conception de Bodin ne peut nous être intelligible que dans la mesure où il définit la volonté souveraine comme loi et où (contrairement à lui) nous reconnaissons dans la loi, d'une manière ou d'une autre, l'expression de notre propre volonté. Mais, au fond, sa notion de l'obligation est aux antipodes de la nôtre. Le simple engagement de soi envers soi, pour le souverain bodinien comme pour la personne privée du droit romain, ne crée aucune obligation; c'est, en revanche, du libre engagement que nous faisons la source de toute obligation. On l'a vu cependant, loin d'être atypique, Bodin s'inscrit dans le prolongement de la définition de l'obligation formée par le droit romain comme *vinculum juris* : être obligé, c'est pour une volonté être nécessairement liée. Bodin modifie cette définition de façon décisive en faisant de la puissance souveraine, exprimée comme loi, la nécessité qui tient les sujets, et donc en se représentant l'obligation comme rapport de volontés entre elles. Cependant ce changement dans la source de l'obligation n'affecte pas sa structure : la conception bodinienne reste plus proche de la conception romaine que des idées aujourd'hui communément reçues de l'obligation morale et de l'obligation politique.

Dès lors, le paradoxe doit être renversé : la question n'est plus de comprendre comment l'obligation est contrainte pour la volonté mais comment a pu se former cette idée, bien plus étrange, d'une obligation volontaire. Comment, pour le dire autrement, l'obligation a-t-elle pu passer du paradigme du lien nécessaire à celui de l'engagement volontaire, au point comme nous le verrons, de se confondre avec le contrat ? Ce retournement a pourtant bien eu lieu et en un laps de temps assez court : dans la pensée politique, Locke témoigne de ce que le tournant est pris, Rousseau de ce qu'il est acquis. Dans la pensée juridique, sans qu'aucune identification des thèses respectives soit possible, ces positions sont occupées par Domat et Pothier[1]. Mais, avant de rendre compte de la façon dont ce renversement de paradigme s'est opéré, on peut en prendre la mesure en mettant en lumière le contraste entre les conceptions de l'obligation dont témoignent respectivement, de part et d'autre de la période durant laquelle ce bouleversement a lieu, Montaigne et Burlamaqui.

Montaigne (1533-1592) et Bodin (1529-1596) sont contemporains. Leurs œuvres aussi : la première édition des *Essais* date de 1580, le *Methodus* de 1566 et les *Six livres* de 1576. Ils ont encore en commun leur culture juridique et l'héritage humaniste. Le premier dit du second – il ne se prive pourtant pas de le critiquer – qu'il le porte en grande estime : « Jean Bodin est un bon autheur de nostre temps, et accompagné de beaucoup plus de jugement que la tourbe des escrivailleurs de son siecle, et merite qu'on le juge et considère »[2]. Montaigne, au demeurant, lit plus la *Methodus* que les *Six livres* : on chercherait vainement chez lui un écho direct de la théorie bodinienne de l'obligation. Mais l'usage qu'il fait de la notion n'est pas moins intéressant et surtout la façon dont il la définit par une série d'oppositions. L'obligation est, dans les *Essais*, constamment opposée à l'indépendance et à la franchise chères à Montaigne, qui affirme : « Je fuis le commandement, l'obligation et la contrainte »[3]. Le lien d'obligation est la négation du lien volontaire : c'est un lien subi et non choisi. L'obligation est aussi particulière : découlant du lien privé de personne à personne, elle

1. Jean Domat, *Loix civiles dans leur droit naturel*, 1689 ; Robert Pothier, *Traité des Obligations*, 1761. La place de ces deux grands juristes dans les transformations de la théorie de l'obligation est bien marquée par Benoît Moore : « La classification des sources des obligations : courte histoire d'une valse-hésitation », *Revue juridique Thémis*, n° 36, 2002, p. 275-296.

2. *Essais*, livre I, chap. XXXII. Les citations seront données dans l'édition de Jean Platard, Paris, Les Belles Lettres, 1946, 6 vol., ici, vol. 2, p. 175.

3. *Essais*, livre II, chap. XVII, vol. 4, p. 73.

s'oppose au caractère public de l'obéissance que le sujet doit au roi ou à la loi. « Ceux qui, par respect de quelque obligation privée, espousent iniquement la mémoire d'un prince meslouable, font justice particulière aux dépends de la justice publique »[1]. Montaigne s'en targue : « Je regarde nos rois d'une affection simplement civile et légitime », et « n'ay ma volonté garrotée d'offense ou obligation particulière »[2]. Aussi « l'institution des enfants » doit-elle développer en eux le sens du « devoir publique » et, au contraire, les prévenir de ces « obligations particulières » qui « blessent notre franchise »[3]. L'obligation s'oppose ainsi au devoir. Le devoir, dans l'ordre civil, concerne les lois qui sont supérieures à toute obligation particulière : les princes « ont tort d'exiger d'un homme libre telle subjection à leur service et telle obligation que de celui qu'ils ont faict et acheté »[4]. Dans l'ordre moral, le devoir regarde la conscience dont le jugement est autrement exigeant : « La condamnation que je faits de moy est plus vifve et plus roide que celle des juges, qui ne me prennent que par le visage de l'obligation commune, l'estreinte de ma conscience plus serrée et plus sévère »[5]. Il en est ainsi parce que le lien d'obligation est un lien nécessaire dans lequel la liberté de notre volonté n'est pas engagée. Cela vaut également pour l'obligation naturelle qui découle de liens que nous n'avons pas choisis (comme ceux de la famille), au contraire de la véritable amitié : « À mesure que ce sont amitiez que la loy et l'obligation naturelle nous commande, il y a d'autant moins de nostre choix et liberté volontaire. Et nostre liberté volontaire n'a point de production qui soit plus proprement sienne que celle de l'affection et amitié »[6].

Devoir, conscience, volonté, liberté : toutes les notions que Montaigne oppose à l'obligation se trouvent, par un renversement que l'on pourrait dire systématique, constitutives de la définition qu'en donnent, un siècle et

1. *Essais*, livre I, chap. III, vol 1, p. 16.

2. *Essais*, livre III, chap. I, vol. 5, p. 10. Montaigne est tout entier dans ce passage du *vinculum* au garrot.

3. *Essais*, livre I, chap. XXVI, vol. 2, p. 21.

4. *Ibid.*, p. 114.

5. *Essais*, livre III, chap. IX, vol. 6, p. 38.

6. *Essais*, livre I, chap. XXVIII, vol. 2, p. 64. On trouverait des développements similaires sur la liberté volontaire chez un ami de Montaigne : Pierre Charron. Il est intéressant de noter que Charron, qui ordonne sa pensée autour de l'idée de loi naturelle, expression de « l'équité et raison universelle », ne fait jouer dans ce cadre aucun rôle à la notion d'obligation, cf. *De la Sagesse*, livre II, chap. III, § 5, éd. de 1601, p. 285-298. On peut cependant voir émerger à l'extrême fin de son ouvrage (livre III, chap. XI et XII) une nouvelle conception de l'obligation. À l'obligation passive résultant d'un bienfait reçu, il oppose l'obligation active : les bienfaits que l'on doit à autrui en vertu de la charge que l'on occupe. C'est ici l'amorce d'une compréhension de l'*officium* stoïcien comme portant des devoirs entendus comme obligatoires.

demi plus tard, les *Principes du droit naturel* de Jean-Jacques Burlamaqui[1]. L'importance de Burlamaqui est aujourd'hui très sous-estimée, notamment du fait de Robert Derathé[2]. Celui-ci récusant à juste titre, mais avec excès, toute une historiographie « patriotique » genevoise, s'est d'abord attaché à contester son influence prétendue sur Rousseau. Cette question mériterait en elle-même d'être reprise[3]. Mais il conviendrait surtout de revenir sur ce jugement sans appel : « Burlamaqui n'a été qu'un vulgarisateur de talent, sans aucune originalité ». Cette opinion est sans doute aussi contestable que la gloire éphémère que connut Burlamaqui au lendemain de sa mort : il est pour l'*Encyclopédie* le jusnaturaliste par excellence, à égalité avec Pufendorf, et nombre des articles du Chevalier de Jaucourt en sont de purs extraits, à commencer par l'article « Obligation »[4].

L'obligation occupe en effet dans le système de Burlamaqui une place centrale dans la mesure même où il lui demande de rendre compossibles la liberté constitutive de la volonté et la reconnaissance par celle-ci d'un devoir qui l'oblige. Là où Montaigne opposait devoir et obligation, Burlamaqui les identifie : « devoir et être obligé sont des termes synonimes »[5]. Il peut en être ainsi parce que l'obligation n'est pas une nécessité qui s'impose à la volonté mais découle des « motifs » que celle-ci trouve en elle-même, éclairée par la raison, « d'agir d'une certaine manière préférablement à toute autre ». L'obligation externe (celle que nous devons à l'autorité supérieure) découle de l'obligation interne (la volonté raisonnée de faire notre devoir)[6]. C'est donc, en fin de compte, la conscience (elle revêt le double caractère de volonté libre et raisonnable) qui est le

1. J.-J. Burlamaqui, *Principes du droit naturel*, Genève, Barillot et fils, 1747. On se référera ici à l'édition in-12, 2 parties en un volume, chez le même éditeur, 1748. L'édition reprint de l'Université de Caen, 1989, ne peut guère être utilisée : elle est faite sur une édition du XIXe siècle, fautive ; elle comporte en outre, sans que ce soit indiqué par S. Goyard-Fabre, de nombreuses notes des éditeurs (Janet et Cotelle) qui « réfutent » et « corrigent » Burlamaqui.

2. R. Derathé, *J.-J. Rousseau et la science politique de son temps* (1950), rééd. Paris, Vrin, 1995, p. 84-89.

3. Pour reprendre cette question il faudrait d'abord distinguer entre influencer une pensée et influer sur elle : les auteurs qui ont le plus compté pour Rousseau sont ceux à qui, explicitement ou implicitement, il s'est opposé.

4. Le terme de plagiat se justifierait dans ce cas précis : de Jaucourt copie purement et simplement Burlamaqui, qui s'exprime à la première personne du singulier, sans même citer son nom. De la gloire, Burlamaqui est aussi rapidement tombé dans l'oubli, d'une part parce que son œuvre (qui d'un certain point de vue achève l'édifice jusnaturaliste) est contemporaine de ce que nous qualifierons de crise du droit naturel (cf. *infra* chap. V), d'autre part, parce qu'en Allemagne, en Espagne et en Italie, l'influence de Wolf (à bien des égards beaucoup plus archaïque) allait devenir durablement prépondérante.

5. *Principes du droit naturel*, *op. cit.*, partie I, chap. VI, § IX, p. 92.

6. *Ibid.*, § XIII, p. 98-99.

fondement de toute obligation: «On l'a dit, et on le répète: Toute restriction de la liberté, qui est produite ou approuvée par la droite raison, forme une obligation véritable. Ce qui oblige proprement et formellement c'est le *dictamen* de la conscience, ou le jugement intérieur que nous pouvons faire sur telle ou telle règle, dont l'observation nous paraît juste, c'est-à-dire conforme aux lumières de la droite raison»[1]. À la subordination (chez Bodin) de la volonté à l'obligation requise par la souveraineté, à l'opposition (chez Montaigne) de l'obligatoire et du volontaire comme réplique de la distinction entre nécessité et liberté, le jusnaturalisme (chez Burlamaqui) substitue la volonté raisonnable comme source de toute obligation[2]. C'est, au travers du *dictamen* de la conscience, un processus d'intériorisation de l'obligation qui semble caractériser le jusnaturalisme : intériorisation qui met simultanément le devoir sous la volonté (il n'y a de vrai devoir que volontaire) et la volonté sous le devoir (il n'y a de véritable volonté que sous la règle de la droite raison).

L'objet de ce chapitre et des deux suivants sera de montrer que ce renversement paradoxal est l'œuvre collective – de Grotius à Burlamaqui – de ceux que l'on réunit sous l'appellation de jusnaturalistes. On verra, d'un côté, que les théoriciens du droit naturel partagent avec Bodin le problème dont nous avons dit qu'il était pour lui constitutif de la souveraineté: *comment obliger de libres volontés?* et, d'un autre côté, qu'ils ont en commun (quelles que soient leurs différences) de s'opposer à Bodin en cherchant la source de l'obligation non dans la volonté de celui qui oblige mais dans celle de celui qui est obligé. Grotius aura dans cette enquête une place essentielle, d'une part parce qu'il est celui chez qui ce renversement s'opère, d'autre part parce qu'à partir de ce point il s'engage simultanément dans plusieurs voies que ses successeurs opposeront entre elles (au point que son œuvre peut être considérée comme une carrière qu'exploiteront un siècle durant les penseurs du droit et de la politique).

ON NE PRÊTE QU'AUX RICHES : GROTIUS ET SON HÉRITAGE

Aux yeux de ceux qui, aux XVIIe et XVIIIe siècles, se reconnaissaient comme relevant, malgré les controverses qui les opposaient, d'une seule et même *école du droit naturel*, Grotius occupait sans conteste la place du

1. *Principes du droit naturel*, *op. cit.*, partie II, chap. VII, § X, p. 139.

2. On verra que, loin d'être partagées par tous ceux que l'on qualifie de jusnaturalistes, ces formulations s'opposent explicitement à Barbeyrac et Pufendorf et prennent partie dans un débat qui prend sa source dans l'œuvre même de Grotius. De façon plus générale, ce débat sur l'obligation apportera un nouvel éclairage sur la question très (trop?) débattue du rapport entre volontarisme et rationalisme chez les théoriciens du droit naturel.

fondateur: il avait ouvert une époque nouvelle. Plus d'un faisait sienne l'affirmation de Barbeyrac : « Il faut regarder Grotius comme celui qui a rompu la glace » [1]. Suivant encore Barbeyrac, les jusnaturalistes estimaient néanmoins qu'en subordonnant l'exposé du droit naturel à l'objet particulier du droit de la guerre, Grotius s'était interdit de lui donner la systématicité et la clarté de principe nécessaires. Cette image contrastée de Grotius est encore celle que donne, en 1755, l'article « Droit de la nature ou Droit naturel » de Boucher d'Argis, dans le volume V de l'*Encyclopédie*.

Les historiens de la philosophie, dans la période récente – à l'exception notable de Richard Tuck [2] – semblent s'être donné le mot pour réfuter, point par point, cette caractérisation. Peter Haggenmacher, dans un ouvrage qui domine les études grotiennes, s'est efforcé de montrer que le *De Jure Belli ac Pacis* de 1625 est déjà dans le *De Jure praedae* de 1605 et que, tout au long de son œuvre, le véritable objet de Grotius est le droit de la guerre : loin de constituer une théorie générale du droit naturel, comme Pufendorf, Thomasius et Barbeyrac l'ont cru, il ne formerait pas même la théorie du droit des gens au sens moderne qu'ont voulu y lire Wolf et Vattel [3]. Pour Haggenmacher, « l'œuvre de Grotius ne fait en réalité qu'achever et couronner la tradition scolastique du *Jus belli* » [4]. Brian Tierney a soutenu dans le même sens que le mérite essentiel de Grotius était d'avoir assuré la transmission des élaborations médiévales et plus encore de la seconde scolastique, en particulier de Suarez, à la pensée politique moderne [5]. S'appuyant sur ces résultats, Jean Terrel, qui voit en Hobbes le véritable fondateur de la modernité politique, s'est attaché à montrer que ni le droit naturel moderne ni la théorie du contrat n'étaient véritablement développés par Grotius [6]. La pensée de Grotius est ainsi aujourd'hui mieux reconnue dans son identité et restituée dans la tradition dont elle procède sur la longue durée [7].

1. Jean Barbeyrac, Préface du traducteur, dans *Le droit de la nature et des gens*, de Samuel Pufendorf, Bâle, Thorneisen, 1732, reprint Université de Caen, 1989, p. CXVI.

2. R. Tuck, « Grotius, Carneades and Hobbes », in *Grotiana*, vol. 4, 1983.

3. P. Haggenmacher, *Grotius et la doctrine de la guerre juste*, Paris, PUF, 1983. Haggenmacher s'est plus tard exprimé en termes moins raides : « Droits subjectifs et système juridique chez Grotius », dans *Politique, droit et théologie chez Bodin, Grotius et Hobbes*, L. Foisneau (dir.), Paris, Kimé, 1997.

4. *Grotius et la doctrine de la guerre juste, op. cit.*, p. 615. Voir également p. 625.

5. B. Tierney, *The Idea of Natural Rights*, Atlanta, Scholars Press, 1997.

6. J. Terrel, *Les théories du pacte social, op. cit.*, chap. I et III.

7. L'orientation fortement continuiste des travaux de P. Haggenmacher et de B. Tierney les conduit bien souvent à minorer ce que peut avoir de profondément novateur la pensée de Grotius.

Doit-on pour autant considérer comme relevant de l'erreur ou de l'illusion la réception que les siècles classiques ont réservé à l'auteur du *De Jure Belli ac Pacis* et simplement constater que, plus savants et par là plus exacts, nous accédons enfin à la vérité de Grotius? Conclure ainsi serait faire bon marché du témoignage de ses premiers lecteurs et successeurs, non seulement des jusnaturalistes *stricto sensu* (jusqu'à Burlamaqui ils construisent leur pensée en commentant et discutant Grotius) mais aussi plus largement de ceux pour qui il est, qu'ils le suivent ou s'opposent à lui, tacitement ou explicitement, une référence majeure : Hobbes, Selden, Sidney ou Locke, Leibniz, plus tard Rousseau. Ce serait surtout ignorer deux questions essentielles aussi bien pour la compréhension de la portée théorique de l'œuvre de Grotius que pour celle de son rôle dans l'histoire de la pensée : qu'est-ce qui, dans le texte même de Grotius, a pu produire un tel effet de rupture? quels sont les éléments qui ont pu nourrir des pensées aussi fortement divergentes entre elles? Ces questions ont leur consistance propre[1]. Ce sont elles que l'on voudrait aborder au prisme de la problématique de l'obligation[2]. Pour commencer à les poser et en mesurer la difficulté, la voie la plus directe est sans doute d'interroger le rapport entretenu par la traduction française de Jean Barbeyrac avec son texte source[3].

Par ses éditions et ses traductions annotées et commentées, notamment de Grotius, Pufendorf et Cumberland, Barbeyrac a contribué de façon déterminante à leur appréhension comme représentants d'une même *école*

1. Cette discussion ne se réduit pas au débat qui oppose, entre autres, Jean Terrel à Richard Tuck, sur ce dont on peut effectivement créditer Grotius. Le cas Grotius cristallise deux attitudes prégnantes en histoire de la philosophie politique moderne : d'un côté, un continuisme régressif qui (si l'on tient compte de la vigueur expansionniste des médiévistes, en amont et en aval) trouvera les principes de la modernité chez les Pères de l'Église, de l'autre, une sorte de concours de paternité pour savoir qui est le véritable fondateur de la politique moderne : Machiavel, Bodin, Grotius, Hobbes, Rousseau? On tentera ici de considérer que la portée d'une pensée et des mutations qu'elle induit est en large partie produite après-coup, par les effets de lecture qu'elle rend possibles.

2. P. Haggenmacher propose une relecture de Grotius à partir de son mémoire de 1605, *De jure praedae commentarius*. Ce texte, resté inédit jusqu'à la fin du XIXe siècle, fait l'objet des deux tiers de son ouvrage, le troisième étant consacré à sa comparaison avec le *De Jure Belli ac Pacis*. J. Terrel insiste sur le *De imperio summarum potestatum circa sacra,* qui date de 1614. Désirant comprendre l'impact de Grotius sur ses successeurs, c'est essentiellement au texte du *DJBP* que nous nous attacherons. Haggenmacher rend compte de sa conception, il s'agit pour nous de comprendre sa réception.

3. Les éditions de référence sont pour le texte latin, *De Jure Belli ac Pacis, editio nova,* Amsterdam, Blaeu, MDCXLII, abrégé en *DJBP* ; pour la traduction Barbeyrac, *Le Droit de la Guerre et de la Paix*, Amsterdam, Pierre de Coup, MDCCXXIV, reprint Université de Caen, 1984, abrégé en *DGP*. Également, traduction P. Pradier-Fodéré, Paris, Guillaumin et Cie, 1867, reprise Paris, PUF, 1999.

du droit naturel[1]. À certains égards même, il peut être considéré comme son véritable inventeur. Il voyait en Pufendorf celui qui avait donné à cette tradition son expression la plus achevée, sans pour autant s'en satisfaire : il ne se prive pas de le corriger et le compléter, cherchant à faire lui-même progresser la doctrine, comme le fera Burlamaqui après lui. Ses premières traductions furent donc celles de Pufendorf, du *Droit de la nature et des gens* (1706) puis des *Devoirs de l'homme et du citoyen* (1707). Ce n'est que dans un second temps qu'il se tourna vers Grotius, pour donner d'abord une édition latine annotée du *De Jure Belli ac Pacis* (1720) puis sa traduction : *Le Droit de la Guerre et de la Paix* (1724). Les écarts entre le texte latin de Grotius et sa version française, souvent vigoureusement assumés et commentés dans l'annotation, ne doivent donc pas être considérés comme des faiblesses de traduction mais bien comme des choix d'interprétation[2]. Ainsi en est-il au premier chef de la façon dont Barbeyrac traite la notion d'obligation. Laissant pour plus tard la manière dont, sur ce point, Barbeyrac discute Grotius, nous partirons de la façon dont il le comprend.

Une première fois, dans les *Prolegomena* du *De Jure Belli ac Pacis* (§ VII et VIII), Grotius définit ce qu'il entend par droit naturel en récusant l'acception que le droit romain en donnait : *Jus naturale est quod natura omnia animalia docuit*[3]. Ni les animaux (Grotius use du terme *animans* plutôt que celui d'*animal*), ni à proprement parler les enfants ne sont en effet susceptibles de droit. Seul l'est véritablement celui qui a développé ces traits proprement humains que sont la recherche de la société et la capacité d'agir selon des principes :

> *Homini vero perfectae aetatis cum circa similia similiter agere norit, cum societatis appetitu excellente, cujus peculiare solus inter animantes instrumentum habet sermonem, inesse etiam facultatem sciendi agendique secundum generalia praecepta, par est intelligi, cui quae conveniunt ea jam sunt non omnium quidem animantium, sed humanae naturae congruentia. Haec vero quam rudi modo jam expressimus societatis custodia humano intellectui conveniens, fons est ejus juris quod proprie tali nomine appellamus*[4].

1. Dans une perspective historiographique, il serait nécessaire de déconstruire cette unité largement factice. On cherchera ici plutôt à discerner ce qui donne son sens et son efficace à cette construction rétrospective.

2. *Mutatis mutandis* (les normes de traduction de son temps n'étaient pas les nôtres), Barbeyrac fait preuve de compétence aussi bien concernant la langue latine que la matière des œuvres qu'il traduit. Sa lecture de Grotius est souvent plus perspicace que celle de Pradier-Fodéré.

3. « Le droit naturel est ce que la nature a enseigné à tous les animaux », *Institutes*, I, II, 1.

4. Trad. Pradier-Fodéré, *op. cit.*, p. 10-11 : « Quant à l'homme fait, capable de reproduire les mêmes actes à propos de choses ayant du rapport entre elles, il convient de reconnaître

Revenant sur ce dissentiment avec les « jurisconsultes romains » au début de son premier livre, Grotius présente le second de ces caractères de façon plus succincte et en fait une condition absolue de l'accessibilité au droit : *nam juris proprie capax non est nisi natura praeceptis utens generalibus*[1]. Or, si Barbeyrac rend le premier texte de façon assez neutre[2], il semble faire en traduisant le second, une espèce de coup de force : « Car à proprement parler il n'y a qu'un être capable de se former des maximes générales, qui soit susceptible de Droit et d'Obligation »[3]. Non seulement, en effet, il introduit la notion d'obligation que le texte de Grotius ne comporte pas mais, par la position explétive qu'il lui donne, il infère une double thèse : 1) la notion de droit et celle d'obligation sont dans un rapport de coextensivité, 2) on peut tirer des obligations des seuls *praecepta generalia* dont la nature raisonnable de l'homme est porteuse. Ce faisant, et indépendamment de la façon dont on peut comprendre ces deux thèses (on le verra, il y a là matière à plus d'un débat), Barbeyrac affirme implicitement que les *praecepta generalia* de la nature sont pour Grotius des principes de droit et d'obligation et fait ainsi de l'obligation une catégorie formatrice du droit naturel. La question se pose donc à nous de savoir si nous avons affaire ici à une simple explicitation de la concision d'expression de Grotius (ce qui impliquerait que d'autres textes explicites puisse être invoqués) ou s'il s'agit d'une intrusion interprétative du traducteur dans la pensée de Grotius. À supposer que cette question puisse

qu'il possède en lui-même un penchant dominant vers la vie sociale, pour la satisfaction duquel, seul, entre tous les animaux, il est doté d'un instrument particulier, le langage. Il est aussi doué de la faculté de connaître et d'agir, d'après des principes généraux, faculté dont tous les attributs ne sont pas communs à tous les êtres animés, mais sont de l'essence de la nature humaine. Ce soin de la vie sociale, dont nous n'avons donné qu'une ébauche, et qui est conforme à l'entendement humain, est la source du droit proprement dit ». Dans ce chapitre et le suivant sont commentés nombre de textes rédigés en latin : ce trait qui distingue globalement les *jurisconsultes* des *politiques* est moins un archaïsme que le reflet de ce que le latin est encore considéré comme la langue scientifique qui convient au droit. Les questions de terminologie étant essentielles, le latin commenté sera donné dans le corps de texte et la traduction (celles qui sont anonymes sont de moi) en note.

1. *DJBP*, I, I, § X1,1. Pradier-Fodéré, p. 40 : « Car il n'y a d'être à proprement parler susceptible de droit, que celui qui se dirige d'après des principes généraux ».

2. *DGP*, p. 6-8 : « Mais on doit reconnaître qu'un homme fait, étant capable d'agir de la même manière à l'égard des choses qui ont du rapport ensemble, a, outre un désir exquis de société, pour la satisfaction duquel lui seul de tous les animaux a reçu de la nature un instrument particulier, savoir, l'usage de la parole ; qu'il a, dis-je, outre cela, la faculté de s'instruire et d'agir en suivant certains principes généraux ; de sorte que ce qui se rapporte à cette faculté, n'est pas commun à tous les animaux, mais convient proprement et particulièrement au genre humain. Cette sociabilité, que nous venons de décrire en gros, ou ce soin de maintenir la société d'une manière conforme aux lumières de l'entendement humain, est la source du droit proprement ainsi nommé… ».

3. *DGP*, p. 51.

être résolue en faveur de la fidélité du traducteur à l'auteur, il restera encore à se demander si cette notion de l'obligation naturelle est la seule dont use Grotius et, plus généralement, s'il est possible d'articuler les différents usages qu'il fait de cette notion. Ce sont ces questions, et dans cet ordre, que nous allons envisager.

OBLIGATION ET DROIT NATUREL DANS LE *DE JURE BELLI AC PACIS*

L'objet propre du *De Jure Belli ac Pacis* est clairement indiqué par son titre. L'économie de l'ouvrage prouve bien que l'objet de Grotius est de développer un droit de la guerre. Le livre premier montre sur quels principes ce droit est possible : de la nature du droit et de celle de la guerre, il déduit les fondements possibles d'un droit de la guerre puis envisage le statut des belligérants possibles, en particulier les souverains. Le second livre, sur cette base, constitue un droit de la guerre en considérant toutes les causes d'une juste guerre, causes réelles (questions de propriété), causes personnelles (obligations tirées d'une convention ou d'un délit). Le livre trois examine les conditions dans lesquelles on peut mener et finir une guerre juste : traitement des propriétés, des personnes, déclaration de guerre, traités[1]. Ce résumé semble ne laisser guère de place au droit naturel et encore moins au droit civil. À cet égard, le recentrage conduit par Peter Haggenmacher est parfaitement fondé. Mais, il est tout aussi nécessaire de le reconnaître, ce premier objet – le droit de la guerre – en enveloppe un autre qui, tout à la fois, lui est subordonné et l'englobe : le droit naturel.

Le point de départ de Grotius est une disjonction reçue, celle des armes et des lois : l'ordre intérieur des sociétés serait réglé par le droit civil, les rapports des sociétés entre elles échapperaient par essence à toute norme de droit. Son but est de montrer, tout au contraire, qu'il existe des principes de droit qui permettent de discriminer les guerres justes de celles qui ne le sont pas et de déterminer ce que peut être une manière juste de conduire la guerre. C'est donc, dira-t-on, en face du droit civil, un droit des gens qu'il s'agirait de former. Il n'en est rien, et cela pour deux raisons. La première, bien établie, est que le *droit des gens*, dans son acception réglée depuis le droit romain, ne concerne pas en propre les rapports des nations (*gentes*) entre elles mais désigne l'ensemble des règles de droit qui sont communes à toutes, ou du moins aux nations civilisées : *Jus gentium, usu exigente,*

1. Si les expressions *jus ad bellum* et *jus in bello* sont tardives, la distinction conceptuelle existe chez Grotius.

gentes humanae constituerunt[1]. Le *jus gentium* n'est pas un *jus inter gentes* mais un *jus omnium gentium commune*. Ce n'est qu'après Grotius, chez Wolf et Vattel notamment, que le droit des gens désignera ce qui plus tard encore s'appellera droit international[2]. On le verra, Grotius lui-même en donne une troisième définition, intermédiaire, Pufendorf une autre encore. Mais une autre raison – moins bien établie et pourtant aussi importante, plus même pour notre enquête – empêche Grotius de former une telle symétrie entre droit civil et droit des gens : pour lui, avant d'établir quelles sont les règles de droit qui peuvent constituer un *jus inter gentes,* il faut montrer que de telles règles sont possibles, non comme usages en vigueur parmi les peuples civilisés, ni comme devoirs moraux relevant de l'honnêteté, mais bien comme ayant véritablement *force de droit*. Ni un recueil de maximes honnêtes, ni une chrestomathie d'usages policés ne sauraient constituer le véritable droit de la guerre que Grotius recherche. C'est la raison pour laquelle il lui faut d'abord clairement établir ce qu'est proprement le droit, de telle façon que ce concept du droit puisse à la fois fonder le droit civil et ce *jus inter gentes* qui doit régir la guerre et la paix. Que le droit naturel constitue la réponse adéquate à cette double contrainte ne saurait aller de soi : il faut d'abord envisager ses relations avec d'autres principes pouvant prétendre jouer un tel rôle, il est nécessaire aussi de montrer de quelle façon il est lui-même en situation de le remplir. La logique qui gouverne les *Prolegomena* et le premier chapitre du *De Jure Belli ac Pacis* gagne beaucoup en clarté si on comprend que Grotius s'emploie à cette double tâche. De ce second point de vue, la lecture de Grotius faite par ses contemporains et successeurs immédiats est tout à fait légitime.

Les premières phrases des *Prolegomena* sont bien connues. Elles n'en requièrent pas moins une lecture attentive :

> *Jus civile sive Romanum sive quod cuique patrium est, aut illustrare commentariis aut contractum ob occullos ponere agressi sunt multi. At jus illud quod inter populos plures aut populorum rectores intercedit, sive ab ipsa natura profectum, aut divinis constitutum legibus, sive moribus et pacto tacito introductum, attigerunt pauci*[3].

1. *Institutes*, I, II, 2. Cette phrase est littéralement intraduisible parce que le terme *gens* désigne une réalité naturelle (ce que peut rendre *nation*) et qu'elle implique l'existence de nations animales. On pourrait gloser : *parmi les nations, les nations humaines ont établi un droit, pour répondre aux exigences des besoins proprement humains*. Ce droit n'est pas un droit naturel parce que ne concernant que les hommes et institué par eux.

2. Établir ces points est un des objets principaux de P. Haggenmacher.

3. *Prolegomena*, § I, *DGP*, *op. cit.*, p. 1 (dans l'édition latine, les *Prolegomena* ne sont ni paginés ni subdivisés, ces précisions renvoient à la traduction Barbeyrac) : « Un grand

Grotius distingue deux branches du droit, l'une largement étudiée : le droit civil qui régit les diverses sociétés, l'autre, laissée en friche : le droit qui intervient dans les relations entre elles. Mais cette opposition est formée, de plusieurs points de vue, de façon surprenante. Là où l'on attendrait une définition du *jus inter gentes*, on trouve une présentation binaire, selon que l'on considère les rapports des *peuples* entre eux (à la *gens*, unité naturelle et de fait, Grotius substitue le *populus*, unité de droit et d'institution) ou ceux qui se nouent entre leurs souverains (c'est ainsi qu'il faut clairement entendre les *rectores populorum*). Cette dualité s'éclaire par la distinction faite, en annexe à la généalogie du droit civil, de deux manières de penser l'unité d'une société, l'association (*consociatio*) et la subordination (*subjectio*) : *Nam illa quam diximus consociatio aut subjectio utilitatis alicujus causa coepit institui.* [1]. Grotius manifeste ainsi que, pour lui, le *jus inter gentes* dépend de la façon dont ces *gentes* sont organisées, de leur *jus publicum*.

Mais ce droit qu'il s'agit de constituer en face du droit civil est pluralisé d'une autre façon, suivant la source qui lui est donnée : la nature, Dieu, ou la coutume. Cette tripartition elle-même n'a pas la simplicité qu'on pourrait croire. Les verbes choisis par Grotius ne doivent rien au hasard (*proficisci, constituere, instituere*) : dans le premier cas les *praecepta* émanent de la nature, dans le second ils sont établis comme des lois par la volonté divine, dans le troisième (il s'agit alors du *jus gentium* au sens romain du terme) ils ont été institués par les hommes. Grotius anticipe, cette fois, la distinction du droit naturel et du droit volontaire et la division de celui-ci en droit volontaire divin (révélé) et droit volontaire humain [2]. Ces formulations sont donc soigneusement rédigées pour permettre deux lectures relevant du

nombre d'auteurs ont entrepris de commenter ou d'abréger le Droit civil, soit que l'on entende par là les lois romaines, qui sont ainsi appelées par excellence, ou bien celles de chaque pays en particulier; Mais pour ce qui est du droit qui a lieu entre plusieurs Peuples, ou entre les conducteurs des États; et qui est fondé sur la nature, ou établi par les lois divines, ou introduit par les coutumes, accompagnées d'une convention tacite des hommes; peu de gens se sont avisés d'en toucher quelque matière ». Les deux traducteurs construisent de façon ternaire la dernière phrase : *sive*, *aut*, *sive*, lisant trois sources : la nature, Dieu, les hommes. On pourrait aussi voir une alternative formée de deux branches : d'un côté le droit la nature (qui est aussi celui voulu par Dieu), de l'autre le droit institué par les hommes. Comme on le verra, ces deux constructions sont également justifiées par les thèses de Grotius.

1. *Prolegomena*, § XVII. « Car cette association ou sujétion dont nous venons de parler a d'abord été instituée en raison de quelque utilité » (trad. B. Bernardi). Dans leurs traductions respectives, Barbeyrac et Pradier-Fodéré font de cette distinction deux lectures bien différentes, pour le premier la *subjectio* produit la *consociatio*, pour le second ce sont deux modèles de la *societas* disjonctivement opposés. L'un fait de Grotius un lecture hobbesienne, l'autre rousseauiste. Le comprendre, c'est saisir comment il peut se tenir en deçà de cette décision.

2. *DGP*, I, I, § IX, 2, p. 48.

double statut des *Prolegomena* : texte d'ouverture constituant le problème à examiner et texte de présentation qui anticipe les résultats de cet examen. D'un côté, on fixe les tâches préalables à la formation d'un droit de la guerre et de la paix – définir le statut respectif de ces trois sources de droit et penser leur articulation –, de l'autre, ce travail est considéré comme déjà réalisé. Quelle est, dans chacune de ces perspectives, la place de la notion d'obligation ?

Il nous faut d'abord revenir sur le texte (*Prolegomena*, § VII) dans lequel, nous l'avons vu, sont introduites ensemble, comme fondement du droit naturel, les notions d'*appetitus societatis* et de *praecepta generalia*. C'est Carnéade, cité d'après Lactance, que Grotius (§ V) s'est choisi pour adversaire :

> *Jus autem naturale esse nullum. Omnes et homines, et alias animantes, ad utilates suas, natura ducente, ferri : proinde aut nullum esse justitiam, aut, si sit aliqua, summam esse stultitiam, quoniam sibi noceret, alienis commodis consulens*[1].

L'argumentation de Carnéade intéresse Grotius par ce qu'elle partage avec ceux qu'elle veut réfuter : l'idée du droit naturel comme concernant tous les êtres vivants en général. Là est en effet l'erreur commune : ce n'est pas sur la nature mais sur la nature de l'homme qu'il est possible de fonder un droit naturel. C'est pourquoi il faut d'abord montrer que la sociabilité et le fait d'agir par principe sont des propres de l'homme en acte (*perfectum*). Si, contre Carnéade, Grotius soutient que l'on observe chez les animaux également une certaine forme de sociabilité, celle-ci diffère essentiellement de la sociabilité humaine : les animaux obéissent à une rationalité de la nature qui s'impose à eux (*ex principio aliquo intelligente extrinseco*), l'appétit de sociabilité des hommes ressortit d'un principe intelligent *intrinsèque*. L'intérêt est le principe intelligent extrinsèque qui pousse les hommes à s'associer pour surmonter leur faiblesse naturelle, mais c'est du droit naturel que relève le principe intelligent intrinsèque[2]. De ce second point de vue, la sociabilité et l'action par principes ne sont pas deux

1. « Il n'y a pas de droit naturel. Les hommes comme tous les êtres vivants, sous la conduite de la nature, sont portés vers leur propre utilité : par conséquent soit il n'y a pas de justice, soit, s'il y en a une, elle est le comble de la bêtise puisque consistant à se nuire pour prendre en compte les intérêts d'autrui », Lactance, *Instit. Div.* I, XVI, 3.

2. La rationalité de l'intérêt est extrinsèque, intrinsèque celle des devoirs. Au travers de Carnéade, c'est Machiavel que vise Grotius, comme l'a bien vu Barbeyrac : *DGP*, Discours préliminaire, § LIX, note 1, p. 35. Cette distinction entre l'utile et le juste sera répliquée dans l'horizon jusnaturaliste par celle de l'obligation extérieure due au souverain et de l'obligation intérieure qui constitue le devoir (on l'a observé chez Burlamaqui). Elle est thématisée par Domat comme celle du « for externe » et du « for interne ».

caractères de l'homme indépendants l'un de l'autre : la sociabilité proprement humaine dépend de la faculté à connaître et agir par *praecepta generalia*[1]. Les arguments comme le vocabulaire renvoient d'évidence à Aristote, particulièrement aux célèbres formules du livre I des *Politiques* faisant de la vie en société un *télos* humain et, surtout, articulant le passage au langage et le fait d'avoir en commun des notions du juste et de l'injuste comme conditions premières de l'existence politique[2]. Mais l'aristotélisme de Grotius est finement biaisé. Pour commencer (le passage du grec *logos* au latin *sermo* y contribue), Grotius rattache directement la *parole* à la sociabilité pour en distinguer ce second caractère que constitue la *faculté de connaître et d'agir par des praecepta generalia.* Cela lui permet, dans un second temps, de substituer aux notions *communes* (d'une communauté politique et propre à une cité) évoquées par Aristote les principes *généraux* inscrits dans la nature intellectuelle de chaque être humain. Le droit naturel doit non seulement être fondé sur la nature propre de l'homme mais encore sur cette nature en tant qu'elle est inhérente à chaque être humain en particulier et donc antérieure à toute forme de lien social.

Le paradigme du droit naturel, chez les Anciens, était la nature commune des êtres vivants, celui du droit naturel moderne est la nature humaine : ce déplacement a été mis en évidence par Michel Villey. Avec Grotius – cela doit être souligné – un autre pas est franchi : avant de régir la communauté des hommes, le droit naturel est inscrit en chacun d'eux comme exprimant leur *faculté* propre, celle d'user de *praecepta generalia.* Par ce syntagme remarquable, Grotius enregistre la conséquence majeure de ce second déplacement : c'est une double dimension rationnelle et volontaire de l'homme qu'engage l'action par principes. La *recta ratio* est *connaissance* de règles qui valent *prescription* et l'articulation de ces deux dimensions rationnelle et volontaire se comprendra proprement comme obligation[3].

1. J. Terrel, *op. cit.*, p. 35, renvoie à juste titre aux développements très éclairants consacrés au mariage par Grotius, (*DGP*, II, V, notamment § 8, p. 282-283) cohabitation et engagement sont indissociables. On verra que pour Grotius cette indissociabilité est aussi liée à celle de la volonté et de la raison. On ne pourrait comprendre autrement comment se fait le lien entre l'*appetitus societatis* et les *praecepta generalia*.

2. Aristote, *Politiques*, I, 2, 1253 a. Avec les animaux les hommes partagent la voix (*phoné*) qui exprime le plaisir et la douleur, en propre ils ont le *logos* (Tricot traduit *discours*, Pellegrin, *langage*) qui permet de signifier utile et nuisible, juste et injuste. « Or c'est d'avoir ces notions en commun qui fait une famille ou une cité ».

3. Ce point décisif permettra de considérer sous un nouveau jour la question tant agitée (mais dans des termes ossifiés) du rapport entre volontarisme et rationalisme chez les jusnaturalistes.

LES *PRAECEPTA GENERALIA* ENTRE RAISON ET VOLONTÉ

La compréhension des trois *praecepta generalia* du droit naturel, et plus encore celle de leur articulation, conditionne l'interprétation du concept de droit naturel formé par Grotius. Comme souvent, il procède par gauchissement de traditions reçues[1].

> *Haec vero quam rudi modo jam expressimus societatis custodia humano intellectui conveniens, fons est ejus juris quod proprie tali nomine appellatur : quo pertinent alieni abstinentia, et si quid alieni habeamus aut lucri inde fecerimus restitutio, promissorum implendorum obligatio, damni culpa dati reparatio, et poenae inter homines meritum*[2].

Il y a donc trois règles : 1) respecter le bien d'autrui, 2) tenir ses promesses, 3) réparer ses fautes. La première règle est directement reprise des *Institutes* qui définissent les *préceptes* du droit (ils explicitent la définition initiale de la justice comme « volonté constante d'attribuer à chacun ce qui est sien ») : *Juris praecepta sunt : honeste vivere, alterum non laedere, suum cuique tribuere*[3]. En apparence, la rédaction de Grotius ne fait qu'isoler et développer le troisième précepte que les *Institutes* présentent de façon remarquablement concise : attribuer à chacun ce qui lui revient (littéralement « le sien ») n'implique-t-il pas de restituer ce qu'on s'est indûment approprié et de rendre le bénéfice qu'on a pu en tirer?

1. Les commentateurs de Grotius s'attachent souvent à dénombrer ses dettes envers Aristote, la seconde scolastique, les sceptiques modernes. La disparité de ces sources devrait alerter : Grotius les suit moins qu'il ne s'en sert dans un jeu argumentatif qui les oppose entre elles et les subvertit les unes par les autres. Il participe encore de la méthode des humanistes dont Erasme ou Montaigne sont les meilleurs exemples. Au-delà de Grotius, cette observation devrait mettre en garde contre le continuisme et sa tendance à suivre la transmission de contenus au préjudice des stratégies argumentatives et des dispositifs rhétoriques qui les surdéterminent.

2. *Prolegomena*, § VIII, trad. Pradier-Fodéré, *op. cit.*, p. 11 : « Ce soin de la vie sociale, dont nous n'avons donné qu'une ébauche, et qui est conforme à l'entendement humain, est la source du droit proprement dit, auquel se rapportent le devoir de s'abstenir du bien d'autrui, de restituer ce qui, sans nous appartenir, est en notre possession, ou le profit que nous en avons retiré, l'obligation de remplir ses promesses, celle de réparer le dommage causé par sa faute, et la distribution des châtiments mérités entre les hommes ». La traduction de la troisième règle est grammaticalement flottante, celle de Barbeyrac (« Et que toute violation de ces règles mérite punition, même de la part des hommes ») est fautive. L'une et l'autre sont embarassées (voir ci-dessous).

3. *Institutes*, I, I. « Les préceptes du droit sont : vivre honnêtement, ne pas léser autrui, attribuer à chacun ce qui lui revient ». La traduction par *rendre* à chacun son bien sollicite le texte en passant de la justice distributive à la justice corrective. Les textes du droit romain ont en commun avec les textes religieux chrétiens d'avoir fait l'objet d'une transmission quasiment ininterrompue. Dans les deux cas, les traditions interprétatives se sont ossifiées dans des *habitus* de traduction dont il est tout aussi nécessaire que malaisé de se défaire.

Pourtant les *Institutes* donnent bien *tribuere* (attribuer, accorder) et non *retribuere* (restituer)[1]. Il en est ainsi parce que ce premier titre du manuel de Justinien (*De justitia et jure*) est pour ainsi dire métajuridique et que les préceptes du droit y prescrivent comment se conduire conformément à la justice. Ce n'est que plus tard, dans le cadre du droit privé et en envisageant les actions en justice, que sera examinée la façon de rétablir le droit lorsqu'il a été transgressé. Si Grotius avait considéré le droit naturel comme un ensemble de préceptes indiquant comment vivre honnêtement, il en serait resté à la rédaction originelle. Il inscrit au contraire, dès ce niveau, la problématique de la restitution, de la compensation, et plus tard celle de la punition parce que, le droit naturel devant être un vrai droit, les dimensions de l'action et de la sanction ne doivent pas lui faire défaut. Le statut du précepte change : il n'est plus simplement règle de conduite honnête mais crée une véritable obligation.

Le contraste est saisissant entre la formulation complexe de ce premier principe de droit, pourtant universellement reconnu, et l'énonciation concise, directe et pour ainsi péremptoire du second, qui est au contraire l'objet d'un très ancien et notoire contentieux. Poser comme principe du droit naturel que *c'est une obligation de remplir ses promesses* ne saurait en effet aller de soi. Distinguer la simple promesse de l'engagement formel, seul porteur d'obligation, avait été un souci essentiel des jurisconsultes romains : en avait résulté une typologie extrêmement fine, et une casuistique afférente. Cela avait été un effet majeur de l'effacement du droit romain dans les premiers siècles de l'ère médiévale que la perte de cette construction devenue trop complexe au profit de l'invocation de la seule bonne foi. Inversement, le renouveau du droit romain s'accompagne de la renaissance de la problématique des contrats comme outil propre à permettre de donner un cadre, des limites et une consistance juridiques à toutes les formes d'engagement d'une volonté envers une autre. Mais en rester à cette lecture négative de l'histoire du droit serait passer à côté de l'apport – essentiel sur ce point précisément – du droit canon. Si en effet la formule consacrée, *pacta servanda sunt*, se trouve déjà dans le *Corpus juris civilis*, ce n'est qu'à titre mineur et pour évoquer surtout les cas dans lesquels elle ne s'applique pas[2]. Le décret de Gratien en fait un usage plus positif, mais

1. *Tribuere* signifie étymologiquement répartir entre les tribus. L'expression *suum cuique tribuere* est au demeurant ancienne, on la trouve par exemple chez Cicéron (*De Officiis*, I, 15).

2. Le principe est formulé par le *Digeste*… pour évoquer un cas où il faut le transgresser ! Paul, *De pactis dotalibus* (*Dig.* 23.4. 5.1) : *Ac ne illa quidem pacta servanda sunt, ne ob res donatas vel amotas ageretur, quia altero pacto ad furandum mulieres invitantur, altero ius civile impugnatur* (« Même, ces pactes-là, il ne faut pas les respecter, de peur qu'il s'agisse de

c'est dans les *Décrétales* de Grégoire IX que les canonistes la constituent en véritable principe, opposé aux restrictions que lui apportait le droit romain[1].

Grotius ignorait si peu ce débat et son histoire que la péroraison de son ouvrage est nourrie de citations empruntées au texte du droit canon[2] et qu'il consacre, au livre II, un chapitre entier à la discussion avec les romanistes : *Des promesses*. Affirmer de façon générale et sans ambages le caractère obligatoire de la promesse, en faire un des trois principes du droit naturel pouvait donc difficilement passer pour une évidence. Le tranchant de la formule exprime, dira-t-on, la fermeté de conviction de Grotius, qu'il justifie en ferraillant contre François de Connan[3]. Cette réponse n'est pas satisfaisante : la suite du chapitre consistera à relativiser, limiter, circonscrire dans son application le principe établi, au point de réintégrer toutes les restrictions des juristes romains visant à discriminer, parmi les engagements d'une volonté, ceux-là seuls qui ont valeur obligatoire. Au bout du compte, la radicalité du second principe de droit naturel accouche d'une souris lorsqu'il s'agit d'envisager son application au droit civil : les décisions d'un juge s'inspirant de Grotius différeront fort peu de celles de celui qui se réclamerait de Connan. Il faut donc prendre les choses en sens inverse : si Grotius s'embarrasse d'un principe qui ne lui sert que fort peu du point de vue du droit civil, c'est sans doute qu'il lui est strictement nécessaire d'un autre point de vue. C'est déjà ce que suggèrent les deux premières objections d'irrecevabilité opposées à Connan : elles ont trait au *jus inter gentes* et au *jus publicum*[4]. Si on suivait Connan, dit d'abord Grotius, « il s'en suivrait delà, que les conventions entre les rois ou les peuples, seraient de nulle force, tant qu'ils n'auraient rien exécuté de ce qu'ils ont promis ». De même on ruinerait l'obligation que produisent les lois « qui sont des conventions du Corps du Peuple ». Les traités et les lois devront être pensés sous la catégorie générale de l'obligation. Mais c'est surtout au droit naturel que ce principe est nécessaire, en lui conférant sa capacité d'être le fondement de tout droit. Cela ressort du passage

biens donnés ou ôtés, parce que par un pacte les femmes sont incitées à voler et par l'autre on attaque le droit civil »).

1. *Decretales Gregorii noni pontificis*, Lugduni, Ad Salamandrae, Apud Sennetionos fratres, MDLIIII : le livre I, titre XXXV, *De pactis*, commence de façon très explicite : *Pacta quantumque nuda servanda sunt* (Même les simples engagements doivent être respectés).

2. *DGP*, III, XXV, § 1, p. 998-999. Barbeyrac signale les emprunts référentiels de Grotius : *Corpus juris canonici*, Lugduni, Ad Salamandrae, Apud Sennetionos fratres, MDXXIV, Causa XXIII, quaest. I, canon III.

3. *DGP*, *loc. cit.*, § 1, p. 399-400.

4. *Ibid.* p. 399.

récapitulatif dans lequel, s'opposant une fois encore à Carnéade, Grotius articule de façon imagée sa théorie des sources du droit :

> *Quod ergo dicitur non Carneadi tantum, sed et aliis, « Utilum prope justi mater et aequi » ; si accurate loquamur, verum non est : nam naturalis juris mater est ipsa humana natura, quae nos etiamsi re nulla indegeremus ad societatem mutuam appetendam ferret : civilis vero juris mater est ipsa ex consensu obligatio, quae cum ex naturali jure vim suam habeat, potest natura hujus quoque juris quasi proavia dici*[1].

La généalogie ainsi constituée doit être prise au sérieux : de la nature émane le droit naturel, du droit naturel l'obligation, de celle-ci aussi bien le droit civil que le droit des gens. La nature est la nature humaine, caractérisée comme principe intelligent intrinsèque de sociabilité. L'obligation née du consentement n'est autre que le second précepte du droit naturel qui en découle : *promissorum implendorum obligatio.* Sa réplication comme obligation pour les hommes à respecter les engagements pris entre eux est le fondement du droit civil. On comprend dès lors la nécessité absolue, pour Grotius, de faire de l'obligation de remplir ses promesses un principe général du droit : c'est de lui que dépend la possibilité de faire du droit naturel le fondement du droit civil. C'est encore lui qui permet d'articuler, comme le dit le paragraphe suivant, le droit des gens avec le droit naturel « lorsque nous distinguons ces termes ». Parce qu'on est naturellement obligé à tenir ses promesses, les souverains, dans leurs rapports entre eux, sont proprement justiciables du respect ou de la violation des accords qu'ils ont passés. C'est sur ce thème précisément que Grotius choisit de clore son ouvrage, le mettant tout entier sous l'égide de cet unique principe : *fides est servanda* (« il faut garder sa foi »)[2]. On doit, de ce point de vue, rendre justice à Barbeyrac : le principe d'obligation est bien l'articulation majeure de la théorie générale du droit élaborée par Grotius.

Ce point étant acquis, les difficultés ne font pour nous que commencer. Si nous avons établi la place que Grotius accorde au principe d'obligation, si nous avons vu que l'idée de promesse le déterminait, il nous reste à

1. *Prolegomena*, § XVII, trad. Pradier-Fodéré, *op. cit.*, p. 14 : « Ce que l'on dit donc d'après, non seulement Carnéade, mais suivant d'autres, que l'utilité est comme la mère de la justice et de l'équité, n'est pas vrai, si nous parlons exactement ; car la nature de l'homme qui nous entraînerait à rechercher le commerce réciproque de nos semblables, alors même que nous ne manquerions de rien, est elle-même la mère du droit naturel. Mais la mère du droit civil est l'obligation que l'on s'est imposée par son propre consentement, et comme cette obligation tire sa force du droit naturel, la nature peut être considérée comme la bisaïeule aussi de ce droit civil ».

2. *DGP*, III, XXV, titre du § 1, p. 998, qui suit le *Corpus canonici*, *loc. cit.*, *Fides enim, quando promittitur, etiam hosti servanda est* (« Quand on a promis, il faut respecter la foi engagée, même envers un ennemi »).

définir en compréhension de façon précise le concept de l'obligation ainsi formé. Envers qui la promesse nous oblige-t-elle ? En quoi consiste le lien d'obligation ainsi noué, comment s'effectue-t-il ? La difficulté de la première question est tout à la fois masquée et révélée par le choix des deux traducteurs (Pradier-Fodéré suit textuellement Barbeyrac) pour rendre le principe constitutif du droit civil : *civilis juris mater est ipsa ex consensu obligatio*. Tous deux rendent identiquement le texte source : « La mère du droit civil est l'obligation que l'on s'est imposée par son propre consentement ». En déplaçant l'adjectif *ipsa* de l'*obligatio* sur lequel elle porte dans le texte latin vers le *consentement* dans leur traduction française et en glosant le texte par l'ajout du syntagme *que l'on s'est imposée*, les traducteurs supposent que la relation est celle de soi envers soi et ramènent à l'identité le *consensus* du droit civil et le *promissum* du droit naturel. Or le terme *consensus* (il suppose toujours une pluralité de volontés) est susceptible de porter d'une part l'idée d'obéissance acceptée d'une volonté envers une autre, d'autre part celle de convention comme accord de volontés entre elles. Que Grotius ait volontairement joué sur cette ambiguïté est rendu manifeste par la suite immédiate du texte. Après avoir affirmé que l'utilité n'était pas la source du droit, il reconnaît qu'elle l'accompagne néanmoins, en particulier dans l'institution du lien social : *Nam illa quam diximus consociatio aut subjectio utilitatis alicujus causa coepit institui*[1]. La distinction, déjà évoquée, entre association et sujétion reconduit rigoureusement les deux sens possibles du *consensus*. Il nous fait donc soulever deux questions : quelle relation la sujétion et la convention entretiennent-elles entre elles et toutes deux avec la notion d'obligation en droit civil ? quelle relation l'obligation *ex consensu* du droit civil entretient exactement avec l'obligation *ex promisso* du droit naturel ? En faisant mieux comprendre quel effet produit le lien d'obligation, l'examen du troisième précepte du droit naturel nous mettra en situation d'aborder ces questions déterminantes.

Cette fois encore, la formulation de Grotius est d'abord traditionnelle : dire que la volonté de rendre à chacun son dû enveloppe *la réparation des dommages commis* n'a rien de très novateur. Au fond, nous retrouvons les deux sources majeures de l'obligation en droit romain : les conventions (second précepte) et les préjudices (troisième). Mais cette continuité est de

1. *Ibid.* : « Car cette association ou sujétion dont nous venons de parler a d'abord été instituée en raison de quelque utilité ». La même dualité, affectée de la même indécision apparaissait déjà au § XVI, qui établissait que « tenir sa parole » était une condition tacitement acceptée par « ceux qui entraient dans quelque communauté, et qui se soumettaient à une ou plusieurs personnes ».

pure apparence. On l'a vu, le seul fait de déplacer du droit civil au droit naturel le premier et le second précepte change profondément leur statut et donc leur portée : cela est encore plus vrai du troisième précepte, ce dont témoigne l'embarras déjà signalé des traducteurs. Que le préjudice soit porteur d'obligation, dans le droit civil, ressortit de la problématique de l'action. Grotius, en faisant de la sanction une notion du droit naturel, comme Barbeyrac (que cela gêne) l'a parfaitement vu, y introduit la logique de l'action et doit par conséquent reconnaître que le droit de se faire justice appartient par nature à chaque homme[1]. Il donnera d'ailleurs ce principe comme une évidence au cœur même d'un chapitre consacré à la souveraineté (dont le droit de punir est pourtant un attribut essentiel) : « La contrainte n'est pas toujours à la vérité un acte du supérieur; car naturellement chacun a droit de contraindre ses débiteurs à le satisfaire »[2].

Mais le troisième précepte ne s'arrête pas là : en rattachant la punition non seulement au préjudice subi (créateur d'obligation) mais aussi, par une lecture draconienne du *suum cuique*, à la faute commise (laquelle « mérite » la punition comme sa juste rétribution), Grotius fait, en droit naturel, chaque homme potentiellement juge de tous les autres : non seulement des préjudices qu'il a lui-même subis mais de toute faute dont il a eu connaissance. Il développe ce principe de façon systématique tout au long du chapitre consacré aux *Peines*[3]. Il est de droit naturel que l'injustice soit punie, mais « la raison ne dit pas par qui elle doit l'être ». S'il est conforme à la nature que ce soit par un supérieur, on peut légitimement soutenir que « du moment qu'un homme a commis quelque mauvaise action, il est censé s'être mis par là au dessous de toute autre personne », et en fait ainsi son juge naturel[4]. Tout homme est donc juge naturel des autres pourvu qu'il ne fasse pas œuvre de vengeance. Et ce droit de punir autrui n'est pas une simple fiction : Grotius prend soin de montrer que, si l'établissement des sociétés a eu pour objet de substituer les tribunaux à ce droit pour en

1. Pour les commentaires, très critiques sur ce point, de Barbeyrac, voir *DGP*, *Discours préliminaire*, § X, note 7, p. 9, livre I, chap. I, § 5, note 6, p. 41-42.

2. *DGP*, I, III, § XVII, 1, p. 149.

3. *DGP*, II, XX. J. Terrel insiste à juste titre sur le fait que Grotius ne thématise pas vraiment l'idée d'état de nature (*op. cit.*, p. 97-100), mais, se bornant à la question du droit de résistance (p. 107-111), il laisse de côté le droit de punir, qui est pourtant un aspect majeur de la construction grotienne.

4. *Ibid.*, § III, 2, p. 569. Grotius invoque Thomas d'Aquin, *Somme théologique*, II^a II^ae, Qu. 63, art. 2, ainsi que Cajetan et le commentaire du Deutéronome de Maimonide. De fait, en un sens le principe n'est pas nouveau. Mais il en change la nature de plusieurs façons : 1) il réunit deux principes distincts : se rendre justice à soi-même et se faire exécuteur de la punition des fautes d'autrui, 2) il en fait un droit de juger attribué par la nature à chaque homme, 3) il ne lui donne pas le statut d'une permission mais d'une loi qui oblige.

prévenir les abus, « cela n'empêche pas pourtant que la liberté primitive de se faire justice à soi-même ne subsiste encore là où il n'y a point de tribunaux de justice ». Sont évoqués en particulier la mer et les déserts[1].

C'est bien sûr d'abord pour donner un cadre à sa théorie des guerres justes que l'établissement de ce droit naturel de punir importe à Grotius, mais son inscription dans les principes du droit naturel est tout aussi décisive : elle constitue celui-ci comme un droit complet et effectif duquel on peut tirer toute les formes de droit. Parce qu'il porte obligation, le droit naturel enveloppe aussi l'action, la sanction et la punition. C'est un point qui apparaît clairement au chapitre I du Livre I. Distinguant trois sens du mot droit, Grotius affirme :

> *Est et tertia juris significatio quae idem valet quod Lex, quoties vox legis largissime sumitur, ut sit Regula actum moralium obligans ad id quod rectum est. Obligationem requirimus : nam consilia et si qua sunt alia praescripta, honesta quidem sed non obligantia, legis aut juris nomine non veniunt*[2].

Le droit naturel relève, comme les droits volontaires divin et humain, de ce troisième sens du droit et ses préceptes sont des lois parce qu'ils portent bien obligation : « La meilleure division du droit ainsi entendu (*juris ita accepti optima partitio*), c'est celle que fait Aristote en droit naturel et droit volontaire »[3]. Il y a bien deux sources de l'obligation, le droit naturel et le droit institué : *obligatio extra jus naturae venit ex voluntate legem ferentis*[4]. On doit donc considérer les *praecepta* du droit naturel comme des *leges* au sens large du terme, qui commandent et sont porteuses d'obligation et non comme de simples *consilia* ou *praescripta* qui ne font que recommander ce qui est honnête. Il faut, une deuxième fois, donner raison à Barbeyrac[5] : non seulement l'obligation, pour Grotius, est constitutive du

1. *Ibid.*, § VIII, 6, p. 578. Carl Schmitt insiste sur cette thématique, dans *Le nomos de la terre*, Paris, PUF, 2001.

2. *DGP*, I, I, § IX, 1, p. 46-47 : « Il y a un troisième sens du mot droit, selon lequel il signifie la même chose que celui de loi, pris dans sa plus grande étendue, c'est-à-dire, lorsqu'on entend par la loi, une règle des actions morales qui oblige à ce qui est bon et louable. Je dis qui oblige : car les conseils et tels autres préceptes, qui, quelques honnêtes et raisonnables qu'ils soient, n'imposent aucune obligation, ne sont pas compris sous le nom de loi ou de droit ».

3. *Ibid.*, § IX, 2. p. 48.

4. *Ibid.*, § XVI, 6, p. 62 : « toute obligation, hors celle du droit naturel, vient de la volonté du législateur ».

5. Lequel au demeurant exprime en note son profond désaccord (nous y reviendrons) en reprenant Grotius : « L'Auteur s'exprime d'une manière à faire croire que la loi oblige par elle-même, et purement en qualité de règle, d'où qu'elle vienne : au lieu que toute loi tire la vertu qu'elle a d'obliger, d'un supérieur qui la prescrit ».

droit naturel mais elle doit être prise en son sens juridique strict comme ouvrant voie à l'action.

En dépit de son manque de clarté et du peu de conséquences que Grotius en tire pour sa conception du droit civil, il faudrait réévaluer la portée de la séquence : loi naturelle – obligation – droit de punir. Selden après lui, et en large partie contre lui, met en évidence, de façon beaucoup plus radicale, le lien nécessaire entre obligation et punition [1]. On ne peut pas plus concevoir, dit-il, une loi portant une obligation qui ne serait pas sanctionnée par une punition qu'on ne peut penser un père sans enfant [2]. Mais, précisément pour cette raison, il se refuse à voir dans les lois du droit naturel autre chose que l'expression de la volonté divine : « je ne peux me représenter ce que signifie la loi de la nature, sinon la loi de Dieu » [3] et, en toute logique, voit en Dieu le seul qui puisse punir au nom de sa propre législation. Grotius, parce qu'il distingue le droit (divin) naturel du droit divin volontaire, fait au contraire de chaque homme le détenteur par nature non d'un droit de légiférer (la droite raison déposée en lui par Dieu est porteuse de la loi naturelle) mais d'un pouvoir de *jurisdiction*. En matière de droit des gens, cela le conduit à poser le principe, d'une étonnante modernité, de ce que l'on appelle aujourd'hui la « compétence universelle » : tous les souverains « ont droit de punir, non seulement les injures faites à eux ou à leurs sujets, mais encore celles qui ne les regardent point en particulier, lorsqu'elles renferment une violation énorme du Droit de la nature ou de celui des Gens, envers qui que ce soit » [4]. Et Grotius prend bien soin de préciser que ce droit échoit aux souverains comme successeurs légitimes de celui que chacun avait naturellement. On relèvera, parmi les exemples donnés, le cas de ceux qui « tuent les étrangers qui viennent loger chez eux » [5]. Il s'oppose sur ce point nommément à une série d'auteurs de la seconde scolastique : « Vittoria, Vasquez Azor, Molina », « car ces derniers auteurs croient que le droit de punir est un effet propre de la *Jurisdiction* civile. Mais en cela ils se trompent, à mon avis. Le pouvoir de punir vient originairement du droit même de la nature » [6].

1. R. Tuck, *Natural Rights Theories*, *op. cit.*, p. 81-100, à qui sont empruntées ces références.

2. *Neque sane juris obligatio sine poenae alicujus violationi imminentis ratione... mortalibus potest fingi quam in relatis paternitas sine filio*, Selden, *Opera*, I, col. 106.

3. Selden, *Opera*, III, col. 2041.

4. *DGP*, II, XX, § XL, 1, p. 613.

5. *Ibid.*, § XI, 3, p. 615.

6. *Ibid.*, § XI, 4, p. 616. Il ne semble pas à cet égard que les commentateurs, en particulier R. Tuck, aient pris la mesure de ce chapitre, trop occupés qu'ils sont par la discussion initiale (§ II-III), que Grotius disqualifie d'ailleurs, qui vise à déterminer si les peines relèvent de « la justice explétive » ou de « la justice attributive ».

Grotius met ainsi en place un dispositif qui, même si lui-même en tire peu d'effets, est pour beaucoup dans la formation de « l'étrange doctrine » défendue par Locke au début du second *Traité du gouvernement civil*. Après avoir posé (§ 6) que « l'état de nature possède une loi de nature qui le régit, et cette loi oblige tout le monde », Locke, dans son premier chapitre, s'emploie à montrer – dans des termes partout repris de Grotius – que par conséquent « tout homme a le droit de punir le coupable et de se faire l'exécuteur de la loi de nature » [1]. À la différence de Grotius, il en déduit que toute société civile repose sur la renonciation volontaire à ce droit et la convention que celle-ci implique. C'est un des nombreux cas où Grotius a servi de carrière aux constructions de ses successeurs.

Le *quitus* que nous venons de donner à Barbeyrac ne saurait cependant être accordé sans nuances. S'il est bien vrai que les principes du droit naturel sont fermement et explicitement conçus chez Grotius comme porteurs d'obligation, il n'en faut pas moins constater que de façon très régulière, en rendant le latin *debitum* dont use Grotius par le français *obligation*, Barbeyrac masque une distinction qu'il paraît en toute rigueur nécessaire de prendre en compte. C'est en particulier le cas d'un passage décisif qui a été au point de départ de notre enquête :

> *Jus naturale est dictatum rectae rationis indicans, actui alicui, ex ejus convenientia aut disconvenientia cum ipsa natura rationali, inesse moralem turpitudinem aut necessitatem moralem, ac consequenter ab auctore naturae Deo talem actum aut vetari aut praecipi. Actus de quibus tale exstat dictatum, debiti sunt aut illiciti per se, atque ideo a Deo necessario praecepti aut vetiti intellinguntur; qua nota distat hoc jus non ab humano tantum jure, sed et a divini voluntario, quod non ea praecipit aut vetat quae per se ac suapte natura aut debita sunt aut illicita, sed vetando illicita, praecipiendo debita facit* [2].

1. Locke, *Second traité du gouvernement civil*, chap. II, § 8, trad. J.-F. Spitz, Paris, PUF, 1994, p. 8. Locke ne pouvait trouver l'assise de son raisonnement dans les formulations antérieures du droit de punir : il fallait que soit attribué à l'homme un droit naturel de *jurisdictio*, étranger aussi bien à Maimonide, Saint-Thomas qu'à Cajetan. Mais il pouvait trouver cette idée chez Grotius, dont il suit de près le chapitre *Des peines*. J.-F. Spitz, sans renvoyer à ces textes, oppose Grotius à Locke, qu'il rapproche de Pufendorf. On a pris l'habitude, sur la foi d'un texte tardif (les *Pensées sur l'éducation*) de penser que Locke choisit toujours Pufendorf contre Grotius. Ici pourtant, il joue Grotius contre Selden, Hobbes et Pufendorf. Cette discussion sera poursuivie.

2. *DGP*, I, I, § X, 1-2, p. 48-49 : « Pour commencer par le droit naturel, il consiste dans certains principes de la droite raison, qui nous font connaître qu'une action est honnête ou déshonnête, selon la convenance ou disconvenance nécessaire qu'elle a avec une nature raisonnable et sociable ; et par conséquent que Dieu, qui est l'Auteur de la nature, ordonne ou défend une telle action. Les actions à l'égard desquelles la raison nous fournit de tels

Il faut commencer, même si sa traduction est trop enveloppée, par donner raison à Barbeyrac sur sa compréhension du *dictatum rectae ratonis indicans*. *Dictatum* ne peut se traduire par décret. Décréter, c'est prendre une décision, faire un choix. *Dictare*, c'est dire de façon répétée et insistante, donc enseigner avec une nuance d'injonction (explicitée par le verbe *indicare*). La décision et le commandement sont deux choses distinctes. De même l'adverbe *consequenter* énonce bien une déduction de la raison : la droite raison nous enseigne 1) qu'un acte est honnête en soi, 2) que, par conséquent, il est prescrit par Dieu [1]. La comparaison du texte latin et de sa traduction par Barbeyrac montre, en revanche, qu'à l'*illicitum* le latin oppose le *debitum* que Barbeyrac rend, lui, par *obligatoire*. Cette précision ne peut cependant porter à conclure que le *debitum* est le simplement honnête et désigne un impératif plus faible que l'obligation. Au contraire, c'est sur le mode de la *nécessité* que le droit naturel commande et interdit. Il n'y a pas là deux degrés d'obligation mais deux modes distincts d'obligation : ce qui est exigé par soi et que la *droite raison* suffit à déterminer, et ce qui est exigé par une volonté supérieure, celle de Dieu ou du souverain. C'est au demeurant la signification véritable d'un des passages de Grotius les plus sollicités : le fameux raisonnement *etiamsi daremus* [2], dans lequel on a voulu voir un geste prodigieusement novateur de laïcisation, soustrayant radicalement le droit naturel à tout fondement théologique, ne saurait porter une telle intention (même de façon purement spéculative) [3]. L'argumentation de Grotius a un autre objet que l'on voit clairement ici : distinguer le droit divin naturel (le droit naturel en est simplement un autre nom), porteur d'obligations que la seule raison nous permet de reconnaître, du droit divin volontaire par lequel une déclaration expresse de Dieu (la

principes, sont obligatoires ou illicites par elles-mêmes, à cause de quoi on les conçoit comme nécessairement ordonnées ou défendues de Dieu. Et c'est le caractère propre qui distingue le droit naturel non seulement d'avec le droit humain, mais encore d'avec le droit divin volontaire, qui ne commande pas et ne défend pas des choses obligatoires ou illicites par elles-mêmes et leur propre nature, mais qui rend obligatoire ce qu'il commande, par cela seul qu'il le commande ; et illicite, ce qu'il défend, par cela seul qu'il le défend ».

1. On ne saurait, pour ces raisons, suivre la traduction ni le commentaire de René Sève, *op. cit.*, p. 37-38.

2. *Prolegomena*, § XI. *Et haec quidem quae jam diximus, locum aliquem haberent etiamsi daremus, quod sine summo scelere dari nequit, non esse Deum, aut non curari ab eo negotia humana* (« De plus tout ce que nous venons de dire garderait une sorte de pertinence même si nous accordions, ce qu'on ne saurait accorder sans un crime immense, que Dieu n'existe pas ou qu'il ne se préoccupe pas des affaires des hommes », trad. B. Bernardi.

3. Cela a été suffisamment démontré et documenté par Peter Haggenmacher (qui montre en outre ce que Grotius doit ici à Grégoire de Rimini et plus encore à Suarez), *op. cit.* p. 462-523.

révélation) nous signifie nos obligations[1]. Tout ce qui est de droit divin volontaire ne peut contredire le droit (divin) naturel mais ne lui appartient pas *nécessairement* (comme la loi de Moïse en tant qu'elle est prescription adressée en propre au peuple juif)[2]. La révélation évangélique, en revanche, pose un droit divin volontaire qui est adressé à tous les hommes et, en ce sens, les oblige tous. Mais le christianisme n'abolit pas pour autant la distinction entre droit divin naturel et volontaire[3]. L'hypothèse *etiamsi daremus* a pour fonction première de distinguer le droit (divin) naturel du droit (divin) institué.

On ne peut donc parler de laïcisation du droit naturel chez Grotius ou, pour dissiper l'équivoque, il faudra distinguer la laïcisation de la déthéologisation. Mais on se tromperait aussi lourdement en croyant que Grotius se borne à reconduire le dispositif que l'on peut observer avant lui dans la seconde scolastique. Il ne se contente pas, en effet, de reprendre l'idée selon laquelle la raison, que Dieu a mise en nous, nous permet de connaître les devoirs auxquels son commandement nous oblige : il affirme, et cela est bien différent, que cette connaissance suffit à lier notre volonté d'un lien qui l'oblige. Et cela non seulement parce que la raison nous conseille de faire le bien mais, comme on vient de le voir, parce qu'elle nous astreint à respecter les *praecepta generalia* du droit naturel. Le principe d'obligation est immanent à la nature humaine, telle est sa thèse spécifique[4]. Cela implique que la *recta ratio* est tout à la fois une *recta voluntas* : Grotius ne subordonne pas la volonté à la raison, il les identifie. Plus exactement, la différence propre entre droit naturel et droit volontaire est que dans le premier volonté et raison sont indissociables tandis que le second les différencie.

1. La portée de cette distinction sera plus amplement soulignée ultérieurement.

2. Sur ce point Grotius (il y consacre toute la fin du chapitre I de son premier livre) tient une position médiane entre ceux qui prétendaient tirer le droit naturel des lois positives du peuple juif et ceux qui considéraient que ce droit destiné à un peuple particulier ne pouvait rien apprendre du droit commun à tous les hommes. L'annotation de Barbeyrac permet de restituer l'acuité de ce débat au XVIIe siècle.

3. C'est ce qui ressort clairement de la discussion conduite au chapitre *Des peines*, livre II, XX, § XLIV-LI, à l'occasion de laquelle Grotius donne un résumé de sa doctrine de la religion naturelle : on ne peut punir qu'en vertu de ce qui est prescrit par la religion naturelle, accessible à tout homme par sa raison, et non de ce qui relève de la révélation. La juridiction, en matière de droit institué, n'appartient qu'à celui qui la pose et par conséquent, en ce qui concerne la révélation, non aux hommes mais à Dieu seul. On reviendra plus loin sur la relation entre droit naturel et religion naturelle chez Grotius.

4. Pufendorf et Barbeyrac ne s'y sont pas trompés qui divergent radicalement sur ce point avec lui. Leibniz et Burlamaqui au contraire, chacun de façon différente, le soutiendront sur ce point.

Comprendre le statut propre du *debitum* dont est affecté ce que la *recta ratio* nous présente comme prescrit ou interdit ne doit donc pas consister à opposer le devoir et l'obligation mais à comprendre quelle espèce d'obligation spécifique ce devoir constitue. Là réside le cœur même de la théorie de l'obligation pour Grotius. Lorsque Barbeyrac le traduit, cette équivalence entre devoir et obligation est déjà devenue si usuelle (par identification de l'un et de l'autre avec l'*officium*, nous le verrons) qu'il n'en perçoit même plus la portée. Il nous faut, inversement, retrouver la capacité d'étonnement qui seule peut nous permettre de comprendre cette innovation. C'est paradoxalement en revenant sur la façon dont Grotius fonde, à nouveaux frais, l'obligation de droit civil sur l'obligation de droit naturel et de là, tout à la fois, l'association et la sujétion, que nous pouvons y parvenir.

CONSOCIATIO ET *SUBJECTIO* : GROTIUS ET LA SCIENCE DE L'ÉQUIVOQUE

« Si la souveraineté existe dès qu'il y a une association civile, il reste à comprendre le rôle joué par la seconde relation qui naît du consentement, l'assujettissement »[1]. Le problème soulevé par Jean Terrel (une large partie de sa lecture de Grotius est consacrée à ce point) est essentiel. Il faut d'autant plus soigneusement peser les termes dans lesquels il se pose. C'est bien, nous l'avons vu[2], *ex consensu* que naît le droit qui régit toute société, dont l'unité est désignée par Grotius comme *consociatio aut subjectio*. Nous avions remarqué que les deux traducteurs faisaient de cette distinction des lectures fort différentes. Barbeyrac semble comprendre une équivalence, la sujétion étant la forme sous laquelle l'association se fait (nous avons qualifié cette lecture de hobbesienne). Pradier-Fodéré traduit comme si l'on avait affaire à la disjonction : *aut... aut...* (dans une perspective que l'on pourrait considérer comme rousseauiste). Jean Terrel, qui s'attache à dégager la signification proprement grotienne de cette construction, montre, à juste titre, que la *consociatio* enveloppe la formation d'un pouvoir souverain (*summum imperium*) comme son effet immédiat. C'est bien la production de la *consociatio* et de la *subjectio* selon un unique principe, le *consensus*, qu'il s'agit de comprendre.

On ne peut cependant engager cette enquête sans préciser que ce n'est pas directement du *consensus* que Grotius fait naître la *consociatio* et la *subjectio* mais de l'*obligatio ex consensu,* dont nous avons vu qu'elle était elle-même fondée dans le droit naturel. De plus, bien qu'articulées entre elles, *obligatio ex promisso* et *obligatio ex consensu* doivent être soigneu-

1. J. Terrel, *op. cit.*, p. 115.
2. Voir ci-dessus, p. 100.

sement distinguées. Ces précisions sont décisives parce qu'elles ne permettent pas d'adopter sans discussion le sens attribué par les deux traducteurs au *consensus* (ils glosent et modifient le texte : « l'obligation que l'on s'est soi-même imposée par son propre consentement ») comme décision d'une volonté qui dans un cas (la *consociatio*) s'accorderait avec d'autres, dans l'autre (la *subjectio*) se soumettrait à une autre. Pour rendre compte de la thèse propre de Grotius, il nous faut à la fois comprendre comment, de l'obligation de droit naturel, on peut tirer l'obligation de droit civil et expliquer quel concept du *consensus* peut supporter la double modalité de la *consociatio* et de la *subjectio*.

C'est encore des *Prolegomena* que nous pouvons tirer le point de départ de notre analyse : dans ce texte rédigé après-coup, Grotius parvient à l'élucidation de ses propres principes. La généalogie du droit civil que nous avons déjà présentée y est préparée, au paragraphe précédent, par un texte qui en explicite l'articulation majeure :

> *Deinde vero cum juris naturae sit stare pactis, (necessarius enim erat inter homines aliquis se obligandi modus, neque vero alius modus naturalis fingi potest), ab hoc ipso fonte jura civilia fluxerunt. Nam qui se coetui alicui aggregaverant, aut homini hominibusve subjecerant, hi aut expresse promiserant, aut ex negotii natura tacite promisisse debebant intelligi, secuturos se id quod aut coetus pars major, aut hi quibus delata potestas erat constituissent*[1].

À l'origine du droit civil, il y a la rencontre entre une nécessité de fait et une possibilité de droit. Les hommes, pour vivre ensemble, étaient dans la nécessité (on retrouve l'utilité comme principe extrinsèque) de pouvoir se lier entre eux par des liens d'obligation[2]. Celle-ci est alors entendue comme ce qui permet d'astreindre un homme à faire ce à quoi il s'est engagé, donc d'ouvrir un droit à l'action qui le contraindra à s'exécuter. Cette nécessité va pouvoir être satisfaite parce qu'il est possible de fonder une telle obligation en droit naturel, en partant de son second précepte : *est promissorum*

1. *Prolegomena* § XVI (Barbeyrac, p. 12 ; Pradier-Fodéré, p. 13). Je retraduis : « Ensuite, en vérité, comme il est de droit naturel de s'en tenir à ses engagements – était assurément nécessaire entre les hommes un moyen de s'obliger, et aucun autre moyen naturel ne peut être conçu – c'est de cette source même que découlent les droits civils. Ceux en effet qui s'étaient agrégés en quelque rassemblement ou assujettis à un ou des hommes, ceux-là, ou bien avaient expressément promis, ou bien devaient d'après la nature de la chose être supposés avoir promis tacitement, de s'en tenir à ce qu'aurait décidé soit la majeure partie de l'assemblée soit ceux à qui le pouvoir avait été conféré ».

2. J. Terrel affirme qu'il n'y a pas d'état de nature chez Grotius. Formellement exacte, cette affirmation doit être relativisée : nombreux sont les textes comme celui-ci dont le régime temporel implique un état antérieur à la formation de la société civile, comme la mer et les déserts lui sont extérieurs.

implendorum obligatio (c'est une obligation de remplir ses promesses), ici formulé d'une nouvelle manière : *juris naturae est stare pactis* (il est de droit naturel de s'en tenir à ses engagements), et que la tradition a retenu sous une troisième forme : *pacta sunt servanda* (les engagements doivent être respectés).

L'analyse de ce principe l'a nettement montré : cette obligation est celle qui découle du fait même de la promesse et non celle, subséquente, constituée par ce que l'on a promis. Cette distinction est ici explicite : la première, l'*obligatio ex promisso*, de droit naturel, est *source* de la seconde, qui est commune à tous les droits civils, l'*obligatio ex consensu*[1]. Cette seconde obligation tire son caractère obligatoire de la première mais se détermine dans son contenu (ce qui est promis et à quoi on est obligé) par son objet spécifique : la nécessité pour les hommes de s'obliger les uns envers les autres. C'est ainsi que l'on peut comprendre d'abord que, s'il y a un seul mode naturel d'obligation, et un seul objet de l'obligation civile, celui-ci peut être rempli selon deux modalités : on est en général tenu à ce qu'on a promis, l'obligation civile consiste toujours à promettre d'obéir à ce que l'autorité a statué, mais cette promesse d'obéissance peut concerner soit la *pars major* de ceux avec qui on s'est uni soit celui ou ceux à qui ont s'est soumis. Si le *consensus* peut ainsi prendre aussi bien la forme de la *subjectio* que celle de la *consociatio*, c'est qu'il désigne dans un cas comme dans l'autre le consentement promis aux décisions du pouvoir souverain.

Si on la restitue à sa place dans le système conceptuel de Grotius, on comprend sans peine pourquoi la distinction entre *subjectio* et *consociatio* n'y joue pas de rôle déterminant : elle ne repose pas sur deux fondements distincts de l'obligation, ni ne produit deux modalités opposées du consentement. Il n'est, sur le second point, qu'à voir la façon dont est présenté le mariage, forme par excellence de la *consociatio* :

> *Ex consensu jus in personas quod oritur, aut ex consociatione venit, aut ex subjectione. Consociatio maxime naturalis in conjugio apparet : sed ob sexus differentiam imperium non est commune, sed maritus uxoris caput*[2].

Le mari et la femme ont beau être associés, le premier exerce le pouvoir sur la seconde, tout aussi bien que si elle lui était assujettie. Au demeurant,

1. C'est pourqoi Grotius assigne à la promesse (livre II, chap. XI) une place métajuridique (elle lui permet d'articuler son concept de l'obligation naturelle) alors que la théorie des contrats (chap. XII) reste de droit civil.

2. *DGP* II, V, § 8. « Le droit sur les personnes qui naît du consentement provient soit de l'association soit de la sujétion. C'est dans le mariage que l'association naturelle par excellence apparaît. Pourtant, en raison de la différence de sexe, le pouvoir n'est pas commun, mais le mari est le chef de sa femme » (je retraduis).

lorsque le même chapitre examine les *consociationes* civiles, il n'en ira pas différemment : l'*imperium* sera supposé appartenir soit à la *pars major* de la société, soit aux souverains auxquels elle se sera assujettie, mais dans les deux cas c'est de l'obéissance à un *imperium* qu'il s'agit[1]. La *consociatio* ne peut être opposée à la *subjectio* comme la libre convention à l'assujettissement. Encore moins peut on y voir – il faut donner pleinement raison à Jean Terrel sur ce point – une forme même inchoative de contractualisme. Ainsi, la traduction de Pradier-Fodéré, en rousseauisant le texte, le sollicite de façon inacceptable[2]. Est-ce pour autant qu'il faut, sur ce point aussi, donner raison à Barbeyrac qui semble entendre que la *sujétion* est enveloppée dans toute forme d'association civile ? C'est à quoi on ne saurait souscrire aussi vite.

Cette thèse est pourtant séduisante et semblera d'abord corroborée par la théorie grotienne de la souveraineté[3]. Celle-ci cependant ne peut être comprise que si l'on voit que Grotius veut en produire une conception *juridique* qu'il oppose explicitement à la démarche trop *politique* qu'il reproche à Bodin (s'il le cite rarement, c'est d'évidence à lui que nombre de ses arguments sont adressés) : « Je me suis abstenu de toucher ce qui est d'un autre sujet, comme de donner des règles sur ce qu'il est à propos de faire, car cela est du ressort d'une science particulière, je veux dire la Politique [...], au lieu que Bodin la confond souvent avec le Droit que nous entreprenons d'expliquer ici »[4]. C'est au demeurant dans la définition du droit civil que prend sa source la théorie grotienne de la souveraineté :

> *Civile [jus] est quod a potestate civili proficiscitur. Potestas civilis est quae civitati praeest. Est autem civitas coetus perfectus liberorum hominum, juris fruendi et communis utilitatis causa sociatus*[5].

1. *Ibid.* § XVII.

2. Dépendant de sa lecture par Gierke, nombre de commentateurs font de Grotius un contractualiste honteux ou inabouti, voir par exemple J.-F. Spitz, « La théorie du double contrat chez Grotius et Pufendorf », *Cahiers de philosophie politique et juridique*, n°11, 1987, p. 77-85.

3. C'est ainsi que la comprend J. Terrel, *op. cit.*, p 103 *sq.*, qui signale nombre des textes commentés ici. La conception grotienne de la souveraineté est difficile à cerner : en raison de sa complexité (on essaiera d'en rendre compte) mais aussi parce que l'objet propre du *De Jure Belli ac Pacis* fait qu'elle n'est jamais développée pour elle-même mais d'une part à partir du droit naturel qui la fonde, d'autre part à partir du droit de la guerre avec laquelle elle interfère.

4. *Prolegomena*, § LIX, *DGP*, p. 35 : « Le Droit civil est celui qui émane de la puissance civile. La puissance civile, c'est celle qui gouverne l'État. Et l'État est un corps parfait de personnes libres, qui se sont jointes ensemble pour jouir paisiblement de leurs droits, et pour leur utilité commune ».

5. *DGP*, I, I, § XIV, 2.

Cette série de définitions présente une difficulté manifeste : le droit civil émane d'une puissance qui s'exerce sur l'État et lui est donc supérieure, mais d'un autre côté l'État résulte de la *consociatio* de personnes libres, laquelle lui est donc nécessairement antérieure[1]. Pour que ces énoncés ne soient pas contradictoires, il faut comprendre que la *consociatio* a pour objet et effet immédiat de mettre le corps sous l'autorité d'une puissance souveraine. C'est bien ce que semble impliquer d'abord la façon dont, au chapitre qui l'aborde en propre, est constituée la notion de souveraineté[2]. La puissance civile, qualifiée de « pouvoir moral de gouverner un État » (*facultas moralis gubernandi*), est bien la souveraineté dont est reprise la définition déjà classique « celle dont les actes sont indépendants de tout autre pouvoir supérieur, en sorte qu'ils ne peuvent être annulés par aucune autre volonté humaine »[3]. Prenant en charge la dualité de ses prémisses, Grotius définit le sujet de cette souveraineté de deux façons : l'État, qui est le *subjectum commune* de la souveraineté, et le *subjectum proprium* qui l'exerce : « une ou plusieurs personnes selon les lois et les coutumes de chaque nation »[4]. Pour que l'on ne se méprenne pas sur la portée de cette distinction en donnant une quelconque supériorité au sujet commun sur le sujet propre, Grotius s'engage immédiatement dans la démonstration (célèbre par la réfutation qu'en donne le *Contrat social*) de ce que, comme chaque homme en particulier « peut se rendre esclave de qui il veut », un peuple « peut se dépouiller entièrement de sa souveraineté ». Que, pour Grotius, cette mutation de la *consociatio* en *subjectio* ne soit pas une exception mais le propre de toute société bien formée, c'est ce qui résulte clairement de sa déclaration formelle au chapitre IX du livre II, qui traite de la façon dont la souveraineté prend fin (il forme donc le complément nécessaire du chapitre III du livre I qui envisageait sa formation). Le changement des parties d'un État, y est-il dit, laisse inchangée sa forme :

> *Is autem spiritus sive « hexis » in populo est vitae civilis consociatio plena atque perfecta, cujus prima productio est summum imperium, vinculum per quod respublica cohaeret, spiritus vitalis quem tot millia trahunt, ut Seneca loquitur*[5].

1. Une autre difficulté, constituée par la double cause donnée à la société, est examinée plus loin.

2. *DGP*, I, III, § VI *sq.*

3. *Ibid.*, § VII, 1.

4. *Ibid.*, § VII.

5. *DGP*, II, IX, § 3.2 : « Cet esprit ou cette constitution, qui forme les corps d'un peuple, n'est autre chose qu'une association pleine et entière pour la vie civile, association dont le premier effet est la souveraineté, ce grand lien de l'État, ce souffle de vie que tant de milliers de gens respirent, pour parler avec Sénèque ». Le reproche fait par Terrel à Barbeyrac de

La *consociatio* parfaite (celle qui produit une véritable obligation) a pour premier effet la souveraineté qui emporte la *subjectio*. *Consociatio* et *subjectio* sont inséparables, c'est incontestablement là une des thèses essentielles de Grotius. Cependant, pour bien comprendre sa signification, il faut assigner sa place exacte dans ce que l'on pourrait appeler la topique politique de Grotius puis identifier précisément la nature de l'obligation dont relèvent ensemble *subjectio* et *consociatio*.

Poursuivant la discussion sur ce qui peut dissoudre l'État, et donc *a contrario* sur ce qui le constitue vraiment, le chapitre qu'on vient de citer fait une distinction décisive, reprise de celle de l'*imperium commune* et de l'*imperium proprium*, entre la souveraineté de l'État et son mode d'exercice, en termes propres entre État et gouvernement[1]. Une thèse provocatrice ouvre ce développement : « Peu importe la forme du gouvernement : pouvoir d'un roi, d'une minorité ou de la multitude : le Peuple romain est le même sous l'autorité des rois, des consuls ou des empereurs »[2]. Cette indifférence (toute circonstancielle, Grotius faisant un régime quasiment naturel de la monarchie) a pour objet de mettre en évidence ce qui fait véritablement l'unité formelle (*species*) de la société politique.

> *Sciendum enim est unius rei artificialis plures esse posse species, sicut legionis species una est qua regitur, altera qua militat. Ita civitatis species una est, consociatio juris atque imperii; altera, relatio partium inter se earum quae regunt, et quae reguntur. Hanc spectat Politicus, illam Jurisconsultus*[3].

En même temps qu'il confirme que, pour Grotius, on ne doit pas opposer *consociatio* et *subjectio*, ce dernier passage doit nous conduire à réexaminer la signification de cette thèse. La relation entre gouvernants et gouvernés (c'est elle qui n'importe en rien à la question en discussion) détermine l'exercice de la souveraineté ; il s'agit de savoir qui exerce

traduire *hexis* par constitution ne tient pas compte d'une part de ce que Barbeyrac corrige le texte source de Grotius (Plutarque, *De animorum procreatio*) qui porte *morphé* et non *hexis*, et d'autre part de ce que le sens juridico-politique de constitution n'apparaît qu'à la fin du XVIIIe siècle.

1. *Ibid.*, § VII-VIII. Cette distinction (différente de celle que Rousseau fera plus tard) avait bien été faite par Bodin, SLR, II, 2, p. 34-35, mais Grotius, on va le voir, lui donne un tout autre sens.

2. *Neque refert quomodo gubernetur, regis, an plurium, an multidinis imperio. Idem enim est populus romanus sub regibus, consulibus, imperatoribus.*

3. *Ibid.* § VIII, 2. Il faut savoir en effet qu'il peut y avoir plusieurs formes pour une seule chose artificielle, comme une légion a une forme en tant qu'elle est commandée, une autre en tant qu'elle combat. Ainsi, une forme de l'État est l'association de droit et de souveraineté, une autre la relation entre elles de la partie qui gouverne et de celle qui est gouvernée. Le politique considère la seconde, le jurisconsulte la première. (Trad. B. Bernardi).

l'*imperium*. Ce n'est pas elle qui fait l'unité du corps politique, mais la *consociatio juris atque imperii*. C'est donc le fait d'être soumis à un même *imperium* et un même *jus* qui constitue la *prima species* du corps politique, sans considérer à qui cet *imperium* est imparti[1]. Mais il faut remarquer, avant de poursuivre l'analyse, que la traduction de cette expression par « communauté de droit et de souveraineté » (Barbeyrac, suivi par Pradier-Fodéré et Terrel) fait doublement problème. Elle interdit d'abord d'inscrire cette proposition dans la longue série de celles où le terme *consociatio* apparaît et masque ainsi la cohérence conceptuelle de Grotius. Par là, surtout, elle dissimule une détermination majeure pour sa compréhension : la *consociatio* est un acte dont la *societas* est le résultat. C'est, à la rigueur, une communion, pas une communauté. Grotius ne vise donc pas ici le fait, pour une société, d'être régie par un même droit et un même pouvoir, il dit que le fait de s'unir sous un même droit et un même pouvoir est ce qui donne sa première forme, la plus fondamentale, au corps politique et le constitue. Le *jus* dont il s'agit est le *jus civile* et la définition que nous en avons relevée explique sans peine la conjonction qui le relie à l'*imperium* : l'un émane de l'autre. Mais ce qui éclaire en un sens obscurcit dans l'autre : comment définir cet *imperium* non attributif dont procède le droit civil ?

L'*imperium* étant le pouvoir d'obliger par des lois, cette dernière question revient à savoir d'où il reçoit son pouvoir d'obliger. La dernière remarque de ce passage ouvre une piste à cet égard essentielle. Le *politique* par excellence, on l'a vu, est Bodin; le *jurisconsulte,* lui, est clairement Grotius. Si le jurisconsulte est le seul qui puisse rendre compte de la *prima species* qu'est la *consociatio juris et imperii,* c'est bien que la question ne peut être posée et résolue qu'en termes de droit. Plus exactement, face à Bodin, Grotius entend produire une théorie juridique de la souveraineté ou, si l'on préfère, donner un fondement juridique à l'*imperium.* Or ce fondement, si l'on veut bien revenir à la définition liminaire de l'*imperium* comme pouvoir d'obliger, nous en disposons déjà : par la double articulation que nous avons dégagée, l'obligation de droit naturel (*obligatio ex promisso*) a été constituée en *source du droit civil* et par là de l'obligation civile (*obligatio ex consensu*) que celui-ci emporte. L'*imperium* est cette médiation par laquelle le droit naturel donne naissance au droit civil. Tout l'effort de Grotius semble donc tourné vers une réduction au juridique du principe de souveraineté. Là où Bodin voulait donner un fondement politique au droit, il veut d'abord produire le fondement juridique de l'ordre

1. Sans pouvoir l'y ramener, on retrouve ici la distinction entre *subjectum commune* et *subjectum proprium* de la souveraineté.

politique. C'est fixer, au demeurant, ce que l'on peut considérer comme le programme commun des jusnaturalistes[1].

Si la lecture que nous venons de proposer est exacte, il devient possible de restituer à la pensée de Grotius tout à la fois son unité d'intention et sa cohérence architectonique.

Son objet premier – il faut encore le rappeler – est de constituer un droit de la guerre. Cela est nécessaire – dit-il – parce que s'est imposée, particulièrement entre les princes chrétiens, cette représentation selon laquelle, soumis aux lois dans la société civile, les hommes seraient laissés à l'arbitraire de leur utilité en dehors d'elle, condition qui serait celle des sociétés les unes envers les autres. Or le développement de cette représentation est directement liée à l'affirmation du principe de souveraineté : les souverains, ne reconnaissant au-dessus d'eux aucun pouvoir qui les oblige et n'étant pas même tenus par les engagements qu'ils prennent entre eux, seraient, dans les conflits qui les opposent, libres de tout droit et de toute obligation[2]. Constituer un droit de la guerre, c'est donc nécessairement soumettre le principe de souveraineté à l'autorité d'un droit s'imposant à tous les hommes antérieurement à la formation de tout lien civil. Tel est exactement l'office du droit naturel. Mais lier les souverains, n'est-ce pas selon le même principe délier les sujets, leur donner le droit de se soustraire à la loi civile en les mettant directement sous l'autorité du droit naturel ? Cela est si peu l'intention de Grotius (si sa théorie *juridique* de la souveraineté se veut alternative à la théorie *politique* de Bodin, sa théorie de l'obligation civile est directement opposée aux monarchomaques[3]) que sa définition des *praecepta generalia* tend tout au contraire à donner par l'obligation naturelle (*ex promisso*) le fondement le plus solide possible à l'obligation civile (*ex consensu*) et de définir celle-ci comme soumission à la souveraineté (*imperium*) constitutive du droit civil.

Ce qui permet à Grotius de constituer ce dispositif, nous l'avons vu, c'est précisément d'avoir fait remonter le fondement de l'obligation du droit civil au droit naturel en faisant du *promissum* (qui n'est pas le contrat) une source d'obligation. En se déplaçant de la politique au droit, ce dispositif induit que l'obligation d'obéir au souverain ne se tire pas de son pouvoir de commander mais inversement son pouvoir de commander de l'obligation que l'on a envers lui. Il faudrait ainsi comprendre l'entreprise

1. Hobbes et Rousseau auront ceci en commun de refuser cette alternative et de chercher à fonder l'un et l'autre ce qu'ils appellent un droit politique.

2. C'est de ce point que Rousseau partira à nouveaux frais dans ses *Principes du droit de la guerre*, B. Bernardi et G. Silvestrini (éd.), *Annales Jean-Jacques Rousseau*, XLVI, Genève, Droz, 2005.

3. Cela est bien mis en évidence par Jean Terrel.

de Grotius non comme l'opposition à l'obligation par commandement d'une obligation par convention, mais comme une tentative pour les dériver toutes deux d'une obligation plus primitive qui les fonde l'une et l'autre et, en outre, l'obligation en droit des gens. Cela ne lui est, au demeurant, possible que parce que l'obligation de droit naturel n'est ni une obligation volontaire (conventionnelle), ni une obligation externe (*subjectio*) mais une obligation interne nécessaire : le devoir est devenu une obligation[1].

Sa théorie de l'obligation en droit naturel apparaît ainsi comme l'assise de l'édifice théorique constitué par Grotius, fondation tout à la fois du *jus inter gentes*, qui soumet les souverains à des obligations naturelles, et du droit civil, qui assujettit les membres de l'État à la souveraineté et aux obligations civiles qui émanent d'elle. En encadrant juridiquement la souveraineté, tout en fondant l'obéissance au souverain sur la capacité proprement humaine d'agir par principe, le droit naturel grotien parvient (n'est-ce pas son intention directrice?) à satisfaire au système de double contrainte constitué par la modernité[2]. Mais, d'un autre point de vue, cette théorie de l'obligation, parce qu'elle en est aussi la clé de voûte, porte la charge de l'édifice entier, au risque même de la rupture : elle le suspend tout entier au pouvoir attribué à la *recta ratio* de produire en chaque homme une pleine obligation de sa volonté. C'est ce qu'ont si bien compris ses successeurs que, mettant chacun à sa manière en question le principe fondateur de Grotius, ils ont construit le leur en s'emparant de ce qui chez lui avait sa place en sous-œuvre.

RATIO OBLIGANS ET *VOLUNTAS OBLIGATA* ? LE NŒUD GROTIEN

Grotius est très largement l'héritier des conceptions du droit naturel élaborées par ses lointains et plus immédiats prédécesseurs[3]. Il doit être tenu, en revanche, pour le premier qui ait formé, au sens strict, le concept de l'obligation naturelle. C'est ce sur quoi nous voudrions insister. Le droit romain parle bien d'obligation naturelle pour désigner ces obligations qui découlent de la condition naturelle des hommes (par exemple du lien familial) en tant qu'un lien de fait est producteur d'une obligation exigible en droit civil : ce sont moins des obligations naturelles que des obligations

1. C'est cette solution que refuseront Pufendorf et Barbeyrac et qu'au contraire soutiendront, de deux manières différentes, Leibniz et Burlamaqui.

2. De là l'image contrastée d'un Grotius défendant et limitant tout à la fois les droits de la souveraineté.

3. Ce point a été bien documenté par Peter Haggenmacher, *op. cit.*, p. 462-568, qui discerne chez Grotius une sorte de synthèse entre la tradition du jusnaturalisme protestant et les élaborations de la seconde scolastique, en particulier Suarez.

tirées de la nature. C'est seulement par leur inscription dans le droit civil (le droit de la paternité le montre bien) que ces liens prennent un caractère obligatoire. Si le droit romain fait états de devoirs d'honnêteté, ceux-ci ne constituent pas proprement d'obligation, puisqu'ils n'ouvrent pas de voie à l'action (ainsi le devoir de tenir ses promesses est une règle d'honnêteté, pas la source d'obligation que forment au contraire les contrats). C'est d'ailleurs bien parce que l'obligation n'est pas le simple devoir mais ce lien par lequel une volonté est tenue, en vertu d'une nécessité de droit, à telle ou telle chose, que la thématique stoïcienne de l'*officium* ne se pense pas en termes obligatoires[1]. Or l'équivalence que la pensée de Grotius introduit entre le devoir et l'obligation ne consiste pas à distendre la relation d'obligation pour lui donner le sens d'un simple devoir d'honnêteté (évolution qui aura lieu par la suite et s'est largement diffusée dans l'usage) : inversement, il s'agit pour lui de constituer le devoir en obligation dans son sens plénier (porteur d'action et de sanction) et ainsi de faire du droit naturel un droit au sens strict. Cette thèse est si caractéristique de sa pensée que Pufendorf s'y opposera frontalement, donnant ainsi le départ à ce que nous appelerons la *querelle de l'obligation*.

C'est sans doute ainsi que l'on doit comprendre la fonction précise de l'hypothèse *etiamsi daremus* : elle ne porte pas tant sur la source des préceptes du droit naturel que sur leur caractère obligatoire. Il faut moins y lire l'idée selon laquelle, même si Dieu n'existait pas, notre raison nous ferait tout de même connaître notre devoir, que cette affirmation : même si Dieu ne nous présentait pas ces devoirs comme prescrits par sa volonté (le droit divin naturel devient alors droit divin volontaire), ils n'en porteraient pas moins pour nous une pleine obligation. La révélation plus que l'existence de Dieu est concernée par l'hypothèse *etiamsi daremus* : l'obligation que nous signifie la révélation divine, nous la recevons d'abord de Dieu par notre propre nature d'être raisonnable. C'est le propre de la *recta ratio* qui se trouve en chaque homme de lui faire connaître ce à quoi sa volonté est obligée.

Cette thèse est au cœur même de la théorie grotienne de l'obligation et lui donne toute sa force ; elle en est aussi à l'évidence le plus grand point de fragilité. Elle a conduit à ce qu'on caractérise, de façon générale, la pensée de Grotius d'intellectualiste ou rationaliste. Cette qualification vise à inscrire Grotius dans une opposition donnée pour structurante des théories du droit naturel et qui vaudrait avant lui (contre l'intellectualisme thomiste, le volontarisme scotiste) comme après lui (contre le rationalisme grotien le

1. Tous ces points ont été abordés au chapitre précédent, le suivant y reviendra sous un autre angle.

volontarisme pufendorfien). Peter Haggenmacher a démontré que la position de Grotius est plus complexe. Il faut d'abord constater une évolution forte des formulations dans son œuvre, du volontarisme des premiers écrits à l'intellectualisme du traité de 1625, pour, dans un second temps, relativiser cette évolution et constater que Grotius ménage une place aux deux thèses comme l'avait fait avant lui Suarez [1]. Tout en acceptant ces résultats, on observera qu'ils sont suspendus à l'acceptation de la consistance et de la pertinence générale de l'opposition entre volontarisme et intellectualisme. Sans aborder ici cette question de front, on se demandera seulement s'il ne convient pas, pour comprendre l'obligation que produit la *recta ratio* chez Grotius, de sortir de ce cadre d'interprétation.

Il est difficile de ne pas reconnaître, comme l'a lumineusement montré Jacqueline Lagrée, que le raisonnement tenu par Grotius en matière de droit naturel est rigoureusement parallèle à celui qui le conduit à formuler les principes de la religion naturelle [2]. Dans un cas comme dans l'autre, il s'agit de remonter à ce petit nombre de principes (les *praecepta generalia*, le *credo minimum*) qui ne s'opposent pas tant au droit volontaire et à la religion révélée qu'ils n'expriment leur noyau commun, accessible par la seule raison. Ces principes sont à la fois, dans les deux cas, des *dogmata* et des *praecepta*. Cette distinction est explicitement reprise des stoïciens mais Grotius la transforme en faisant des *praecepta* le critère de détermination des *dogmata* qui, d'un autre côté, les fondent :

> Dans toute science pratique, les principes ne doivent pas être extérieurs au sujet, ni redondants, mais indiquer ce qui met l'action en branle, ou le contenu et les modalités de ce qu'il faut faire. Aussi, puisque la religion se situe entre l'homme et Dieu, les principes de la religion concernent Dieu et les choses divines, l'homme et les choses humaines, non point en elles-mêmes mais dans leur relation mutuelle [3].

1. P. Haggenmacher, *op. cit.* p. 496-523.

2. J. Lagrée, *La raison ardente*, Paris, Vrin, 1991, p. 125-126 et 174-176. Ce livre admirable a donné son point de départ à ce moment de notre analyse. Voir aussi, plus développé : « Grotius, droit naturel et religion naturelle », dans *L'interpretazione nei secoli XVI e XVII*, a cura di G. Canziani et Y. C. Zarka, Milano, FrancoAngeli, 1993, p. 487-514.

3. Grotius, *Meletius*, § 19, trad. J. Lagrée, *op. cit.*, p. 301. C'est un des traits essentiels des pensées de la religion naturelle que de ne reconnaître de principes religieux dogmatiques que ceux qui sont strictement nécessaires pour fonder les principes pratiques, de donner à la religion une visée essentiellement morale. Rousseau sur ce point s'inscrit dans la stricte continuité des penseurs de la religion naturelle. Voir par exemple *Lettres écrites de la montagne*, OC III, p. 694-695 ainsi que le commentaire qu'en donne André Charrak, *La religion, la liberté, la justice*, B. Bernardi, F. Guénard, G. Silvestrini (dir.), Paris, Vrin, 2005, p. 36-38.

La religion et le droit naturel concernent « l'action » et « ce qu'il faut faire ». Si l'on doit parler de rationalisme chez Grotius c'est donc au sens d'un rationalisme pratique. La *recta ratio* doit s'entendre certes comme droite raison (elle nous permet de reconnaître ce qui est nécessairement vrai, d'une nécessité qui est aussi valable pour Dieu que pour les hommes[1]), mais plus encore comme raison qui donne son orientation droite à notre action, comme *ratio regens*.

Mais en quel sens peut-on admettre qu'il y a ici « rationalisme » ? Certainement pas en comprenant que la volonté est subordonnée à la raison, comme le montre clairement son application à Dieu : on ne saurait supposer que la volonté de Dieu est bornée par ce qui est juste en soi mais bien plutôt que la raison et la volonté de Dieu ne peuvent pas être séparées. Il faut interpréter aussi sur ce modèle unitaire la *recta ratio* inhérente à la nature de l'homme[2]. Il est remarquable à cet égard que, lorsque Grotius évoque la façon dont la droite raison suffit à définir nos obligations de droit naturel, il ne dit jamais que notre raison oblige notre volonté. Et il en est ainsi pour cette raison très simple qu'à ce niveau du moins il n'oppose pas la raison (pas même l'entendement) à la volonté : la raison comme faculté rectrice enveloppe l'action volontaire et, pour cette raison, n'a pas à se la soumettre. Les *praecepta generalia* ne sont pas des règles par lesquelles la raison oblige la volonté mais les prescriptions par lesquelles elle s'oblige elle-même, « met l'action en branle » et nous dirige « vers ce qu'il faut faire ». Il n'y a pas une *ratio obligans* et une *voluntas obligata* : parce que nous sommes capables d'user de « préceptes généraux », nous sommes « capables de droit », autrement dit de donner pour principe à nos actions volontaires ce que notre raison nous fait connaître comme juste. Et parce que nous le pouvons nous le devons, nous y sommes obligés. La très belle expression de *raison ardente* peut, sans la forcer, recouvrir aussi cette signification : la raison est rectrice parce qu'elle est d'abord appétitive, une faculté de nous représenter le juste comme ce qui est désirable et pour cela même comme ce qui nous oblige[3].

1. *DGP*, I, I, § X, 5, p. 51 : « Comme donc il est impossible à Dieu même de faire que deux fois deux ne soient pas quatre, il ne lui est pas non plus possible de faire que ce qui est mauvais en soi et de sa nature ne soit pas tel ».

2. P. Haggenmacher souligne ce que sur ce point Grotius doit à Richard Hooker, *op. cit.*, p. 488. De façon générale c'est un des principes commun à tous les théoriciens de la religion naturelle que la nature de l'homme ne peut pas avoir été corrompue au point d'éteindre cette étincelle que Dieu a mise en lui. À terme, comme on voit chez Rousseau, il y a là un principe d'épuisement de l'idée même de faute originelle.

3. Chez Grotius et les premiers penseurs de la religion naturelle ce concept de la raison ne se distingue pas vraiment de la conscience dont le *dictamen* peut être rapproché de la *recta ratio*. Un siècle et demi plus tard, sous l'effet du rationalisme classique d'une part et de son

Non seulement on se pose donc une question insoluble en voulant inscrire Grotius dans une opposition (entre intellectualisme et volontarisme) qui lui est étrangère mais on se rend par là même inintelligible la substance du concept qu'il forme de l'obligation en droit naturel. Cette remarque ne mériterait-elle pas d'être étendue? N'est-ce pas un pan entier de la pensée politique qui récuse explicitement cette disjonction ou qui lui échappe : Spinoza bien sûr, mais Hobbes aussi d'une certaine façon et, au bout du compte, Rousseau lui-même?[1] Chez Grotius, en tout cas, on ne saurait voir là une indistinction ou une simple équivocité, tant il est manifeste qu'il rejette ainsi, et de façon très consciente, les principes de Bodin.

Pour Bodin, la souveraineté est dans l'ordre civil le seul principe susceptible de fonder une véritable obligation. C'est pourquoi il lui faut distinguer le droit et la loi : le premier emporte seulement l'équité, la seconde seule, parce que sa source est la volonté souveraine, peut valoir commandement[2]. Bodin n'ignore pas le droit naturel (c'est lui que représente l'obligation aux lois de la nature et de Dieu), mais il en minimise la place parce que le simple devoir ne nous oblige pas. Grotius entend fonder la loi sur le droit et pour cela faire que, par lui-même, le droit oblige. C'est ce qui le conduit à fonder l'obligation en deçà de la distinction de la raison et de la volonté et à maximiser le rôle du droit naturel. Chez l'un la volonté est obligée, chez l'autre la *recta ratio* oblige[3]. Cette opposition n'est pas pour autant une totale opposition d'intention. D'une certaine manière, on peut penser que, pour Grotius comme pour Bodin, il s'agit d'endiguer le principe d'anomie que représente la volonté livrée à elle-même et, pour cela, la soumettre à l'obligation. Mais, pour Bodin, il n'y a qu'une volonté qui puisse en obliger une autre, tandis que, pour Grotius, on

contrepoids pascalien de l'autre (l'opposition de la raison et du cœur), la disjonction est devenue incontournable : Rousseau en est témoin qui confie en propre à la conscience ce pouvoir de nous diriger vers « ce qui nous importe ». Kant (en concevant des désirs de la raison et en distinguant raison théorique et raison pratique) proposera un nouveau modèle d'articulation.

1. La prégnance de la distinction cartésienne entre entendement et volonté est devenue si forte au XVIIIe siècle que Rousseau n'échappe pas, en plus d'un lieu, à son emploi. Elle est cependant, au fond, étrangère à l'architecture conceptuelle de sa pensée et le concept de la volonté générale, en particulier, n'est véritablement intelligible que si l'on discerne la dimension essentiellement cognitive qui est la sienne : c'est à le montrer que j'ai consacré la quatrième partie de *La fabrique des concepts, recherches sur l'invention conceptuelle chez Rousseau*, *op. cit.*

2. J.-F. Courtine, *Nature et empire de la loi*, *op. cit.*, p. 34, donne une formulation particulièrement nette de ces thèses de Bodin.

3. Toute l'affaire des théories de l'obligation qui les suivront sera, nous le verrons, de surmonter l'opposition et de penser comment une *volonté* peut s'obliger. Là est le nerf du contractualisme.

peut voir dans la droite raison qui oblige le véritable statut de la volonté[1]. En cela, il reprend bien une thèse stoïcienne; mais il la transforme profondément, en la déplaçant de la morale vers la politique *via* le droit, et en passant du devoir constitué par l'*officium* à l'obligation de droit naturel.

À voir comment se configure cette opposition, on est incité à prolonger une hypothèse esquissée en partant du seul Bodin : n'y aurait-il pas une corrélation forte entre l'opposition du conseil et de la décision en politique et celle de l'entendement et de la volonté en philosophie de la connaissance? Cette hypothèse en impliquerait deux autres, l'une typologique, l'autre génétique : ne pourrait-on discerner des lignées philosophiques, respectivement ordonnées à l'acceptation ou la récusation, corrélées ou non, de ces oppositions? N'y aurait-il pas lieu de se demander, aussi, quel rôle a pu jouer le principe de souveraineté dans la formation de l'opposition entre volonté et entendement?[2]

Pour Grotius, cela est clair, pour rendre possible le droit naturel il faut refuser l'opposition de la raison et de la volonté. On ne saurait pourtant en rester à ce résultat : loin d'annuler le principe d'obligation constitué par la souveraineté, Grotius cherche à lui donner une assise fondée en droit. Le *jurisconsulte* entend bien reprendre à son compte la problématique du *politique*. C'est pourquoi si, en droit naturel, on constate une relation de conjonction entre *ratio* et *voluntas*, clairement visible dans la conception de l'*obligatio* comme *debitum*, en droit civil on peut observer une disjonction relative en ce que l'obligation par volonté concerne le rapport à l'*imperium* et l'obligation par *recta ratio* celui au *jus civile*.

Le second de ces points a été suffisamment souligné : la règle du droit naturel qui veut que l'on soit obligé à tenir ses promesses fonde l'obligation de droit civil qui fait que l'on est tenu à se conformer au droit qui régit la société à laquelle on appartient. En se liant à d'autres, on prend l'engagement de se conformer au droit commun. C'est ce en quoi consiste la *consociatio juris*. Mais il nous faut comprendre plus clairement comment elle s'articule avec la *consociatio imperii*, cette « seconde relation qui naît du consentement, l'assujettissement »[3]. Or, pour cela, il faut distinguer raison et volonté : si de la *recta ratio* émane l'obligation naturelle qui est source de l'obligation civile, celle-ci se met en œuvre comme commandement. Lorsque la *summa potestas* exige de nous l'obéissance aux lois

1. D'où l'importance, on l'a dit, de la distinction, par l'hypothèse *etiamsi daremus*, du droit divin volontaire et du droit (divin) naturel.

2. Spinoza est particulièrement conscient de ces oppositions, de leur corrélation et leur enchaînement possible.

3. J. Terrel, *loc. cit.*

qu'elle a édictées, c'est au nom de la promesse tacite ou explicite que nous avons faite : elle n'invoque pas les *bonnes raisons* qui fondent la loi, comme disait Bodin, mais l'engagement pris par notre volonté. En promettant nous avons voulu, et c'est cette volonté qui nous oblige. La distinction entre la raison et la volonté qui n'a pas lieu en droit naturel est un effet nécessaire de la *consociatio*, elle est constitutive du droit civil. Et cette distinction se réplique dans celle du *jus* et de l'*imperium* envers lequel notre volonté est liée par un lien de sujétion. Si, on l'a dit, la notion de volonté est chez Grotius absente de la théorie de l'obligation naturelle, elle est omniprésente dans sa théorie de l'obligation civile et dans celle de la souveraineté qui en est indissociable.

Dans sa définition de la souveraineté, Grotius suit Bodin : elle est « celle dont les actes sont indépendants de tout autre pouvoir supérieur, en sorte qu'ils ne peuvent être annulés par aucune autre volonté humaine »[1]. La souveraineté est une volonté souveraine. Elle se présente ainsi face à toute autre volonté dont elle est indépendante, mais également devant celles sur qui elle s'exerce et qui doivent lui obéir. Parce que Grotius aborde la souveraineté sous l'angle particulier du droit de la guerre, ce second point n'est pas toujours perçu clairement. La distinction entre *subjectum commune* et *subjectum proprium* de la souveraineté, nous l'avons vu, occupe la fin du chapitre sur la souveraineté : or cette distinction n'est pas opérante pour penser la relation de sujétion au souverain puisqu'elle a pour objet de déterminer qui sont les titulaires possibles de l'*imperium proprium*. C'est au chapitre suivant, et sous un titre qui peut d'abord en occulter l'objet (« De la guerre des sujets contre les puissances »[2]) que Grotius, en discutant le droit de résistance, explicite la relation de sujétion qu'enveloppe la souveraineté.

En plaçant l'examen du droit de résistance sous la problématique de la guerre, Grotius ne se contente pas de rapporter la question à l'objet premier de son livre. Il entend aussi montrer que la guerre est une dimension interne de la société civile et concerne non seulement le *jus inter gentes* mais aussi le *jus civile*. La guerre civile et la guerre entre peuples, les guerres de religion et celles entre princes chrétiens sont pour lui directement liées, comme elles l'étaient aux yeux de Bodin et le sont plus encore pour Hobbes. Le droit de résistance lui paraît porter une menace de violence aussi grande pour la paix civile que le principe de souveraineté pour la paix entre les peuples. Si sa théorie du droit naturel tend à encadrer le second, sa théorie

1. *DGP*, I, I, § VII, 1, p. 120.

2. Le titre latin : *De bello subditorum in superiores* (littéralement : de la guerre des sujets contre leurs supérieurs) est plus explicitement politique que la traduction de Barbeyrac.

du droit civil a pour objet de borner le premier; dans un cas Grotius s'oppose à Bodin, dans l'autre il semble s'aligner sur lui pour contrer ses adversaires essentiels, les monarchomaques.

Ici c'est une discontinuité totale qui résulte du passage à l'ordre civil (on ne saurait ignorer la dimension temporelle de ce passage) :

> À la vérité, chacun a naturellement droit de résister, pour se mettre à couvert des injures qu'on veut lui faire, comme nous l'avons dit ci-dessus. Mais du moment qu'il est entré dans une société civile, établie pour maintenir la tranquillité publique, l'État acquiert sur nous, et sur ce qui nous appartient, un droit supérieur, autant qu'il est nécessaire pour cette fin. Ainsi l'État peut pour le bien de l'ordre et de l'autorité publique, interdire l'usage illimité de ce droit envers toute autre personne. Et il n'y a point de doute qu'il ne le veuille, puisqu'autrement il ne saurait atteindre à son but. Car si chacun conservait le droit de résister à tout autre, ce ne serait plus un État, mais une multitude sans union (*non jam civitas erit, sed dissociata multitudo*)[1].

Il n'y a pas lieu de s'étonner que l'utilité et non la *recta ratio* soit donnée pour fondement à ce renversement du droit naturel de résister en sujétion civile : on l'a vu, si l'obligation naturelle est condition de possibilité et cause formelle de la *consociatio* (laquelle est cause finale), l'utilité – ici la recherche de la tranquillité publique – en est la cause efficiente, le droit civil naissant de leur coopération[2]. On retrouve ici la conjonction déjà établie par d'autres voies : il n'y a pas de *consociatio* possible sans la plus stricte des *subjectio*. Plus même, c'est la sujétion qui d'une multitude fait une unité[3]. Si, comme souvent, sa portée pratique est atténuée par ailleurs (non seulement la nécessité vitale[4], mais encore l'extrême injustice[5] peuvent autoriser sa transgression), la thèse est d'une grande radicalité. Parmi les nombreux témoignages que ce chapitre invoque à son appui, on retiendra la formulation la plus tranchante, empruntée à Tacite, qui rapporte l'adresse d'un chevalier romain à l'empereur Tibère : « Les Dieux t'ont donné la suprême décision sur les choses, à nous a été laissée la gloire de l'obéissance »[6]. Ce qui importe à Grotius – la façon dont il argumente contre les monarchomaques le montre clairement –, c'est de mettre les

1. *DGP*, I, IV, § II, 1, p. 170-171.

2. C'est ainsi qu'il faut comprendre la double cause donnée au droit civil : l'utilité et le droit.

3. On notera la tonalité pré-hobessienne de cette thèse qui confirme par ailleurs la place accordée à Grotius dans la typologie de Rousseau (voir ci-dessus, chap. I). Il faut également remarquer que la *multitudo* résulte de la perte de l'unité, elle est *dissociata*.

4. *Ibid.*, § VII.

5. *DGP*, II, XXVI, § III, 5, p. 704.

6. Tacite, *Annales*, VI, VIII, 5.

rapports *politiques* sous la relation de l'*imperium* souverain à ses sujets. Les monarchomaques, on le sait, arguaient du statut propre des magistrats (ils faut entendre par là tous ceux qui sont revêtus d'une quelconque autorité publique) pour fonder un droit spécifique de résistance à la tyrannie. Grotius leur répond :

> Tout le pouvoir civil qu'ont cette sorte de magistrats, est tellement soumis au souverain, que, du moment qu'ils agissent contre sa volonté, ce qu'ils font est fait sans autorité, et par conséquent ne doit être regardé que comme un acte privé [1].

Cet argument est plus radical que ceux que nous avons vu employés par Bodin, lequel reconnaissait du moins, au nom de leur situation particulière dans l'administration de la justice, un certain nombre de prérogatives par lesquelles les magistrats étaient en mesure, sinon de passer outre la volonté du prince, du moins d'intervenir (comme conseillers) dans sa formation et (comme juges) dans son application. Pour Grotius, parce qu'ils relèvent de son *imperium*, les magistrats n'ont aucun droit distinct de celui du souverain. Lorsqu'il considère les choses *en politique* Grotius raisonne donc bien en termes de volonté. L'*imperium* du pouvoir civil souverain est un commandement qui oblige la volonté de ses sujets qui lui doivent obéissance et ne sauraient se prévaloir contre lui de leurs obligations naturelles qu'en se mettant par là même hors de la société civile, ce que ne peut autoriser que la plus grande nécessité ou la plus extrême injustice. L'ordre civil est un ordre de sujétion et de subordination, dit-il explicitement [2]. Au vocabulaire de la *consociatio* (qui vient du droit des corporations) se substitue alors celui de la hiérarchie (dont les référents chez Grotius ne sont pas féodaux mais théologiques [3]).

Doit-on conclure de ces observations que la théorie grotienne de l'obligation civile et de la souveraineté ne fait que reprendre en sous-ordre celle de Bodin, sa doctrine du droit naturel n'étant qu'une sorte de supplément d'âme, voire d'*aura* justificatrice ne produisant aucun véritable effet politique ? C'est, semble-t-il, ainsi qu'en a jugé Rousseau, à voir la façon dont il traite Grotius, aussi bien dans le *Contrat social* que dans les *Principes du droit de la guerre*. La sévérité de ce jugement est sans doute

1. *DGP*, I, IV, § VI, 1, p. 180.
2. *Ibid.*, § VI, 2. On remarquera cependant que Grotius affirme que cet « ordre de subordination » se découvre « *par le sens commun* » et non par la droite raison : la droite raison porte sur ce qui se doit par obligation naturelle, le *sens commun* a affaire à l'utilité qui détermine la relation de sujétion.
3. Il cite souvent, à ce sujet, Jean Chrysostome.

excessive non en ce que la relation de sujétion serait moins absolue chez Grotius que chez Bodin, mais en ce que la nature de la souveraineté se trouve profondément transformée, à la fois par la distinction de la souveraineté et du souverain et celle de la *consociatio juris* et de la *consociatio imperii*, surtout par la subordination (c'est elle qui implique ces remaniements) du principe politique de souveraineté à son élaboration juridique.

Il est d'abord important d'observer l'effet de dépersonnalisation et d'objectivation de la souveraineté induit par le dispositif grotien : la distinction entre le *subjectum commune* et le *subjectum proprium* de l'*imperium*, celle corollaire des deux *formes* du peuple, la *consociatio juris et imperii* et la forme du gouvernement, concourent à distinguer la souveraineté, dont le sujet est l'État, et le souverain qui l'exerce : le gouvernement. Aussi – cette dimension est constamment présente chez Grotius – la sujétion est-elle d'abord, non dans l'ordre du temps mais du fondement, une relation envers l'État souverain, et seulement par voie de conséquence envers celui qui en assure la charge. Si Bodin est le premier grand théoricien de la souveraineté, Grotius est sans doute celui de la souveraineté de l'État.

En second lieu, si la *consociatio juris* et la *consociatio imperii* ne peuvent être opposées (il n'y a pas de droit civil sans souveraineté), leur distinction n'est pas sans conséquence. La nécessité de l'*imperium* s'enracine dans l'utilité (il faut un pouvoir commun auquel tous les sujets soient obligés), celle du droit civil prend sa source dans l'obligation de droit naturel (il n'y a que la promesse que chacun est supposé faire de les suivre qui fait des décisions du souverain des lois). Dans cette mesure, comme sous le pouvoir du souverain il y a nécessairement la souveraineté de l'État, sous la souveraineté il y a le consentement. Sans doute cette implication reste-t-elle masquée par l'indistinction de la raison et de la volonté, et c'est pourquoi elle n'est chez Grotius qu'un principe théorique métapolitique ; mais, dès lors que dans le *consensus* on lira un acte de volonté, sa signification changera profondément. Encore une fois, on ne saurait lire ici l'idée d'un contrat social, mais un pas décisif est franchi. En premier lieu, sans le dire en termes propres, Grotius pose les fondements de la distinction du pacte d'association (la *consociatio imperii*) et du pacte de soumission (la dévolution de la *potestas imperii* à un, plusieurs ou la *major pars* du peuple). Moins visible mais plus important sans doute, la *consociatio juris* apparaît bien comme le fondement de la souveraineté. Par là, en dernière instance, le pouvoir de chaque homme d'engager sa volonté est donné comme base à la société civile.

Il faut enfin prendre la mesure –ne serait-ce que pour en reconnaître la vulnérabilité – de ce qui constitue l'intention centrale de Grotius : mettre la politique sous l'autorité du droit. Que la relation de sujétion et l'empire de la souveraineté ne soient pas moins absolus – tout au moins en principe – chez Grotius que chez Bodin ne doit pas dissimuler l'importance de cette différence fondamentale. On a vu ce qu'il peut y avoir de faux et d'anachronique dans l'attribution à Bodin d'une intention décisionniste. Il ne fait pas de doute cependant qu'en donnant à la souveraineté, au travers du dispositif complexe qu'on a décrit, un fondement en droit naturel, Grotius constitue une alternative qui va structurer durablement la pensée politique. Le problème commun – cela est avéré, en tout cas, pour Bodin et Grotius – est de fonder l'obligation des sujets envers les lois de l'autorité souveraine. Le principe de souveraineté, dans son expression bodinienne, repose sur ce présupposé : seule une volonté peut obliger une autre volonté. La loi, pour obliger, doit se donner pour commandement. En formant une théorie de l'obligation naturelle, Grotius donne tout à la fois à la souveraineté et à l'obligation civile un fondement en droit. Le droit civil et le droit des gens sont mis sous l'autorité du droit naturel. Se trouve ainsi constituée une alternative plus radicale que ni Bodin – sa démonstration portait sur le seul droit civil, la problématique du devoir se trouvant prise en charge par l'obligation commune aux lois de la nature et de Dieu – ni Grotius – sa construction laisse intact le pouvoir souverain d'obliger les sujets – ne l'avaient voulu : soit la volonté fait le droit et celui-ci est le produit de la décision politique, soit les devoirs que le droit naturel nous fait connaître forment de véritables obligations, et l'ordre politique doit être pensé sous l'ordre juridique. Droit naturel ou souveraineté, subsomption de la politique sous le droit ou du droit sous la politique : se trouve ainsi constitué le dilemme qui donnera sa dynamique à la pensée politique moderne.

Aussi bien est-ce sans doute moins le système propre de Grotius, avec sa complexité, sa fragilité et ses ambiguïtés, qui doit retenir à ce stade notre attention que les effets que celui-ci a pu produire et, à cet égard, il est bien possible que la puissance d'expansion de sa pensée réside dans ses faiblesses. C'est en tout cas ce que donne à penser la façon dont ses successeurs, dans leur opposition même, se révèlent ses débiteurs.

L'OBLIGATION EN PARTAGE : UNE SUCCESSION MULTIPLE

On l'a suffisamment montré, le concept de l'obligation naturelle formé par Grotius est à la fois le centre de gravité et le point de fragilité de sa construction. Il n'y a rien d'étonnant à voir les penseurs du politique qui lui succèdent se distinguer de lui soit en récusant ce principe, soit en cherchant à lui donner une assise plus solide. Sans chercher à vraiment valider cette hypothèse – on l'a dit, c'est avant tout un relevé de bifurcations qu'on tente de dresser –, on se bornera à montrer sa possible pertinence pour identifier les démarches de Hobbes et de Locke, pour mieux cerner surtout l'espace commun dans lequel ils constituent, dans leurs différences, leurs orientations spécifiques. Le cas de Pufendorf, encore plus probant, sera examiné dans le chapitre suivant[1].

Il n'y a pas de véritable théorie du contrat social chez Grotius. Nous avons vu pourquoi : c'est à l'obligation naturelle par la *recta ratio* qu'il demande de fonder, *via* la promesse, l'obligation. Or la promesse n'est pas le contrat et le *consensus* qu'elle produit n'est jamais thématisé comme une véritable convention. La promesse – on a vu que son concept prenait sa source dans le droit canon – est une notion de droit naturel. Elle relève, si on peut user de cette expression, purement du droit. Le contrat est un concept de droit civil – ce que marque bien Grotius en le plaçant parmi « les actes par lesquels les hommes se procurent de l'utilité les uns aux autres »[2] – et c'est un autre type d'obligation qu'il crée. C'est pourquoi, malgré les quelques passages où il semble entrevoir les possibilités qu'il recèle, chez Grotius le mouvement d'expansion vers le contractualisme inscrit dans la notion de *consociatio* reste inhibé. Si la promesse acquiert le statut d'une notion métajuridique, la théorie du contrat reste enclavée dans le droit civil.

On peut, conduisant une rapide expérience de pensée, se demander quelles modifications entraînera le seul fait de récuser l'opposition de la raison et de l'utilité et, plus radicalement, de poser l'affirmation selon laquelle c'est en la connaissance de notre intérêt que consiste l'usage de la raison. La première conséquence sera de ramener à l'unité les deux causes données par Grotius à la *consociatio* : pour que des hommes s'obligent les uns envers les autres, il faut et il suffit qu'ils comprennent que c'est d'une utilité vitale pour eux de le faire : notre utilité, de l'aveu même de Grotius, est que les autres soient liés par un lien d'obligation et il faut pour cela que nous le soyons aussi. L'obligation naturelle disparaît et l'obligation *ex promisso* se résorbe dans l'obligation *ex consensu*. Il n'y a toujours pas d'opposition entre la raison et la volonté mais la rationalité est ce qui détermine notre rapport à nous-même, tandis que c'est comme volonté que nous nous présentons dans notre rapport à autrui. À partir de ce point, le modèle grotien peut rester en l'état. L'obligation civile ne peut résulter que de la double *consociatio, juris et imperii*. C'est en acceptant de nous assujettir à un même *imperium* que nous pouvons former une *consociatio juris* qui nous assure que tous seront obligés de la même façon. La toute

1. Nécessaire par ailleurs à notre propos, cet ordre d'examen introduira un biais dans la mesure où Locke pense en partie en aval de Pufendorf.

2. *DGP*, II, XII, § I, p. 417.

virtuelle distinction entre un pacte d'association et un pacte de soumission tombe, et la *consociatio* devient ce consensus par lequel tous s'obligent envers le même pouvoir souverain. N'aurions-nous pas produit, grossièrement sans doute, un modèle très approchant du modèle hobbesien?

Que ce chemin de pensée ait été réellement suivi par Hobbes, c'est ce que l'on peut lire assez clairement dans le *De Cive*[1] qui éclaire sur ce point l'exposé du *Léviathan*, moins explicite parce qu'il se développe à partir d'une position déjà conquise[2]. Au moment de constituer la loi fondamentale de la nature (tout homme doit rechercher la paix et, si elle est impossible, se préparer à la guerre), loi dont toutes les autres lois naturelles procéderont, le *De Cive* définit ce que peuvent être de telles lois: non ce dont témoigne un prétendu consentement des peuples mais ce que prescrit la droite raison. « Je dis que la loi de nature est ce que nous dicte la droite raison touchant les choses que nous avons à faire, ou à omettre pour la conservation de notre vie, et des parties de notre corps ». C'est bien un droit naturel qu'il s'agit de former et il ne peut consister qu'en lois qui sont, précise le *Léviathan*, des *préceptes* ou *règles générales* de la *droite raison*[3]. La consonance lexicale est si volontaire avec Grotius que Hobbes signale lui-même : « Par la droite raison en l'état naturel des hommes, je n'entends pas comme font plusieurs autres, une faculté infaillible, mais l'acte propre et véritable de la ratiocination que chacun exerce sur ses actions ». Hobbes, tout en reprenant l'expression *recta ratio,* redéfinit le mode d'exercice de la raison et sa fin : raisonner, c'est calculer les effets de son action; on use de la droite raison « lorsque par toutes sortes de moyens, on travaille à sa conservation propre »[4]. C'est pourquoi, « nous ne cherchons pas de compagnons par quelque instinct de la nature; mais bien l'honneur et l'utilité qu'ils nous apportent »[5]. On ne peut en douter, Grotius est au premier rang de ceux à qui s'oppose Hobbes.

Précisément, remarquera-t-on, le rejet de la sociabilité naturelle et la redéfinition de la *recta ratio* ne leur laissent pas grand chose en commun. Il faudrait, pour avaliser une telle conclusion, compter pour rien la place de la déduction des lois de la nature dans la démarche de Hobbes[6]: elle est pourtant aussi essentielle dans le *Léviathan* que dans le *De Cive* et son

1. Hobbes, *De Cive*, chap. I et II, texte latin de 1642, repris dans les *Opera latina*, t. II, rééd. Aalen, 1966, trad. Sorbière, *Le Citoyen*, Paris, GF-Flammarion, 1982.

2. Hobbes, *Leviathan*, chap. XIV, texte anglais de 1651, édité par C. B. Macpherson, Londres, Penguin Classics, 1985, *Léviathan*, trad. F. Tricaud, Paris, Sirey, 1983.

3. *Léviathan*, chap. XIV.

4. *Le Citoyen*, chap. I, § VII.

5. *Ibid.*, § II.

6. Cette déduction occupe les chapitres II et III du *De Cive* et les chapitres XIV et XV du *Leviathan*.

importance s'accroît même d'un texte à l'autre. On examinera l'enchaînement des trois premières lois : leur formulation varie mais elles sont présentées dans le même ordre. La première loi de nature ou *loi fondamentale* ne fait qu'expliciter l'objet de la droite raison : se conserver et pour cela se préserver des atteintes d'autrui, soit en établissant la paix, soit en se préparant à se défendre. La seconde énonce la condition de mise en œuvre de la première : établir des rapports pacifiques implique de passer des *conventions de renonciation* réciproque à une partie du droit que l'on a sur toute chose. La troisième met en lumière la condition de consistance de la précédente en reprenant, formellement au moins, la règle *pacta sunt servanda*.

Il convient avant tout de remarquer, d'une part, que Hobbes est fidèle à sa notion de la *recta ratio* (c'est de l'utilité et de la nécessité qui en découle que procède cette déduction), d'autre part que nous n'avons pas ici affaire à une déduction de l'obligation civile. C'est au contraire l'obligation civile qui permettra à ces lois de nature de s'effectuer (réduites à elles-mêmes, elles resteraient vaines). On peut le mettre en évidence par une rétroversion de la déduction : l'obligation imposée par le souverain peut seule m'assurer que les engagements d'autrui seront tenus, cette certitude seule peut me permettre de passer des contrats, cette possibilité seule peut rendre rationnel de rechercher la paix plutôt que de préparer la guerre. Sans l'obligation politique les conventions sont vaines. Malgré cette dernière remarque, comme le souligne Jean Terrel, cette déduction n'est pas stérile[1]. L'établissement de la seconde loi permet à Hobbes de constituer sa théorie du contrat, outil juridique qui lui sera indispensable pour former son concept politique de la société civile. Ensemble, les lois de la nature forment bien une sorte de droit naturel qui, s'il ne peut avoir pour fonction de *fonder* le droit politique, permet d'abord à Hobbes de montrer quelles conditions celui-ci devra remplir. Mais – c'est ce sur quoi nous voudrions insister – le but et l'économie de ce raisonnement sont entièrement déterminés par cet unique objectif : montrer qu'une relation d'obligation est nécessaire entre les hommes et à quelles conditions elle est possible.

L'enchaînement des trois lois peut être lu comme une théorie négative de l'obligation. La première loi est dite fondamentale parce qu'elle est la seule à être apodictiquement nécessaire en tant qu'elle forme une alternative qui sature le possible : nous devons nécessairement entretenir avec les autres hommes des rapports soit pacifiques soit belliqueux. Les premiers

1. *Op. cit.*, p. 147-148. De façon générale ces quelques réflexions n'entendent rien faire d'autre que prolonger dans une direction particulière la présentation faite par Jean Terrel de la démarche de Hobbes.

sont rationnellement plus profitables (à la guerre on risque toujours sa vie) mais moins probables (rien ne m'assure des dispositions pacifiques, même déclarées, de l'autre). Le *Léviathan* précise que la recherche de la paix est une *loi* de la nature (la raison m'y oblige) tandis que se défendre, y compris de façon préventive, est un *droit* naturel (c'est-à-dire la liberté de faire ou de s'abstenir). La guerre est la conduite naturelle, ou rationnelle, par défaut. Pour pouvoir observer la première loi, il faut donc augmenter la probabilité de rapports pacifiques et pour cela restreindre réciproquement nos droits. C'est l'objet de la seconde loi : passer des conventions de restriction de nos droits par leur abandon ou leur transmission. Ces conventions sont par définition des engagements qui créent une obligation (on est tenu à ne pas retenir ces droits) constitutive d'un devoir (notre volonté est liée) : en se dédisant on commet une injustice[1]. La troisième loi explicite ce rapport en posant la règle *pacta sunt servanda* (*That Men performe their Covenants made*). Hobbes aurait-il ainsi constitué une théorie de l'obligation naturelle ? Si tel était le cas, la différence avec Grotius porterait sur les prémisses, la conclusion étant identique : on pourrait fonder le droit civil sur le droit naturel. Il n'en est rien, bien sûr. Le chapitre XVII du *Léviathan* le déclare de façon abrupte : « les conventions sans glaive ne sont que des paroles, dénuées de la force d'assurer aux gens la moindre sécurité »[2]. S'il y a bien chez Hobbes une déduction de l'obligation de droit naturel, celle-ci échoue : elle ne constitue qu'une forme vide. Son objet semble donc purement négatif : montrer, que dans l'état de nature, l'alternative initiale est immanquablement tranchée du côté de la guerre. En l'absence de pouvoir souverain qui contraigne à l'observation de la troisième loi, la première devient inopérante et chacun choisira l'autre terme de l'alternative : préparer sa défense, y compris par l'attaque.

Paradoxalement, la rétroversion que nous avons proposée de cette déduction lui assigne une fonction plus positive. Du moment qu'une autorité garantit le respect des obligations prises par autrui envers moi, je peux nouer des conventions, et puisque je le peux je le dois, comme je dois respecter mes propres engagements. Sous l'autorité des lois politiques les lois de nature deviennent proprement des lois qui obligent. La formation du contrat hobbesien effectuée au chapitre XVII du *Léviathan*, loin d'annuler la déduction de l'obligation par les lois de la nature, a précisément pour objet de lui donner consistance, de remplir cette forme qui autrement resterait vide, en donnant à la deuxième branche de l'alternative (rechercher la paix)

1. En supprimant l'intertitre marginal *Obligation*, Tricaud rend moins lisible la séquence *Obligation, Duty, Injustice*. Tricaud, p. 130-131, Macpherson, p. 191.

2. Tricaud, p. 143 ; Macpherson, p. 223.

ses conditions d'effectivité, et donc en créant les conditions d'applicabilité des deuxième et troisième loi. D'une certaine façon, il n'y a rien de plus dans l'obligation civile que dans l'obligation naturelle, sinon – ce n'est pas rien – son effectivité[1].

On s'arrêtera ici au seuil de ce qui est justement caractérisé par Jean Terrel comme l'invention hobbesienne : la formation d'une véritable théorie du contrat social. Il suffira simplement de souligner ce que suggère ce rapide aperçu et, tout d'abord, que cette invention, ce « coup de force théorique », tire bien sa nécessité du problème que depuis le début de notre enquête nous avons qualifié de problème commun de la politique moderne : comment constituer pour des hommes libres un lien d'obligation ? Mais il faut encore observer que, face à l'alternative constituée par l'opposition de Bodin et de Grotius – on l'a dit, plus comme l'effet de leur confrontation que comme leur propos délibéré –, ce n'est pas du principe de souveraineté constitué par le premier, communément considéré comme plus proche de lui, mais de la construction proposée par le second que semble partir Hobbes. Pourtant, ce choix n'est pas celui de l'adversaire le plus éloigné : Hobbes n'invalide pas l'idée d'une obligation naturelle. On ne peut même pas dire qu'il lui oppose une véritable obligation qui serait l'obligation politique. Il semble bien plutôt qu'il s'emploie à démontrer que les lois de nature ne peuvent accéder à une quelconque effectivité que par la sortie de l'état de nature et la constitution de l'ordre politique ou, pour le dire plus paradoxalement mais plus exactement, que l'obligation politique est constitutive de l'obligation naturelle[2].

On pourrait considérer que Locke constitue sa propre démarche en procédant à l'inverse de Hobbes. Parce qu'il se demandait *comment* nous pouvons être obligés et ne voyait d'autre possibilité que la soumission à une souveraineté qui nous contraigne à remplir nos obligations, et parce que la question de l'obligation était avant tout pour lui celle de l'*exécution* des lois, Hobbes devait d'abord montrer que l'obligation naturelle conçue par Grotius ne pouvait en être vraiment une. Parce qu'il se demande *de quel droit* nous pouvons être obligés et qu'il n'envisage de droit s'exerçant sur nous que celui que nous avons transféré, parce que l'obligation doit surtout permettre de penser le droit de sanctionner les *infractions* aux lois, c'est inversement en maximisant l'obligation naturelle que Locke va procéder. Et il y a tout lieu de penser que, lu d'une toute autre manière, Grotius (et non

1. Rousseau est le seul à avoir assez bien compris ce geste de Hobbes pour le reprendre à son compte.

2. On retrouvera également, en partie du moins, ce renversement paradoxal chez Rousseau.

Pufendorf) lui sert aussi de point de départ. C'est du moins ce que semble indiquer « l'étrange doctrine », rapidement évoquée plus haut, défendue au début du second *Traité du gouvernement civil*. Cette doctrine consiste à soutenir que, dans l'état de nature, « tout homme a le droit de punir le coupable et de se faire l'exécuteur de la loi de nature »[1]. On examinera successivement la façon dont cette thèse est établie et la fonction qui est la sienne dans la démarche de Locke.

Locke entend, pour examiner l'origine du pouvoir civil, partir de l'état dans lequel les hommes sont naturellement les uns à l'égard des autres. Leur égale liberté est le premier caractère établi (§ 4 et 5). Il faut entendre par là qu'il n'y a « aucune subordination ni sujétion » naturelle entre eux. Mais, cette liberté (c'est le second caractère), n'est pas une « licence » (§ 6) : « L'*état de nature* possède une loi de nature qui le régit, et cette loi oblige tout le monde ; la raison qui est cette loi, enseigne à tous les hommes qui prennent la peine de la consulter qu'étant tous égaux et indépendants, aucun ne doit nuire à un autre dans sa vie, sa santé, sa liberté et ses possessions ». Dans son contenu, la loi de nature reprend les *praecepta* classiques : *alterum non laedere, suum cuique tribuere*. Peut-on lire dans sa forme, comme l'assure Jean-Fabien Spitz, un accord avec Pufendorf et une opposition à Grotius ?[2] Cela paraît doublement difficile.

Lorsque Locke, dans les *Questions concerning the law of nature*, observe qu'on ne peut dire de la loi de la nature qu'elle est un *dictamen rationis* « car la raison n'impose ni ne décrète cette loi de nature ; elle ne fait que mettre au jour et chercher une loi qui est commandée par un pouvoir plus haut et qui a été implantée dans nos cœurs », il ne peut s'opposer aux formulations de Grotius (*DGP*, I, I, § X), ni littéralement ni conceptuellement[3]. Pour commencer, Grotius ne dit en aucune façon que la raison « décrète et commande » : elle indique et enseigne ; il ne parle pas d'un *dictamen rationis* mais d'un *dictatum rectae rationis indicans*, encore moins oppose-t-il le commandement divin et les prescriptions de la raison ; il s'agit, on l'a vu, de deux voies d'accès distinctes aux mêmes lois. Plus

1. Locke, second *Traité du gouvernement civil*, chap. II, § 8, trad. J.-F. Spitz. Pour le texte anglais, *Two Treatises of Government*, éd. P. Laslett, Cambridge, Cambridge University Press, 1967. Pour la traduction, D. Mazel, Paris, GF-Flammarion, 1984, ainsi que J.-F. Spitz, Paris, PUF, 1994, qui donne une importante annotation. Sauf mention particulière c'est cette traduction qui est citée. Concernant les pages que nous allons commenter, J.-F. Spitz fait de Grotius et Pufendorf, par conséquent de la relation de Locke avec chacun d'eux, des lectures qui prêtent à discussion. Seuls les désaccords majeurs seront explicités. La numérotation des paragraphes de Locke étant continue, elle peut servir d'unique référence.

2. Spitz, note 9, qui cite à l'appui de ce jugement le texte des *Questions concerning the law of nature*.

3. Ce texte a été cité et commenté ci-dessus, p. 113-114.

décisive assurément est la double affirmation par Locke que cette loi « est la raison » (*reason, which is that law*) et qu'elle « oblige tout le monde » (*obliges everyone*) « pourvu qu'ils prennent la peine de la consulter » (*who will but consult it*). La consultation de sa raison emporte l'obligation[1]. Si ces formulations sont tout à fait compatibles avec celles de Grotius, elles sont au contraire inacceptables pour Pufendorf qui nie constamment qu'aucune obligation se tire de la simple connaissance de la loi naturelle. Cette proposition est bien grotienne, on l'a vu, et l'oppose aussi bien à nombre des auteurs de la seconde scolastique, à qui il doit tant par ailleurs, qu'à tous ceux après lui, Selden, Hobbes, Pufendorf, qui refusent d'avaliser une telle idée.

Il faut, pour bien identifier cette filiation entre Grotius et Locke, ne pas se tromper sur l'office de ce qui est la *recta ratio* pour l'un, *the reason which obliges everyone* pour l'autre. Ni Grotius – c'est la fausse lecture initiée par Pufendorf –, ni Locke – qu'on lui oppose pour cela à tort – ne songent un instant à une raison législatrice. C'est de *jurisdiction* (non faire la loi mais la dire) qu'il est question pour l'un comme pour l'autre. On l'a déjà montré, chez Grotius cela minore la proposition mais la majore aussi : ce droit de *jurisdiction* enveloppe un droit de punir. Il en va de même de Locke, lorsqu'il parvient au troisième et essentiel des caractères de l'état de nature (après l'égale liberté et la commune soumission à la loi de raison) :

> [...] L'exécution de cette loi de nature est, dans cet état, confiée aux mains de chaque homme ; par là chacun possède le droit de punir ceux qui transgressent cette loi, et cela d'une manière propre à en empêcher la violation. Car la loi de nature, comme toutes les autres lois qui concernent les hommes, serait vaine, s'il n'y avait personne, dans l'état de nature, qui ait le pouvoir de la faire exécuter, et par là de préserver les innocents et de punir les criminels[2].

Nous retrouvons dans ce texte ce qui caractérisait le droit naturel de punir dans le chapitre *Des peines* de Grotius. À partir du moment où l'on reconnaît l'existence de lois de nature, la question essentielle n'est pas de savoir ce que l'on doit faire, mais à qui il revient de le dire et à qui il revient

1. Il convient de prêter attention également à la façon dont, dès le § 4, Locke se couvre de l'autorité de Hooker lequel soutenait, exactement comme Grotius à sa suite, l'idée d'une obligation rationnelle, P. Haggenmacher, *op. cit.*, p. 488. Pufendorf rejette Hooker comme Grotius.

2. § 7 [...] *the execution of the law of nature is, in that state, put into every man's hands, whereby every one has a right to punish the transgressors of that law to such a degree, as may hinder its violation : for the law of nature would, as all other laws that concern men in this world be in vain, if there were no body that in the state of nature had a power to execute that law, and thereby preserve the innocent and restrain offenders.*

de sanctionner les violations de ces devoirs. Dans l'état de nature, et concernant les rapports des hommes entre eux, l'absence de supérieur naturel fait que ce pouvoir de *jurisdiction* (interpréter la loi de nature) et de sanction (punir ses violations) revient à chacun en tant que sa raison le lui permet. Pour qu'on ne se méprenne pas sur le sens de ce droit, Locke prend bien soin de préciser, comme l'avait fait Grotius, qu'il ne s'agit pas seulement d'un droit de se faire justice des préjudices subis, auquel cas on agit moins comme juge que comme partie, mais aussi du pouvoir de « punir pour réprimer », lequel enveloppe un vrai droit de juridiction sur tous et toutes choses[1]. Pour Locke, comme c'était le cas pour Grotius, le passage à une société instituée est rendu nécessaire pour mettre fin aux inévitables conflits entre les juridictions ainsi reconnues et l'institution d'un droit civil exige la renonciation à ce droit naturel de punir[2].

Locke engage donc sa démarche en reprenant une thèse identifiable chez Grotius. Cela en fait-il un de ses continuateurs?[3] Le croire, comme c'était le cas pour Hobbes, serait ignorer que de ce point de départ il tire, par une démarche qui lui est propre, une pensée dont l'un des traits majeurs est de contourner le principe de souveraineté. Mais il convient surtout ici de souligner – ceci est manifestement lié à cela – que la place qu'il accorde à cette thèse est totalement différente de celle que Grotius lui impartit. Si le droit naturel de *jurisdiction* est nécessaire à Grotius pour former son concept de l'obligation naturelle[4], s'il occupe une place importante

1. Locke, TGC, § 10. On peut si peu prêter une telle conception à Pufendorf qu'il s'employe, inversement, à récuser cette idée d'un quelconque droit de *jurisdiction* naturel. J.-F. Spitz, note 11, commente ce passage en afirmant : « La loi, au sens propre, ne se réduit donc pas à une indication de la raison, elle comporte nécessairement, outre cela, une puissance d'exécution et de punition sans laquelle elle ne peut pas proprement être appellée une loi. C'est cette doctrine que défendait Pufendorf contre la réduction rationaliste de Grotius (cf. *DNG*, I, II, § 6 ; I, VI, § 4 ; II, III, § 4 ; II, III, § 19 ; II, III, § 23) ». On a vu que, loin de défendre une telle « réduction rationaliste », Grotius affirme que la loi naturelle enveloppe obligation et punition. Au demeurant, aucun des passages cités ne concerne la question de la punition mais le refus par Pufendorf d'une obligation qui ne soit pas l'expression du commandement d'un supérieur. On peut le regretter mais, dans ce chapitre du TGC, Locke est beaucoup plus proche de Grotius que de Pufendorf. On observera encore que la distinction entre exécution *et* punition sépare ce que Locke identifie (cf. le § 88 cité plus loin).

2. Locke, TGC, § 13, conclut ce chapitre d'ouverture en reconnaissant « le gouvernement civil est le remède qui convient aux inconvénients de l'état de nature » (la même idée est exprimée par Grotius, *DGP*, II, XX, § VIII, 5 et IX, 4). C'est le point d'où repart Locke (§ 87) pour former son concept du pouvoir civil.

3. On pourrait au demeurant montrer – mais c'est un point connu et trop extérieur à notre démarche – ce que la conception lockéenne de la liberté doit à la formation chez Grotius de la logique des droits subjectifs.

4. Dans les *Prolegomena* et au chapitre I du livre I.

lorsqu'il s'agit de penser le statut de la pénalité[1], il ne joue aucun rôle ni dans sa théorie de la souveraineté, ni dans sa définition du droit civil. C'est inversement un rôle proprement fondateur que lui donne Locke : le conflit des pouvoirs de juridiction n'est pas seulement l'occasion, ni même le motif du passage à la société civile, il en est la condition de possibilité. Le pouvoir civil n'est rien d'autre que ce pouvoir même de juridiction que chacun a transféré à la collectivité[2]. Si les individus n'avaient pas ce droit dans l'état de nature, il ne pourraient s'en défaire par leur consentement et la formation du pouvoir civil serait impossible. L'un des effets les plus remarquables de cette démarche est que la définition même du pouvoir politique par Locke recueille la structure du pouvoir naturel de juridiction :

> La communauté en vient ainsi à détenir un pouvoir d'établir les punitions applicables aux différentes transgressions qui auront été commises parmi les membres de cette société, et dont elle aura jugé qu'elles méritaient une sanction (c'est en cela que consiste le pouvoir de faire des lois)[3]...

Par cette définition, particulièrement par sa parenthèse finale, en même temps qu'il contribue à la tracer, Locke se situe lui-même d'un côté d'une ligne de partage qui structure la pensée politique de son temps. Pour qui raisonne en politique, on fait la loi ; pour qui raisonne en jurisconsulte on dit la loi : legislation, *jurisdiction*. Bodin raisonnait en politique, au sentiment de Grotius. Le jusnaturalisme, qui est l'objet propre du jurisconsulte, en situant la loi naturelle en amont de la législation, ramène celle-ci à une fonction de *jurisdiction*. Locke, à cet égard, est un jusnaturaliste d'un type particulier : un politique qui raisonne en termes de droit, qui définit la législation par la *jurisdiction*. Hobbes un faux jusnaturaliste : sitôt le contrat formé et la souveraienté instituée, il raisonne en politique. Rousseau un faux aussi, mais d'une autre manière : il pense de part en part la loi dans la dimension de la législation parce qu'il parvient, au travers du concept de volonté générale, à faire de la *jurisdiction* un acte plein de législation. Hobbes et Rousseau, c'est ce qui les oppose à Locke, rompent avec le paradigme de la *jurisdiction* que tentent de préserver les jusnaturalistes pour penser en termes de législation. Tous deux, mais de manière différente, entendent fonder un *droit politique*.

1. Au chapitre XX du livre II.

2. J. Terrel, *op. cit.*, p. 313, souligne à juste titre que Locke est ainsi conduit à soutenir Grotius contre Pufendorf, à inclure la sujétion dans l'acte même de *consociatio*.

3. TGC, chap. VII, *De la société civile ou politique*, § 88 : *And thus the common-wealth comes by a power to set down what punishment shall belong to the several transgressions which they think worthy of it, committed amongst the members of that society (which is the power of making laws).*

La place occupée par la référence grotienne est aussi forte chez Hobbes que chez Locke : il est celui à partir de qui chacun constitue sa propre démarche. Cela ne saurait faire d'eux des épigones de Grotius ! Le penser serait risible au regard de leurs statures théoriques respectives mais reviendrait surtout à ignorer que la modalité fondamentale de leurs rapports avec lui est le désaccord. Pour Hobbes, parce que la droite raison échoue à rendre par elle-même effective l'obligation dont elle est porteuse, seule l'institution d'une autorité souveraine peut constituer cet espace à l'intérieur duquel les hommes pourront passer entre eux les conventions qui, les obligeant réellement à l'égard les uns des autres, leur feront surmonter leur crainte réciproque. Pour Locke, la force de l'obligation naturelle est au contraire porteuse d'un conflit de *jurisdiction* que seule peut surmonter la renonciation réciproque au droit de punir. Le contractualisme, chez l'un et chez l'autre, est donc la seule réponse possible au problème constitué, par défaut ou par excès, par le principe grotien de l'obligation naturelle.

Loin de minimiser la place de Grotius, ce constat permet de mieux la caractériser. Hobbes et Locke constituent des théories du politique que l'on peut contre-distinguer à partir de leur commune acceptation du déplacement majeur de la problématique de l'obligation opéré par Grotius : l'un et l'autre avalisent cette idée essentielle que l'obligation ne peut avoir de source que dans celui-là même qui est obligé. Ce déplacement, on l'a vu, a impliqué chez Grotius une relativisation de la distinction entre raison et volonté. Parce qu'il les pense ensemble comme aptitudes de chaque individu humain en particulier, il les qualifie à la fois de *capacitas* et de *facultas* : que ce soit en obéissant à sa droite raison ou en respectant son engagement volontaire, ne peut être obligé que celui qui s'oblige lui-même. Paradoxalement, ce résultat acquis, la question de cette distinction revient avec une acuité renforcée : il va donner lieu, autour de Pufendorf, à un débat d'une rare intensité.

Parmi les candidats à la rupture fondatrice dont naîtrait la politique moderne, Grotius est doublement handicapé : par sa position d'héritier sur bien des points, par le peu de radicalité et de systématicité de ses thèses. En revanche, par les déplacements qu'elle opère, par la multiplicité des voies qu'elle ouvre, sa pensée s'avère d'une étonnante fécondité. Pour être plus problématique que thétique, son œuvre n'en est donc pas moins décisive : c'est ce dont avaient conscience ses successeurs jusqu'au tournant du XVIIIe siècle, comme en témoignent encore Burlamaqui, l'*Encyclopédie* ou même Rousseau. La place qui lui est accordée ici exprime la volonté de restituer les pensées de la modernité politique dans l'horizon problématique qui les ont suscitées.

CHAPITRE IV

LA QUERELLE DE L'OBLIGATION : PUFENDORF, LEIBNIZ ET BARBEYRAC

Le principe de souveraineté, on l'a vu avec Bodin, conduit à repenser l'obligation en termes de volonté : l'obligation est ce lien par lequel une volonté est tenue d'obéir à une autre. Ainsi la souveraineté constitue, comme son ombre portée, cette question paradoxale : peut-on être son propre souverain, autrement dit, peut-on s'obliger soi-même ? L'affirmative résoudrait l'obligation dans le devoir, la négative dans la servitude. D'un côté le droit se résorbe dans la morale, de l'autre dans la politique. Cette question, on vient de le voir, Grotius parvient à la résoudre en évitant de la poser : la *recta ratio*, tout à la fois raison droite et raison rectrice (*ratio regens*), forme le concept de l'obligation naturelle en privant de pertinence la distinction entre raison et volonté, quitte à lui restituer sa place dans la définition de l'obligation civile (elle y distingue et y articule la *consociatio juris* et la *consociatio imperii*). Par la droite raison on ne s'oblige pas, on n'est pas non plus obligé par une autre volonté, on se reconnaît toujours déjà obligé. Tel est, il faut le redire, l'objet de la distinction entre droit (divin) naturel et droit divin volontaire, à laquelle la religion naturelle apporte sa garantie. L'obligation souveraine et volontaire n'est pourtant pas récusée : elle est intégrée, encadrée, comme ayant son fondement dans l'obligation naturelle par la droite raison. L'obligation contractuelle, elle, est fondée sur l'obligation naturelle et garantie par l'obligation souveraine. En dérivant l'obligation civile de l'obligation naturelle, Grotius donne à la souveraineté un fondement de droit (il fait de l'obéissance un devoir), et l'encadre par des préceptes du droit universellement valables. Le jurisconsulte peut alors reprendre à son compte le principe politique de souveraineté. Chez Grotius, le droit naturel moderne se constitue donc à la fois comme métamorale et métapolitique, pour échapper au dilemme de l'obligation volontaire dont est porteur le principe de souveraineté : l'obligation politique est-elle le fait d'une volonté obligée par une autre ou d'une volonté qui s'oblige elle-même ?[1]

Ce fragile équilibre et l'évitement dont il procède ne pouvaient cependant résister à la double pression exercée par la montée en puissance du contractualisme et (sous les formes bien différentes que lui donnent Descartes puis Locke) de l'opposition entre entendement et volonté. On a montré, au demeurant, que ces principes ont, tous deux, partie liée avec l'idée de souveraineté : le premier est induit par la représentation du sentiment d'obligation comme consentement, le second est le corollaire, dans l'individu, de la distinction entre le conseil et la décision (les justes raisons qui motivent la loi, la volonté souveraine qui fait d'elle un commandement). Si on ne peut voir dans la pensée de Grotius un contractualisme, elle n'en contribue pas moins à former la logique du contrat par la distinction de l'*obligatio ex promisso* et de l'*obligatio ex consensu*. On a vu Hobbes se servir de cette distinction comme d'un puissant levier pour soustraire la relation d'obligation à la droite raison et la mettre tout entière sous la dépendance de la soumission volontaire à une autorité supérieure. Locke, en sens inverse, s'appuie sur elle pour faire du consentement la source de l'obligation politique. On verra comment la distinction entre entendement et volonté, sous sa modalité cartésienne[2], conduit Pufendorf au rejet radical de la théorie grotienne de l'obligation, puis comment, sous sa modalité lockéenne, elle permettra à Barbeyrac de les concilier, comme elle aidera Diderot à déclarer le droit naturel en crise. La stratégie d'évitement qui est celle de Grotius devant le dilemme de l'obligation volontaire a donc contribué, de fait, à le rendre plus contraignant encore. De là un effet de durcissement qui conduit Rousseau (c'était notre point de départ) à opposer de façon rétrospective deux lignées principielles, celle de *l'obéissance passive* et celle de la *convention d'obligation*. L'héritage grotien ne tombe pourtant pas en déshérence, et cela bien au-delà de son siècle[3]. C'est Grotius que Leibniz choisira de défendre contre Pufendorf.

1. Pour éviter une lecture téléologique de cette proposition on évitera de parler d'hétéronomie et d'autonomie.

2. On aura toujours ici en vue non le système cartésien dans sa rigueur mais le cartésianisme tel qu'il est reçu de façon commune au XVIIe siècle. La distinction entre entendement et volonté, chez Descartes, est annulée en Dieu comme dans la liberté accomplie du sage, elle ne vaut vraiment que dans le cours ordinaire des choses humaines. Cette distinction dans le cartésianisme est absolutisée : en témoigne même la façon dont en parle Spinoza.

3. Pour une première approche, R. Tuck, *op. cit.*, dont le dernier chapitre s'intitule « The Recovery and Repudiation of Grotius ».

C'est la pensée de Grotius encore que, d'une autre manière, Burlamaqui entendra prolonger et parachever. D'une certaine façon même, si Rousseau est conduit à rejeter l'héritage jusnaturaliste dans son ensemble (Grotius compris), c'est pour fonder une théorie de l'obligation politique qui définit la volonté générale comme une puissance tout à la fois de vouloir et de connaître, et pour cela seulement susceptible de s'obliger, donc d'obliger.

On doit donc le constater, si les solutions grotiennes sont rapidement abandonnées, son cadre problématique restera, jusqu'à Kant, étonnamment présent[1]. En aval de Grotius, un siècle et demi durant, la question de l'obligation va nourrir un débat particulièrement vif, structuré par une double polarité : celle de la souveraineté et de la liberté naturelle, celle de l'entendement et de la volonté. Plutôt que de suivre le déroulement de ce débat dans toutes ses étapes et d'évoquer ses innombrables acteurs[2], on tentera de rendre compte de ses enjeux et de ses modalités essentielles au travers d'un moment précis : la querelle qui, dans les toutes premières années du XVIIIe siècle, oppose Leibniz et Barbeyrac au sujet de Pufendorf et de sa théorie de l'obligation[3]. Ce moment crucial fera l'objet de ce chapitre.

LE JUSNATURALISME : UNE ENTITÉ FICTIVE ?

L'illusion commune des jusnaturalistes – et peut-être ce qui les rassemble – est d'avoir cru constituer une science du droit naturel, une science architectonique des actions humaines[4]. L'illusion commune des historiens du jusnaturalisme est de croire qu'il y a, entre les penseurs que l'on réunit sous ce vocable, une unité de principes. Barbeyrac est celui chez qui, pour la première fois, ces deux illusions se croisent et, en ce sens, l'école du droit naturel est son invention. Dissiper ces illusions, comme on

1. Les jusnaturalistes font partie intégrante de la culture juridique de Kant.

2. Une telle enquête aurait les modalités de celle conduite par R. Tuck et en prendrait le prolongement.

3. Les pièces maîtresses de ce dossier seront : 1) le grand traité de Pufendorf, *De Jure Naturae et Gentium*, Londoni Scanorum (Lund), Junghans, 1671, trad. Barbeyrac, 4e éd. Bâle, Thourneisen, 1732, reprint Caen, 1987 ; sa version pédagogique : *De Officio Hominis et Civis juxta legem naturalem*, Lund, Junghans, 1672, trad. Barbeyrac, *Les Devoirs de l'Homme et du citoyen*, 1707, 6e éd. Londres, Jean Nourse, 1712; 2) les *Monita* de Leibniz concernant ce traité, adressés à Gérard Melan, le 22 avril 1706 : texte latin, dans l'édition des *Opera omnia* par L. Dutens, Genève, Fratres de Tournes, 1768, t. IV, p. 275-283, trad. Barbeyrac, *Jugement d'un Anonyme sur l'Original de cet Abrégé*, en annexe de la 5e éd. du précédent, reprint Hildesheim, Olms, 1992; 3) le commentaire par Barbeyrac du texte de Leibniz, *ibid.*, la préface de Barbeyrac à la traduction du « grand traité » de Pufendorf, son annotation de ces deux ouvrages ainsi que celle du *De Jure Belli ac Pacis* de Grotius.

4. De là l'ambivalence manifeste de leur relation avec Aristote, simultanément repoussoir et modèle.

cherchera à le faire ici, ne revient ni à leur refuser toute signification, ni à nier qu'il y ait une véritable unité du jusnaturalisme. On peut d'abord envisager que l'unité du projet d'une science du droit naturel soit suffisante pour relativiser la divergence des principes, on peut aussi penser que cette divergence peut être résorbée : Barbeyrac conjugue ces deux approches. Mais on peut encore considérer (c'est la direction que nous suivrons) que cette unité est celle d'un problème commun : rendre compatibles la liberté de la personne et la relation d'obligation. On se représentera alors le jusnaturalisme moins comme une école que comme un espace problématique.

La science du droit naturel – C'est un souci très ancien que de constituer, en amont de l'héritage du droit civil romain, une théorie universelle du droit qui donne un fondement solide et une place claire au droit civil, au droit coutumier mais aussi au droit ecclésiastique[1]. Nous avons vu comment il inspirait, entre plusieurs autres tentatives analogues au XVIe siècle, la *Juris universi distributio* de Bodin[2]. On peut en discerner une autre expression, beaucoup plus ancienne, à la racine même du droit canon : le *Decretum* de Gratien et le *Corpus juris canonici* après lui, s'ouvrent sur la proposition d'une systématique du droit dans laquelle on pourrait reconnaître une véritable matrice du droit naturel[3]. Le jusnaturalisme proprement dit constitue une troisième figure de ce projet architectonique. On peut également observer que chacune de ces trois figures correspond à l'affirmation d'un principe supérieur d'unité : la *summa potestas* papale pour le droit canon, la souveraineté du prince pour Bodin, la droite raison naturellement présente en chaque homme pour Grotius. La question de l'unité du droit est toujours corrélée à une redéfinition de

1. Si les questions théologico-politiques font l'objet aujourd'hui d'une véritable vogue, c'est généralement sans prendre en compte leur aspect technique lié au droit ecclésiastique. Cette dimension est pourtant essentielle.

2. Celui-ci, au demeurant, ne fait que prolonger un mouvement (son mot d'ordre, repris à Cicéron, est : *jus in arte redigere*) qui innerve son siècle. Voir P. Haggenacher, *op. cit.*, p. 70-71 et Michel Villey, *La formation de la pensée juridique moderne*, Paris, Montchrestien, 1968, p. 397 *sq.* et 513 *sq.*

3. C'est en particulier le droit canon qui substitue au concept du droit naturel (hérité du droit romain) indexé sur la nature commune des êtres vivants un autre concept indexé sur la nature propre de l'homme et de son rapport spécial à Dieu. La naissance du droit canon (comme corps juridique systématique) est la réplique en son épicentre bolonais de l'onde de choc provoquée par la redécouverte du droit romain : d'une certaine façon, ces deux événements sont dans le même rapport que le concile de Trente et la Réforme. Dans les deux cas, il s'agit d'une sortie par le haut qui tente d'intégrer ce qui est appréhendé comme un débordement.

l'autorité politique[1]. La forte concurrence à laquelle ces principes se livraient entre eux a souvent été prise pour celle que chacun livrerait à la loi divine. Pourtant, ils reconnaissent tous trois celle-ci comme *législation*, ne réclamant chacun pour soi « que » le pouvoir de *jurisdiction*. Le cas de Bodin est à cet égard passionnant : le prince, dans son rapport aux *lois de la nature et de Dieu*, reste dans ce paradigme de la juridiction mais commence à se réclamer de celui de la législation (il *fait loi*) dans son rapport à ses sujets.

C'est, au demeurant, un point fondamental sur lequel nous aurons à revenir : la modernité politique, autour des deux pôles que sont le principe de souveraineté et le droit naturel, se constitue d'abord à l'intérieur d'un paradigme de la juridiction, pour ne donner qu'ensuite naissance à un paradigme de la législation : alors seulement s'affirmera l'idée d'un pouvoir proprement humain de faire la loi. On peut le dire d'une autre manière : que ce soit du point de vue de la souveraineté (du souverain juge appliquant la loi divine au pouvoir souverain de faire la loi) ou de celui du droit naturel (de la connaissance par la droite raison de ses devoirs au fondement de l'obligation sur les seules conventions) on passe de la posture du juge à celle du législateur. Or le peuple était mieux à même de revendiquer le second rôle que le premier. Ce changement essentiel est très souvent occulté par la thématique très floue de la « laïcisation » ou de la « déthéologisation » (elle amène à prendre l'effet pour la cause) mais aussi par la confusion du concept de législation avec celui, lié mais distinct, de pouvoir constituant[2]. De ce double point de vue, il faut constater que Carl Schmitt a contribué dans le même mouvement à attirer l'attention sur ces aspects décisifs de la modernité politique et à en empêcher l'identification. Nombreux sont ceux qui, malgré eux, l'ont suivi en cela. Un des buts de notre enquête serait d'éclairer comment ce changement de paradigme s'est opéré, notamment par l'examen des débats internes à la tradition jusnaturaliste.

1. La conscience de cette corrélation est éclatante dans l'adresse de Justinien, mise en tête des *Institutes*.

2. L'idée de pouvoir constituant pourrait bien résulter (il faudrait alors mettre en question la généalogie que lui a donnée Antonio Negri, se mettant ainsi sous la dépendance de Schmitt) de la greffe de la notion de puissance législatrice sur celle de souveraineté. C'est pourquoi il ne peut être régulé qu'en se niant lui-même comme pouvoir constitué. Rousseau, au contraire, est engagé dans un effort constant pour mettre le principe de souveraineté, en lui-même anomique, sous un principe de législation qui ait en lui-même son propre principe normatif : la volonté générale. Je me permets de renvoyer à mes propres analyses : sur le premier point, *Qu'est-ce qu'une décision politique ?*, sur le second, *La fabrique des concepts*, notamment chap. 5 (*cf.* bibliographie, *infra*).

Le jusnaturalisme reprend donc l'exigence bien antérieure d'un fondement et d'une unification du droit, mais ce souci architectonique s'y exprime spécifiquement comme recherche d'une véritable *science* du droit : de l'*ars* des juristes humanistes à la *science* des jusnaturalistes, on observe un autre changement de paradigme, celui-là épistémique, qui pourrait bien être partie prenante de celui, politique, que l'on vient d'évoquer[1].

S'il faut attendre Pufendorf pour que cette prétention se déclare comme telle, il ne fait pas de doute qu'elle habite déjà le projet de Grotius. Paradoxalement, montrer pourquoi on ne peut lui imputer l'inspiration baconienne qu'on lui a parfois prêtée aide à mettre en lumière ses présupposés épistémologiques[2]. Le type de certitude la plus haute, dit-il, est celle qui se tire *a priori*, « c'est-à-dire par des raisons tirées de la nature même de la chose »[3]. Il s'agira, pour le droit naturel, de « montrer la convenance et disconvenance nécessaires d'une chose avec une nature raisonnable et sociable, telle que celle de l'homme »[4]. Le droit naturel est possible comme science parce que l'homme participe d'une nature (on notera que l'homme est espèce de cette nature générique) dont on peut tirer des préceptes comme des conséquences nécessaires, et parce que cette nature peut être connue : comme la connaissance des choses extérieures nous est permise par les sens, nous accédons à des principes de droit « clairs et évidents par eux-mêmes »[5] en regardant en nous-même par la raison. Grotius est très conscient de ce que, loin d'être une rémanence de l'éthique aristotélicienne, sa démarche s'y oppose radicalement : le parallèle qu'il établit entre morale et mathématique fait directement et explicitement pièce à leur opposition dans le premier chapitre de l'*Éthique à Nicomaque*[6]. Le

1. On a vu pourquoi, contrairement à ce que dit Simone Goyard-Fabre, on ne peut sans équivoque parler de science au sujet du projet bodinien : lui-même s'en défend d'ailleurs explicitement.

2. P. Haggenacher (*op. cit.*, p. 70) récuse cette supposée influence baconienne.

3. Barbeyrac, en donnant pour titre « De la certitude du droit en général » aux *Prolegomena* de Grotius veut marquer la continuité avec Pufendorf dont le second chapitre s'intitule : « De la certitude des sciences morales ».

4. *DGP*, I, I, § XII. On pose deux caractères essentiels dont on dit que l'homme les vérifie et on en déduit un droit naturel, sans avoir à payer le lourd tribut d'une anthropologie complète. Ce geste théorique aura une nombreuse postérité, parfois inattendue : chez Locke par exemple, bien sûr sur une autre base épistémologique.

5. *DGP*, *Prolegomena*, § XL.

6. Cette discussion deviendra un lieu commun que l'on retrouve aussi bien chez Locke, Pufendorf que Barbeyrac. Grotius, *DGP*, *Prolegomena*, § LX, et livre I, I, § X, *versus* Aristote : *Éthique à Nicomaque*, I, I (1094 b 13-30). Grotius suit en revanche Aristote sur l'idée que les affaires humaines, livrées aux circonstances, ne peuvent être traitées comme nécessaires : *DGP*, II, XXIII, § I. Pufendorf rejettera aussi ce point en distinguant les *qualités morales* nécessaires, des *quantités morales*, partiellement contingentes : *DNG*, I, II, § IX-X.

véritable rationalisme de Grotius est là : ni dans la conception qu'on lui prête abusivement d'une raison commandant à la volonté, ni dans celle, triviale, d'une nature humaine raisonnable, mais dans l'affirmation de la capacité de la raison à tirer apodictiquement de la nature de l'homme des règles de conduite « immuables ».

Beaucoup plus disert et explicite (mais souvent moins rigoureux), Pufendorf commence par se situer, quoi qu'il en ait, dans le prolongement du projet initié par Grotius. Un long chapitre méthodologique du *De Jure Naturae et Gentium* traite « de la certitude dans les sciences morales »[1]. Il entend y prouver, d'abord contre Aristote, que le droit naturel (qui « seul renferme la bonne morale et la bonne politique ») est susceptible de « remplir toute l'idée d'une véritable science »[2]. Cette idée d'une *véritable science* n'est référée ni à l'épistémologie baconienne, ni réellement à celle de Descartes dont Pufendorf se réclame par ailleurs, mais strictement (comme il est banal à cette date, 1671) à la géométrie euclidienne entendue, à la façon cartésienne, comme « ces longues chaînes de raisons » déduites de principes premiers évidents[3]. Cette ambition de constituer une science du droit « démonstrative » est chez lui très précoce puisqu'elle gouverne son tout premier ouvrage, les *Elementa jurisprudentiae universalis* (1660), inspiré par son ami et maître Erhard Weigel (mathématicien, lui-même auteur d'un livre au titre évocateur : *Analyse aristotélicienne rétablie selon les principes d'Euclide*)[4]. Il ne s'agit de rien moins pour le jeune Pufendorf que de former une science du droit démontrée *more geometrico*. L'organisation en trois parties de ses *Elementa* en donne clairement l'esprit : la première pose des *définitions*, la seconde en tire des *principes*, dont la troisième dégage des propositions ou *conclusions*.

Si, nous y reviendrons, Pufendorf reste remarquablement fidèle aux intentions et aux thèses essentielles de ce texte de jeunesse, il lui reprochera l'ambiguïté qui pèse sur le statut des premières définitions : d'où se tire

Locke, *Essai philosophique concernant l'entendement humain*, IV, III, § 18, trad. Coste, p. 453-454.

1. *DNG*, I, II.

2. *Ibid.*, § VI.

3. A. Dufour, *Droits de l'homme, Droit naturel et Histoire*, Paris, PUF, 1991, notamment p. 111-124, au sujet du concept de loi, parle d'une « contamination » du droit naturel par les « sciences exactes ». Voir également : « L'influence de la méthodologie des sciences physiques et mathématiques sur les Fondateurs de l'école du droit naturel moderne (Grotius, Hobbes et Pufendorf) », *Grotiana*, t. I, 1980, p. 33-52. Le modèle épistémologique qu'il prête aux jusnaturalistes, notamment Pufendorf, mériterait une discussion circonstanciée.

4. S. Pufendorf, *Elementorum jurisprudentiae universalis, libri II*, Hagae-Comitis, A. Vlagq, 1660, Gesammelte Werke, Band 3, Berlin, Academie Verlag, 1999. Il existe deux traductions anglaises, la plus récente dans *The Political Writings of Samuel Pufendorf*, G.L. Carr (éd.), Oxford, 1994.

leur certitude, de ce qu'elles sont formées *a priori* ou de leur évidence intuitive?[1]. L'incontestable résonance nominaliste de cet exposé de la science du droit naturel doit sans doute moins au nominalisme occamien qu'au nominalisme spontané des juristes qui raisonnent constamment sur des êtres de raison et sont familiers de la pratique des fictions juridiques (on sait au demeurant ce que le nominalisme occamien doit lui-même au nominalisme juridique). Mais il était surtout vital pour Pufendorf qu'on ne puisse le confondre avec un nominalisme d'une autre espèce: le nominalisme politique de Hobbes. Pour des raisons épistémologiques : le risque serait de vider de contenu le caractère *naturel* du droit qu'il entend constituer (c'est un risque dont la *science du droit naturel* ne parviendra jamais à se défaire[2]). Pour des raisons politiques aussi: au contraire de Hobbes, il veut encadrer par le droit naturel le pouvoir de la souveraineté. C'est pour lever cette double hypothèque que le grand traité de 1671 s'oppose explicitement au constructivisme de Hobbes. Pour Hobbes, rappelle Pufendorf, il est possible de « démontrer *a priori* la morale et la politique » parce que « nous sommes nous-mêmes les inventeurs des principes qui font connaître la différence du juste et de l'injuste, c'est-à-dire des lois et des conventions, qui sont selon lui les causes de la justice »[3]. Contrairement à ce que dit Hobbes, affirme Pufendorf au cours d'une discussion sur la justice, le droit *naturel* est tel parce qu'il peut déduire de la nature de l'homme un droit « donné par la Nature même, indépendamment de tout acte humain »[4]. Et il précise, dans une autre discussion avec Hobbes, mais qui porte cette fois sur la loi :

> Prétendre qu'avant l'établissement des sociétés civiles il n'y eut pas des règles du juste et de l'injuste, fondées sur le droit naturel, et auxquelles on fût tenu en conscience de se conformer; cela est aussi faux et aussi absurde que si l'on soutenait que la vérité et la rectitude dépendent de la volonté des hommes, et non pas de la nature même des choses, ou que les souverains peuvent changer à leur fantaisie la nature des choses, ou que deux propositions contradictoires peuvent être vraies à la fois par rapport à un seul et même sujet[5].

1. Pour le reste, l'affirmation de R. Tuck (*op. cit.* p. 158-159) selon laquelle on assisterait à un changement de principes entre les *Elementa* et le *De jure naturae et gentium* ne paraît guère convaincante. Il s'agit plutôt de changement dans l'ordre d'exposition : les *Elementa* s'adressent aux juristes, le *De Jure* à des esprits philosophiques, le *De Officiis* à l'honnête homme.

2. On verra Barbeyrac discerner dans le nominalisme très spécifique de Locke l'épistémologie adéquate du jusnaturalisme.

3. *DNG*, I, II, § IV.

4. *DNG*, I, VII, XIII : *ab ipsa natura, sine interviente facto humano, datum fuit*.

5. *DNG*, VIII, I, § V.

Ici, comme chaque fois qu'il entend se démarquer de Hobbes, Pufendorf reprend des formules grotiennes. Comme Grotius, la nature dont il parle n'est ni la nature aristotélicienne, ni la nature de la physique galiléo-cartésienne, mais la *nature de la chose considérée*, en l'occurrence celle de l'homme[1]. Le droit naturel est une science dans la mesure où ses règles peuvent être tirées déductivement de cette nature. Tous deux partagent encore sa première définition: l'homme est un être *capable d'action morale*. Mais, quand cette capacité, pour le premier, relève de la *recta ratio* et se définit comme pouvoir d'user de *praecepta generalia*, elle est pour le second, on le verra, le fait d'une *libre volonté* à laquelle ses actions peuvent être imputées : *Actiones humanae dicuntur actiones hominis voluntariae in vita communi cum imputatione suorum effectuum spectatae*[2]. C'est la distinction entre l'entendement et la volonté (refusée par l'un, exacerbée par l'autre) et non celle du rationalisme et du volontarisme (qui ne peuvent caractériser rigoureusement ni l'un ni l'autre) qui est à la racine de la divergence de principe entre Grotius et Pufendorf[3].

Si la constitution d'une *science du droit naturel* est bien le projet commun à l'ensemble de ceux que l'on qualifie de jusnaturalistes (on pourrait trouver des formulations similaires chez Cumberland, dont Pufendorf se réclame, comme chez Burlamaqui qui est plutôt un continuateur de Grotius[4]), ce projet est marqué d'une double fragilité interne. Fragilité qui tient en premier lieu à l'ambiguïté du concept de nature auquel le droit naturel se réfère. Fragilité encore de la définition commune de l'homme comme être moral, laquelle ne garantit en aucune façon qu'il y ait entre les jusnaturalistes une véritable communauté de principes. Parce qu'il les discerne l'une et l'autre dans la construction de Grotius, Pufendorf va être conduit, pour les éviter dans la sienne, à des décisions draconiennes susceptibles de mettre en danger le projet jusnaturaliste lui-même.

1. Sur ce point se fait la rupture de Hobbes avec le jusnaturalisme, elle implique une redéfinition de la raison.

2. *Elementa*... (*op. cit.*, p. 7), Définition I: Sont dites actions humaines les actions volontaires d'un homme considérées avec l'imputation de leurs effets dans le cadre de la vie commune. Reprise dans le DNJ, I, V, § 1.

3. La présentation par R. Sève de l'école du droit naturel, *op. cit.*, chap. 2, est marquée par la place qu'il accorde à cette opposition et par l'évidence qu'il lui confère.

4. Pour Burlamaqui voir le chapitre suivant. Pour Richard Cumberland, voir son *Traité philosophique des lois naturelles* (1672), trad. J. Barbeyrac, Amsterdam, Pierre Mortier, 1744, reprint Université de Caen, 1989, chap. I, § VIII-IX. Contemporain de Pufendorf, il occupe une place significative dans l'histoire du jusnaturalisme mais n'a pas joué le même rôle de carrefour que Grotius, Pufendorf, Burlamaqui et, à sa manière propre, Barbeyrac.

Sous l'unité de projet, le conflit des principes – Pour définir le droit naturel, Pufendorf joue Grotius contre Hobbes. C'est inversement sur Hobbes qu'il s'appuie, contre Grotius, pour former le principe d'obligation qui fonde ce droit. Cette double obédience est constitutive de sa démarche [1]. Dès la préface de ses *Elementa jurisprudentiae universalis*, il déclare « avoir beaucoup reçu de cette œuvre admirable, le *De Jure belli ac Pacis,* de l'incomparable Hugo Grotius », pour ajouter aussitôt « Nous avouons ne pas devoir moins à Thomas Hobbes » [2]. On verra que cette double dette consiste à demander à l'un les moyens de se défaire de l'autre : on ne peut pas plus faire de Pufendorf le continuateur de Grotius, comme le voudrait Barbeyrac, que celui de Hobbes, comme certains commentateurs [3].

Le différend originel entre Pufendorf et Grotius porte sur la distinction entre droit (divin) naturel et droit divin volontaire. Pour Grotius, le droit divin volontaire est qualifié ainsi pour plusieurs raisons. Il est institué par la volonté déclarée de Dieu sous la forme de la révélation et n'est donc accessible aux hommes que s'ils ont reçu celle-ci, par opposition au droit (divin) naturel auquel ils ont immédiatement accès par leur droite raison. Ce premier caractère en implique un second : ce droit vaut pour les hommes en tant qu'il leur est adressé (à un peuple en particulier pour la loi mosaïque, à tous les hommes pour la loi évangélique). Et un troisième : l'obligation que ce droit emporte est celle, médiate, d'un commandement. Cette distinction est possible chez Grotius parce que l'obligation naturelle comporte la dimension de la sanction et de la punition, un droit naturel de punir étant reconnu à tous les hommes. Sur ce point, on l'a dit, la contradiction lui vient d'abord de son adversaire en toute chose, Selden. Seul Dieu peut punir au

1. C'est un point bien souligné par J. Terrel, *op. cit.*, p. 299-322. Je suis souvent ses analyses, mais ramener au centre la question de l'obligation modifie l'approche d'ensemble et conduit vers d'autres lieux de l'œuvre. Je serai amené, en revanche, à diverger aussi bien sur l'orientation d'ensemble que sur nombre de points particuliers avec I. Hunter, *Rival Enlightments*, Cambridge, Cambridge University Press, 2001. Comme son sous-titre l'indique (*Civil and Metaphysical Philosophy in Early Modern Germany*) cet ouvrage oppose une tradition métaphysique empreinte de théologie, représentée par Leibniz et Kant aux deux extrémités de la période concernée, et une philosophie « civile », toute entière tournée vers une « déthéologisation » du politique (dont Pufendorf et Thomasius seraient les représentants). Pour Pufendorf en tout cas, cette caractérisation semble difficile. Le cadre temporel choisi (la place de Grotius est nulle, celle de Hobbes discrète), le cadre « national » historiquement contestable, surtout pour Pufendorf, marquent la thèse soutenue. L'absence de prise en compte des *Elementa*, pourtant disponibles en anglais à défaut du latin, n'est pas pour rien non plus dans cette lecture.

2. *Elementa jurisprudentiae universalis*, *op. cit.*, p. 6.

3. Ainsi en est-il du raccourci de Patrick Riley, qualifiant tout de go Pufendorf de « hobbesien allemand », *The General Will before Rousseau. The Transformation of the Divine into the Civic*, Princeton University Press, 1986.

nom de ses propres lois, il faut donc résorber le droit naturel dans le droit divin. Aussi bien est-ce au *De Jure Naturali et Gentium juxta disciplinam Ebraerorum* de Selden que Pufendorf renvoie, en marge de la première charge ouvertement antigrotienne de son propre *De Jure Naturae et Gentium*[1]. Mais cette référence ne peut être que trompe-l'œil : Selden, malgré son titre, ruine l'idée même de droit naturel que Pufendorf entend bien préserver[2]. Surtout, il ne distingue pas la connaissance de l'obligation, qui relève de l'entendement, de la soumission à l'obligation, qui relève de la volonté. Cette distinction, nous le verrons, est constitutive de la théorie de l'obligation chez Pufendorf. Au demeurant, l'origine de ces arguments (seldienne ou hobbesienne) importe moins ici que le statut méthodologique que leur donne le chapitre II, « De la certitude des sciences morales ». Alors qu'il vient de montrer, contre Hobbes, qu'il y a un droit antérieur à toute convention, Pufendorf refuse d'en conclure, avec Grotius, qu'il y a un honnête en soi :

> En effet l'honnêteté (c'est-à-dire la nécessité morale[3]) et la déshonnêteté étant de certaines propriétés des actions humaines qui résultent de la convenance ou de la disconvenance de ces actions avec une certaine règle ou avec la loi ; et la loi étant l'ordre d'un supérieur : je ne vois pas comment on pourrait concevoir l'honnête ou le déshonnête, avant la loi et antérieurement à l'imposition d'un supérieur. Il me semble aussi que ceux qui, en dehors de l'imposition divine, admettent quelque règle éternelle de la moralité des actions humaines, ne font rien d'autre qu'adjoindre à Dieu quelque principe extrinsèque coéternel, qu'il a dû lui-même suivre nécessairement pour assigner aux choses leurs qualités formelles. Or on convient généralement que Dieu a créé l'homme comme tout le reste du monde d'une volonté souverainement libre : d'où il s'ensuit qu'il dépendait absolument de son bon plaisir de donner à l'homme, en le créant, telle nature qu'il jugerait à propos. Comment donc les actions humaines pourraient-elles avoir quelque propriété qui résultat d'une nécessité intrinsèque et absolue, indépendamment de l'imposition et du bon plaisir de Dieu ?[4].

On peut, bien entendu, rester perplexe devant la théologie qui sous-tend ce texte. Là où les théoriciens de la souveraineté lui avaient donné pour

1. *DNG*, I, II, § VI.

2. Sur ce point, voir le chapitre 4 de R. Tuck, *Natural Rights Theories*, *op. cit.*, tout entier consacré à Selden.

3. *Sive necessitas moralis*, ces mots sont omis par Barbeyrac dont je retouche ici en partie la traduction.

4. *DNG*, I, II, § VI.

modèle la toute puissance divine, Pufendorf modélise la seconde par la première, au point de requalifier la volonté de Dieu comme son *bon plaisir* et de distendre ainsi à l'extrême la relation entre la volonté et la sagesse divines. Leibniz ne manquera pas de s'insurger contre de telles représentations. Barbeyrac, pour le moins embarrassé, fait des acrobaties pour lire autre chose que ce qui est écrit et tente de ramener la thèse de Pufendorf à une plus grande orthodoxie (qui est au demeurant la sienne en d'autres lieux) : Dieu était entièrement libre de créer ou ne pas créer l'homme, « c'est-à-dire un animal raisonnable et sociable. Mais dès là qu'il eut pris la résolution de le mettre au monde, il ne pouvait que lui imposer les obligations qui conviennent nécessairement à la constitution d'une telle créature »[1]. De fait, la théologie est, dans ce texte, instrumentalisée par Pufendorf. La place dans ce chapitre d'une telle argumentation l'indique d'elle-même : le propos n'est manifestement pas de donner au juste et à l'injuste un caractère absolument conventionnaliste et arbitraire. Si son expression n'est pas toujours très rigoureuse (et on peut considérer que c'est le cas ici), Pufendorf n'est pas incohérent. Or il vient, rappelons-le, de défendre l'idée selon laquelle « il est un droit donné par la nature même ». Il faut donc nécessairement penser que l'honnête, dont il est question ici, n'est pas le droit. C'est d'ailleurs ce qu'indique clairement la reprise pervertie d'un énoncé central de Grotius qui définissait l'honnêteté d'un acte comme convenance de nos actions avec « notre nature morale et sociable », nature à laquelle Pufendorf substitue la loi, comme ordonnance d'un supérieur. Le juste l'est bien par soi-même, mais une ordonnance seule, en obligeant nos volontés, fait du juste l'honnête, autrement dit l'obligatoire. La machine théologique imaginée par Pufendorf n'a d'autre objet que de produire la distinction effacée par Grotius entre raison et volonté : en disant que la volonté de Dieu seule nous oblige, il ne s'agit pas tant de dire comment Dieu oblige que de déterminer comment les hommes sont obligés. L'obligation est ce par quoi une volonté est tenue par une autre volonté. Seule la volonté oblige, seule la volonté est obligée. Une telle idée, on le voit assez, Pufendorf ne la tient pas de Selden mais de Hobbes. On ne s'étonnera pas de lire, au début d'un chapitre qui traite « De la règle des actions morales ou de la loi en général »[2] :

> Ce que nous venons de dire approche fort des idées de Hobbes sur cette matière (*De Cive*, cap. XIV, § 1). Selon lui, « le Conseil est un précepte

1. Typique des efforts désespérés de Barbeyrac pour concilier Grotius et Pufendorf, ce commentaire est par pudeur anticipé (et rappelé par un renvoi de note) au chapitre I, § IV, note 4, p. 4-5.

2. *DNG*, I, VI, § I.

dans lequel la raison pourquoi l'on doit s'y conformer se tire de la chose même que l'on prescrit». La loi ou «l'ordonnance, au contraire, est un précepte dans lequel la raison pourquoi on doit obéir se tire de la volonté de celui qui prescrit. Car à proprement parler on ne dit jamais je le veux, je l'ordonne, à moins que la volonté ne tienne lieu de raison». Ainsi le motif principal qui doit faire obéir aux lois, n'est pas la nature même de la chose ordonnée ou défendue, mais la volonté du législateur.

Que Pufendorf ne se contente pas de reprendre la conception hobbesienne de la loi mais la pervertisse de façon tout aussi systématique qu'il l'a fait pour Grotius, c'est ce que nous verrons plus loin. Pour l'heure, il faut constater que, ramenée à sa juste compréhension, l'opposition de principe entre Pufendorf et Grotius n'en est que plus radicale. Comment peut-on appréhender comme constituant une seule et même école du droit naturel des pensées dont l'orientation est si dissemblable? C'est pourtant ce que s'est efforcé de faire Barbeyrac qui, comme traducteur et commentateur, les connaissait tous deux fort bien.

On a vu par quels artifices Barbeyrac pouvait parfois tenter de résorber l'opposition radicale entre Grotius et Pufendorf. Il était pourtant loin d'en sous-estimer l'importance: il lui arrive de souligner leurs désaccords et de donner tantôt raison à l'un, tantôt à l'autre. On pourrait au demeurant, au fil de ses traductions successives et des multiples éditions qu'il en donne, suivre son évolution, ou plutôt son involution puisque, parti d'un enthousiasme sans faille pour Pufendorf, il semble de plus en plus se rapprocher, en bien des points, de Grotius. Il faudrait surtout montrer que Barbeyrac pense pour son propre compte, non seulement parce que son œuvre ne se réduit pas à ses traductions mais parce que – l'annotation copieuse dont il accompagne celles-ci en témoigne – il a l'ambition de faire progresser l'école du droit naturel. Loin d'être achevée, la science du droit naturel lui semble en être à ses débuts et il entendait bien lui-même la faire progresser: «il pourrait bien arriver que je donnerais quelque jour à ma manière un Système entier de droit naturel, qui non seulement pour le tour et pour la méthode, mais encore pour le fond même des choses serait souvent assez différent du peu d'ouvrages qu'on a vu en ce genre jusqu'ici»[1]. Ce système, – en avait-il vraiment les moyens? – Barbeyrac ne l'a pas formé[2].

1. *Avertissement au lecteur* mis en tête de la quatrième édition de la traduction du *DNG* de Pufendorf, *op. cit.*, p. XIV. À cette date, 1712, Barbeyrac vient d'être nommé professeur de droit et d'histoire à l'Université de Lausanne et sa «leçon inaugurale» témoigne du sentiment qui est alors le sien de pouvoir lui-même faire œuvre.

2. On ne peut tenir pour tel son *Traité de morale tiré des Pères de l'Église*.

Tout au plus pourrait-on essayer d'en tracer les contours par le recoupement de ses différentes œuvres. Sans effectuer ce travail, nous tenterons d'en ouvrir la voie : en examinant la façon dont il se situe en tiers entre Pufendorf et Leibniz, on tentera de marquer sa position dans le conflit des principes ; en montrant comment il substitue à l'épistémologie d'inspiration cartésienne de Pufendorf une réinterprétation en termes lockéens, on caractérisera sa conception de la science du droit naturel. En tout cas, Barbeyrac considère, cela est clairement lisible dans sa longue *Préface du Traducteur* au grand traité de Pufendorf, que le projet d'une science du droit naturel est un principe suffisamment puissant pour contenir l'effet de dislocation dont est porteur la divergence sur le fondement de l'obligation. Une telle distinction est-elle cependant possible ? La divergence sur les principes n'est-elle pas inévitablement corrélée à un différend épistémologique sur le statut même du droit naturel ? C'est ce que nous aurons à nous demander en examinant d'abord pour elle-même la théorie pufendorfienne de l'obligation.

L'OBLIGATION SELON PUFENDORF : LIBRE VOLONTÉ ET AUTORITÉ

Pufendorf a tiré de Selden, et surtout de Hobbes, on l'a vu, ce principe qui implique une rupture profonde avec Grotius : seule une volonté supérieure peut en obliger une autre. Par là, il se situe clairement du côté des auteurs auxquels Rousseau s'oppose, au rebours de ceux qui, comme Locke, fondent l'obligation sur la convention. À s'en tenir à cette caractérisation, le jusnaturalisme, avec Pufendorf, serait subverti de l'intérieur par le principe de souveraineté qu'il avait précisément pour objet initial d'encadrer et de subordonner à des principes supérieurs de droit, et il faudrait convenir que ses lecteurs de la fin du XVIIe et de la première partie du XVIIIe siècle (on verra la place que lui accorde l'*Encyclopédie*) se sont trompés du tout au tout sur l'orientation de sa pensée. On ne peut pourtant se satisfaire de cette caractérisation qu'en ignorant la complexité et la spécificité de sa théorie de l'obligation[1]. Pufendorf ne peut en aucun cas être simplement considéré comme un « hobbesien allemand ». Non seulement par *supérieur* il n'entend pas la même chose que Hobbes (il forme une notion bien différente de l'*autorité*), il ne forme non plus le même concept

1. Pour rendre compte de la pensée de Pufendorf nous nous appuierons sur les *Elementa jurisprudentiae universalis* et, surtout, sur le texte latin de la première édition du *De Jure Naturae et Gentium*. Les éditions ultérieures en diffèrent notamment par l'insertion (rarement signalée) de nombreux renvois à Cumberland avec l'ouvrage duquel (paru immédiatement après le sien) il avait cru discerner une grande parenté d'idées. De là les différences que l'on constatera parfois avec le texte traduit par Barbeyrac.

d'obligation (il le reconstitue autour du *sentiment d'obligation*) mais – cette troisième différence est constitutive des deux autres, il inverse la relation entre obligation active (le pouvoir d'obliger) et passive (le fait d'être obligé) : il transforme l'obligation passive en obligation active (*qualitas moralis operativa*), comme vont le montrer aussi bien sa définition de l'obligation que la démarche par laquelle il la constitue.

Obligatio quid : une structure paradoxale – Qu'est-ce que l'obligation ? La définition ne change pas chez Pufendorf depuis celle donnée par les *Elementa jurisprudentiae universalis* (elle y est la douzième) : *Obligatio est qualitas moralis operativa, qua quis praestare aut admittere vel pati tenetur aliquid*[1]. Reprise littéralement par le *De Jure Naturae et Gentium*[2], cette reformulation abstraite de la définition classique du droit romain (Pufendorf le souligne lui-même) est avant tout destinée à mettre en exergue la notion de *qualité morale opérative*. Dans le langage de Pufendorf une qualité morale opérative est cette propriété d'une personne morale en tant (première définition) que susceptible d'action volontaire. Il en distingue trois : le pouvoir (ou capacité d'obliger), le droit (ou capacité de réclamer le respect d'une obligation) et l'obligation elle-même (ou capacité d'être obligé)[3]. Il y a deux espèces d'obligations : les obligations secondaires, d'institution (celles que l'on contracte de son plein gré ou que nous impose l'autorité politique) et les obligations primaires, naturelles : *qua in classe censetur obligatio illa omnium hominum adversus Deum, tamquam supremum Dominum hujus universi, cujus vi tenetur ad agnoscendum et reverandum ipsius imperium, et observandas leges ad ipso nobis datas*[4].

Le *De Jure Naturae et Gentium*, qui substitue à la déduction formelle des *Elementa* une déduction à partir de la nature de l'homme, enrichit considérablement cette définition en montrant comment cette obligation opère en nous. C'est l'objet central de son premier livre qui, après le chapitre méthodologique déjà évoqué, traite successivement de

1. *Op. cit.*, p. 44. L'obligation est une qualité morale opérative, par laquelle on est tenu soit à offrir soit à consentir (ou souffrir) quelque chose.

2. *DNG*, I, I, § XXI. De façon générale, Pufendorf reprend des pans entiers de la rédaction des *Elementa* dans le *De jure Naturae et Gentium* et de celui-ci dans le *De Officiis* : les normes qu'il applique à son propre texte ne sont pas de nature littéraire mais scientifique : il ne s'agit pas de faire œuvre mais d'exposer une matière. C'est un trait commun à tous les jusnaturalistes. Ne sera signalée que la reprise des définitions.

3. Ces définitions, la septième et la huitième dans les *Elementa* sont reprises par le *DNG*, I, I, § XVII-XXI.

4. *Ibid.*, p. 45. « Sous cette classe est comprise l'obligation de tous les hommes envers Dieu, en tant que Souverain de ce monde, par la puissance duquel on est tenu à reconnaître et respecter son pouvoir, et à observer les lois qu'il nous a données ».

l'entendement (chapitre III), de la volonté (chapitre IV), de l'action morale (chapitre V) et de la loi (chapitre VI). L'enchaînement même de ces chapitres suffit à le suggérer : c'est parce que l'homme dispose de ces facultés que sont l'entendement et la volonté, et que ces deux facultés sont distinctes, qu'il est susceptible d'actions libres que l'on peut lui imputer, ce qui est précisément l'objet de la loi dans ses fonctions prescriptive et punitive. On verra alors dans la pensée de Pufendorf une construction juridico-politique inspirée d'un assez vague cartésianisme. Pourtant le mode d'exposition des *Elementa*, fort différent, n'en produisait pas moins les mêmes concepts de l'obligation et de la loi. Doit-on conclure à une justification *a posteriori* et donc factice ? Ce ne serait pas plus soutenable : la théorie des qualités morales appartient également au système de base de Pufendorf. La distinction entre l'entendement et la volonté y est déjà à l'œuvre. Le changement du mode d'exposition (et non de doctrine) a pour objet, parce qu'il s'adresse moins à des techniciens du droit qu'à des esprits philosophiques et politiques, de se démarquer simultanément de Hobbes et de Grotius, et de faire remonter à la surface du texte ce qui constitue le soubassement de son économie conceptuelle. Soubassement et non préalable : ce n'est pas parce qu'il définit l'homme par l'entendement et la volonté que Pufendorf définit l'obligation comme il le fait, mais, inversement, parce que la constitution d'une théorie de l'obligation consistante l'exige, qu'il s'appuie sur cette distinction. Pour le mettre en évidence, on rompra la simplicité séquentielle des chapitres – elle peut fonctionner comme un leurre et masquer l'essentiel de la démarche –, pour opérer (si l'on peut abuser de cette belle expression) un *mouvement par la fin*[1].

Le lecteur du *Droit de la nature et des gens,* lorsqu'il parvient au chapitre VI, qui définit la loi et l'obligation, est nécessairement frappé par son caractère autosuffisant[2]. On attendrait que Pufendorf produise ses définitions par déduction de ce que les chapitres précédents ont dit de l'entendement, de la volonté, et des actions morales auxquels ils concourent. Il n'en est rien. Non qu'il se contredise, mais il en produit une nouvelle démonstration, toute entière gouvernée par le souci de constituer une théorie de l'obligation qui, en s'appuyant successivement sur chacun d'eux, s'oppose simultanément et aussi radicalement à Grotius qu'à Hobbes.

1. Ph. Rahmy, *Mouvement par la fin*, Le Chambon sur Lignon, Cheyne éditeur, 2005.

2. Les chapitres III à V du *DNG* occupent une place analogue à celle des chapitres XIV à XVI du *Léviathan* ; comme eux, les commentateurs les survolent le plus souvent. C'est ce que nous éviterons : après ce mouvement par la fin, nous reprendrons les choses… au commencement.

Versus Grotius[1]. La loi, c'est le premier point établi, doit se comprendre par sa triple distinction d'avec le conseil, la convention et le droit. La loi n'est pas le conseil parce que celui-ci ne fait que représenter à l'esprit de celui à qui il est adressé une chose comme bonne et par conséquent souhaitable. Il en est ainsi de la prescription du médecin. La loi, elle, est une véritable ordonnance parce qu'elle émane d'une autorité qui s'impose à la volonté de ceux à qui elle s'adresse. On suit le conseil pour les bonnes raisons qui l'inspirent, on obéit à la loi pour respecter la volonté de celui qui la pose. Pufendorf, on a lu ce passage, cite Hobbes. Si la distinction entre conseil et décision est reprise de Bodin, c'est avec un changement remarquable. Elle était appliquée chez Bodin au souverain lui-même : le conseil avait pour objet les bonnes raisons de son choix, la décision relevant de sa franche volonté. Elle est retournée ici (chez Hobbes déjà) vers le sujet : il suit le conseil pour les bonnes raisons qui le justifient, il obéit à la loi par respect de l'autorité qui l'édicte. Ce déplacement dit assez le changement de problématique : la question n'est plus de savoir comment et jusqu'où le souverain peut obliger mais comment un individu libre peut être obligé. La liberté de l'individu est devenue une évidence première dont il faut partir. La loi n'est pas non plus la convention. C'est encore Hobbes qui sert de point d'appui : « La convention est une promesse, la loi un commandement. Dans les conventions ont dit, *Je ferai* ; dans les lois, *Vous ferez* »[2]. Mais la façon dont Pufendorf reformule l'argumentation est du plus grand intérêt[3] : les anciens grecs, dit-il, ont qualifié les lois de « conventions publiques », c'est une double erreur. Ils supposaient par là d'abord que tout état est démocratique : dans la démocratie seule les lois supposent le consentement du peuple. Mais ils se trompaient aussi sur la démocratie : si le peuple pris en corps y consent par sa majorité, chacun, consentant ou non, obéit. Cette précision lui permet au passage de préparer la théorie du double contrat : si les lois ne sont pas des conventions, « les conventions interviennent dans l'établissement du pouvoir législatif de l'État ». Ainsi, l'étau se resserre : c'est bien parce que la volonté est reconnue libre qu'il faut que, par la loi, elle soit liée. La loi enfin n'est pas le droit, parce que le droit « emporte une pleine liberté d'agir, au lieu que la loi renferme l'idée d'un engagement particulier qui restreint la liberté naturelle ». La définition de la loi qui en découle est encore reprise des *Elementa* : « *Lex est decretum, quo superior sibi subjectum obligat, ut ad*

1. *DNG*, I, VI, § I à IV, dont seront tirées toutes les citations suivantes.

2. Pufendorf cite le *De Cive*, XIV, § II. La comparaison des textes montre une lecture à la fois attentive et inventive.

3. Elle est identique dans les *Elementa*, sans la référence à Hobbes.

istius praescriptum actiones suas dirigat»[1]. Mais Pufendorf inverse l'ordre des définitions : dans les *Elementa* la loi suit l'obligation, ici elle la précède. Ce changement a pour objet d'abord de mieux signifier que c'est la loi qui constitue l'obligation. Ici une première divergence avec Hobbes : la déclaration n'est pas nécessaire en ce qui concerne les lois de la nature. Ce que la raison nous fait connaître comme loi naturelle doit immédiatement être entendu comme expression de la volonté de Dieu. En fait, cette remarque vise encore Grotius : elle ruine la distinction entre droit (divin) naturel et droit divin volontaire et interdit de concevoir une obligation sans loi. Mais, au moment précisément de former la relation d'obligation, le mouvement s'inverse.

Versus Hobbes[2]. La définition de l'obligation comme qualité opérative va permettre à Pufendorf, paradoxalement, de faire de la liberté de l'individu le fondement de l'obligation. Il commence, explicitement contre Cumberland et implicitement contre Hobbes, par revenir à la structure classique de l'obligation en droit romain, non celle de Paul mais celle des *Institutes* : l'obligation est d'abord « attachée à celui qui y est soumis » et non « un acte du législateur ». C'est le second motif de l'inversion des définitions. Il ne faut pas confondre la loi et l'obligation : l'obligation est ce que produit la loi *dans le sujet.* Ce mouvement d'intériorisation est essentiel : avant d'être une conduite, l'obligation est un sentiment, le sentiment d'obligation. Plus exactement, elle est une conduite d'obéissance motivée intérieurement, ce qui la distingue de la contrainte. Clairement dirigée contre Hobbes, cette thèse essentielle ne va pas ramener Pufendorf vers Grotius. L'obligation naturelle chez celui-ci trouvait bien sa source dans la nature de chaque homme, mais comme effet de la *recta ratio* qui produit le consentement par l'*assentiment.* C'est ici de l'affection de la volonté par un *sentiment*, donc en ce qu'elle se distingue de l'entendement, que le consentement va résulter :

> *Injicitur enim per eandem velut fraenum aliquod moralem nostrae agendi libertati, ut in diversam, quam quo illa ducit, partem tendere recte non possimus. Etsi per eam voluntas hautquidquam ita stringi queat, ut saltem de facto in diversa abire non detur. Quo sensu verum est illud Arriani in Epicteto L.IV c. 12. « aliena voluntati nemo dominatur ». Porro licet multà alia voluntati, ut in alterutram partem vergat, momentum adferant; hoc tamen obligatio prae istis habet peculiare, quod ea velut naturali aliquo pondere voluntatem premant, quo remoto haec ad indifferentiam suam ultro redeat: obligatio vero moraliter voluntatem afficat, et peculiari*

1. *Elementa*..., *op. cit.*, p. 84 : « La loi est une décision du souverain par laquelle il oblige son sujet à diriger ses actions en fonction de ce qu'il lui a prescrit ».

2. *DNG*, I, VI, § V à VII.

quasi sensu eandem intrinsece imbuat, ut in suas actiones ipsa censuram exercere cogatur, ac malo seipsam dignam judicare, ni praescroptae sese normae reddiderit conformens. Et in hoc praecipue obligatio differt a coactione, quod licet utraque ultimo metum aliquem ostentet; haec tamen extrinsecus tantum voluntatem concutiat, et in electionem rei ingratae per solum sensum imminentis mali impellat : obligatio autem insuper efficiat, ut quis ipse adigatur agnoscere, sibi non immerito accidere malum, quod a proposita regula devianti est propositum, cum ultro eandem sequenti istud declinare licuerit[1].

Non seulement la rédaction de ce texte est embarrassée (Barbeyrac se plaint à juste titre du style et même de l'incorrection du latin de Pufendorf), mais la pensée elle-même est floue. Pufendorf a bien du mal à distinguer la crainte qui oblige et celle qui contraint. Ici se trouve le point névralgique de son système. C'est bien pourquoi une lecture généreuse doit s'imposer. Deux solutions claires avaient été proposées par Grotius et Hobbes : voir dans l'obligation, pour l'un ce qui découle de la droite raison, pour l'autre, un effet de la puissance qui contraint. Pufendorf refuse l'une et l'autre. Il cherche à penser l'obligation comme un sentiment (en traduisant *voluntas* par *cœur* Barbeyrac sollicite le texte mais il le comprend assez justement). Le sentiment d'obligation est une affection de la volonté. Une affection parce qu'elle est produite par le commandement de l'autorité supérieure, la loi. Une affection de la volonté parce que la liberté de la volonté y est engagée sur le mode de l'adhésion. Penser l'obligation comme sentiment d'obligation est pour Pufendorf la seule façon de la rendre compatible avec la liberté de l'homme[2]. On ne peut, sans reconnaître ce point central,

1. *DNG*, I, VI, § V, trad. Barbeyrac, très modifiée et expurgée de deux phrases absentes de l'original : « L'obligation resserre notre liberté d'agir et y met, pour ainsi dire, un frein moral, qui ne nous permet pas de prendre un autre parti que celui qu'elle prescrit, même si la volonté ne peut en aucune façon être contrainte par elle au point qu'il ne lui soit pas donné d'aller en fait à son encontre. En ce sens, il est bien vrai comme le dit Arrianus (*in Epicteto*, livre IV, chap. 12), *que personne n'est maître de la volonté d'autrui*. De plus, toutes les autres choses qui font pencher la volonté d'une des deux côtés opposés, ne la poussent et ne l'entraînent que comme un poids physique, dont elle n'est pas plus tôt déchargée qu'elle revient d'elle-même à son état naturel d'indifférence. Mais l'obligation affecte moralement la volonté, et la pénètre d'un sentiment particulier qui force les hommes à exercer eux-mêmes la censure de leur propre conduite, et à se juger dignes de châtiment lorsqu'ils ne se sont pas conformés à la règle prescrite. Et de là vient la principale différence qu'il y a entre l'obligation et la contrainte. Car, quoique l'une et l'autre au bout du compte inspirent la crainte, la contrainte ne meut la volonté qu'extrinsèquement, et ne la réduit à choisir une chose désagréable que par le seul sentiment d'un mal imminent, tandis que l'obligation l'affecte plus profondément : elle la contraint de reconnaître que le mal promis à qui s'écarterait de la règle établie n'échoit pas de façon imméritée, lorsqu'en outre on aurait pu l'éviter en la suivant ».

2. C'est ce qu'il retient de cette élaboration première de la relation d'obligation quand il articule obligation naturelle et obligation civile (*DNG*, III, IV, § VI).

comprendre, en amont, pourquoi il lui est rigoureusement nécessaire de distinguer la volonté de l'entendement, et, en aval, ce qui fait la spécificité de sa théorie de l'obligation politique, en particulier sa théorie du double contrat.

Pufendorf, seul[1]. Si, contre Grotius, Pufendorf a montré que seule une loi pouvait porter obligation et, contre Hobbes, que seule une volonté libre pouvait être obligée, c'est en s'opposant à tous deux qu'il achève sa théorie de l'obligation. Généralisant le dernier point acquis, l'affirmation « on ne saurait s'obliger envers soi-même », semble constituer un simple retour à l'orthodoxie du droit romain. Si Grotius avait pu l'enfreindre, timidement, en constituant l'*obligatio ex promisso* de droit naturel, c'était à la faveur de son concept de la *recta ratio*, qui de la simple représentation d'un devoir tirait obligation. Mais Pufendorf fait jouer au vieux principe un rôle nouveau, aussi anti-hobbesien qu'anti-grotien, comme le montre le cas limite qu'il choisit d'interroger: l'affirmation, communément admise, que « chacun est obligé à se conserver »[2]. Cette expression est à ses yeux inacceptable. Si on entend que chacun est naturellement poussé à sa conservation, on parle d'une nécessité commune aux êtres vivants. Or seule une volonté libre peut être susceptible d'obligation. De plus, cette nécessité n'est pas aussi complète qu'on le dit: il peut être rationnellement fondé de préférer la mort à une vie de trop grande souffrance ou trop dégradée. Ce cas de figure implique que notre volonté, seule à pouvoir être obligée, ne peut être la source d'aucune obligation. En l'occurrence, seule la volonté de Dieu peut nous faire obligation de nous conserver, pour nous et pour autrui. Seule une autre volonté peut obliger une volonté libre.

Seule une volonté libre peut être susceptible d'obligation, seule une volonté supérieure peut produire l'obligation: la structure paradoxale de son concept de l'obligation, loin d'être une incohérence de Pufendorf, porte sa thèse essentielle. Le dilemme que Grotius avait tenté d'éviter, il l'assume pour en faire le cœur même de la relation d'obligation. Le principe de souveraineté et le droit naturel, l'obligation souveraine par la volonté d'autrui et l'obligation de soi par soi, sont ainsi ramenés à l'unité. D'autre part, il tire la conséquence ultime des principes de Bodin: la volonté souveraine et la libre volonté sont les deux faces, indissociables, de l'obligation. C'est ce qui explique qu'on ait pu voir dans sa pensée tout à la fois l'expression achevée du jusnaturalisme et la justification la plus radicale de « l'absolutisme ». De fait, sa théorie de l'obligation est une

1. *DNG*, I, VI, § VII à IX.

2. *DNG*, I, VI, § VII, *in fine*. Un long développement revient sur ce thème au livre II, IV, § XVI. Ces deux passages sont considérés ensemble.

tentative (héroïque ?) pour penser leur identité. C'est ce paradoxe assumé qu'il ramasse dans cette structure simple :

> Est donc capable d'obligation celui, à la fois, dont l'entendement est apte à connaître la norme prescrite, et dont la volonté est intrinsèquement libre, susceptible d'aller en divers sens, mais qui pourtant, lorsqu'une norme lui a été imposée par un supérieur, soit convaincue qu'elle ne doit pas s'en écarter : toutes choses qui conviennent manifestement à la nature de l'homme[1].

On observera d'abord que ces conditions internes de l'obligation ne peuvent être activées que par des conditions externes : il faut non seulement, comme tient à le souligner Barbeyrac[2], qu'une volonté supérieure édicte une loi mais, surtout, que cette volonté soit en mesure de susciter le *sentiment d'obligation*, caractère constitutif de sa notion de l'autorité. Nous le verrons, la théorie de l'obligation politique de Pufendorf, directement opposée à celle de Hobbes, va en dépendre. Mais il faut, avant cela, relever la clausule de ce passage, qui justifie notre *commencement par la fin* : après avoir déduit de la notion de loi, et de celle d'obligation qu'elle implique, les conditions qui peuvent rendre un être susceptible d'obligation, Pufendforf observe avec satisfaction que celles-ci appartiennent précisément à la nature de l'homme décrite par les chapitres précédents. On peut difficilement parler de coïncidence ! La démonstration à partir de la loi du chapitre VI, toute autosuffisante qu'elle soit, ne rend pourtant pas superflue la démonstration par la nature de l'homme : celle-ci en effet permettra seule de préciser la nature du sentiment d'obligation.

L'homme, être capable d'obligation – Le *De Jure Naturae et Gentium* s'ouvre sur un constat – il commande la logique de l'ouvrage – concernant l'état de la *prima philosophia*[3] : si la théorie des « êtres physiques » a été bien développée, celle des « êtres moraux » (Pufendorf revendique le

1. *Ibid.* § VIII : *Sequitur ergo, ut ille obligationis sit capax, qui et normam praescriptam potest cognoscere, et voluntatem habet intrinsece liberam, et in diversa flexilem; quae tamen, ubi norma superiore fuerit impositam, sentiat ab eadem sibi non esse discedendum. Quali natura hominem esse praeditum patet.* (Trad. Barbeyrac modifiée).

2. Il croit bon de suppléer une inadvertance de Pufendorf en ajoutant comme condition de l'obligation, avant l'entendement et la volonté, le fait de « relever d'un supérieur ». Il se trompe. Cet ajout dans le passage correspondant du *De Officio* (I, II, § 4) vient de ce que Pufendorf y examine l'ensemble des conditions de possibilités de l'obligation, ce sont ses conditions *internes* qui sont isolées ici.

3. Une note passionnante pour la lexicologie philosophique témoigne de l'hésitation de Barbeyrac à traduire par « Métaphysique », *DNG*, I, I, § 1, note 1 : « Je n'ai pas trouvé terme plus propre… Quelques philosophes y font entrer non seulement l'Ontologie, ou la science de l'être en général, de ses principales propriétés et de ses espèces les plus considérables, mais encore la Théologie Naturelle, et la Pneumatologie ou le traité des Esprits ».

néologisme) a été délaissée. Les êtres physiques agissent nécessairement, par causalité, les êtres moraux librement, par des règles qu'ils connaissent et qu'adopte leur volonté. Les êtres moraux sont soit l'œuvre de Dieu (les hommes, qui sont des êtres moraux naturels), soit celle des hommes eux-mêmes (se sont toutes les institutions sociales). L'ambition de Pufendorf est de former la théorie des êtres moraux d'institution humaine (c'est le droit naturel comme fondement commun de la morale, du droit civil et du droit des gens), mais il lui faut la fonder sur la théorie de l'être moral naturel qu'est l'homme. Les chapitres III à V ont pour fonction d'expliquer pourquoi et comment les actions humaines sont des actions morales[1].

Ce sont des facultés (*facultates*) de l'homme qu'il faut partir. La première est l'entendement : *intellectus*. Loin d'être anodin, ce choix terminologique est décisif : en ne reprenant pas le terme de raison, *ratio*, utilisé par Grotius, Pufendorf anticipe sa distinction d'avec la volonté. Il s'agit d'isoler une faculté de connaître. Pourtant, l'entendement ne sera pas envisagé dans sa fonction théorique mais, de part en part, dans sa fonction pratique, comme pouvoir d'éclairer l'action. La connaissance dont il s'agit concerne la morale. Loin de se borner à nous dire des choses ce qu'elles sont en elles-mêmes, l'entendement nous informe en effet du rapport qu'elles ont avec nous. Il faut alors distinguer dans l'entendement deux facultés (Pufendorf dit que l'entendement est une puissance, *potentia*, qui a ces deux facultés) : l'une examine la convenance ou disconvenance absolue de chaque chose avec notre nature, l'autre compare les choses entre elles et juge de leurs degrés relatifs de convenance. On a donc là une perception et un jugement *moraux,* qui relèvent tous deux de l'entendement. Or, c'est un point capital, l'entendement dans sa fonction morale n'est pas une faculté qui exige des aptitudes particulières : tout être humain en dispose, sauf à être ravalé au rang de la bête brute. Pufendorf tranche ici, sans hésitation, un débat théologique crucial : le jugement moral de l'homme n'a pas été affecté par le péché originel. C'est ce qui lui permet d'affirmer, concernant les règles du droit naturel : *ita enim ista sunt exposita, ita penitus naturae infita, ut nunquam eousque obbrutescere possit homo, quin ad ista adprehendenda, ac dijudicanda sit adhuc idoenus*[2]. Lorsque l'on constate

1. La théorie des actions morales est la clé de celle des êtres moraux ; sans elle le chapitre I reste d'une grande obscurité. La présentation par ailleurs juste et équilibrée que C. Larrère donne de Pufendorf dans le *Dictionnaire de Philosophie politique et juridique*, P. Raynaud et S. Rials (dir.), Paris, PUF, 1996 en souffre. J. Terrel, *op. cit.*, en voit l'importance mais ne thématise pas les rapports de l'entendement et de la volonté.

2. *DNG*, I, III, § III : Elles sont si patentes et si profondément inscrites dans notre nature qu'un homme ne peut s'abrutir au point de ne plus être capable de les comprendre et de les approuver.

qu'il forme, en ce point précisément, la notion de conscience morale (*conscientia*), on sera tenté de dire qu'il ne s'est opposé à Grotius que pour aller encore plus loin que lui en faisant de l'entendement la source suffisante du droit naturel. C'est ce que dément, bien sûr, la définition qu'il donne de cette conscience : *Solet praeterea judicium intellectus circa actiones morales, quatenus iste cognitione legum est imbutus, peculiari nomine vocari conscientia*[1]. L'entendement est un pouvoir de connaître les objets qui lui sont présentés, en l'occurrence la loi, et il ne peut tirer de connaissance de lui-même. C'est pourquoi Pufendorf parle d'entendement et non de raison. La distinction entre l'entendement et la volonté, de ce point de vue, initie une seconde rupture avec le droit naturel des Anciens. La première, bien connue, avait consisté en un changement de paradigme, la nature n'étant plus celle commune aux êtres vivants mais la nature propre de l'homme. La seconde, qui passe cette fois entre Grotius et Pufendorf, voit l'entendement se substituer à la raison. C'est ce qui fera du droit naturel une des sources de l'utilitarisme.

Ainsi circonscrit, l'entendement ne peut suffire à nous rendre capable d'action morale. Pour qu'il puisse se prononcer sur la convenance des lois avec notre nature, il faut qu'elles lui soit présentées par l'autorité d'un supérieur. Son *judicium* peut avoir un pouvoir de *jurisdiction*, pas un pouvoir de législation. Cela est vrai aussi bien des lois divines que des lois civiles. Il faut encore qu'intervienne la volonté, faculté qui peut seule nous constituer comme agents libres. La définition que donne Pufendorf de la volonté est à la fois parfaitement cohérente avec celle qu'il vient de donner de l'entendement et profondément énigmatique : c'est une faculté « telle que, des objets lui étant proposés et connus, elle se tourne vers eux par un principe intrinsèque en dehors d'une quelconque nécessité physique et peut choisir ce qui lui plait comme lui étant parfaitement adapté et se détourne au contraire de ce qui lui paraît ne pas lui convenir »[2]. L'entendement propose à la volonté des objets accompagnés d'un jugement sur leur convenance ou disconvenance, absolue et relative, avec notre nature. La volonté, cela est sans surprise, est motrice : elle met en branle notre action face à ces objets. Mais il lui revient encore de choisir, et cela en formant ce qui semble bien

1. *DNG*, I, III, § IV : Ordinairement, en outre, on désigne sous le nom particulier de *conscience* le jugement de l'entendement concernant les actions morales, en tant qu'il est imbu de la connaissance des lois.

2. *DNG*, I, IV, § I : [...] *ut objectis propositis et cognitis, ex principio intrinseco citra necessitatem aliquam physicam ad ea se moveret, et eligere posset, quod sibi tamquam maxime congruum arrideret, et contra ab illis se averteret, quae sibi non convenire viderentur.*

être un nouveau jugement de convenance[1]. Sans conclure trop vite à une confusion dans les idées de Pufendorf, tentons d'éclairer cette définition.

Comme l'entendement, la volonté est une faculté double : volonté *spontanée* et volonté *libre*[2]. Sous le nom de volonté spontanée Pufendorf réunit la simple volition (le fait d'incliner vers une chose), l'intention (s'y ajoute alors la représentation des moyens propres à l'obtenir) et la jouissance (elle accompagne l'obtention de ce vers quoi on incline). Explicitement recueillie des traditions aristotélicienne et scolastique, cette figure ne retient pas vraiment Pufendorf. C'est ce que « l'idée de liberté ajoute à la spontanéité » qui lui importe : la dimension du choix. Le choix peut être celui d'un objet parmi plusieurs possibles, ou celui de vouloir ou non un objet déterminé que l'on peut obtenir. La liberté à l'égard du premier type de choix est liberté d'*indifférence*, à l'égard du second *libre détermination,* ou *libre arbitre*. La liberté de détermination est opposée aussi bien à ceux qui, comme Hobbes, font du plaisir et de la douleur les causes du désir et de l'aversion qu'à ceux pour qui, dans le prolongement de Platon, la connaissance du bien et du mal entraîne nécessairement la volonté. La liberté d'indifférence, *intrinsèque* dit-il, est ce qu'il importe le plus à Pufendorf d'établir. Elle n'est pas indifférence générale au bien et au mal : la volonté tend toujours vers le bien. Mais le choix de la volonté n'a jamais affaire au bien et au mal en général, toujours à celui constitué par une chose particulière, et, plus encore, au choix préférentiel entre plusieurs objets qui se présentent à elle. C'est ici qu'intervient un nouveau type de convenance et de disconvenance, différent de celui sur lequel l'entendement se prononce : non une convenance de la chose avec notre nature, mais une convenance particulière d'une volonté avec la chose. La liberté d'indifférence ne tient pas à ce que la volonté choisit indifféremment mais au fait qu'elle choisit en vertu de ce principe *intrinsèque* de différenciation[3]. C'est donc sur l'examen de ce qui peut entraîner la volonté à choisir, donc de ce qui peut faire « pencher » la volonté que débouche ce

1. Leibniz ne manquera pas de relever la difficulté : « Si la volonté doit juger, ou prendre connaissance des raisons et des inclinations que l'entendement et les sens lui présentent, il lui faudra un autre entendement dans elle-même pour entendre ce qu'on lui présente », *Sur King*, § 16, cité par R. Sève, *op. cit.*, p. 89.

2. Les trois longues pages consacrées à ces définitions sont d'une grande complexité, flottant, comme il est fréquent dans les textes de cette deuxième moitié du XVIIe siècle, entre des références aux philosophes de l'Antiquité, aux auteurs de la seconde scolastique, et à Descartes. On se bornera ici à montrer qu'elles ont pour objectif essentiel de reconnaître à la volonté une liberté d'indifférence indispensable, aux yeux de Pufendorf, pour penser ensemble liberté et obligation.

3. Pufendorf dit intrinsèque/extrinsèque. Barbeyrac traduit par interne/externe. Souvent justifié, ce choix fait parfois problème, l'extrinsèque pouvant se manifester intérieurement.

chapitre. Pufendorf commence par examiner successivement : 1) la nature physique de l'homme en général et la constitution particulière d'un individu particulier (ses dispositions) ou d'un groupe humain (l'homosexualité chez les Grecs est donnée en exemple) ; 2) l'habitude, en tant que constitutive des vertus et des vices (mais Pufendorf, se référant à Aristote, montre que l'habitude prend son origine dans le choix volontaire) ; 3) les passions qui sont particulièrement de nature à troubler le jugement de l'entendement (s'appuyant cette fois sur le *Traité des passions de l'âme* de Descartes, § L, il affirme que « si violentes qu'elles soient, elles ne détruisent jamais entièrement le pouvoir de la volonté ») ; 4) l'ivresse enfin (due au vin, à l'opium ou au tabac...). On s'étonnera peu que ces facteurs soient aussitôt récusés comme n'étant pas constitutifs d'un *penchant intrinsèque* de la volonté. Beaucoup plus significative est l'opposition alors formée :

> Voilà à peu près tout ce qui produit dans la volonté une espèce de penchant, que l'on peut appeler physique. Ce qui peut ou qui doit du moins lui donner le plus un certain penchant moral, c'est l'obligation. Mais quels que soient les motifs, ils ne détruisent jamais la liberté naturelle et interne de la volonté ; comme d'autre côté la plus grande résistance des passions ne rend pas involontaires les actions qui partent d'un principe d'obligation [1].

Le penchant (*inclinatio*) est ce par quoi une volonté s'oriente dans l'usage qu'elle fait de sa liberté (la possibilité qui est en elle de vouloir ou non un objet ou de choisir entre plusieurs objets que l'entendement lui fait connaître comme convenant ou non à notre nature). Les penchants que l'on peut dire *physiques* sont ceux par lesquels notre volonté se laisse dicter le jugement de convenance ou de disconvenance qui la fait sortir de son indifférence par des *causes* dont, par son choix, elle fait des motifs. L'obligation est un penchant *moral* parce que ce n'est pas une cause mais la *volonté* de celui qui pose la loi qui est constituée en motif de l'action. L'homme est donc susceptible d'action morale parce qu'il est capable d'agir par obligation.

En un premier sens, les actions morales ne sont cependant pas les seules actions faites par obligation, ce sont plus généralement toutes les actions volontaires de l'homme – c'est tout l'objet du chapitre suivant de le montrer – qui sont *imputables* à sa volonté en tant qu'elles sont considérées comme produites par sa volonté libre. Mais, en un second sens, c'est la possibilité que l'homme a d'agir par obligation qui fait que, même lorsqu'il se laisse déterminer pas ses penchants physiques (ses dispositions naturelles, ses habitudes ou ses passions), ses actions lui sont imputables. Celui

1. Cette caractérisation est donnée au terme de l'examen, I, IV, § VIII.

qui *peut* agir moralement *doit* agir moralement, c'est-à-dire par obligation (d'où l'importance de l'examen des cas de non imputabilité, auxquels Pufendorf s'attache longuement: lorsque l'entendement est infirme ou la volonté contrainte). En ce point, on comprend pourquoi toute distinction entre le devoir et l'obligation s'annule: Pufendorf pourra intituler *De Officio* ce qui est en fait un traité des obligations naturelles et civiles de l'homme. En ce point également, la démonstration par la nature de l'homme rejoint celle qui, dans le chapitre VI (nous l'avons vu), est établie à partir du concept même de loi. Elles se nouent logiquement: c'est très exactement, tel que le conçoit Pufendorf, le fondement du droit naturel dans l'obligation, comme rencontre entre une volonté libre qui, seule, peut agir par obligation et une volonté souveraine qui, seule, peut l'obliger. La liberté, l'autorité. Mais ces démonstrations se nouent aussi problématiquement. En distinguant l'entendement et la volonté et en faisant porter à la volonté tout le poids de l'obligation, Pufendorf fait de la formation en l'homme du sentiment d'obligation la condition de possibilité de toute relation d'obligation. Réciproquement, en faisant de la loi l'ordre d'un supérieur qui se fait connaître à une volonté comme volonté qui l'oblige, et en distinguant l'obligation de la contrainte, il est inévitablement conduit à requalifier l'autorité comme capacité à susciter ce sentiment d'obligation. C'est ce qui permettra de rendre compte de l'étonnante disjonction qui semble affecter ses théories de l'obligation naturelle et de l'obligation civile, ainsi que des caractérisations contrastées qu'elles ont pu susciter.

Autorité et sentiment d'obligation – On a vu, à plusieurs reprises déjà, les difficultés auxquelles on s'expose à vouloir se représenter l'émergence de la modernité, la modernité politique particulièrement, comme passage d'un univers de représentation où tout ordre reposait sur une transcendance, à un monde désacralisé articulant l'ordre immanent des lois de la nature et l'ordre politique d'institution humaine[1]. Non tant, au demeurant, qu'une telle caractérisation soit fausse (son principal défaut est d'être beaucoup trop indéterminée), mais, faisant de l'effet une intention, elle rend surtout inintelligibles les médiations: ainsi le principe de souveraineté ne se constitue pas comme pouvoir civil face au pouvoir sacré mais comme revendication pour le pouvoir civil des attributs du pouvoir sacré. C'est une difficulté de cette nature que reflète l'étonnant conflit d'interprétation auquel donne lieu Pufendorf: pour les uns, la place qu'il accorde à la religion naturelle, et plus encore en celle-ci à la volonté divine, revient à

1. Contrairement à une idée qui se répand de plus en plus, ce modèle est issu d'une vulgarisation de Max Weber beaucoup plus que de la pensée de Schmitt qui, au contraire, dénonce l'illusion de la déthéologisation.

donner un fondement théologique au droit; pour d'autres, il tendrait au contraire à produire une totale désacralisation de la loi civile[1]. On ne saurait surmonter une telle opposition, mais on peut tenter de l'expliquer.

La façon dont nous venons de caractériser le concept pufendorfien de l'obligation ne laisse guère d'hésitation : s'il faut choisir entre ces deux lectures, la seconde ne paraît d'abord guère tenable. De ce que, dans la préface du *De Officio*, Pufendorf distingue le droit naturel du droit civil d'une part, et de la théologie morale (qu'il précise bien être la religion révélée, le christianisme) d'autre part, et du fait que le droit naturel concerne la vie terrestre de l'homme et s'applique à ses actions extérieures (celles par lesquelles il est en rapport avec d'autres hommes), on ne saurait déduire que le droit naturel est chez lui « déthéologisé ». C'est la religion révélée que Pufendorf écarte du droit naturel pas la religion naturelle.

Pufendorf s'est expliqué clairement, dans son *Specimen controversarium circa Jus Naturale*, sur ce qui, à cet égard, peut paraître chez lui contradictoire et qui explique aussi, en partie, le conflit d'interprétation qu'on a évoqué[2]. Comme souvent, l'expression est flottante mais les idées assez claires. Accusé de n'avoir, dans le *De Jure Naturae et Gentium*, donné aucune place à la religion, il fait remarquer que le *De Officio Hominis et Civis* lui donne au contraire une place essentielle, et s'explique sur cette apparente hétérogénéité. Un traité scientifique de droit naturel doit déduire ses principes de la seule nature de l'homme, être sociable et raisonnable. Il ne doit donc pas partir de cette autre discipline qu'est la théologie naturelle. Mais cette déduction aboutit à l'idée que l'homme, susceptible d'obligation, ne peut être effectivement obligé que par la loi d'un supérieur : Dieu pour l'obligation naturelle, le souverain pour l'obligation civile. Un exposé populaire en direction de la jeunesse ne pouvant se permettre une déduction si aride, le *De Officio* part de la nature de l'obligation, forme le concept d'obligation naturelle, enfin le détermine en compréhension par la religion naturelle. La différence ne porte pas sur la doctrine mais sur le mode discursif : démonstratif dans un texte, explicatif dans l'autre. Dans les deux cas, Dieu a toute sa place au sein du droit naturel :

1. Catherine Larrère, reconstruisant la logique du système de Pufendorf, souligne que les lois naturelles sont pour lui les volontés de Dieu et conclut : « C'est ainsi que la théologie s'installe au fondement même du droit naturel », art. « Pufendorf », *loc. cit.*, p. 525. I. Hunter, s'emploie à montrer que la pensée de Pufendorf doit se lire comme un effort pour « détranscendantaliser », « désacraliser », et « déthéologiser » la loi et l'obligation : *Rival Enlightments*, *op. cit.*, chap. IV, p. 148 et *passim*.

2. D'abord publié en 1678, à Upsala, ce texte a été ensuite repris dans le recueil *Eris Scandica*. Le texte commenté ici est le § 25 du chap. V, *op. cit.*, p. 181. Il est très partiellement traduit par Barbeyrac dans son examen du *Jugement d'un anonyme*.

> Quod eo minus heterogeneum debet videri in ea disciplina, ubi caetera omnia ex socialitate deduncuntur; quia non solum lex naturalis a Deo vim atque auctoritatem legis nanciscitur, sed et quia Religio Naturalis, in hac disciplina, prout a nobis adornata fuit, eo tantum modo considerari potest, prout humanae societatis vinculum, et velut coagulum est [1].

Non seulement la religion naturelle a sa place en droit naturel mais elle détermine celui-ci comme droit divin volontaire (ce qui chez Pufendorf, contre Grotius, ne veut dire ni positif ni arbitraire). Aussi bien, le noyau commun des deux traités consiste-t-il en cette proposition : si les maximes du droit naturel sont tirées de la raison de l'homme et de sa nature sociable, ce n'est que comme ordres de la volonté divine qu'elles ont force de loi :

> Isthaec porro praecepta etsi in manifestam habeant utilitatem : tamen ut eadem vim legis obtineant, necessum est praesupponi, Deum esse, et sua providentia omnia regere ; eumdemque mortalium generi injuxisse, ut ista rationis dictamina tamquam leges, ab ipso vi congeniti luminis promulgatas, observent. Alias enim possent eaquidem fortasse observari intuitu utilitatis, sicut quae a medicis regendae valetudine praescribuntur, non autem tamquam leges ; quippe quae necessario ponunt superiorem, et quidem talem, qui alterius gubernationem actu susceperit [2].

On devrait donc plutôt dire, et c'est une conséquence directe du refus de la distinction grotienne entre droit (divin) naturel et droit divin volontaire, que le droit naturel chez Pufendorf est rethéologisé. On observera d'ailleurs qu'il fait jouer à la religion naturelle un rôle beaucoup plus central et surtout beaucoup plus politique que Grotius. Celui-ci n'en avait traité qu'occasionnellement, à propos des peines et pour savoir dans quelle

1. [L'exposé de la religion naturelle] doit d'autant moins être jugé hétérogène dans cette discipline [le droit naturel], où tout le reste est déduit de la sociabilité, que non seulement la loi naturelle est revêtue par Dieu de la force et de l'autorité d'une loi, mais encore que la religion naturelle, dans cette discipline, comme je l'ai montré, peut d'autant plus être prise en considération qu'elle est comme le lien social de l'humanité ou encore son liant.

2. *De Officio Hominis et Civis*, *op. cit.*, I, III, § X : « Ces préceptes sont assurément d'une utilité manifeste; cependant, pour qu'ils acquièrent force de loi, il faut nécessairement présupposer qu'il y a un Dieu et que sa providence gouverne toutes choses, et qu'il a ordonné au genre humain d'observer ces enseignements de la raison comme ses lois, promulguées par la force même de la raison naturelle. Autrement en effet, on pourrait sans doute les observer en considération de l'utilité, comme les prescriptions faites par les médecins pour gouverner notre santé, mais pas comme des lois. Les lois en effet supposent un supérieur, et un supérieur qui assume en acte le gouvernement d'autrui. » N.B. : L'argumentation, appuyée jusqu'ici sur le *De Jure Naturae et Gentium*, se déplace pour suivre les commentateurs que nous allons discuter vers le *De Officio Hominis et Civis*.

mesure le pouvoir civil pouvait punir des crimes contre Dieu[1]. C'est un chapitre entier que lui consacre le *De Officio*[2], d'abord pour déterminer les devoirs de l'homme envers Dieu, ensuite pour montrer quel est « l'usage de la religion dans la vie humaine »[3]. Or cet usage renvoie directement à la notion d'obligation : *eam revera esse ultimum et firmissimum humanae societatis vinculum*[4]. Dans l'état de nature, c'est l'obligation que la loi divine impose aux hommes qui peut, seule, les astreindre à se comporter honnêtement les uns à l'égard des autres. Dans la société civile, la crainte des châtiments divins est le seul contrepoids qui puisse être opposé au désir que les sujets pourraient avoir de se rebeller contre leurs souverains ou d'usurper leur pouvoir (« et il ne manquerait guère de motifs ou de prétextes spécieux pour en faire concevoir le dessein »), comme à la tendance des souverains eux-mêmes qui immanquablement « ne se proposeraient jamais que leur intérêt particulier, auquel ils sacrifieraient le bonheur de leurs sujets ». Ainsi les obligations générales des hommes entre eux et les obligations respectives des sujets et des souverains sont toutes suspendues à l'obligation que Dieu fait aux hommes d'obéir aux lois naturelles dont toutes les obligations civiles, immédiatement ou médiatement (la distinction est essentielle), découlent[5]. C'est pourquoi le chapitre se clôt sur une décision concernant l'athéisme aussi claire que celle de Locke : « il importe au genre humain que l'on ferme à l'athéisme toutes les voies par lesquelles il pourrait se glisser dans le monde »[6]. De cette thématique Warburton fera un livre qui aura une large influence au XVIIIe siècle[7].

En rester cependant à l'idée que la crainte du châtiment divin est l'ultime fondement de l'obligation reviendrait à dire que la crainte est, pour

1. Grotius est un théoricien de la religion naturelle plus profond que Pufendorf (voir *Meletius*, *op. cit.*), la religion naturelle a sa place dans le dispositif *théorique* de Pufendorf, la véritable religion pour ce luthérien est révélée.

2. *De Officio*, I, IV.

3. *Ibid.*, § IX.

4. La traduction de Barbeyrac (« Elle est le principal et le plus ferme ciment de la société ») est élégante, mais elle masque le syntagme *vinculum societatis*.

5. Voir *DNG*, VII, III, § I. Ian Hunter, à juste titre, insiste sur le cadre historique constitué par les traités de Westphalie, dans lequel pense Pufendorf : la consécration politique du découplage entre autorité politique et confessions religieuses des sujets et des souverains. Il en induit que la loi civile ne peut plus avoir de fondement qu'immanent dans l'ordre civil lui-même. Ce qui est peut-être vrai de Thomasius ne l'est pas de Pufendorf : celui-ci, au contraire, en tire pour conséquence qu'il faut déplacer de la religion révélée à la religion naturelle le fondement de l'obligation.

6. À l'athéisme et non aux athées : ce sont des actes extérieurs non des sentiments intérieurs qu'a à connaître l'autorité civile. Voir aussi *DNG*, III, IV, § 4.

7. W. Warburton, *Dissertations sur l'Union de la Religion, de la Morale, et de la Politique*, tirées d'un ouvrage de M. Warburton par Monsieur de Silhouette, La Haye, Adrien Moetjens, 1742.

Dieu d'abord et les souverains civils par suite, la seule façon de produire ce sentiment d'obligation nécessaire pour incliner la libre volonté des hommes à choisir leurs devoirs contre leurs passions. Cela reviendrait à faire de Pufendorf un Hobbes théologique, Dieu étant reconnu pour le seul et unique être véritablement souverain. Cela impliquerait également d'effacer ses efforts, embarrassés mais pourtant décisifs, pour se séparer de Hobbes en distinguant l'obligation de la contrainte. Au demeurant, c'est là que prend son importance le texte cité plus haut : pour faire des préceptes de la nature des lois, il faut supposer non seulement l'existence de Dieu mais aussi sa providence. Celle-ci est définie comme ce *soin* que Dieu prend de l'homme : *Deum existere, an ab eodem humana curari : cum utrumque omnem religionem tollat. Frustra enim metuitur aut colitur [...], qui nulla plane nostri cura tangitur, et nihil boni malique in nos vult aut potest confere*[1]. Bien plus qu'une traditionnelle opposition à l'épicurisme, on doit lire ici une affirmation de plus grande portée : si la puissance de Dieu emporte la crainte, sa bonté (qu'exprime proprement le soin qu'il prend de nous) emporte, elle, toute une gamme de sentiments dans lesquels on peut reconnaître la source du sentiment d'obligation qui peut et doit incliner notre libre volonté. C'est ce que marque bien la définition du culte intérieur (*internum cultum*) que nous devons à Dieu : l'homme, considérant la puissance et la bonté de Dieu, lui doit *vénération*. En expliquant en quoi consiste cette vénération, Pufendorf forme très précisément l'analyse complète du *sentiment d'obligation* que nous cherchions à caractériser :

> *Ex quo fluit, ut eumdem debeat amare, tamquam omnis boni autorem et datorem; in eum sperare, tamquam abs quo in futurum quoque omnis nostra felicitas dependeat; ejus voluntate adquiescere, tamquam qui pro sua bonitate omnia optime faciat, nobisque det, qua maxime expediunt; eum timere, tamquam potentissimum, et cujus offensa maximum sit malum conciliare apta; ei denique in omnibus humillime obsequi, tamquam creatori, domino ac rectori optimo maximo*[2].

1. *De Officio*, I, IV, § 4 : « Dieu existe et il prend soin des choses humaines : toute religion comporte ces deux choses. En vain en effet on craint ou révère qui ne prend absolument aucun soin de nous et ne veut ou ne peut rien nous apporter ni en bien ni en mal ».

2. *Ibid.*, § 6 : « De là suit qu'on doit l'aimer, en tant qu'auteur et dispensateur de tout bien ; espérer en lui, en tant que tout notre bonheur dans l'avenir dépend de lui ; avoir confiance en sa volonté, en tant qu'il fait tout pour le mieux à raison de sa bonté et nous donne ce qui nous convient le mieux ; le craindre, en tant qu'il est tout puissant, et que les offenses qu'on lui fait sont propres à nous attirer le pire mal ; enfin lui obéir le plus humblement en toute chose, en tant que créateur, seigneur et recteur plein de bonté et de puissance ».

Aimer, espérer, avoir confiance[1], craindre : telles sont les modalités du *sentiment d'obligation* qui doivent incliner notre volonté à obéir à la volonté de Dieu. La puissance et la bonté divine, conjuguées, font son autorité : ce pouvoir d'inspirer l'amour, l'espérance, la confiance et la crainte. En ce point se noue la théorie pufendorfienne de l'obligation naturelle. En ce point prend également sa source sa théorie de l'obligation politique : l'autorité de Dieu n'est pas seulement nécessaire comme garantie de toutes les obligations des hommes entre eux, elle est aussi le modèle de l'obligation politique. S'il doit y avoir une autorité souveraine dans l'ordre civil qui se fasse vraiment *obéir*, c'est dans la mesure où elle sera susceptible de produire un sentiment semblable de l'obligation, ce qui suppose qu'elle soit dotée de l'analogue de la puissance et de la bonté divine.

Que Pufendorf ait pensé l'analogie entre le culte intérieur que l'homme rend à Dieu et la modalité générale du sentiment d'obligation, c'est ce qui ressort du parallèle entre le texte qu'on vient de lire et celui où, dans le *De Officio*, est défini, en général, le pouvoir d'obliger :

> *Introducitur obligatio in animum hominis proprie a superiore, i. e. tali, cui non solum vires sunt malum aliquod repraesentandi contravenientibus; sed et cui justae sunt causae, quare postulare queat, ex suo arbitrio voluntatis nostrae libertatem circumscribi. Talia enim ubi in aliquo fuerint, postquam quid velit significavit, necessum est in animo hominis oriri metum reverentia tempreratum : illum quidem ex potentia, hanc autem ex consideratione causarum, quae etiam remoto metu allicere aliquem debebant ad istius voluntatem amplectendam [...]. Rationes autem, quare quis rectere postulare queat, ut ab altero sibi obtemperatur, sunt, si ab isto in hunc insignia quaedam bona sint profecta, si consisterit, istum et bene huic velle, et rectius, quam ipse valet, eidem prospicere posse, simulque si actu iste hujus directionem sibi vindicet; et denique si quis ultro alteri sese subjecerit, et in ipsius diectionem consenserit*[2].

1. Barbeyrac traduit *adquiescere* par « *se reposer sur* sa volonté ». En introduisant la notion de confiance on souligne que ce sentiment renvoie à la fois à la bonté (on peut attendre de l'autorité qu'elle veuille notre bien) et à la puissance (on peut se fier à sa capacité de nous le procurer).

2. « Le sentiment d'obligation est proprement suscité dans l'esprit d'un homme par un supérieur, c'est-à-dire quelqu'un qui n'a pas seulement les forces suffisantes pour représenter quelque mal pour les contrevenants, mais en faveur de qui existent quelques justes causes par quoi il puisse réclamer que la liberté de notre volonté soit bornée par son pouvoir de décision. Là en effet où quelqu'un a de telles qualités, lorsqu'il a signifié ce qu'il a voulu, il est nécessaire que naissent dans l'esprit humain une crainte tempérée de révérence : la crainte procédant de la puissance et la révérence de la considération des causes qui, la crainte mise de côté, devaient quand même engager à faire sienne sa volonté. [...]. Or les raisons par quoi quelqu'un peut réclamer la direction d'autrui et son obéisssance sont : qu'il lui ait procuré

La lecture de ce passage célèbre[1] est embarrassée par la façon dont Pufendorf, comme il fait souvent, a voulu verser son vin nouveau dans une vieille outre : son sentiment de l'obligation dans les *justes causes* (ou *justes raisons*) de la tradition. Or les justes raisons, dans le schéma classique, concernent la nature de la chose en question, l'objet du commandement ou de la loi. Ce n'est pas le sens que Pufendorf leur donne ici mais celui de justes raisons d'obéir, de reconnaître autrui pour un supérieur. À y regarder de près, la façon dont sont caractérisées les justes causes montre qu'il s'agit de ce qui peut produire dans l'esprit un sentiment qui porte à l'obéissance. Cet obstacle levé, le propos est clair. L'autorité du supérieur ne consiste pas seulement à se faire craindre mais à inspirer la *reverentia,* et celle-ci ne peut être inspirée que par ces causes : la bonté manifestée (elle inspire l'amour), la bienveillance annoncée (elle suscite l'espérance), la puissance et la sage prévoyance (elles entraînent la confiance). S'il faut encore que l'obéissance soit réclamée, c'est que seul le commandement fait la loi. Le parallèle est démonstratif, jusqu'à la différence spécifique : contrairement à Dieu, un homme n'est pas naturellement supérieur aux autres, il faut donc supposer en outre le consentement.

En formant sa théorie de l'autorité et du sentiment d'obligation, Pufendorf veut préciser sa position par rapport à la pensée de Hobbes. Avec lui, il faut considérer le Léviathan comme un Dieu mortel, dont la seule puissance est source de la *loi*; contre lui il ne faut pas s'enfermer dans le couple de la puissance et de la crainte et comprendre encore comment, par la bonté, produire le *sentiment d'obligation*[2]. Sur ce point proprement théologico-politique, Pufendorf et Hobbes sont irréductibles. Cette relation n'a pas été bien identifiée, de même que l'on n'a pas assez reconnu ce que le sentiment de l'obligation envers Dieu apprend de l'obligation politique. Les raisons peuvent en être données.

La place prise par la religion naturelle dans l'exposé du *De Officio* permet d'identifier la nature du sentiment d'obligation; cependant, comme la théorie de la société civile est peu développée dans cet ouvrage, il n'est pas possible de mettre en évidence sa valeur paradigmatique pour l'obliga-

quelques bienfaits remarquables, qu'il soit établi qu'il lui veuille du bien et aussi qu'il soit capable de veiller sur lui plus droitement qu'il n'est lui-même en mesure de le faire; il faut encore qu'il revendique en acte sa direction, et enfin que l'un se soit soumis de lui-même à l'autre, et ait consenti à être dirigé par lui ». Je retraduis. Ici *obligatio* désigne clairement le sentiment d'obligation : il s'agit de l'intériorisation du commandement.

1. On verra plus loin l'usage qu'en a fait Leibniz.

2. Cette discussion est aussi menée par le *DNG*, VIII, IV, § XIII où, s'appuyant sur Hobbes contre Hobbes, il est montré qu'il est « absurde de dire que la seule puissance sans la bonté, soit le véritable et unique fondement de l'honneur solide » et de faire de la seule puissance la source de l'amour et de la confiance.

tion politique. Inversement, le *De Jure Naturae et Gentium* ne donne qu'une place plus discrète à la religion naturelle, parce que, dans ce texte, Pufendorf s'est employé à montrer que la notion de l'obligation peut se tirer de la seule considération de la nature de l'homme. Il faut conjuguer ces deux exposés et bien voir l'articulation (qui se révèle au bout du compte une identification) entre droit naturel et religion naturelle, afin de saisir la structure de l'édifice pufendorfien. Mais si ce premier obstacle peut être levé par une lecture attentive des textes, on peut en discerner deux autres, qui tiennent de plus près à la nature de la chose.

Il est vrai, pour commencer, que les sujets devraient, dans leur rapport à la loi civile portée par le souverain, incliner leur volonté selon un sentiment d'obligation analogue à celui qu'ils doivent à la loi divine; il est vrai aussi que les souverains, dans l'exercice de leur autorité, ne devraient pas se contenter de faire valoir leur puissance mais aussi la bonté qui doit en être le corollaire. Il est cependant difficile que les uns et les autres se conforment à ces devoirs. C'est, Pufendorf le précise, à l'homme d'après la chute que le droit naturel a affaire : celle-ci n'a pas supprimé la conscience morale (un comportement par obligation est donc exigible des hommes), mais le poids des passions n'en est pas moins immense. Les hommes, lorsqu'ils sont sujets, sont plus sensibles à la crainte que capables d'aimer, d'espérer, de faire confiance; lorsqu'ils détiennent le pouvoir, ils s'entendent mieux à terrifier (*terrere*) qu'à susciter l'amour, l'espérance et la confiance. La version hobbesienne de l'autorité politique est à la fois appauvrie et réaliste : il a tristement raison[1].

Mais une autre différence, plus essentielle encore, fait que l'obligation naturelle envers les lois de Dieu ne peut être aussi simplement le modèle de l'obligation envers les lois du souverain. Dieu est le supérieur naturel des hommes. Aucun homme n'est naturellement le supérieur d'un autre[2]. Cette égalité est non seulement un fait de nature (Pufendorf reprend l'argument hobbesien de l'égale capacité de nuire) mais proprement une obligation naturelle : « il n'y a personne, de quelque condition qu'il soit, qui ne puisse attendre ou exiger raisonnablement des autres ce qu'ils attendent ou exigent de lui »[3]. La supériorité entre les hommes n'étant pas naturelle, elle ne peut être que d'institution et ne peut procéder que de la libre volonté de

1. Voir *DNG*, I, VI, § XII : « par légèreté ou par malice, la plupart des hommes méprisent toutes ces raisons sur lesquelles est fondée une juste autorité; il faut, pour surmonter la résistance des passions déréglées et violentes, quelque chose de plus puissant que les sentiments de l'honneur et de la vertu ». Ce quelque chose est la crainte que la force emporte. Pour le sens du mot honneur, voir le texte cité à la note précédente.

2. *De Officio*, I, VII, tout le chapitre est consacré à ce principe d'égalité.

3. *Ibid.*, § II.

ceux-là mêmes qui vont être ainsi assujettis et obligés par la loi de ceux qu'ils auront institués comme leurs supérieurs. C'est en ce sens et en ce sens seulement que l'on peut dire que la théorie de la loi civile chez Pufendorf est soustraite à tout principe transcendant. Mais, cette autorité établie, les sujets devront être soumis à sa souveraineté politique, exactement de la même façon qu'ils le sont envers Dieu par son autorité naturelle. La structure du double contrat, partie assurément la plus célèbre et peut-être la mieux connue de la pensée de Pufendorf, trouve là sa nécessité [1]. Elle a pour objet de produire dans la société civile, par l'artifice de la convention, une relation d'obligation analogue à celle que, par nature, les hommes entretiennent avec la volonté de Dieu.

D'une certaine façon, Pufendorf prend au sérieux, et reprend à son compte, la proposition théologico-politique de Hobbes : le Léviathan est un dieu terrestre. Mais sa théologie diffère de celle de Hobbes par deux distinctions couplées : celle de la volonté et de la puissance, celle de la puissance et de la bonté. Pour Hobbes la bonté est attribuée à la puissance par celui qui en dépend (elle n'en est pas réellement distincte) et la volonté est encore la puissance en tant qu'elle se fait valoir comme commandement. Pour Pufendorf, puissance et bonté sont corollaires mais distinctes, et la loi est l'expression à la fois de la puissance, dont l'effet est la crainte, et de la bonté, dont l'effet est la vénération.. Si l'on a communément reconnu que l'analogie théologico-politique induisait, pour Pufendorf comme pour Hobbes, le caractère absolu de la souveraineté, on a insuffisamment vu qu'elle impliquait chez le second de redéfinir la puissance par sa connexion avec la bonté (ce qui exige de les distinguer) et de caractériser le sentiment d'obligation d'abord par l'amour, l'espérance et la confiance, et en dernier ressort seulement par la crainte.

C'est une source d'étonnement constant pour ses lecteurs de voir Pufendorf associer une théorie de la formation de la société civile incontestablement contractualiste et une théorie de la souveraineté que l'on qualifie volontiers d'absolutiste. De là sa caractérisation sommaire comme « hobbesien allemand ». La restitution de sa théorie de l'obligation permet d'expliquer cet étonnant croisement et montre que sa conception *sui generis* du sentiment d'obligation l'aide à échapper à l'obédience hobbesienne dont, malgré lui, on persiste à l'affubler. On peut ainsi, plus largement, rendre compte de l'économie de sa pensée.

L'homme est radicalement libre, il faut qu'il soit absolument obligé ; la souveraineté ne peut être qu'absolue, il faut qu'elle soit réglée. Tels sont les

1. Sur ce point, voir J. Terrel, *op. cit.*, p. 312 *sq.*

problèmes en forme de double contrainte, héritage conjoint de Grotius et de Hobbes, auxquels cherche à répondre Pufendorf. La distinction en l'homme de l'entendement et de la volonté lui permet de penser la relation d'obligation comme rencontre de la libre volonté du sujet, qui seule peut être obligée, et de la loi, volonté souveraine, qui peut seule l'obliger. La définition du sentiment d'obligation lui permet à la fois de comprendre comment, par un principe intrinsèque, la volonté peut incliner vers l'obligation plutôt que vers les passions, et comment la puissance et la bonté du souverain, conjuguées, font son autorité. À la distinction de l'entendement et de la volonté dans le sujet correspond celle de la puissance et de la bonté dans le souverain : l'une est aussi nécessaire à la conciliation de la liberté et de la souveraineté que l'autre à celle de la souveraineté et du droit naturel. Enfin, dans la construction de Pufendorf, le fondement du droit naturel sur la religion naturelle est strictement nécessaire pour encadrer le pouvoir civil : le rôle que la *recta ratio* jouait chez Grotius est chez lui imparti à la volonté divine. S'il est bien vrai que Hobbes est le premier à avoir articulé droit naturel, contrat et souveraineté, c'est sous ce troisième principe. Pufendorf est par contre le premier qui forme cette articulation autour de la notion de droit naturel. En ce sens, il poursuit bien le projet commun du jusnaturalisme : fonder et encadrer dans le même mouvement le principe de souveraineté. Mais il a dû pour cela opérer une double rupture avec Grotius : substituer à la droite raison le couple de l'entendement et de la volonté, ramener à l'identité droit naturel et religion naturelle, en concevant la loi divine comme source d'un droit naturel volontaire. On constate une sorte de symétrie avec la démarche de Bodin : Bodin, pour former le principe de souveraineté, était contraint de reconnaître le principe de volonté; Pufendorf, parce qu'il pose dans sa radicalité la liberté de la volonté, est contraint de poser en face d'elle dans toute sa pureté l'absoluité de la souveraineté.

Leibniz ne se trompera pas sur ce qui fait le nerf de l'argumentation de Pufendorf et par conséquent son point le plus sensible : l'attribution à la volonté de la liberté.

Leibniz, l'obligation, et la critique de Pufendorf

On a du mal à concevoir, même après avoir restitué dans sa complexité la pensée de Pufendorf, et pour une part à raison même de cette complexité, le succès qui fut le sien. Succès de librairie d'abord : les éditions latines de ses deux ouvrages les plus connus (le *De Jure Naturae et Gentium* et le *De Officio Hominis et Civis*), bien qu'éditées à Lund, en Suède, se répandirent dans toute l'Europe. Leurs traductions françaises par Barbeyrac (celui-ci s'en étonne et s'en félicite à plusieurs reprises dans ses avertissements aux lecteurs) furent de véritables *best-sellers*. Déjà célèbre au moment de sa mort (1694), Pufendorf connaît dans les premières années du XVIIIe siècle une gloire étonnante[1]. Leibniz, qui ne l'aimait pas, parle de lui comme d'un homme, de son vivant déjà, *celeberrimus*. Mais ce succès, c'est le plus frappant, n'était pas le succès de scandale qu'obtiendra un demi-siècle plus tard Rousseau : non seulement Pufendorf est lu de toutes les « têtes pensantes » de l'époque, et de ce que plus largement on pourrait appeler le public cultivé, mais il est – malgré les polémiques suscitées par ses œuvres[2] – très rapidement considéré, parmi les juristes mêmes, comme une autorité : la querelle que l'on va examiner est déclanchée par le projet de mettre son *De Officio* au programme des débutants en droit dans nombre d'universités allemandes. Plus étonnant encore, sa vie durant, Pufendorf a su s'attirer la faveur des puissants, non comme un artiste ou un écrivain qu'on protège mais déjà comme une sorte de *Kronjurist* qu'on emploie : il fait successivement sa carrière auprès de l'Électeur palatin Carl-Ludwig (de 1660 à 1668), puis du roi de Suède Charles XI (de 1668 à 1688), enfin du Grand Électeur de Brandebourg, Frédéric-Guillaume, et de son fils Frédéric III[3] (de 1688 à sa mort). Cet accueil s'explique assez par ce que nous venons de dire de sa pensée : on pouvait y voir la conciliation des deux grands principes novateurs de la modernité, la souveraineté et le droit naturel. En tout cas, pour une période qui allait se prolonger, notamment grâce à l'activisme de Barbeyrac, le nom de Pufendorf sera identifié avec l'École du droit naturel. D'autant plus intéressante, mais aussi d'autant plus difficile à apprécier dans ses motifs comme dans ses effets, est la volée de bois vert que, sous un transparent anonymat, Leibniz lui adressa *post-mortem*[4].

1. Pour une biographie, voir la première partie de l'ouvrage de Pierre Laurent, *Pufendorf et la loi naturelle*, Paris, Vrin, 1982. La caractérisation par Ian Hunter de Pufendorf comme « allemand », outre les questions liées à la pertinence de cette catégorie géopolitique à la fin XVIIe siècle, pose un problème biographique certain : c'est la Scandinavie qui est le cadre de l'activité intellectuelle de Pufendorf durant les vingt années de sa maturité.

2. Pufendorf ne détestait pas la polémique. Il a rassemblé en un gros volume une série d'opuscules de controverse qui l'opposèrent à des juristes comme à un certains nombre de ministres de l'Église Luthérienne à laquelle il appartenait : *Eris scandica, qua adversus libros de jure naturali et gentium objecta diluuntur*, Francfort sur le Main, F. Knoch, 1686, Gesammelte Werke, Bund 5, Berlin, Academie Verlag, 2002.

3. Lequel devient en 1700 le premier roi de Prusse.

4. Sans en adopter toutes les vues (particulièrement sur l'école du droit naturel), cette partie sera largement redevable aux travaux de René Sève : à son recueil des textes de Leibniz sur le droit, *Le droit et la raison*, Paris, PUF, 1994, et à son ouvrage interprétatif, *Leibniz et l'école moderne du droit naturel*, Paris, PUF, 1989. D'une toute autre manière on aura présentes à l'esprit les thèses de Ian Hunter, *Rival Enlightments*, *op. cit.*, notamment

Le *Jugement d'un Anonyme* – Quelques détails sur l'histoire de ce texte permettront de mieux en saisir l'esprit. En 1706, Juste Christophe Böhmer, jeune professeur « de politique et d'éloquence » à Helmstadt, par l'intermédiaire de son oncle, Gérard Melan, fit demander à Leibniz son avis sur la valeur du *De Officio Hominis et Civis* de Pufendorf. La réponse lui fut adressée le 22 avril de la même année sous le titre de *Monita quaedam ad Samuelis Puffendorfii principia.* Mais ce n'est qu'en 1709 que Böhmer inséra le texte, anonyme, dans un programme académique annonçant douze « disputes publiques » sur le système de Pufendorf, et en 1712 que paraît la première véritable édition sous le nom de Leibniz. La traduction de Barbeyrac, sous le titre de *Jugement d'un Anonyme sur l'Original de cet Abrégé*, est publiée avec un long commentaire en 1716, l'année même de la mort de Leibniz. Ces circonstances expliquent le ton âprement polémique des protagonistes dans cette querelle. Leibniz ne profite pas de façon inélégante de ce que Pufendorf est mort depuis dix ans pour régler une vieille querelle[1]. La gloire de Pufendorf est à son zénith et Leibniz n'apparaît en aucune façon (ce que nous croirions aisément rétrospectivement) comme un grand philosophe célèbre traitant de haut un écrivain de seconde zone. Barbeyrac lui attribuerait plutôt un sentiment d'envie. On discernera plus justement l'irritation suscitée par le spectacle d'une adulation générale, qu'aux yeux de Leibniz ni l'homme ni la pensée, n'ont méritée. Inversement, il serait absurde de faire de Leibniz un challenger : son rayonnement est à son apogée. Loin de le considérer du haut de l'autorité de celui qu'il appelle « mon auteur », Barbeyrac reconnaît en Leibniz un « grand Génie » et regrette d'autant plus qu'il n'ait pas observé dans ses critiques l'exactitude qu'on pouvait en attendre. C'est donc à l'affrontement de deux autorités également établies que nous avons affaire dans ces textes, non à l'une de ces querelles subalternes provoquées par la parution d'une pensée nouvelle que retraçait Pufendorf dans l'*Eris Scandica.*

La question posée à Leibniz était précise : on lui demandait, à titre amical, son jugement (*sententiam*) sur la question de savoir si on pouvait utilement (*commode*) se servir du *De Officio* pour l'instruction de la jeunesse. Sa première réaction est de renvoyer Pufendorf et son ouvrage à une mode passée : l'auteur a autrefois connu la célébrité et Leibniz n'avait pas consulté l'ouvrage depuis longtemps. On a vu que les désirs de Leibniz

p. 85-147, lequel ne tient aucun compte des travaux de Sève. Le texte latin des *Monita quaedam ad Samuelis Puffendorfii principia, Gerh. Wolth. Molano directa*, sera cité d'après l'édition Dutens, t. IV, part. 3, p. 275-283. Outre la traduction proposée par R. Sève, *loc. cit.* p. 19-35 on utilisera celle de Barbeyrac, loc. cit. *supra*.

1. Les contemporains font état d'une rencontre précoce entre Leibniz et Pufendorf et d'une non moins précoce inimitié entre eux.

ne sont pas la réalité. Au demeurant, ce n'est pas de mémoire mais après un examen fouillé *(inspexi)* qu'il livre une réponse sans ambages : les principes y sont entachés de graves défauts (*principia deffectibus non exiguis laborare).* Mais c'est pour aussitôt ajouter que la cohérence entre les principes posés et le contenu de l'ouvrage, souvent tiré des bons auteurs, est faible et que, de ce second point de vue, il peut satisfaire ceux qui se contentent d'une vague culture (*levis aliqua tinctura*). Mais il en ira autrement de qui rechercherait une science sûre (*solida scientia).* « Je souhaiterais cependant qu'il existe quelque chose de plus ferme et de plus efficace, qui exposerait des définitions lumineuses et fécondes, qui, à partir de principes corrects, déduirait des conclusions en suivant pour ainsi dire un fil, qui constituerait en ordre les fondements de toutes les actions et des exceptions valides par nature… »[1]. Trois hommes, dit Leibniz, auraient étés capables d'un tel ouvrage : Grotius, Hobbes et Felden[2]. Le premier avait le jugement et la doctrine (*judicium et doctrina*) qu'il fallait pour cela, mais s'est laissé détourner vers d'autres choses ; le second avait la profondeur (*profundum ingenium*) et la rigueur nécessaires, mais raisonnait à partir de principes pervertis (*prava principia*) ; le troisième aurait pu avoir *doctrina* et *ingenium* en suffisance, du moins pour faire mieux et plus complet que Pufendorf, mais ne l'a pas fait. Prenant acte de ce que « l'ouvrage dont on a besoin n'existe pas » et que « le *compendium* pufendorfien » est largement répandu dans le public, Leibniz conclut qu'il est du moins utile que « les auditeurs ou les lecteurs soient mis en garde, d'abord au sujet des principes les plus exposés aux abus » (*ut quaedam auditores lectoresve, in primis circa principia abusibus magis exposita, moneantur*). Les *Monita* étaient donc exactement destinés à l'usage que Böhmer en a d'abord fait : mettre en garde les étudiants contre le manuel qui servait de base au cours qu'ils allaient suivre ou qu'ils allaient eux-mêmes étudier. Leibniz va donc se centrer sur ce qui lui paraît le plus nocif dans le système de Pufendorf.

1. *Monita*, § I, trad. Sève, p. 20. La numérotation des § est celle de Dutens, différente de celle Barbeyrac.

2. Barbeyrac lit Felden, Dutens et Sève à sa suite (sans soulever le problème) lisent Selden. Barbeyrac donne ses raisons, *Jugement d'un Anonyme*, loc. cit., p. 386, en note. Le recueil publié par R. Sève suffit à montrer qu'il ne se trompe pas : p. 194, le § 171 de la *Nouvelle méthode pour apprendre et enseigner la jurisprudence* énumère « les plus importants » de ceux qui on « traité du droit de la nature ». Parmi les modernes sont cités : « Hugo Grotius, Sforza de Padoue, Thomas Hobbes, Johan Felden, Robert Scharrok ». L'ambiguïté de l'S et de l'F tombe : Johan Felden, auteur des *Elementa Juris Universi*, Francfort et Leipzig, 1664 n'est pas John Selden. Au demeurant (cf. *supra* et R. Tuck, *op. cit.*, qui parle rapidement de Felden), on voit mal Leibniz se reconnaissant dans Selden.

Annonçant le plan du texte de façon très académique, l'introduction (§ I) reproche à Pufendorf de s'être leurré sur la fin (§ II), l'objet (§ III) et la cause efficiente (§ IV) du droit naturel. Une brève récapitulation, au moment de quitter son correspondant par les salutations d'usage, donnera les réponses propres de Leibniz : « la fin du droit naturel est le bien de ceux qui le respectent; son objet, tout ce qui intéresse autrui, et est en notre pouvoir; enfin sa cause efficiente est la lumière de la raison éternelle divinement allumée dans nos esprits »[1]. Or, malgré la brièveté du texte et cette simplicité apparente d'organisation, la démarche des *Monita* présente une difficulté : une longue discussion finale (§ V) y est consacrée à la définition pufendorfienne de l'obligation : elle n'est ni annoncée, ni récapitulée. S'agirait-il d'un *excursus* sans lien nécessaire avec le corps de l'argumentation ? Il semble tout au contraire, on va le voir, que les *Monita* tendent vers cette discussion finale qui en est la clé et le véritable objet.

Le premier principe que Leibniz refuse d'accorder est que le droit naturel ne concerne que la vie des hommes sur terre[2]. Il invoque deux arguments disparates, apparemment, puisque le premier est dogmatique et le second pragmatique. D'une part, en effet, il défend l'idée selon laquelle, par la seule raison, nous pouvons connaître Dieu et sa providence, et par conséquent la promesse de récompense et de châtiments dans la vie à venir. D'autre part, il affirme que, sans cette perspective, aucun homme ne sacrifierait les intérêts de la vie terrestre à l'observation de ses devoirs : « Car que serait-ce d'autre sinon qu'une splendide sottise, que de préférer même à des biens vrais et solides l'immortalité d'un nom et une réputation posthume, c'est-à-dire des rumeurs dont rien ne nous parvient ? »[3]. On observera d'abord que ces deux arguments sont ailleurs présents chez Pufendorf, bien qu'ils y jouent d'autres rôles. Précisément, ce n'est pas sur la vérité de ces idées mais sur leur fonction que le débat porte. Dans ce moment de sa préface, Pufendorf entend distinguer le droit naturel de la théologie morale par la source (*fons*) qui, dans chaque cas, nous fait connaître la volonté de Dieu : la raison pour l'une, la révélation pour l'autre. D'où il tire leurs *limites* respectives (c'est le sens qu'a le terme *finis* dans l'expression *quod finis juris naturalis*[4]) : les lumières de l'homme post-

1. Trad. R. Sève, *Le droit de la raison*, *op. cit.*, p. 34-35.

2. Leibniz renvoie au § 8 de la préface de Pufendorf dans l'édition dont il use. La première édition ne comporte pas même d'alinéa et le texte correspondant de la traduction de Barbeyrac est son § VI. Pour le texte latin, *De Officio*, *op. cit.*, p. 6, l. 22 *sq.*

3. *Monita*, § II, trad. R. Sève, p. 23.

4. Barbeyrac a raison dans sa traduction du *De Officio* de parler des *bornes* du droit naturel. Dans son commentaire de Leibniz, il accepte la traduction par *fins*, mais accuse Leibniz de parler en scolastique.

lapsaire ne peuvent l'éclairer que sur sa conduite dans ce monde, il a besoin de la révélation pour connaître ce qu'exige son salut. Leibniz lit pour sa part la notion de *fin*, parce que c'est d'abord la distinction des sources qu'il récuse : là où Pufendorf sépare révélation et raison (et, à l'horizon, religions naturelle et révélée), il entend bien les ramener à l'unité. Dès lors, la fin ne peut être qu'une : régler l'ensemble des conduites auxquelles l'homme est tenu. Mais, simultanément, entre en jeu la question de l'obligation (qui ramène seule à l'unité les deux arguments de Leibniz) : là où, pour Pufendorf, la volonté divine s'exprime par deux voies distinctes, sur deux objets différents, créant deux types d'obligations, Leibniz voit une seule et même obligation que nous enseigne « la lumière de la raison éternelle divinement allumée dans nos esprits » (*rationis aeternae lumen divinitus in mentibus accensum*).

Ayant refusé la définition en compréhension du droit naturel donnée par Pufendorf, Leibniz ne peut que récuser la définition en extension qui en découle : retirer au droit naturel, dit-il, la juridiction sur les actions internes (les intentions) pour ne le faire porter que sur les actions externes (les conduites), c'est lui retirer toute valeur morale véritable [1]. Il cite alors précisément Pufendorf : « ce qui est connu de droit naturel convient bien au tribunal humain, lequel ne s'étend pas au-delà de cette vie » (*juris naturalis scita ad forum duntaxat humanum adaptantur, quod ultra hancce vitam sese non extendit*) [2]. Mais la lecture qu'il fait de cette affirmation montre l'étendue de leur incompréhension et la nature surtout de leur divergence [3]. Pour Pufendorf, il s'agit de déterminer l'usage que les hommes peuvent faire du droit naturel dans leur vie commune, autrement dit de délimiter ce sur quoi ils peuvent se juger les uns les autres. Sa réponse est entièrement circonscrite par les limites de l'entendement humain, lequel peut connaître des conduites, et de leur conformité ou non avec le droit, mais n'est en aucune façon capable d'entrer dans la conscience d'autrui et de s'en faire juge, ce qui appartient au tribunal divin. Cette restriction, au demeurant, est d'une parfaite orthodoxie. Mais ce que Pufendorf dit de l'usage du droit naturel, Leibniz l'entend comme définissant son objet et le type d'obligation auquel il nous astreint. Au fondement de ce désaccord, une fois encore,

1. *Monita*, § III.

2. *De Officio*, *op. cit.*, p. 6, l. 32-35. Traduire *scita* par décrets, comme fait R. Sève, est difficile. Pour Pufendorf ce qui est *voulu* par Dieu est *connu* par l'entendement humain. C'est ce dont il s'agit ici. Dans des éditions postérieures à celle utilisée par Leibniz, il prend soin de préciser « la plus grande partie du droit naturel ».

3. Ce n'est pas par inadvertance qu'on évoque ici une incompréhension mutuelle : Pufendorf fait preuve d'une incompréhension symétrique à l'égard de Grotius dont Leibniz, on le verra, peut être ici rapproché.

on trouve la notion même d'obligation. Là où Pufendorf l'envisage comme ce à quoi une volonté peut être obligée par une volonté supérieure (selon sa définition constante), Leibniz la pense comme ce à quoi on est obligé comme étant connu par nous comme notre devoir. Il est d'ailleurs si conscient que telle est la racine de leur opposition qu'il relèvera plus loin que tous deux, mais en sens inverse l'un de l'autre, identifient devoir et obligation : pour Pufendorf l'obligation fait le devoir, pour Leibniz le devoir fait l'obligation.

Le troisième des principes que refuse Leibniz porte sur la fonction que Pufendorf donnerait, selon lui, à la loi (plus encore que sur sa définition) : celle de cause efficiente du droit. « Il va la chercher en effet non dans la nature des choses, ni dans les préceptes de la droite raison qui s'ensuivent, comme émanant de l'esprit de Dieu, mais (chose étonnante et dans laquelle on verra un nœud de contradictions) dans le décret d'un supérieur » (*Hanc enim ille non in rerum natura, rectaeque secundum hanc rationis praeceptis, divina mente emanentibus, sed (quod mirum et contradictioni obnoxium videbitur) in superioris decreto quaerit*)[1]. Entrant alors dans le corps du traité de Pufendorf, Leibniz renvoie à la définition du devoir (*officium*) comme « action humaine, à raison de l'obligation qu'on en a, exactement conforme aux lois » (*actio hominis pro ratione obligationis ad praescriptum legum recte attemperata*)[2] et de la loi (*lex*) comme « décret, par lequel un supérieur oblige celui qui lui est assujetti à conformer ses actions à ce qu'il lui a prescrit » (*decretum, quo superior subjectum sibi obligat, ut ad istius praescriptum actiones suas componat*)[3]. Ces propositions, dit Leibniz, sont inacceptables pour plusieurs raisons aussi importantes les unes que les autres. Elles induiraient d'abord que celui qui n'a pas de supérieur ne serait soumis à aucun droit et donc les souverains absous de toute loi, au delà de ce que quiconque a pu prétendre : leur souveraineté deviendrait une « tyrannie ». Répondre comme pourrait le faire Pufendorf que Dieu est le supérieur de tous les hommes et que donc ils sont tous assujettis à sa loi ne lui parait pas plus acceptable. Une jolie prétérition (« pour taire ce que Grotius a bien noté ») évoque d'abord l'argument *etiamsi daremus* : la seule nature de l'homme contient en elle le principe d'*obligations naturelles*. Mais c'est un autre argument qui vient au premier plan : Dieu n'ayant pas de supérieur, sa justice dans une telle vision des choses deviendrait arbitraire. Leibniz récuse cette vision baroque de Dieu. La justice appartient à la nature de Dieu nécessairement, non par une

1. *Monita*, § IV.
2. *De Officio*, chap. I, § I.
3. *De Officio*, chap. II, § II.

décision de sa volonté, et « la norme même des actions ou la nature du juste ne dépend pas d'un libre décret de celui-ci mais des vérités éternelles, objets pour l'intellect divin »[1]. Pas plus que la vérité, sa justice et sa bonté ne dépendent pas de la décision de Dieu (*arbitrium*) : Descartes est nommément et brutalement mis en cause. On ne saurait donc accepter cette notion d'un droit volontaire.

Toute cette démonstration est assise sur des références précises, des raisons solides, et un raisonnement impeccable. À ce détail près : la thèse que réfute Leibniz n'est pas celle de Pufendorf. À aucun moment celui-ci, en effet, ne voit dans le décret de la volonté supérieure, humaine ou divine, la cause efficiente du *droit* mais bien celle de *l'obligation.* Ce qui est droit, honnête, l'est par soi, de cela Pufendorf ne discute jamais. En revanche, avec Hobbes et contre Grotius, il affirme que ce n'est pas le droit mais la loi qui oblige, et fait de la loi un commandement qui produit l'obligation. Leibniz au demeurant ne s'y est aucunement trompé. Toute son argumentation tend clairement à soutenir la thèse inverse : non seulement le droit (qui équivaut au juste) est par lui-même constitutif d'une obligation, tout droit constitue une loi, mais – en cela Leibniz est plus radical que Grotius – il n'y a d'obligation véritable que celle que constitue le droit ou juste en soi. Pour cette raison, le devoir, et seulement lui, est obligatoire. Ce qui, dans les principes de Pufendorf, est susceptible des *plus graves abus* découle donc d'une erreur fondamentale : avoir voulu distinguer l'obligation du droit.

La dernière partie des *Monita* va précisément s'employer à resserrer ce lien et à mettre en évidence ses conditions et ses conséquences.

Il faut d'abord – c'est le point d'où repart l'argumentation – revenir sur la relation entre obligation et volonté. Parce qu'il ne reconnaît d'obligation que provenant d'un commandement, Pufendorf ne peut concevoir qu'on s'oblige soi-même. Or la « nature des choses », « le soin de notre bonheur et de notre salut », la raison enfin qui nous éclaire sur les uns et les autres, sont autant de sources, que nous trouvons en nous-mêmes et non par rapport à une autre volonté, de véritables obligations[2]. Pourtant, par une expérience mentale, Leibniz va accepter d'identifier, comme l'a fait Pufendorf,

1. *Monita*, § IV, trad. R. Sève. *Neque ipsa actionum norma aut natura justi, a libero ejus decreto, sed ab aeternis veritatibus divino intellectui objectis pendet*.

2. On notera au passage que pour Leibniz raison et utilité se recouvrent (tout ce qui est raisonnable est utile et réciproquement). Cela lui est possible parce qu'il a une conception substantielle de l'utilité et une conception normative de la rationalité. C'est ce qui permet sans contradiction à René Sève dans un de ses ouvrages (*Leibniz et l'école du droit naturel*) de voir chez lui une certaine forme d'utilitarisme et dans l'autre (*Le droit de la raison*) de le situer dans le prolongement direct du platonisme. Pour Pufendorf, il y a deux types distincts de rationalité, la rationalité d'utilité et la rationalité de devoir.

obligation et devoir (*officium*). Pour celui-ci, avait-il déjà noté, « le devoir et l'acte prescrit par la justice ont la même étendue, parce que toute sa jurisprudence naturelle est contenue dans la doctrine du devoir, et il s'en suivra que tout droit est décrété par un supérieur » [1]. Leibniz concède : « je ne dédaigne pas l'usage de notre auteur qui restreint le devoir aux choses qui sont requises par le droit. Mais j'ai une raison pour cela peu connue de l'auteur » [2]. Pufendorf procède par restriction : n'est susceptible d'obligation et donc de devoir que ce qui concerne nos rapports avec autrui. Leibniz renverse cette restriction en extension : toutes nos actions, intérieures ou extérieures, concernent autrui (Dieu et les autres hommes). « Nous ne sommes pas seulement nés pour nous, mais les autres réclament pour eux une partie de notre être, Dieu la totalité » (*Non nobis tantum nati sumus, sed partem nostri sibi alii vindicant, Deus totum*) [3]. Cet argument renverse, en même tant qu'il le révèle, le présupposé individualiste du jusnaturalisme : cette partie de nos actions qui ne nous concernerait que nous-mêmes est un ensemble vide. Il récuse en même temps l'idée de l'obligation volontaire qui lui est attachée : l'obligation n'est pas ce lien institué par la volonté de Dieu, posé par la loi souveraine, ou contracté par nos engagements mutuels. Nous sommes toujours déjà liés.

On pourrait penser, devant cette argumentation, que Leibniz renoue à la fois avec l'idée stoïcienne d'un homme naturellement lié par des devoirs envers tous les autres êtres et avec le modèle de l'obligation de droit romain comme résultant d'un lien de fait [4]. Il n'en est pas réellement ainsi parce que ce n'est pas à partir de la nature mais de la raison, pas à partir de la nécessité mais du devoir, qu'il reforme sa notion de l'obligation. Une longue citation de Pufendorf va lui servir pour tracer cette voie [5]. Le choix de ce texte, nous l'avons déjà rencontré, n'est pas moins passionnant que la lecture qui en est produite. On pourrait dire en effet que Leibniz en fait une lecture strictement inverse de celle que nous avons proposée. Dans ce passage, rappelons-le, Pufendorf distingue deux voies pour l'autorité, la crainte et la révérence, l'une renvoyant à la puissance, l'autre à la bonté du supérieur. Nous avons tenté de mettre en lumière que c'était du *sentiment* d'obligation considéré dans ses sources qu'il était question, et que Pufendorf utilisait le langage classique des justes causes pour penser non ce qui justifie la loi, mais ce qui explique l'attitude d'obéissance envers le supérieur qui la pose.

1. *Monita*, § IV, trad. R. Sève.
2. § V, trad. R. Sève.
3. *Ibid.* Leibniz cite de mémoire Cicéron (citant Platon !) : *Non nobis solum nati sumus. De Officiis*, I, VII.
4. Ce sera la lecture de Barbeyrac.
5. *De Officio*, chap. II, § V. Il a été en partie cité et commenté.

Leibniz, méthodiquement, joue des flottements du texte pour le ramener à l'opposition binaire de la raison et de la force, et y mettre ainsi à nu une contradiction. Pour le dire simplement, il réduit à néant les efforts de Pufendorf pour se séparer de Hobbes :

> Assurément, si la contrainte (*coactio*) ne suffit pas sans les raisons (*rationes*), ni les raisons indépendamment de la contrainte, pourquoi, je le demande, la force (*vis*) cessant, les raisons seules subsistant, ne retournerai-je pas à la liberté que je suis dit avoir eue, lorsque la force n'étant pas encore intervenue, seules les raisons étaient présentes ? [...] Mais si les raisons seules forment obstacle (*obstant*), pourquoi avant la crainte ne le faisaient-elles déjà à elles seules ? Et je demande quelle force au-delà des raisons la crainte se donnera pour elle-même, que sans raison elle ne s'accorde pas ? [1]

Dans cette reformulation de l'argumentation et sa réfutation, Leibniz opère toute une série de gauchissements. Pour Pufendorf, il s'agissait de savoir par quel type de causes nous pouvions être conduits à vouloir obéir : deux types de sentiments, la révérence et la crainte, étaient envisagés comme pouvant produire un tel effet. Leibniz, pour commencer, fait disparaître les causes au profit des raisons. Et les raisons ne sont plus celles que l'on pourrait avoir d'obéir, mais des raisons de vouloir ce que veut la loi. Il constitue ainsi un dilemme : soit on agit par raison soit on agit par contrainte. Lorsque l'on agit par raison, ce n'est pas seulement que l'on agit par des raisons, mais aussi que notre raison agit. Lorsque l'on agit par contrainte, notre volonté étant soumise par la force, la crainte se substitue à la raison. Pufendorf avait tenté de constituer un ordre propre de la volonté et des sentiments, ils sont renvoyés à l'ordre des effets. Dans le même temps, Leibniz substitue à la puissance (*potentia*) la force (*vis*), supprimant ce qui chez Pufendorf permettait de relier crainte et révérence (qui toutes deux impliquaient la puissance) et constitue la dualité d'un ordre des causes (la force a pour effet la crainte qui produit l'obéissance) et d'un ordre des raisons (la raison reconnaît des raisons qui constituent un devoir). Il polarise ainsi deux conceptions antagonistes de l'obligation : soit l'obligation est l'effet d'une force, et elle se résorbe dans la contrainte, soit elle est constituée par des raisons, et elle équivaut au devoir. Cette série de déplacements opérés, il peut mettre Pufendorf au pied du mur : « Il faut donc dire ou l'un ou l'autre : ou les raisons obligent avant la force ou elles n'obligent pas, la force cessant » (*alterutrum ergo dicendum est vel rationes ante vim obligare, vel nec obligare vi cessante*)[2]. On comprend

1. *Monita*, § V, trad. R. Sève, p. 33-34.
2. *Monita*, § V, trad. R. Sève.

bien mieux alors la place accordée à Hobbes au début de ce texte : sur des principes clairs mais dépravés il constitue un raisonnement rigoureux qui conduit à des conclusions fausses. Pufendorf a posé des principes confus sur lesquels il prétend bâtir une doctrine plus saine mais qui est inconsistante et d'autant plus dangereuse. Leibniz le met donc devant le choix entre deux rigueurs possibles : celle qui fait découler l'obligation de la force, celle qui lui donne pour source la droite raison. Dans le premier cas, il lui faudra accepter de dire ce qu'il est : un Hobbesien allemand, dans le second, il faudra redevenir ce qu'il n'aurait jamais dû cesser d'être : un bon et fidèle disciple de Grotius.

Les *Monita* semblent ainsi constituer une opposition entre les principes de Grotius et ceux de Hobbes : Pufendorf aurait vainement voulu y échapper. Leibniz se contenterait-il, ici, d'être le défenseur de l'orthodoxie grotienne ? Il faut y regarder de plus près.

Leibniz, Grotius redivivus ? – À deux reprises, on l'a noté, les *Monita* témoignent explicitement de l'accord de Leibniz avec Grotius sur les principes. Cet accord est d'abord globalement déclaré[1]. Grotius est le premier nommé parmi ceux qui auraient été capables de donner les principes du droit naturel, non par antériorité chronologique, mais en raison d'une supériorité absolue : il est « incomparable par son jugement et sa doctrine ». Ces termes, *judicium* et *doctrina*, pèsent de tout leur poids sous la plume du juriste professionnel qu'est Leibniz : ils connotent la rectitude des décisions et celle des principes, les deux qualités fondamentales requises du jurisconsulte[2]. Leibniz partage donc le jugement de ses contemporains qui désignaient Grotius comme « le jurisconsulte du genre humain » (il semble aussi éprouver le regret commun qu'il se soit laissé « détourner » de cette voie par d'autres objets : sans doute le droit de la guerre). De plus grande importance sans doute est la reprise à son compte (*Grotius bene notavit*) du fameux raisonnement *etiamsi daremus*[3]. On a dit que ce raisonnement avait une longue histoire prégrotienne (la culture juridique de Leibniz est telle qu'il connaissait vraisemblablement Grégoire de Rimini) et savait que l'on ne peut y lire ce dont on a accusé puis glorifié Grotius (à son époque, à la nôtre). Mais c'est Grotius que Leibniz nomme et il sait parfaitement que ce point a fait profondément scandale et continue à le faire. On ne saurait donner meilleur témoignage de bonne doctrine que de

1. *Monita*, § I.

2. Dans certains textes, Leibniz vante l'érudition de Grotius (contre l'air du temps, Leibniz fait cas de l'érudition) mais les références fréquentes qu'y font ses textes juridiques vantent surtout son *judicum*.

3. *Monita*, § IV.

se déclarer d'accord sur le point litigieux. Mais on doit aller beaucoup plus loin dans cette voie : la thèse globalement soutenue contre Pufendorf – non seulement il y a une véritable obligation qui découle de ce que nous enseigne la droite raison mais, en toute rigueur, il n'y a que la raison qui soit susceptible de nous obliger et non de nous contraindre – n'est-elle pas celle-là même qui sous-tend la conception générale du droit défendue par les *Prolegomena*? On serait même tenté de dire que Leibniz, dans les *Monita*, ne fait rien d'autre qu'élucider de façon plus rigoureuse que Grotius lui-même sa propre doctrine. N'est-ce pas encore la pensée de Grotius qu'il cherche à étayer en démontrant qu'il existe bien un honnête par soi qui enveloppe l'obligation avec autant de nécessité que celle des vérités mathématiques?[1]. Contre le volontarisme pufendorfien, Leibniz se fait le défenseur du rationalisme grotien : il serait une sorte de Grotius *redivivus*.

En rester là conduirait cependant à ignorer que, précisément en ce qui concerne le statut de la raison, l'accord de Leibniz avec Grotius est beaucoup plus verbal que conceptuel. C'est ce qu'une lecture attentive des *Monita* montre pourtant bien vite (la rigueur de la démonstration rejoignant le principe d'économie, on restera dans le cadre de ce texte).

Si l'homme est capable d'action morale et donc d'obligation, disait Grotius, c'est qu'il peut agir par principes : la *recta ratio* est cette faculté que nous avons d'agir par « préceptes généraux ». Cette capacité a été mise en nous par Dieu, elle est constitutive de la nature de l'homme, et c'est notre premier devoir de nous en servir pour découvrir les *praecepta generalia* du droit naturel, nos premières obligations. Bien que vaguement consonante, la définition que donne Leibniz de la cause efficiente du droit naturel (« la lumière de la raison éternelle divinement allumée dans nos esprits ») est bien différente : la raison n'est pas pensée comme une faculté de l'homme, lui-même conçu comme sujet, c'est une dimension de Dieu, de laquelle l'homme participe comme y participe la nature entière. Cet écart est révélé clairement par la façon dont Leibniz, un peu plus haut, rectifie un énoncé grotien pour l'opposer à Pufendorf. Ce n'est pas, comme ce dernier le croit, dans le décret du supérieur que cette cause se trouve, mais *in rerum natura, rectaeque secundum hanc rationis praeceptis, divina mente emanentibus*[2]. La cause du droit est « dans la nature des choses ainsi que dans les préceptes de la droite raison qui la suivent, préceptes émanant de l'esprit de Dieu ». La double construction (scabreuse en latin) indique clairement que les préceptes de la droite raison *suivent* la nature des choses et *émanent* de l'esprit de Dieu : cela ne se peut que parce que la nature des choses et

1. *Ibid.*
2. *Monita*, § IV.

l'esprit de Dieu sont deux manières de dire une seule et même réalité. On dira que la nature se connaît selon l'ordre des causes, et Dieu selon l'ordre des émanations et l'on sera tenté de parler d'une objectivation en Dieu de la raison. C'est ce que confirmerait cette autre formulation de notre texte, qui suit la reprise de l'argument *etiamsi daremus* : « La norme même des actions, ou la nature du juste, ne dépend pas d'un libre décret de celui-ci (Dieu), mais des vérités éternelles, *objets pour l'esprit divin* »[1]. Ni déductions de la faculté rationnelle de l'homme, ni impositions de la volonté de Dieu, les vérités éternelles sont des objets que nous pouvons voir dans l'esprit de Dieu. De Grotius à Leibniz, de la raison, faculté de l'homme, aux vérités éternelles, objets pour l'esprit divin, le paradigme de la rationalité a profondément changé. Mais ce changement est-il un retour, comme cela a été affirmé dès son époque, vers les stoïciens et vers Platon à la fois ? Pour nous, l'objectivation de la *mens divina* ne ferait-elle pas plutôt signe, en aval, vers Hegel ?

De ce premier décalage en procède un second tout aussi important. Grotius, notamment pour répondre à Carnéade (et à tous ceux qu'il représente) avait soigneusement distingué deux types de rationalités : une rationalité extrinsèque ayant pour objet l'utile, et une rationalité intrinsèque, celle de la droite raison, ayant pour objet le juste. Parce que la nature des choses et l'esprit de Dieu sont en exacte congruence, Leibniz, au contraire, réunit ce que Grotius avait séparé. Cela le conduit, si on peut user de cette expression, à une seconde objectivation de la raison. Entre plusieurs passages des *Monita* qui le montreraient, on retiendra celui où, réinterprétant l'argument *etiamsi daremus,* tout en disant suivre Grotius, une fois encore Leibniz le corrige. Chez Grotius, il s'agissait d'affirmer que la droite raison qui est en nous peut nous faire accéder par elle-même à la connaissance de nos obligations naturelles. Cet argument était directement opposé à Carnéade : la nature ne nous enseigne que l'utile, mais notre nature d'être raisonnable nous enseigne le droit. Pour Leibniz, c'est de la nature des choses que les principes du droit naturel peuvent être tirés : même si Dieu n'existait pas, il y aurait une obligation naturelle « puisque certainement le soin de sa propre conservation et de son intérêt exige beaucoup de choses des hommes envers autrui » (*quoniam certe multa ab hominibus erga alios exigit propriae conservationis commoditatisque cura*)[2]. Il ne faut bien entendu pas comprendre – c'est ce qu'il reproche à

1. *Monita*, § IV, trad. R. Sève. Les mots soulignés le sont par moi. *Neque ipsa actionum norma aut natura justi, a libero ejus decreto, sed ab aeternis veritatibus divino intellectui objectis pendet.*

2. *Ibid.* Je reprends la traduction de R. Sève, mais substitue *intérêt* à *commodité* (très affaibli en français moderne comme son antonyme, la *gêne*) : la *commoditas* dans la langue du

Pufendorf – que Leibniz conçoit un droit naturel faible, valable aussi pour des athées et fondé sur la seule utilité, mais inversement que le souci (*cura*) de sa conservation et de son intérêt enveloppe, parce que la nature des choses est une, la totalité de nos devoirs moraux. C'est le sens de la discussion sur les *actions internes*. Pas plus que Grotius, Leibniz ne procède ainsi à une laïcisation du droit naturel : la nature des choses étant elle-même émanation de Dieu, entre ce qu'elle implique en elle-même et ce que nous voyons en Dieu il ne peut y avoir aucune espèce de rupture. Le droit et l'utile sont inséparables. Non parce que l'utile définit le droit mais parce que le droit définit l'utile. On a affaire ici à une sorte d'utilitarisme substantiel[1].

Le statut de la droite raison connaît un troisième type de changement, induit cette fois par la nécessité de répondre à Pufendorf. Celui-ci, pour constituer sa théorie de l'obligation, part de ce principe : la volonté de l'homme est libre et c'est donc cette volonté qu'il s'agit d'obliger. À cela, Leibniz répond que la liberté n'est pas le propre de la volonté mais de la raison. Implicite dans les *Monita* (mais elle sous-tend, on l'a vu, toute sa partie finale), cette idée est explicitée, par exemple, dans une lettre de quelques années antérieure[2] :

> Ce que je vous dis, Monsieur, du danger où la liberté est mise sous la licence, ne vient que de mes réflexions et de l'affection que j'ay pour la véritable liberté, qui est un des plus grands joyaux de la nature humaine, mais après la raison ; la liberté, comme je vous ay dit autrefois, ne devant estre que le pouvoir de suivre la raison, définition qui sert même en théologie.

Indépendamment de ses conséquences métaphysiques et morales, aussi décisives les unes que les autres, cette redéfinition de la liberté a des conséquences proprement politiques. Une société libre n'est pas celle dans laquelle la volonté des individus qui la forment fait la loi, mais celle dans laquelle les lois sont conformes à la droite raison. Leibniz disqualifie ainsi à la fois la question de savoir comment la souveraineté est constituée et celle de son attribution (questions décisives pour tous les jusnaturalistes, Grotius compris) pour ne retenir pour essentielle que la façon dont elle est exercée. En particulier, il requalifie ainsi la question de la délibération qui n'est plus celle de la composition de volontés libres mais celle de la recherche de

droit romain désigne l'intérêt, ainsi dans l'adage célèbre : *Infans conceptus pro nato habetur quoties de commodis ejus agitur* (Une fois conçu l'enfant est tenu pour né quand il s'agit de ses intérêts).

1. Sur l'utilitarisme de Leibniz : R. Sève, *Leibniz et l'école du droit naturel*, *op. cit.*

2. Lettre à T. Burnett du 18 juillet 1701 (écrite en français), citée par R. Sève, *Le droit de la raison*, p. 79-81.

justes raisons[1]. De ce point de vue, sans que l'on puisse attester aucune véritable filiation entre eux, sur ce point du moins, la problématique de la volonté générale chez Rousseau est d'une certaine façon une tentative pour réunir les conceptions pufendorfienne de la liberté de la volonté et leibnizienne de liberté de la raison[2]. On pourrait même suggérer que les tentatives contemporaines de refonder le contractualisme, celles de John Rawls et de Jürgen Habermas, s'inscrivent plus dans la continuité de Leibniz que dans celle des jusnaturalistes. À cette différence près qu'ils stipulent un égal pouvoir de rationalité chez tous les hommes quand Leibniz s'oriente plutôt vers une certaine forme d'aristocratie de la rationalité (en témoignent ses efforts inlassables pour la constitution de sociétés savantes et autres académies auxquelles il voudrait voir reconnue une fonction pleinement politique)[3].

On comprend mieux ainsi ce qui sépare Leibniz de Grotius : si celui-ci est, en tant que jurisconsulte, « d'un jugement et d'une doctrine incomparables », il ne dispose pas de la philosophie et de la théologie qui pourraient seules donner sa véritable assise au droit naturel. Mais, bien au-delà du seul Grotius, c'est dans son principe l'entreprise même du jusnaturalisme que Leibniz remet ainsi en cause, à sa manière propre : radicale mais *liftée*, serait-on tenté de dire. La critique frontale de Pufendorf qu'il conduit comme l'ensemble des rectifications qu'il apporte de façon plus feutrée, nous venons de le voir, à la conception grotienne de la *recta ratio*, impliquent, lorsqu'on les conjugue, une rupture avec le corps des présupposés communs aux jusnaturalistes : la distinction entre religion naturelle et religion révélée (qui permet non une *déthéologisation* de la morale et de la politique mais une requalification de la problématique théologico-politique), la représentation de l'homme comme sujet doté de facultés (dont le droit naturel doit être déduit) et comme individu naturellement indépendant (et n'entrant que par la voie de l'institution dans les liens de la société civile), enfin la distinction d'une rationalité extrinsèque, indexée sur l'utile, et d'une rationalité intrinsèque, indexée sur le devoir (qui permet au jusnaturalisme de penser une rationalité éthique). Dresser le relevé de ce que Leibniz refuse, c'est d'une certaine manière écrire la carte d'identité du jusnaturalisme.

Juriste et philosophe, Leibniz était sans doute le mieux à même de saisir le plus complètement les enjeux de l'entreprise des jusnaturalistes et, en retour, la discussion des thèses de Pufendorf était pour lui une occasion

1. Sur ces points, R. Sève, *ibid.*, p. 51-60.

2. J'ai tenté de mettre en lumière ce double caractère de la volonté générale : *La fabrique des concepts*, *op. cit.*, partie IV.

3. R. Sève, *op. cit.*, *La politique de la science*, p. 221-251.

– elles sont assez rares dans son œuvre – d'articuler ces deux versants de sa pensée. L'importance attribuée par Barbeyrac aux *Monita quaedam ad Samuelis Puffendorfii principia* ne tient pas seulement à la célébrité de leur auteur (sont texte dit-il « ornera » sa traduction du *De Officio*) ni même à la nécessité de défendre *son auteur* : il est aussi pleinement conscient de ce que cette discussion engage l'école du droit naturel toute entière. Au-delà de sa discussion avec Leibniz, il sera conduit à proposer une véritable refondation du jusnaturalisme.

LA DÉFENSE BARBEYRAC ET LA PREMIÈRE CRISE DU JUSNATURALISME

Si Barbeyrac décide de joindre, dans une traduction de son cru, les *Monita* de Leibniz au texte du *De Officio*, ce n'est bien sûr pas pour en faire l'usage auquel il était destiné : mettre en garde ses lecteurs contre les « graves erreurs » de Pufendorf. Le traducteur-commentateur se donne pour tâche de laver « son auteur » d'accusations inexactes et injustes. Il procède d'ailleurs en intégrant sa traduction de Leibniz à un large commentaire justificatif. Cet argumentaire, pour nous, n'a pas tant l'intérêt de restituer Pufendorf dans une vérité que Leibniz aurait méconnue, que de nous montrer comment ceux qui se réclamaient de lui, ils étaient nombreux, pouvaient le comprendre.

Barbeyrac cependant est loin de se borner à ce rôle de défense et illustration. Donnant parfois raison à Leibniz[1], il propose un certain nombre de rectifications à la doctrine de Pufendorf pour la rendre plus consistante et cohérente avec elle-même. En particulier, la distinction entre droit naturel, ayant pour objet la seule vie terrestre, et religion naturelle, seule concernée par le salut, lui paraît, comme à Leibniz mais pour d'autres raisons, difficilement tenable. Il ne lit pas Pufendorf comme l'auteur d'une pensée singulière mais comme un des artisans de l'œuvre commune initiée par Grotius. Sa propre démarche d'explication et de correction doit également s'inscrire dans cette perspective.

Mais en rester là serait sous-estimer l'apport propre de Barbeyrac : au-delà du commentaire des *Monita* de Leibniz, et de sa défense de Pufendorf, y compris contre lui-même, ses copieuses annotations de Grotius et de Pufendorf comme les longues préfaces qu'il leur consacre, enregistrent ce qu'il nous faudra identifier, nous le montrerons dans un second temps, comme une première et fondamentale crise du droit naturel. Bien qu'il

1. *Jugement d'un Anonyme*, *loc. cit.*, p. 381 : « J'eus du plaisir à voir que je m'étais rencontré d'avance avec l'Anonyme sur certaines choses à l'égard desquelles j'avais déjà témoigné que je n'étais pas tout à fait content des pensées de mon Auteur ».

paraisse parfois les minimiser, il reconnaît en effet dans les désaccords de ses deux auteurs une menace pour le jusnaturalisme. Pour y répondre, il aurait voulu constituer son propre système. À défaut, il trace du moins le programme d'une refondation du jusnaturalisme : aussi bien en reformant son élément théorique central, la problématique de l'obligation, qu'en proposant une nouvelle épistémologie, plus adéquate à la science du droit naturel. Dans les deux cas, on le verra, il cherchera son inspiration chez Locke.

Réponse à Leibniz– Le mode de discussion adopté par Barbeyrac : entrecouper sa traduction des *Monita* de Leibniz d'un commentaire continu, peut donner d'abord à penser qu'il se borne à une série de rectifications ponctuelles sans véritable unité. Lorsque l'on observe que, pour rendre plus commode ses remarques, il fragmente le texte de Leibniz en vingt paragraphes qui se substituent aux cinq de l'original latin, on se dira en outre qu'il masque la forte articulation de la démarche. L'examen du texte fait apparaître une tout autre réalité : une très forte unité thématique gouverne le commentaire qui témoigne d'une lecture très compréhensive de Leibniz. De bout en bout, le propos se développe comme une discussion sur un seul objet : l'obligation. La modalité même de la discussion est constante : Barbeyrac procède par examen de définitions, ou de distinctions conceptuelles. Nous retiendrons les plus fondamentales.

Dans sa discussion du premier principe qu'il refuse à Pufendorf (le droit naturel porte sur la vie terrestre, non sur le salut), Leibniz avait affirmé que seule la perspective du châtiment ou de la récompense divine pouvait garantir que chacun remplisse ses devoirs. Cet argument, objecte Barbeyrac, témoigne d'une confusion majeure entre le fondement de l'obligation et les motifs de l'obéissance[1]. En faisant dépendre l'obligation de la sanction, Leibniz suppose que l'on ne fait son devoir que pour « obtenir quelque avantage ». Il se peut qu'on le fasse pour cela, mais on doit le faire pour lui-même. « Selon les principes de notre Auteur, on est *obligé* (souligné par Barbeyrac)… par cette seule raison que ce sont les Devoirs qui nous sont imposés par le sage Auteur de la Loi Naturelle, par le Conducteur Souverain de l'Univers »[2]. Un calcul de notre intérêt peut nous conduire à remplir nos devoirs, seule la conformation de notre volonté à celle de Dieu *parce qu'elle est sa volonté* constitue une action par obligation. En impliquant le salut dans le droit naturel, Leibniz croit en défendre une conception plus haute, il le rabaisse, parce qu'il confond « l'honnête et l'utile » que même les « sages païens » avaient pris soin de

1. *Jugement d'un Anonyme*, p. 392-396.
2. *Ibid.*, p. 394.

distinguer. L'utilité est un motif, pas une véritable raison. Barbeyrac ne prête pas une minute à Leibniz l'idée que l'on puisse faire son salut par prudence, mais son argument prouve qu'il faut inverser l'ordre de la discussion : les divergences sur la fin et la nature du droit naturel (les deux premiers points examinés par Leibniz) doivent être reconduites à leur source, la définition même de l'obligation.

« Ce que l'Anonyme appelle ici, en style scholastique, la cause efficiente du droit naturel, n'est autre chose que la raison pourquoi on est obligé de se conformer aux maximes de la loi naturelle »[1]. C'est la réponse du berger à la bergère : Leibniz évoquait la gloire passée de Pufendorf; Barbeyrac le renvoie à son propre archaïsme. La méconnaissance est également réciproque : en posant la question de la cause, Leibniz entendait rechercher dans l'essence du droit la source du lien d'obligation; en se déplaçant du côté de « la raison pour quoi on est obligé », Barbeyrac se tourne vers le sentiment d'obligation qui anime un sujet. Cet écart irréductible rend compte de la façon dont il écarte les deux sources que Leibniz lui paraît donner à l'obligation : « la nature des choses » et « les maximes de la raison ».

Avec Pufendorf et contre Leibniz, Barbeyrac soutient que « la considération de la nature des choses n'est pas ce qui impose proprement et directement la nécessité d'agir d'une certaine manière plutôt que d'une autre »[2]. Il cherche à justifier ce point à deux reprises et dans des registres bien différents. Son premier argument (il concerne Grotius autant que Leibniz) porte sur la possibilité d'un « droit des gens volontaire »[3]. Un tel droit est possible, dit Leibniz après Grotius, parce que la nature des rapports des sociétés entre elles leur impose de se fixer certaines règles. Il n'en est rien, répondent Pufendorf et Barbeyrac, parce que toute loi supppose un souverain qui la pose et que les souverainetés sont à l'égard les unes des autres sans supérieur. En arrière-fond, deux concepts opposés de la loi. Le second argument, plus général, concerne l'idée même de « nature des choses »[4]. Pour Barbeyrac, c'est la nécessité. Il en donne deux exemples, directement repris à Leibniz et indirectement à une topique fort classique. L'exemple, d'abord, des « sociétés de brigands » qui respectent certaines règles entre eux[5] : on ne saurait y reconnaître aucune conduite par devoir,

1. *Ibid.*, p. 407.
2. *Ibid.*, p. 408. Il y renvoie au *DNG*, I, II, § 6.
3. *Ibid.* p. 409.
4. *Ibid.*, p. 414-415.
5. Ce topos, qui prend sa source chez Aristote, passe par Grotius, Pufendorf lui-même, ici Leibniz; on le retrouve au XVIIIe siècle chez Diderot, dans l'article « Droit naturel » de l'*Encyclopédie* et chez Rousseau (article « Économie »).

tout au plus une forme de prudence. Une fois encore Leibniz confond utilité et honnêteté. L'exemple des « principes de l'arithmétique et de la géométrie » qui s'imposent universellement, ensuite : une conclusion n'est pas une décision, on ne saurait en tirer aucune forme de prescription. Leibniz confond, cette fois, entendement et volonté. La nature des choses ne produit que du nécessaire, l'action est volontaire. L'argumentation de Barbeyrac, on le voit, est constamment suspendue à la distinction de l'entendement et de la volonté.

Cette même présupposition lui fait également rejeter l'idée d'une obligation par « les maximes de la raison »[1]. Il faudrait d'abord supposer que notre raison gouverne notre volonté. « La raison, considérée en elle-même, et indépendamment du Créateur qui nous l'a donnée, ne peut pas nous mettre non plus dans une nécessité de suivre ces idées, quoi qu'elle les approuve comme fondées sur la nature des choses ». On l'a dit, sous le concept de raison, Barbeyrac ne peut concevoir autre chose qu'une faculté de l'homme. Or les passions peuvent tirer la volonté dans un tout autre sens que la raison. Mais, à supposer même que la raison puisse se soustraire à toute influence passionnelle, elle ne produirait aucune obligation : la raison a rapport à ce qui est et ce qui est nécessaire, pas à ce qui doit être. Le comportement dicté par la raison satisfera à la « convenance » ou à la « prudence » (la raison de Barbeyrac est l'entendement de Pufendorf), pas à l'honnêteté. Enfin, par la raison, nous n'avons affaire qu'à nous-mêmes ; or on ne peut s'obliger soi-même. Il n'y a que la volonté, cette faculté par laquelle nous avons rapport à d'autres volontés, qui puisse être obligée.

On aura noté que, pour conduire sa réfutation, Barbeyrac a soigneusement rompu l'identité établie par Leibniz entre la « nature des choses », les « règles de la raison conformes à cette nature » et les « vérités éternelles objets pour l'esprit divin ». Il n'y a là aucune méconnaissance de ses thèses. Leur récusation est explicite et témoigne de bien d'autres lectures que celle des *Monita* : « Car la nature des choses demeure toujours la même et, quoi que l'Auteur parle des *idées de l'Entendement Divin*, ce n'est pas dans ces idées que nous contemplons la nature des choses, et les relations qui en résultent, comme ce n'est pas dans une Métaphysique subtile qu'il faut aller chercher les bons principes du Droit Naturel et de la Morale »[2]. C'est explicitement la *vision en Dieu* que Barbeyrac refuse comme inadéquate à la nature de l'homme et particulièrement à celle de ses facultés. Parfaitement conscient de ce que la métaphysique de Leibniz fonde sa théorie du droit naturel, Barbeyrac ne se dérobera pas. En sens inverse, si l'on peut dire, il

1. *Ibid.*, p. 415-417.
2. *Ibid.*, p. 414.

dégage les conséquences proprement « théologiques » de sa propre vision du droit naturel : puisque la nature des choses, ni la seule raison ne peuvent donner une réponse satisfaisante, « la question est maintenant de voir, d'où vient alors l'Obligation ? si c'est de la volonté de Dieu, ou de quelque autre chose qui soit en lui ? ». Barbeyrac ne donne pas à cette question une réponse aussi simple que l'on pourrait attendre. De ce long exposé théologique et moral, on donnera un bref sommaire[1].

Une première ligne argumentative part de l'homme et de ce qui a été établi le concernant : l'obligation ne peut être que celle de la volonté. Une volonté ne peut être obligée que par une volonté. Une cause ne peut le faire : ce serait une contrainte, et seule une volonté libre peut agir par obligation. Une raison ne peut pas plus suffir à constituer une obligation : la raison emporte l'assentiment, pas le consentement. C'est donc la volonté de Dieu, et elle seule, qui peut emporter l'obligation. Une double expérience par l'absurde est alors pratiquée. Donnant sa propre version de l'*etiamsi daremus*, Barbeyrac reprend l'hypothèse épicurienne d'un Dieu ayant toutes les perfections divines mais n'ayant cure des hommes. Il serait pour nous un exemple, mais ne nous obligerait à rien. Deuxième hypothèse (peut-être en réponse à Grotius) : à l'obligation de droit naturel, découlant de la nature de l'homme, s'ajouterait l'obligation expresse de Dieu, par un droit divin volontaire. La première obligation affaiblirait l'autorité divine ; la seconde la dégraderait en ce qu'elle nous obligerait à des choses non nécessaires. De quelque côté qu'on la prenne, la nature de l'homme demande pour être obligée d'avoir affaire à une autre volonté : il n'y a pas d'obligation sans altérité[2].

Mais, à cette réponse conforme à la vulgate pufendorfienne, Barbeyrac ajoute la sienne propre, qui la prolonge. Elle mérite d'être signalée. Si l'on pense les choses non à partir de l'homme mais à partir de Dieu, on considèrera non les facultés du premier mais les attributs du second : sa puissance et sa bonté[3]. Dieu nous oblige par les deux, mais de façon supérieure par la seconde, ou plutôt la seconde accompagne toujours la première. « On doit lui obéir comme à un bon Père, nullement comme à un Tyran »[4]. L'obéissance que nous inspirera sa bonté (l'espérance et l'amour de Dieu)

1. *Ibid.*, p. 419-423. Ces pages proposent un traitement de ces questions autrement élaboré que celui, examiné au début de ce chapitre, proposé par l'annotation du *Droit de la nature et des gens*.

2. C'est une argumentation que retrouveront certaines critiques de la morale kantienne.

3. Par nombre de ses annotations au texte de Pufendorf, on comprend que pour Barbeyrac la volonté de Dieu est le nom que sa puissance et sa bonté prennent en tant que la volonté de l'homme a affaire à elles.

4. *Jugement d'un Anonyme*, p. 421. Barbeyrac a été sensible à l'accusation des *Monita*.

sera supérieure à celle que suscitera sa puissance (la crainte de Dieu). On ne peut cependant pas aller plus loin et substituer l'amour à la crainte pour fonder l'obligation : Dieu étant parfait, sa bonté et sa puissance sont nécessairement jointes ; l'homme étant corrompu, en lui l'amour de Dieu et l'obligation peuvent être réunis mais jamais confondus. Si des hommes sont assez « heureux » pour faire spontanément leurs devoirs, grâce à leurs dispositions naturelles ou à l'éducation reçue, ceux qui, surmontant leurs passions et leurs mauvaises habitudes, se soumettent à l'obligation, feront preuve de la plus haute vertu. Il y a fort à penser que, pour Barbeyrac, la distinction de la volonté et de l'entendement est en l'homme la marque indélébile de son imperfection. Peut-être même celle de la faute originelle.

Cette discussion entre Leibniz et Barbeyrac enregistre, il faut le souligner, une modification remarquable de la problématique de l'obligation, qui se trouve décalée du terrain juridique et politique, sur lequel elle s'est formée, vers celui de la morale et de la théologie. On peut lire cette modification de deux manières différentes, non exclusives l'une de l'autre. D'un premier point de vue on constatera un déplacement du centre de gravité des grands investissements intellectuels : entre Hobbes et Locke d'une part et Montesquieu et Rousseau de l'autre, on observe une relative éclipse de la pensée politique au profit des débats religieux et moraux[1]. On pourra aussi penser cette évolution comme un élargissement : en une centaine d'années, la problématique de l'obligation gagne toute la pensée classique. C'est le jusnaturalisme, plaque tournante entre théories du droit, de la politique, métaphysique, théologie et grands courants religieux, qui aurait constitué la problématique de l'obligation en carrefour de la pensée classique. On peut en dire autant des grands débats de nature épistémique.

Une refondation lockéenne du droit naturel ? – Barbeyrac s'était donné pour tâche essentielle, dans son examen du *Jugement d'un Anonyme*, de rendre justice à Pufendorf à qui il devait son initiation à la « science du droit naturel », dette déjà bien acquittée par la diffusion de ses traductions dans toute l'Europe. Loin cependant de se comporter en fidèle disciple, il se considère lui-même – on l'a dit – comme auteur à part entière. Examiner les points sur lesquels il s'écarte clairement de Pufendorf est sans doute une des meilleures manières de dégager l'orientation de son « système de droit naturel » qui n'a pas vu le jour. On se limitera aux deux questions les plus essentielles : la définition de la loi et le type de certitude dont le droit naturel est susceptible. Elles peuvent d'abord paraître très hétérogènes. Pour Barbeyrac, elles sont doublement liées : par un enchaînement des principes,

1. On pourrait même formuler une sorte de règle d'alternance que la dernière période de notre histoire vérifie.

qu'il faudra établir, et par la pensée qui dans les deux cas lui permet de fixer sa doctrine, celle de Locke.

Grotius définissait la loi comme « une règle des actions morales qui oblige à ce qui est bon et louable »[1]. Expliquant cette définition, il opposait aussitôt l'obligation et la permission : « Pour ce qui est de la permission, ce n'est pas proprement une action de la loi, mais une pure inaction, si ce n'est en tant qu'elle assujétit toute autre personne à ne pas empêcher de faire ce que la loi permet à quelqu'un ». Est permis, pour Grotius, ce qui n'est pas interdit par le droit naturel (ce qui n'est pas déshonnête) ou par le droit civil (ce qui n'est pas sanctionné par la loi)[2]. C'est, au demeurant, un principe fondamental du droit qu'il se contente de reprendre et dont on comprend aisément l'importance : ne peut être sanctionné que ce qui a été expressément défendu par la loi, tout le reste étant réputé permis. Mais ce principe change radicalement de portée du seul fait qu'on l'applique au droit naturel : il implique alors que l'ensemble des actions humaines excède l'ensemble de celles qui sont soumises à la loi (il y aura des actions moralement indifférentes) et, par conséquent, que la fonction de la loi est de tracer une limite, précisément de produire cette différence, en départageant les actions susceptibles d'être honnêtes ou déshonnêtes, permises et interdites. Pufendorf, qui récuse la définition que Grotius donne de la loi – pour lui elle est toujours l'ordre d'un supérieur – croit pouvoir cependant retenir la restriction classique : à ses yeux aussi, toute loi est obligation et il ne peut y avoir, à proprement parler, de loi de permission[3]. Il explicite plus nettement ce qui justifie ce principe : « Car à l'égard de toutes les choses où la loi ne nous apporte aucun obstacle, nous jouissons d'une pleine liberté, dont l'effet principal est que personne n'a le droit de nous troubler dans l'usage innocent de notre liberté ». On ne saurait mettre mieux en évidence ce qui est en jeu dans cette question : la reconnaissance à l'homme d'une liberté primitive, « liberté naturelle » dit-il encore, antérieure à la loi. On observera d'abord qu'il n'y a, là non plus, rien de très nouveau : la liberté est la condition naturelle des hommes, disait déjà le droit romain, et la loi est ce qui en encadre l'exercice. Mais il s'agissait de poser une antériorité de la liberté naturelle sur la loi instituée. Si le seul fait, avec Grotius, d'étendre au droit naturel le refus de la loi de permission était lourd de conséquences, que Pufendorf, pour justifier cette extension, suppose une liberté naturelle antérieure à la loi divine en entraîne une série d'autres, dont la portée est encore plus considérable.

1. *DGP*, I, I, § IX, 1.
2. *DGP*, III, IV, § II et III, X, § I.
3. *DNG*, I, VI, § XV.

Barbeyrac, qui voit fort bien ces conséquences, s'oppose avec véhémence à ses deux prédécesseurs, et avec plus de vigueur encore à Pufendorf qui, sur ce point, lui paraît très inconséquent[1]. Avant d'examiner ses raisons, il faut souligner l'enjeu de ce débat. Un argument opposé par Selden à Grotius nous y aidera :

> Tout de même que les bornes qui séparent mon champ d'avec celui de mon voisin, marquent aussi bien l'étendue du champ de mon voisin que celle du mien, ainsi le Droit obligatoire, qui détermine les actions ordonnées ou défendues, étant une fois posé, il s'ensuit de là nécessairement un Droit de simple permission, qui a pour objet toutes les autres actions, sur lesquelles le Legislateur n'a rien prescrit avec autorité, et qu'il permet par conséquent de faire ou de ne pas faire, comme on le trouvera bon [2].

La métaphore spatiale de Selden et la lecture temporelle qu'il en fait démentent ce que sa thèse semble tenir. Former en face du droit obligatoire un droit de permission qui est son complémentaire, donner un statut légal à la permission, ce n'est pas ménager un espace non obligé, c'est saturer par le droit la totalité des actions humaines, et nier l'idée d'une liberté antérieure à la loi. Aussi bien, Selden ne dit pas que le droit obligatoire restreint une liberté primitive pour laquelle tout serait *a priori* permis mais bien que l'obligation, étant *une fois posée*, produit comme son ombre la permission. Barbeyrac, après avoir renvoyé au texte de Selden, ne manquera pas de s'opposer à l'idée de pleine liberté naturelle avancée par Pufendorf : « Mais l'usage libre de cette faculté en telles et telles choses est un effet de la permission du souverain legislateur, qui nous a imposé des lois en nous donnant l'être »[3]. La liberté s'exerce dans le cadre circonscrit par la loi divine. Ce faisant, il ne fait que rappeler à Pufendorf ses propres principes : en faisant de la loi l'ordre d'un supérieur et de la loi naturelle la volonté de Dieu, il a bel et bien ruiné à la fois l'idée d'actes moralement indifférents (la volonté de Dieu est toujours là qui fait la différence) et celle d'une liberté antérieure à la loi[4] (à moins, ce que Pufendorf ne fait pas, d'attribuer à l'homme une libre volonté antérieure à la volonté divine et

1. Cette discussion occupe son annotation des textes de Pufendorf et de Grotius que l'on vient de citer. On notera que la traduction de Pufendorf est antérieure de près de quinze ans à celle de Grotius et présente donc un état de sa pensée beaucoup plus approfondi.

2. J. Selden, *De Jure Naturae et Gentium secundum Hebraeos*, *op. cit.*, I, IV, p. 52. Ce texte est cité par Barbeyrac (*DNG*, I, VI, § XV, note 2). La traduction est la sienne.

3. *DNG*, I, VI, § XV, note 5, p. 110.

4. Il ne faut pas se laisser prendre à l'artifice de présentation qui fait démontrer par Pufendorf (*DNG*, I, II, § VI), que toutes les actions humaines sont en elles-mêmes indifférentes. Il veut souligner par là qu'aucune action n'est honnête ou déshonnête en soi mais seulement par rapport à la loi. Considérées moralement (c'est-à-dire dans leur rapport à la loi naturelle, la volonté de Dieu) aucune action n'est indifférente.

indépendante d'elle). Barbeyrac veut donc rendre à la pensée de Pufendorf sa cohérence compromise. Mais pour cela il va devoir remettre sur le chantier toute la théorie de l'obligation.

L'écart de Pufendorf, si l'on peut s'exprimer ainsi, fait éclater au grand jour ce que portait déjà en elle la décision de Grotius. Transférer du droit civil au droit naturel le principe selon lequel notre liberté n'a de limite que ce que la loi prescrit ou interdit explicitement, c'est inférer que la liberté est antérieure à toute législation et, logiquement, que chacun est son propre législateur. Cette conséquence était inhibée chez Grotius lui-même, parce que sa théorie de la *recta ratio* n'attribuait à l'homme que la *jurisdiction*, en aval de la législation divine, et faisait de l'acte de juridiction lui-même un jugement de la raison, non une décision. Dans le droit naturel de Grotius, l'homme est le jurisconsulte de Dieu. En refusant ce modèle (par la distinction de l'entendement et de la volonté et l'attribution de la liberté à la volonté) et en faisant de la loi la décision d'une volonté, Pufendorf libère les effets virtuels de la décision de Grotius. Il ouvre une voie qui débouche inéluctablement, en morale, sur l'autonomie et, en politique, sur l'auto-législation : l'inverse exactement du but qu'il poursuit. Locke, dans le *Traité du gouvernement civil*, cherche un compromis en composant volonté et *jurisdiction* : il y a une loi naturelle sur laquelle tout homme exerce un pouvoir de juridiction, mais il peut vouloir transférer ce droit à une autorité supérieure. Hobbes voit dans l'abandon volontaire de la liberté primitive la condition de l'obligation et de la législation. Parce que cet abandon est impossible, Rousseau fera de la législation l'acte par lequel tous s'obligent librement. Le jusnaturalisme, nous avions fait ce constat, est entraîné à sa propre subversion par la substitution du paradigme de la législation à celui de la *jurisdiction*. Le passage de la *recta ratio* à la distinction de l'entendement et de la volonté y joue un rôle déterminant.

Barbeyrac tente d'enrayer ce processus : suivant Selden, il affirme que le droit naturel couvre l'ensemble des actions humaines et se constitue d'un droit d'obligation et d'un droit, subséquent, de permission :

> Si l'on réfléchit même attentivement sur la Nature des choses morales, on trouvera que l'idée générale de la Loi, en tant qu'elle désigne une Constitution par laquelle un Supérieur régit les Actions de ceux qui lui sont soumis, renferme non seulement l'obligation de faire ou de ne pas faire certaines choses, mais encore la liberté d'en faire ou de ne pas en faire d'autres : Liberté dont la concession emporte toujours quelque chose de positif, soit que cette concession soit expresse, ou seulement tacite. En effet, sur quoi sont fondés tous les droits que l'on a, si ce n'est sur une volonté positive du Supérieur [...] ? D'ailleurs, le droit et l'obligation étant deux idées relatives, qui marchent presque toujours d'un pas égal, pourquoi

> n'admettrait-on pas une Loi de simple permission, aussi bien qu'une Loi obligatoire ? Certainement, si celle-ci est nécessaire pour nous imposer la nécessité d'agir, l'autre ne l'est pas moins pour nous mettre en état de pouvoir sûrement et impunément agir ou ne point agir, selon qu'il nous semble bon ?[1].

Cette réponse à Pufendorf implique une redéfinition de la liberté qui n'est plus antérieure à la loi et encadrée par elle mais un droit formé et octroyé par la loi. Barbeyrac le dit avec beaucoup de détermination en objectant cette fois à Grotius : « Les actions permises sont aussi positivement réglées par la Loi à leur manière et selon leur nature, en tant que la loi ou donne originairement le pouvoir de les faire ou de ne pas les faire, comme on le juge à propos, ou confirme et laisse cette faculté qu'elle aurait pu ôter, ou en tout, ou en partie »[2].

La discussion sur les lois de permission, qui pouvait d'abord paraître bien technique, est par conséquent révélatrice d'un dilemme effrayant pour le droit naturel : soit il faut reconnaître à l'homme une liberté primitive qui fait de lui son propre législateur, et la loi divine perd son statut de législation universelle, soit il faut ramener la liberté à n'être que cette permission octroyée par la loi, et elle sera entièrement dépendante de celui qui la pose. L'effort de l'école du droit naturel pour encadrer à la fois la souveraineté et la liberté par le droit se trouverait submergé par l'un ou l'autre de ces principes. Est ainsi d'ores et déjà constitué ce que nous aurons à caractériser comme la crise du jusnaturalisme. Moins qu'un moment dans l'histoire de l'école, il faudrait y reconnaître la mise à nu d'une contradiction interne de l'idée même de droit naturel.

À s'en tenir à la position qu'il vient de prendre dans ce débat, on serait tenté de penser que Barbeyrac, s'il gagne en cohérence par rapport à Pufendorf, accentue à l'extrême le volontarisme de celui-ci, faisant de l'arbitraire divin la source de tout droit et, puisque les souverains civils ont une autorité analogue à celle de Dieu, qu'il verse dans l'absolutisme le plus radical qui puisse se concevoir. On a vu d'ailleurs que Leibniz ne se faisait pas faute de dénoncer la dérive tyrannique de telles conceptions. Or Barbeyrac ne s'est pas montré indifférent à un tel procès, montrant que Dieu ne devait pas être compris comme un tyran, mais comme un père, et l'obligation que nous lui devons être dérivée de sa bonté et non de sa puissance prise isolément. Aussi bien, loin de partager la conception de la volonté et de la liberté que se fait Pufendorf, il tend à lui en substituer une

1. *DNG*, I, VI, § XV, note 2, p. 108-109.
2. *DGP*, I, I, § IX, note 5, p. 47.

autre, toute différente, qu'il va chercher chez Locke, non celui du *Traité du gouvernement civil* mais celui de l'*Essai sur l'entendement humain* (à la traduction duquel il a indirectement collaboré). C'est ce qu'indique, discrètement mais précisément, une série de notes de sa traduction de Pufendorf[1].

Dès les premières notes qui accompagnent le chapitre consacré à la volonté[2], Locke est invoqué une première fois pour contester l'emploi fait de la notion de faculté, une seconde pour opposer à celle de Pufendorf sa définition de la volonté comme puissance, et la disjonction entre liberté et volonté : « Mr Locke semble avoir raison de croire que, *la liberté qui n'est qu'une puissance, appartient uniquement à des agents, et ne saurait être un attribut ou une manifestation de la volonté, qui n'est d'elle-même rien autre chose qu'une puissance* »[3]. Que l'accord de Barbeyrac avec Locke soit global, c'est ce dont témoigne le fait qu'il fasse référence, dans son ensemble, au chapitre XXI de l'*Essai* « où toute cette matière de la liberté et de la volonté en général est traitée tout en long ». Or, on ne saurait concevoir opposition plus radicale que celle des conceptions de la volonté de Pufendorf et de Locke : pour l'un la volonté est définie par la liberté, pour l'autre « la liberté n'est pas une idée qui appartienne à la volition »[4].

Dans le même chapitre, à deux reprises, Barbeyrac oppose encore les deux penseurs[5]. À la définition du bien donnée par Pufendorf, comme « disposition qui rend une chose capable d'être utile à une autre », il préfère celle de Locke, pour qui le bien est « ce qui est propre à augmenter le plaisir en nous, ou à diminuer ou abréger quelque douleur ». De même, contre l'affirmation du premier que « tout le monde n'est pas capable de discerner les biens solides et durables avec les faux », il soutient celle du second, selon qui « Le jugement présent qu'on fait du bien, ou du mal, est toujours droit ». Dans les deux cas, il s'agit de montrer que ce n'est pas tant le rapport à l'objet que le rapport à soi qui est déterminant pour l'action. Sur tous ces

1. Ses index de Grotius et Pufendorf ne renvoient qu'aux textes utilisés par les auteurs, Barbeyrac n'y mentionne donc pas le nom de Locke. Mais son annotation y fait de multiples renvois. Le plus grand nombre ne concerne pas les *Discours sur le gouvernement civil* mais *l'Essai philosophique concernant l'entendement humain*, dans la traduction de Coste (plusieurs fois remaniée de 1700 à 1702). C'est ce texte, approuvé et amendé par Locke, utilisé par nombre d'auteurs dont Leibniz, qu'on cite d'après la 5e édition, Amsterdam et Leipzig, J. Schreuder et P. Mortier, 1755, reprise, Paris, Vrin, 1989. Barbeyrac est l'une des deux personnes (avec Locke !) que Coste remercie pour l'aide apportée à sa traduction…

2. *DNG*, I, IV.

3. Locke, *Essai, op. cit.*, II, XXI, § 14, *op. cit.*, p. 186.

4. *Ibid.*, § 10, p. 184.

5. *DNG*, I, IV, § IV, note 2, qui renvoie à l'*Essai*, II, XX, § 2, et note 8, qui cite l'*Essai*, II, XXI, § 58.

points cependant, si les raisons qui les opposent tous deux à Pufendorf sont clairement énoncées, celles qui rapprochent Barbeyrac de Locke le sont moins. On sera beaucoup mieux à même de les expliquer après avoir envisagé le second point sur lequel, cette fois de façon beaucoup plus explicite, Barbeyrac s'appuie sur Locke. Y sera en jeu ce que l'on pourrait caractériser comme une seconde dimension de la crise du jusnaturalisme.

Si le problème commun des jusnaturalistes est de donner un fondement à l'obligation, leur exigence partagée est de fonder une science du droit naturel. Mais, sur le second point autant que sur le premier, la divergence des principes est grande. L'idée même de droit naturel fixe, bien sûr, le cadre à l'intérieur duquel la question se pose : c'est de la nature qu'il s'agit de tirer des principes certains de droit. À cet égard, le moment fondateur grotien avait apporté une clarification essentiellement négative : la nature qu'il s'agissait de prendre en considération ne pouvait être, comme dans le droit naturel des anciens, la nature commune des êtres vivants, mais celle de l'homme en tant que seul être susceptible de droit et d'obligation. Conjuguant, comme souvent chez lui, une approche de type déductive et une autre par le consensus des sages, Grotius était allé un peu plus loin en reconnaissant dans le caractère sociable et raisonnable de l'homme ce qui à la fois rendait des règles de droit nécessaires et rendait l'homme susceptible d'obligation. C'était prendre son assise dans l'idée même de droit et également dans celle de nature de l'homme. Pufendorf, d'une certaine façon, prolongeait cette démarche en se donnant un double point de départ, l'un privilégié dans les *Elementa jurisprudentiae universalis*, l'autre dans le *De Jure Naturae et Gentium* : le concept, juridique, d'une loi obligeante et les facultés propres de l'homme (l'entendement et la volonté), qui le rendent susceptible d'obligation. Mais, par là même, pour reprendre les expressions que nous avions utilisées, il mettait en évidence que le conflit des principes (sur la nature et le fondement de l'obligation) affectait le projet même d'une science du droit naturel. On peut sans doute prêter à Barbeyrac la volonté de sauver l'entreprise commune en ramenant à l'unité les deux idées de droit et de nature et de résoudre le conflit des principes en donnant une nouvelle assise au projet d'une science du droit naturel[1]. C'est du moins une telle tentative que l'on peut discerner dans un de ses textes les

1. D'une certaine façon, Hobbes avait procédé à cette unification, mais en ramenant un pôle à l'autre, le droit à la nature. La figure symétrique, ramener la nature sous le droit, n'avait pas de sens assignable dans l'horizon de l'âge classique : on pourrait, si on peut risquer ce paradoxe, penser qu'il faudra attendre Kelsen pour que se constitue cette tentative symétrique. Le système complet des figures possibles se donnant à lire dans les dialogues entre Kelsen, Schmitt et Strauss.

plus ambitieux, la grande *Préface du Traducteur* (elle ne compte pas moins de cent vingt pages) au *Droit de la Nature et des Gens.*

Ce texte s'inscrit explicitement dans le prolongement d'une part des *Prolegomena* de Grotius, retitrés par Barbeyrac lui-même : *De la certitude du Droit en général*, et d'autre part du grand chapitre méthodologique de Pufendorf : *De la certitude des sciences morales.* Barbeyrac va tenter de montrer, comme eux mais à son compte propre, que « la science des mœurs est susceptible de démonstration »[1]. Par science des mœurs, il entend à la fois « la Morale », « le Droit naturel » et « la Politique » : « tout ce qui est nécessaire pour savoir de quelle manière chacun doit se conduire »[2]. Il reprend ainsi à son compte la distinction faite par Pufendorf entre *êtres physiques* et *être moraux* et affiche clairement l'ambition de l'école du droit naturel, au début du XVIIIe siècle, de constituer, face à la science physique en plein essor, la science des choses, une seconde science architectonique, science des actions humaines.

Le propos est engagé de façon bien classique et même traditionnelle. La science des mœurs est plus nécessaire que toute autre, puisque d'elle dépendent notre bonheur et notre salut. Elle doit être possible, puisque Dieu dans sa bonté ne peut l'avoir laissée hors de notre portée. Elle existe effectivement, puisqu'il nous suffit de regarder en nous-mêmes pour en trouver les principes : l'existence de Dieu, de sa providence et des devoirs ou obligations qui en découlent pour nous. Connaissance intuitive donc, à la portée de tous, et qui ne demande aucune lumière que n'ait même l'homme le plus simple. En attestent aussi bien les auteurs chrétiens que païens, Confucius même.

Mais il ne s'agit pas d'en rester à cette certitude morale. Il faut encore, et cela est possible, constituer une véritable science démonstrative : « si l'on s'attache à suivre comme il faut pied à pied les Principes naturels de cette Science, et à les pousser dans toute son étendue, on en déduira aisément, par des conséquences liées les unes avec les autres d'une manière démonstrative, tous les Devoirs de l'Homme, dans quelque état qu'il se trouve »[3]. Cette belle confiance est inspirée à Barbeyrac par deux raisons bien différentes. La première, *a priori,* est tirée de la bonté de Dieu : il ne peut nous avoir rendus aptes aux vérités mathématiques pour nous laisser impropres à celles de la morale. La seconde, dit-il, « tient à la nature de la chose ». On s'attendrait à voir évoquée, dans la veine de ses prédécesseurs jusnaturalistes, la nature de l'homme, définie comme l'a fait Grotius, à la

1. C'est l'intitulé que Barbeyrac donne au second paragraphe de sa préface.
2. *Préface du Traducteur*, § I, note *b*.
3. *Ibid.*, § II, p. XIX.

façon de Pufendorf, ou encore d'une nouvelle manière. Or, opérant une rupture remarquable, Barbeyrac développe une approche tout à fait étrangère à celle de « ses auteurs » :

> Mais outre cette raison, dont la Bonté de Dieu ne permet pas de douter, en voici une autre, tirée de la nature même de la chose, et qui seule serait assez forte pour convaincre toute personne raisonnable de la possibilité qu'il y a de réduire la Science des Mœurs à un Système aussi bien lié, que ceux de Géométrie, par exemple, ou de Méchanique, et fondé sur des Principes aussi certains. Il n'est pas question, dans la Morale, de connaître l'essence réelle des Substances ; on l'a jusqu'ici tenté inutilement, et, selon toutes les apparences, personne n'en viendra jamais à bout, comme l'a fait voir un grand Philosophe de nos jours. Il ne faut qu'examiner et comparer avec soin certaines Relations que l'on conçoit entre les Actions Humaines, et une certaine Règle (*ibid.*).

Ce texte mérite un peu d'attention. Il est engagé par une nouvelle mouture (la figure est décidément très sollicitée) de l'*etiamsi daremus* : même si on écarte la bonté divine, on peut prouver qu'une science du droit naturel est possible. Encore faut-il pour cela ne pas se tromper sur la démarche qu'il convient de suivre. Écartant d'un geste les constructions de ses prédécesseurs, Barbeyrac renonce à tabler sur toute proposition concernant la nature en général, celle de l'homme en particulier, sur la nature du Juste, du Droit, du Devoir, de l'Obligation. Ce n'est pas sur des substances mais sur des relations qu'il faut raisonner, en tant que nous pouvons les concevoir. L'épistémologie qui convient à la science des mœurs est celle de Locke : elle doit prendre son assise sur l'étude de l'entendement humain.

Grâce à la lecture qu'il fait de Locke, Barbeyrac renonce aux deux points de départ que ses prédécesseurs distinguaient et, dans le même mouvement, les ramène à l'unité. Prenons Pufendorf comme terme de comparaison. Dans ses *Elementa jurisprudentiae universalis,* celui-ci construisait de façon formelle une théorie du droit naturel à partir de définitions, données pour intuitivement évidentes, de toute une série d'entités juridiques. Dans le *De Jure Naturae et Gentium*, partant de la nature de l'homme et de ses facultés primitives, il produisait les mêmes résultats. Renonçant à des prérequis aussi lourds et susceptibles d'autant de controverses, dans un cas comme dans l'autre, Barbeyrac propose de s'en tenir au seul examen, par l'observation exacte de la façon dont fonctionne l'entendement humain, des relations entre deux idées qui y sont formées : celle des « Actions Humaines » et celle d'une « certaine règle ». Ni formelle, ni substantielle, cette démarche consiste à tirer les principes du droit naturel de la seule analyse du fonctionnement de l'entendement humain.

Si, dans son annotation de Pufendorf, Barbeyrac se bornait à des références et de brèves citations, il va ici littéralement laisser la parole à Locke : « Écoutons là-dessus Mr Locke lui-même ». Trois pleines pages durant, il développera cette proposition initiale en opérant un montage de trois longs extraits de l'*Essai philosophique concernant l'entendement humain* (au passage, rendant la rhubarbe pour le séné, Barbeyrac déclare son égale admiration pour l'auteur et son traducteur, Coste)[1].

Ce n'est pas à définir des substances qu'il faut s'attacher mais à définir les rapports entre des modes qui sont dans notre esprit, et ainsi à cultiver cette « troisième espèce de connaissance » qui examine « la convenance ou disconvenance de nos idées »[2]. Sur ce pied, on peut constituer une science morale capable de démonstration. L'idée de Dieu, comme puissance et bonté, et celle de nous-mêmes, comme « créatures intelligentes et raisonnables » suffisent, mises en relation, pour donner « les fondements de nos devoirs ». De l'idée de propriété et de celle d'injustice on peut déduire « qu'il ne saurait y avoir d'injustice là où il n'y a pas de propriété » (au passage Barbeyrac observe que *propriété* désigne, chez Locke, « toutes sortes de droits »). De l'idée de gouvernement et de celle de liberté découle que « Nul Gouvernement n'accorde une absolue liberté ». Le choix de ces trois exemples ne doit rien au hasard et l'on comprend assez bien l'enthousiasme de Barbeyrac : Locke démontre, sans les lourds présupposés pufendorfiens sur la nature de l'homme et celle de Dieu, les bases mêmes de sa pensée. Bien plus que des exemples, il reconnaît là les linéaments d'une théorie complète de l'obligation.

Le nominalisme très particulier dont use Locke permet même de redonner un statut aux substances en morale, pourvu qu'on ne confonde pas ce qui est institué avec ce qui est donné dans la nature[3]. En morale, les noms de substances – ainsi droit, justice, devoir – sont bien différents de ceux qui visent des objets extérieurs « car pour les Substances qui entrent dans les Discours de Morale, on en *suppose* les diverses natures plutôt qu'on ne songe à les chercher »[4]. Ils ont, au contraire, le même statut qu'en mathématique : parce qu'ils sont formés par notre esprit, il n'y a besoin pour les connaître de façon certaine que de « la combinaison des idées qui y sont jointes dans notre esprit » et non, comme lorsqu'il s'agit des substances

1. Rendant compte de ce montage on traitera ce texte pour ce qu'il est en l'imputant à la fois à Locke et à Barbeyrac. Les références seront données en même temps à l'*Essai* et à la *Préface du Traducteur*.

2. *Préface du Traducteur*, § II, p. XX, *Essai*, IV, III, § 18, p. 453-454.

3. *Préface du Traducteur*, § II, p. XX, *Essai*, III, XI, § 16-17, p. 419-421.

4. *Ibid.*, § 16, p. 420 (je souligne).

singulières, « de la constitution cachée et abstruse de toute la nature et des diverses qualités d'une chose qui existe hors [de nous-] mêmes »[1].

À Locke, Barbeyrac emprunte encore les moyens d'échapper à l'accusation d'arbitraire qui ne manquera pas d'être soulevée : « quelle confusion entre les Vertus et les Vices, si chacun peut s'en former telles idées qu'il lui plaira ! »[2] L'arbitraire des noms, pas plus qu'en mathématique, n'implique en morale celui des idées et des déductions : appeler carré un triangle n'en changera pas les propriétés ni les théorèmes qui en découlent. Donner un autre nom à la justice n'en changera pas la nature. La confusion, qu'elle soit volontaire ou résulte d'une inadvertance, ne change rien à la rigueur des consécutions en matière morale. Pour être hypothétique, un raisonnement fondé sur des notions conventionnelles n'en perd pas plus qu'en science son caractère démonstratif. On peut même répondre à l'argument des sceptiques que la diversité des mœurs n'affecte en rien les vérités du droit naturel.

On le comprend aisément, l'épistémologie lockéenne séduit Barbeyrac parce qu'elle permet de sauver l'idée d'une science du droit naturel tout en se débarrassant de la lourde hypothèque que faisait peser sur elle la présupposition d'une nature de l'homme dont il était évident qu'elle était de ces « essences » que l'on a tenté jusqu'ici inutilement de connaître. Mais, objectera-t-on, une telle « science de la morale » ne devient-elle pas une science formelle et le paradigme de la nature de ce « droit naturel » n'est-il pas vidé de tout contenu ? Le soin avec lequel il relève « l'exemple » pris par Locke de ces substances dont, en morale, on « suppose » la nature, porte à penser, au contraire, que Barbeyrac voit chez lui le moyen de former un paradigme *sui generis* de la nature pour le droit naturel :

> Par exemple, quand nous disons que l'Homme est sujet aux lois, nous n'entendons autre chose par le mot Homme qu'une Créature corporelle et raisonnable, sans nous mettre aucunement en peine de savoir quelle est l'essence réelle et les autres Qualités de cette Créature. Ainsi, que les Naturalistes disputent tant qu'ils voudront entre eux, si un Enfant ou un Imbécile est Homme dans un sens Physique, cela n'intéresse en aucune manière l'Homme Moral, si j'ose l'appeler ainsi, qui ne renferme autre chose que cette idée immuable et inaltérable d'un Être corporel et raisonnable[3].

1. *Ibid.*, § 17, p. 421 ; *Préface du Traducteur*, p. XXI.
2. *Préface du traducteur*, § II, p. XX-XXI, *Essai*, IV, IV, § 8-10, p. 467-469.
3. *Préface de l'Auteur*, p. XX, *Essai*, III, XI, § 16, p. 420.

Le congé donné par Locke aux « naturalistes » est à prendre au sérieux : il reconduit celui donné aux « physiciens » par l'Avertissement de l'*Essai*[1]. S'abstenant de « considérer en physicien la nature de l'Âme », Locke ne s'en donne pas moins pour objet d'examiner « la nature de l'entendement ». Le déplacement de l'âme à l'entendement est corollaire de ces deux autres déjà reconnus : de la substance aux relations et d'un concept de la nature à un autre. Un déplacement parallèle est suggéré ici : le droit naturel doit se donner son propre concept de la nature de l'homme et prendre assise sur cette nature de « l'homme moral ». C'était tracer une voie moyenne entre celles des *Elementa* et du *De Jure Naturae et Gentium*, dégrevée du pur déductivisme de l'une et de l'excès de prérequis de l'autre.

Barbeyrac pouvait d'autant mieux se contenter de cette épistémologie ascétique du droit naturel (tout se passe comme si Locke visait à l'économie la plus drastique possible de prérequis) qu'il ne lui demandait pas à proprement parler de *fonder* les principes du droit naturel – cela, il le reçoit déjà de l'évidence intuitive commune qui est, en fin de compte, celle de la religion naturelle – mais seulement de les déduire avec une rigueur pleinement démonstrative. Cette disjonction entre la question de la déduction du droit naturel et celle de son fondement s'accompagne d'un déplacement de la problématique de l'obligation de la politique vers la morale. Sans doute est-ce la première raison que l'on peut donner au faible prolongement donné à son accord proclamé avec Locke – lequel, au demeurant, a peut-être à voir aussi avec la faible articulation, chez Locke lui-même, entre les principes de l'*Essai sur l'entendement humain* et ceux des *Traités du gouvernement civil*[2].

Mais une autre raison se trouve peut-être dans la complexité de cette refondation lockéenne du droit naturel : ces subtilités épistémologiques n'ont-elles pas paru à Barbeyrac peu suffisantes aussi pour prendre en charge l'objet et les enjeux du droit naturel que les subtilités métaphysiques qu'il reprochait à Leibniz ? En tout cas, lorsque la problématique proprement politique de l'obligation revient au premier plan, au milieu du XVIIIe siècle, c'est en contournant les élaborations complexes du second jusnaturalisme, celles de Pufendorf comme celles de Locke dans l'*Essai*

1. *Essai philosophique sur l'entendement humain*, *op. cit.*, p. 2-3.

2. Il ne semble pas que Locke ait relié la théorie de l'obligation du *Traité du gouvernement civil*, toute entière fondée sur le droit de juridiction par lequel chacun a naturellement le pouvoir d'interpréter et appliquer la loi naturelle de Dieu, et celle de l'*Essai*, constituée par les trois relations croisées de nos idées de Dieu et de l'homme moral, de la propriété et de l'injustice, du gouvernement et de la liberté. Ces deux théories sont parallèles, l'une politique, l'autre morale, l'une reposant sur l'évidence intuitive de la liberté naturelle, l'autre sur la connaissance analytique de notre entendement. Elles ne se croisent ni pour se contredire ni pour s'articuler.

philosophique concernant l'entendement humain, ou encore leur tentative de synthèse par Barbeyrac, pour renouer avec les problématiques de Hobbes et celles de l'autre Locke, celui du second *Traité du gouvernement civil.* Plus nettement encore, lorque les doctrines des droits de l'homme reprendront l'héritage du droit naturel, ce sera sous deux modalités qui renvoient plus au premier qu'au second jusnaturalisme. Sous la forme anglo-saxonne, dans la lignée de Burlamaqui, en partant de l'évidence intuitive de la religion naturelle (Dieu nous fait libres et immédiatement obligés par sa loi). Sous sa forme française, en reconnaissant le pouvoir humain d'autolégislation (nous ne sommes obligés par la loi que parce qu'elle est supposée émaner de notre volonté) : c'est ainsi que sera lu Rousseau.

UNE INDÉCISION INDÉPASSABLE ?

Que retenir de cet exposé de la querelle de l'obligation ? Des querelles de l'obligation devrait-on dire, puisque nous avons vu successivement Pufendorf s'opposer à Grotius, Leibniz à Pufendorf, Barbeyrac à Leibniz, puis à Grotius et Pufendorf réunis.

Le projet initial du jusnaturalisme était, selon la formulation que nous en avons proposée, de former une théorie de l'obligation alternative à celle portée par le principe de souveraineté, en fondant l'obligation sur ceux-là mêmes qu'il s'agissait d'obliger. Le premier jusnaturalisme, celui de Grotius, avait pu satisfaire cette exigence en faisant jouer un nouveau rôle à un modèle hérité de l'enseignement traditionnel de la scolastique : la *recta ratio,* à la fois raison droite et raison rectrice, nous fait connaître et par cela seul nous commande de suivre ses préceptes, constitutifs en eux-mêmes de nos obligations naturelles, et nous permet (par le passage de l'*obligatio ex promisso* à l'*obligatio ex consensu*) de former la *consociatio juris et imperii* qui nous soumet à nos obligations civiles. Sous cette condition, il était possible de préserver l'unité de deux concepts de la loi que Bodin, sous l'empire du principe de souveraineté, distinguait comme lois de la nature et de Dieu et commandement du souverain, et que la science et la philosophie du XVIIe siècle opposaient, sous un nouveau concept de la nature, comme lois nécessaires de la nature et lois volontaires instituées.

Mais cette construction ne pouvait résister durablement à la montée en puissance (qu'elle favorise elle-même) de trois représentations que l'on pourrait dire constitutives de l'horizon moderne : celle de la souveraineté comme pouvoir d'obliger, celle du pouvoir humain de législation, celle d'un individu-sujet doté de deux facultés distinctes : l'entendement et la volonté. Le second jusnaturalisme – Pufendorf est son expression la plus forte – veut s'inscrire dans cet horizon nouveau et reformer sur cette base les principes du droit naturel. Croisant ces représentations, il redéfinit l'obligation comme relation entre des volontés et la loi comme source de toute obligation. Mais c'est au prix (prix si fort que Pufendorf ne parvient pas à vraiment l'acquitter) d'un retournement complet de la relation entre la loi et la liberté : la loi ne sera plus, en nous obligeant, ce qui donne son cadre à l'exercice de notre liberté primitive, mais la liberté ce que constitue la permission de la loi.

Par un extraordinaire retournement, le second jusnaturalisme se trouve ainsi achever ce que l'émergence du principe de souveraineté avait engagé : doter le pouvoir souverain de la toute-puissance divine et, en mettant l'homme sous l'empire de la loi, le mettre sous l'empire de celui qui a le pouvoir de la poser. Leibniz l'a parfaitement observé qui dénonce cette dérive « tyrannique » et en tire pour conclusion qu'il faut penser la liberté comme attribut de la raison, non de la volonté. Ainsi, paradoxalement, ceux qui feront de la liberté primitive de l'homme le fondement de la société politique devront rompre avec l'école du droit naturel. Soit en retournant à une conception du pouvoir civil comme pouvoir de *jurisdiction* et non de législation : ils chercheront leur inspiration chez Locke comme véritable héritier du premier jusnaturalisme, celui de Grotius. Soit, comme Rousseau, en cela continuateur atypique de Hobbes, en faisant de la liberté primitive l'unique source possible de toute législation.

La distinction de l'entendement et de la volonté et l'attribution de la liberté à la volonté d'une part, le passage d'une conception de la loi civile commme administration de la loi divine (ou *jurisdiction*) à un modèle de la législation de l'autre, induisent une subversion de l'interieur du projet du jusnaturalisme par le principe de souveraineté qu'il avait pour objet d'encadrer. Comme la tentative bodinienne d'endiguer par le principe de souveraineté la franchise ou liberté des individus, la tentative du jusnaturalisme d'encadrer le principe de souveraineté en lui donnant pour fondement l'obligation naturelle, se retourne contre elle-même. Chacun de ces principes – c'est ce qui constituerait la problématique moderne de l'obligation – est trop puissant pour pouvoir être absorbé par l'autre[1].

Ce qui était une conséquence inévitable pour l'obligation politique ne l'était cependant pas absolument pour l'obligation morale, du moins au prix d'une *rethéologisation* du droit naturel. Si Dieu est législateur de la loi

1. Les premiers jusnaturalistes pensent l'homme comme jurisconsulte de Dieu : il y a une loi de la nature et c'est aux hommes d'exercer la jurisdiction. Les premiers théoriciens de la souveraineté pensent le souverain comme un représentant de Dieu : il fait les lois civiles en ses lieux et place. Les uns se prennent pour des prophètes, les autres pour le pape. Le second jusnaturalisme, celui de Pufendorf, est tenté par le cumul.

morale, il est possible de faire de chaque homme le sujet de la loi divine à laquelle sa volonté est soumise, et de reconnaître à sa conscience un véritable pouvoir de *jurisdiction* qui la met en charge de reconnaître ce à quoi il est obligé. Le jusnaturalimse est un effort paradoxal pour penser l'identité de deux concepts du sujet : le sujet assujéti, le sujet autonome. Seule la relation à la loi divine permet cette identification. Perceptible chez Pufendorf, cette *rethéologisation* du droit naturel est clairement à l'œuvre à la fin du XVIIe et au début du XVIIIe siècles chez nombre de ceux que Rousseau nomme, en marge de la *Profession de foi du vicaire savoyard*, « les bons auteurs protestants ». Néanmoins, même en se déplaçant ainsi du terrain de la politique – pour lequel elle s'était constituée – vers celui de la morale, l'école du droit naturel ne s'en trouvait pas moins révéler sa profonde indécision sur son principe : la raison ou la volonté ?

CHAPITRE V

CONSÉCRATION ET CRISE DU DROIT NATUREL : BURLAMAQUI ET L'*ENCYCLOPÉDIE*

L'*ENCYCLOPÉDIE* ET LA CONSÉCRATION DU JUSNATURALISME

L'*Encyclopédie* de D'Alembert et Diderot, par la nature même de son projet, est un observatoire privilégié pour établir un état des lieux de la discussion sur l'obligation au milieu du XVIIIe siècle. Le premier constat qu'on pourra y faire, à la lecture par exemple des articles « Obligation », « Devoir » et « Souveraineté » (ils sont tous trois du chevalier de Jaucourt[1]), est celui de la domination sans partage que, sur de telles questions, l'école du droit naturel s'est assurée. Les deux premiers articles sont inscrits, dans la classification encyclopédique, comme relevant en propre du *Droit naturel* (pour le deuxième, deux autres domaines sont associés : la *Religion naturelle* et le *Morale*); le troisième est tout entier rédigé dans le cadre de la théorie de Pufendorf, dûment citée : preuve que la théorie de la souveraineté elle-même est appréhendée comme partie constitutive du droit naturel[2].

1. Une étude serait nécessaire qui reconstituerait la pensée du chevalier de Jaucourt à travers ses articles d'histoire, de politique, de droit et de morale dans l'*Encyclopédie*. La stratégie qui est la sienne (il avance masqué et procède par « emprunts » systématiques) rend la chose difficile, mais elle en vaut la peine. Il faudrait s'y demander si son traitement du jusnaturalisme (auquel on se borne ici) constitue son dernier mot.

2. Bodin distinguait deux types de discours légitimes sur la souveraineté, celui des politiques et celui des jurisconsultes. Le jusnaturalisme a absorbé les deux. Faut-il y lire la réussite de l'entreprise ou sa subversion par cela même qu'elle cherchait à encadrer ? Les deux réponses ne sont pas incompatibles.

De façon plus générale, la présence des principaux théoriciens du jusnaturalisme est impressionnante dans les articles qui concernent la religion, le droit, la morale et la politique, qu'ils soient rédigés par de Jaucourt ou d'autres (notamment Boucher d'Argis pour les articles juridiques). Grotius occupe une place numériquement très dominante, témoignage de ce que sa lecture reste active, plus de cent ans après la publication du *De Jure Belli ac Pacis*[1]. Mais une bonne part de ces renvois porte sur des points mineurs relevant de l'érudition. Moins nombreuses, les références à Pufendorf sont plus longues et plus fondamentales, comme celles faites à Barbeyrac. Outre ceux déjà cités, on retiendra, par exemple, les articles: *Citoyen*, *Conscience*, *Droit*, *État*, *Justice*, *Gouvernement*, *Liberté*, *Morale* et *Sociabilité*[2]. Ces références, à quelques exceptions près, sont approbatives, élogieuses, parfois dithyrambiques: l'exercice d'admiration envers les modernes, assez répandu dans l'*Encyclopédie*, s'applique particulièrement aux jusnaturalistes et à Locke. Si l'on ajoute les innombrables références et citations tacites, le constat est patent: l'école du droit naturel a réussi dans son entreprise de constituer, selon les mots de Barbeyrac, une *science des mœurs* englobant le droit, la morale et la politique. Il faut d'ailleurs ajouter que les différents auteurs, rarement distingués les uns des autres, sont le plus souvent traités comme constituant une seule et unique doctrine, comme le montre bien l'article « Morale » qui calque l'historique établi dans sa grande *Préface du Traducteur* par Barbeyrac dont, à certains égards, l'*Encyclopédie* réalise le rêve: De Jaucourt en particulier s'y livre, en usant paradoxalement de l'éclatement rédactionnel en définitions séparées, à une remarquable œuvre de synthèse, unifiant en une doctrine commune l'ensemble de la tradition jusnaturaliste

1. Les références faites à Grotius (environ 150) sont en nombre à peine inférieures à celles concernant Descartes ou Newton (autour de 200), le double de celles faites à Locke (76), six fois plus que Hobbes (25).

2. Respectivement, une cinquantaine et une trentaine. Sans être insignifiantes, ces comparaisons quantitatives sont de portée limitée : les renvois tacites sont légion et, surtout, l'influence d'une pensée ne se mesure pas ainsi. Outre ces trois principaux, Cumberland est également cité mais de façon plus discrète. Thomasius a une place plus importante (un article lui est consacré) mais plus pour sa philosophie générale, comme artisan du renouveau de « l'éclectisme », que comme théoricien du droit naturel.

dont il assure ainsi la consécration[1]. En apparence du moins, il opère cette synthèse sous l'autorité de Pufendorf[2].

L'article « Devoir » est à cet égard une sorte de chef-d'œuvre. Il s'agit, sans que le nom de l'auteur ni le titre de l'œuvre ne soient mentionnés, d'un sommaire du *De Officio Hominis et Civis*. Il serait inutile de donner un résumé de ce « résumé de résumé » (l'article « Devoir » résume le *De Officio* qui est un abrégé du *De Jure Naturae et Gentium*) ! On se bornera à relever, c'est ici le plus important, les inflexions apportées par de Jaucourt. Elles ne consistent pas en énoncés nouveaux. Son résumé est confectionné par le système, familier des romanistes, de la « rubrique » : il découpe dans la traduction de Barbeyrac des phrases ou membres de phrases et les raboute de façon à constituer un nouveau texte qui a sa propre continuité[3]. Collage, montage. Sa définition liminaire (« Le *devoir* est une action humaine exactement conforme aux lois qui nous en imposent l'obligation ») est littéralement reprise de Pufendorf[4]. On ne constate pas non plus de distorsion dans l'économie du développement : il suit l'ouvrage de chapitre en chapitre, du premier au dernier, sans omission significative.

Pourtant, cette extrême fidélité littérale ne peut dissimuler l'ampleur de la manipulation effectuée. On peut la caractériser aisément : 1) le syntagme « autorité d'un supérieur » n'est jamais utilisé et le terme « supérieur » n'apparaît qu'une fois, au sujet des « devoirs accessoires réciproques » du maître et du serviteur ; 2) la définition de la loi comme ordre d'un supérieur n'est jamais reprise et la notion même de loi n'est utilisée que très rarement, pour évoquer « la loi naturelle » et, une fois, pour compter parmi les devoirs du souverain celui de « faire de bonnes lois » ; 3) la notion de volonté n'est

1. Une autre façon de traiter les mêmes matières double celle de de Jaucourt dans l'*Encyclopédie* : celle du juriste qu'est Boucher d'Argis. Lui aussi donne une large place au jusnaturalisme (on reviendra sur son article « Droit de la Nature ») mais transmet simultanément la doctrine traditionnelle du droit romain telle qu'elle s'enseignait encore dans les écoles de droit à son époque. Cette juxtaposition de strates intellectuelles est caractéristique de l'*Encyclopédie*.

2. Le palmarès constitué par l'article « Morale » (en partie copié dans la grande préface de Barbeyrac) couronne Pufendorf dans la catégorie production, Barbeyrac dans la catégorie diffusion : « Il était réservé à Samuel *Puffendorf* de profiter heureusement des lumières de tous ceux qui l'avaient précédé, & d'y joindre ses propres découvertes … Mais c'est à M. Barbeyrac que le lecteur doit les principaux avantages qu'il peut aujourd'hui tirer de la lecture du droit de la guerre & de la paix, & du droit de la nature & des gens ».

3. C'est ainsi qu'on enseignait depuis longtemps le droit romain : le *Digeste*, même les *Institutes* paraissant trop copieux pour les étudiants, on s'était avisé d'imprimer en rouge (d'où le terme de rubrique), une partie du texte formant habilement une rédaction factice susceptible d'être lue en faisant abstraction de tout ce qui (exemples, sources, détails, distinctions secondaires) était imprimé en noir. Cette invention était dérivée d'un usage un peu différent du contraste des couleurs dans les manuscrits de liturgie.

4. *Les devoirs de l'Homme et du Citoyen*, I, I, § 1.

employée qu'une fois, pour préciser que « La nature humaine nous *découvre* la volonté du Créateur, qui est le fondement de l'obligation… » ; 4) la façon dont nous avons affaire à nos devoirs est toujours définie comme un acte de connaissance, qu'il s'agisse des devoirs envers nous-mêmes, envers autrui (« Quand *je pense* que Dieu a mis au monde des êtres semblables à moi…, *j'infère* de-là que Dieu, notre créateur et notre père commun, veut que chacun de nous observe tout ce qui est nécessaire pour entretenir cette société ») ou envers Dieu. (« Les devoirs de l'homme envers Dieu, autant qu'on peut les découvrir par les seules *lumières de la raison…* »)[1].

L'opération à laquelle s'est livré de Jaucourt est particulièrement nette : il a littéralement évidé le texte de Pufendorf de tout ce qui constituait un élément de rupture avec le premier jusnaturalisme (ses définitions de la loi et de l'obligation), pour y substituer une conception du devoir comme ce que nous enseigne la raison en tant qu'elle nous découvre le dessein de Dieu à notre égard, la nature des choses, et notre propre nature. L'article « Devoir » n'emprunte donc sa substance à Pufendorf que pour en effacer toutes les aspérités et en faire une sorte de synthèse consensuelle du jusnaturalisme. Ce faisant, il démontre que Pufendorf recouvre le texte de Grotius du sien, plus qu'il n'opère une substitution. Le recouvrement par couches successives est le mode de progression des jusnaturalistes : un rapide décapage et on retrouve la phase précédente. Le palmarès se retourne alors : le candidat arrivé en tête ressemble fort à un Grotius que l'on aurait habillé en Pufendorf.

En même temps qu'elle confirme cette lecture, la relation entre l'article « Devoir » et l'article « Obligation » (il est, on l'a déjà noté, un pur emprunt textuel aux *Principes du droit naturel* de Burlamaqui) conduit à avoir une approche un peu différente de la stratégie de de Jaucourt. Par un jeu de définitions en miroir, le devoir renvoie à l'obligation : « Le *devoir* est une action humaine exactement conforme aux lois qui nous en imposent l'obligation » et l'obligation au devoir : « On peut définir *l'obligation* considérée en général, une restriction de la liberté naturelle produite par la raison, dont les conseils sont autant de motifs qui déterminent l'homme à une certaine manière d'agir préférablement à toute autre ». Par cette simple mise en relation, de Jaucourt s'offre le luxe, pour mieux marquer l'équivalence établie entre devoir et obligation (il consacre ainsi la subreption jusnaturaliste dont nous avions discerné l'amorce chez Grotius), de mettre en évidence la façon dont Pufendorf et Burlamaqui ont inversé radicale-

1. Les termes soulignés le sont par moi.

ment l'indexation originaire des deux termes[1]. Le devoir (le terme latin *officium* est soigneusement rappelé) était dans sa conception antique – particulièrement stoïcienne – rapporté à la raison. Dans la première définition, empruntée à Pufendorf, il est rapporté à la loi qui nous est imposée. L'obligation quant à elle, en droit romain, était rapportée au lien de droit et – au terme de son détournement Bodinien (repris à son compte par Pufendorf) – à la loi. La seconde définition, empruntée à Burlamaqui, fait de l'obligation un produit de la raison. La loi fixe nos devoirs, la raison seule nous oblige : c'est donc à la raison de faire la loi. Telle semble être la thèse sous-jacente au montage de de Jaucourt.

Cet étonnant et silencieux tour de passe-passe équivaut à une déclaration tonitruante : avec Burlamaqui le jusnaturalisme serait enfin parvenu à son unité et le conflit entre Pufendorf et Grotius serait surmonté. Et en effet, si son nom n'est cité qu'une fois dans l'*Encyclopédie*[2], Burlamaqui semble être l'inspirateur de la synthèse de la tradition jusnaturaliste dont de Jaucourt assure la consécration[3].

SITUATION DE BURLAMAQUI

En 1661, la nomination par l'Électeur Palatin de Pufendorf comme titulaire d'une chaire de *Droit de la Nature et des Gens* créée pour lui à l'université de Heidelberg, avait ouvert pour l'école du droit naturel une ère nouvelle : dans toute l'Europe (à l'exception notable de la France et de l'Espagne), de telles nominations se multiplièrent dans les années suivantes. Barbeyrac en bénéficia d'abord à Berlin puis à Lausanne et Groningue. Cette consécration universitaire (qui n'allait pas sans susciter des résistances) allait impliquer des modifications majeures dans la production des jusnaturalistes. S'adressant à un public d'étudiants, ce sont des

1. Tout ceci, rappelons-le, par pur effet de montage : dans un cas comme dans l'autre il s'agit de citations anonymées, respectivement de Pufendorf et de Burlamaqui.

2. Dans l'article « Droit de la nature », non sous la plume de de Jaucourt mais sous celle de Boucher d'Argis.

3. Il faudrait aussi faire l'inventaire des *plagiats* de Burlamaqui par de Jaucourt. On voudrait récuser ce terme comme inadapté pour l'*Encyclopédie* en invoquant un projet éditorial et des usages différents des nôtres. Cette idée, juste par ailleurs, serait ici mal appliquée. De Jaucourt se livre au maquillage pour cacher ses larcins : l'article « Neutralité, s. f. (*Droit polit.*) » est la copie conforme des paragraphes correspondants des *Principes du Droit Politique*, IV, VIII, Annexe, *op. cit.*, vol. 2, p. 132-135. De Jaucourt ne donne pas sa source, soit. Il en donne d'autres comme des leurres : « *Voyez* Budée, *Elementa Philosophiae practicae*. Puffendorf, livre II. chap. VJ. et Grotius, livre III. chap. J. et XVIJ. (*D. J.*) ». C'est autre chose. Même chose pour l'article « Naturelle (loi) ». Ces pratiques sont bien loin des cas envisagés par le superbe éloge du plagiat développé par Marmontel, *sub voce*.

exposés élémentaires, des manuels (le *De Officio* en est le modèle incontesté) qui se multiplient. Intégré à l'enseignement du droit, le droit naturel est abordé selon ses modes traditionnels. La *disputatio* en était une des formes, on a l'a vu avec le cas de Juste Christophe Böhmer, professeur à Helmstadt dans les premières décennies du XVIIIe siècle (il avait suscité les *Monita* de Leibniz). La *lectio* en était une autre : les lectures commentées de Grotius et Pufendorf se multiplièrent, donnant souvent lieu ensuite à des éditions annotées. Le travail de Barbeyrac se situe dans ce contexte, avec ce souci et cette réussite qui lui sont propres, d'avoir très largement débordé le public professionnel pour atteindre l'honnête homme.

Jean-Jacques Burlamaqui est sans doute le représentant majeur de la quatrième génération des jusnaturalistes (après celles de Grotius, de Pufendorf et de Barbeyrac)[1]. Venu après eux et dans un contexte où l'école du droit naturel a conquis sa place dans le champ des idées comme dans les institutions, il ne pouvait pourtant apparaître que comme un épigone. Vingt ans *professeur de droit naturel et civil* à l'université de Genève, son influence (parler de rayonnement lui prêterait un charisme que sa personne n'avait pas et une vigueur dont sa pensée n'est pas pourvue) fut incontestable, avant tout au travers de ses étudiants. Ce n'est qu'au terme de sa courte vie (il meurt avant cinquante ans) et parce que ses cours circulaient sous forme manuscrite, qu'il se décida à publier ce qui n'était à ses yeux que des notes préparatoires pour un « système complet sur le droit de la nature et des gens » qu'il avait renoncé à achever[2]. Les *Principes du Droit Naturel*, « commencement » de ce système, paraissent en 1747, un an seulement avant sa mort. Leur complément, les *Principes du Droit Politique* parus en 1751, est un ouvrage posthume constitué d'après ces mêmes cahiers de notes. Malgré une rédaction assez scolaire, les ouvrages de Burlamaqui connurent un succès rapide et éclatant[3]. L'usage qu'en a fait de Jaucourt en marque aussi bien l'étendue que la nature : on y vit le rassemblement en un tout cohérent de l'ensemble des doctrines de ses prédécesseurs. Cette influence fut cependant de courte durée : ce que nous appellerons la crise du

1. Vingt ans tout juste séparent les dates de naissance de Barbeyrac et Burlamaqui (1674, 1694) et quatre ans seulement celles de leur mort (1744, 1748). Il y a cependant bien entre eux l'écart intellectuel d'une génération : Burlamaqui ne se situe pas en rival mais en successeur de Barbeyrac.

2. *Principes du Droit Naturel*, *op. cit.*, « Avertissement » (non paginé).

3. Burlamaqui revendique ce caractère; présentant son livre, toujours dans l'Avertissement, il précise « ce n'est pas pour les personnes déjà éclairées que je l'ai fait : et mes vues seront remplies, s'il peut être en effet de quelque usage aux Jeunes Gens, dans l'étude de cette importante science ». Croire, comme Derathé, que c'est renoncer à toute originalité est une lourde erreur.

droit naturel, devait bien rapidement l'éclipser et, surtout, la réponse que, sans délai, devait lui donner Rousseau.

Burlamaqui n'était pas seulement un professeur de droit. Comme Grotius et Pufendorf avant lui (ce n'est pas vraiment le cas de Barbeyrac), il était aussi impliqué dans la vie publique, à l'articulation du juridique et du politique : c'est la position même du jurisconsulte. Cependant, à la différence de ses prédécesseurs, il n'est pas le conseiller de souverains plus ou moins absolus, mais participe directement aux instances de pouvoir de la république de Genève (le titre de conseiller d'État qu'il arbore signifie son appartenance aux conseils souverains de la ville). Cela ne le situe en aucune façon dans une mouvance « démocratique », au contraire : dans les conflits exacerbés qui secouent Genève à cette époque (ils aboutissent, en 1738 au *Règlement de l'Illustre Médiation*), il se range du côté des gouvernants et de ceux qui défendent une conception aristocratique de la République[1]. L'homme d'ordre qu'il est dans la société est plus porté vers la recherche de compromis que vers les solutions radicales, le théoricien du droit inclinera plus aux formules de synthèse qu'aux décisions frontales. Ce n'est pas sans raison que l'expression « juste milieu » vient si souvent sous sa plume.

On ne peut pourtant imputer à des raisons purement formelles ou à des circonstances extérieures ni les thèses de Burlamaqui, ni le peu de reconnaissance dont elles ont été l'objet. Il y va aussi de la nature même de son projet théorique et de l'orientation qu'il lui donne. Les *Éléments de droit naturel* se veulent un traité établissant des connaissances vraies. Il ne s'agit pas d'y faire œuvre originale mais de produire une exposition plus exacte et plus démonstrative du droit naturel. Tous les éléments correctement établis doivent donc y être repris. Et ils le sont : les jusnaturalistes n'écrivent pas des livres différents mais les versions améliorées d'un seul et même livre. Il n'y a donc rien d'étonnant si, venant de refermer le *De Jure Naturae et Gentium*, on se retrouve, en ouvrant les *Principes du droit naturel*, en pays connu[2]. On aura même d'abord le sentiment de lire les mêmes matières et dans le même ordre. Il faut cependant observer que cet aspect si l'on peut dire méthodologique renvoie à une prétention épistémique beaucoup moins forte chez Burlamaqui que chez ses prédécesseurs : il s'agit plus de respecter les normes propres aux disciplines juridiques que d'une revendication de scientificité. Mais il faut surtout considérer l'orientation de la pensée. Le but avoué de Burlamaqui est de surmonter,

1. En 1734, il participe à la rédaction, pour le compte du *Petit Conseil*, d'un texte concernant les impôts, destiné à récuser des *représentations* qui défendaient en la matière la souveraineté du *Conseil Général*.

2. C'est ici qu'on peut dire avec pertinence que la notion de plagiat n'a pas cours : au demeurant Burlamaqui cite ses sources.

autant qu'il se peut, les oppositions doctrinales : on le verra à plusieurs reprises tenter de résorber les divergences (entre Pufendorf et Grotius ou entre Barbeyrac et Pufendorf) ou dissiper comme des malentendus les critiques faites à l'un ou à l'autre. Le consensualisme fait bien partie de ses orientations fondamentales. Tout au plus sera-t-on conduit, au terme d'une première lecture, à voir dans son texte une tentative pour réinvestir la construction de Pufendorf en redonnant ses droits à la raison, dans un esprit grotien. En ce sens, l'usage que fait de Jaucourt de son œuvre est fidèle à son intention.

Cet ensemble de raisons explique pourquoi est restée si répandue l'idée que la pensée de Burlamaqui ne serait que vulgarisation sans originalité[1]. Mais en rester là reviendrait à ignorer que, pour venir à bout de son projet, Burlamaqui est amené à prendre un ensemble de décisions qui constituent bel et bien un système original du droit naturel. Son tempérament et son orientation générale font que, loin de monter en épingle ces décisions et de les présenter comme les nouveautés qu'elles sont, il les pratique en silence ou les présente comme lecture raisonnable de ses prédécesseurs. C'est cette modestie qui contribue le plus à les faire ignorer. En lui consacrant ces pages, on tentera de commencer à lui rendre justice en les mettant en évidence et en soulignant la portée[2]. Une fois encore, prendre la problématique de l'obligation comme fil conducteur sera le moyen le plus sûr de le faire et ainsi de conduire à réviser en profondeur le jugement si péremptoire et hâtif qu'on a porté sur l'auteur.

LES DEUX VERSANTS DU DROIT NATUREL ET LA RAISON RECONSTITUÉE

Les *Principes du droit naturel* s'intitulent ainsi à la fois par référence au *Système du Droit de la Nature et des Gens* et par différence avec ce projet que Burlamaqui n'a pu mener à bien : il s'agit d'établir les principes sur

1. Sans revenir sur le rôle de Derathé en ce sens (mentionné au début du chapitre III) on citera l'étonnant raccourci d'Alfred Dufour (« Jusnaturalisme et conscience historique. La pensée politique de Pufendorf », *Cahiers de Philosophie politique et juridique*, n° 11, Caen, 1987, p. 103) pour qui Pufendorf fut célèbre jusqu'au XVIIIe siècle « aussi bien en Angleterre, à travers Locke et Blackstone, qu'en France, grâce aux œuvres de traduction et de vulgarisation de Barbeyrac, Burlamaqui et Rousseau… ». Mais sans doute faut-il voir là une boutade : Burlamaqui est autant un vulgarisateur de Pufendorf que l'est Rousseau. Et, à vrai dire, on ne voit pas non plus comment Locke aurait fait connaître le *De Jure Naturae et Gentium*.

2. Ce qui ne consistera en aucune façon à redonner du crédit à la thèse justement congédiée d'un Burlamaqui maître et inspirateur de Rousseau. Si Rousseau lui doit quelque chose c'est avant tout par opposition.

lesquels un tel système pourrait être constitué[1]. De cette circonstance découlent des distorsions (en raison de leur importance, certains développements appartenant logiquement à l'exposition du système sont intégrés aux principes) qui peuvent dissimuler l'organisation très particulière, mais au fond assez rigoureuse des deux parties qui composent le traité[2].

Burlamaqui n'a pas donné de titre à ces deux parties et la succession des intitulés, chapitre après chapitre, donne le sentiment qu'il se borne à suivre une voie moyenne combinant celles qu'a suivies Pufendorf, respectivement, dans le *De Jure Naturae et Gentium* et le *De Officio* : partant de deux chapitres consacrés à l'entendement et la volonté (comme dans le premier ouvrage), il définit la nature morale de l'homme, la décline dans ses divers états, en tire les définitions du droit et de l'obligation, enfin de la loi dans ses différentes modalités. La considération de la loi naturelle comme volonté de Dieu (on a entre-temps rejoint l'exposé du *De Officio*) le mène alors (seconde partie) à montrer que la religion naturelle est le fondement et la sanction nécessaire du droit naturel, et à définir les devoirs de l'homme envers Dieu, envers lui-même et envers les autres hommes. Le traité s'achève sur la façon dont le droit naturel doit, dans ces trois dimensions, être appliqué et sanctionné. On pourra même penser que les *Principes du droit politique* correspondent aux livres V à VIII du *De Jure Naturae et Gentium* (ou au livre II du *De Officio*). Cette lecture est commune. Pourtant, la neutralité des thèses et la conformité au plan de Pufendorf constituent pour l'essentiel un leurre, assez bien conçu pour que plus d'un s'y soit laissé prendre.

La meilleure manière de déjouer ce leurre et de comprendre la démarche propre de Burlamaqui, est sans doute d'interroger l'étonnante entrée en matière de sa seconde partie : « Après avoir examiné les principes généraux du Droit, il s'agit d'en faire l'application au Droit naturel en particulier »[3]. Et c'est bien en ce lieu que sont données les définitions de la *loi naturelle* (sont naturelles « les lois que Dieu impose à tous les hommes »), du *droit naturel* (c'est le « système » de ces lois) et de la *jurisprudence naturelle* (qui produit la « connaissance » et « l'application » de

1. En choisissant pour titre de l'ouvrage posthume *Principes du droit politique*, ses éditeurs ont établi une fausse symétrie. Il n'y a pas pour Burlamaqui d'un côté le droit naturel de l'autre le droit politique mais le second est compris sous le premier. Si le premier ouvrage est un préambule au système, le second en traite une partie.

2. Dans l'édition utilisée des *Principes du droit naturel*, Genève, Barrillot, 1748, les deux parties sont réunies en un seul volume ayant chacune leur pagination particulière (de 1 à 182 pour la première, de 1 à 191 pour la seconde) et séparées par les tables des matières des deux parties, non paginées. On les notera désormais *PDN* I et *PDN* II, suivis du chapitre, du paragraphe et du numéro de page.

3. *PDN* II, I, § I, p. 1.

ces lois)[1]. Serait-ce à dire que les principes du droit naturel ne sont abordés qu'avec cette seconde partie? Il faudrait alors comprendre qu'ils sont déduits d'une théorie générale du droit qui leur serait antérieure. Une telle entreprise est moins dépourvue de sens qu'on ne croit, certains auteurs du XXe siècle pourraient s'y rattacher, mais pas Burlamaqui. «Les principes généraux du droit» sont très clairement constitutifs du droit naturel. Pourtant, la distinction des deux parties du traité n'en est pas moins décisive. Leur succession est celle de deux approches distinctes de l'idée de droit naturel. La première est constituée à partir de l'idée de droit et de la nature de l'homme: «L'idée du *Droit*, et plus encore celle du *Droit Naturel*, sont des idées directement relatives à la nature de l'homme»[2]. La seconde est formée à partir de l'idée de loi et de la relation de l'homme à Dieu: loi naturelle, religion naturelle. En un sens, ces deux approches sont parallèles: souvent les mêmes matières sont abordées deux fois. En un autre, la seconde suit la première (elle l'applique) comme un cas particulier suit la règle générale. En un troisième sens enfin, elle donne sa substance à ce qui resterait sans cela une forme vide.

Comprendre Burlamaqui, ce sera donc comprendre 1) qu'il ne forme pas deux notions différentes du droit naturel mais deux approches d'un seul et même objet, 2) que l'approche du droit naturel par la nature de l'homme en commande la connaissance, 3) que l'approche par la religion naturelle lui donne son fondement et sa garantie, 4) que le pivot de chacune de ces parties est une discussion sur la relation d'obligation, 5) que l'ordre des deux parties a pour objet de donner les principes établis par la première comme critère d'interprétation de la seconde. Anticipant ce qui va être montré, on peut ajouter que le principe commun de toutes ces propositions est que la raison est la règle de la volonté: l'action morale est cette action libre dans laquelle notre raison dirige notre volonté; la religion naturelle, c'est la raison nous faisant connaître la volonté de Dieu; le droit naturel, c'est la raison assurant la conformité de notre volonté avec celle de Dieu. Pour restituer cet enchaînement des thèses propres de Burlamaqui, on commencera par examiner le sens qu'il donne à la notion même de raison.

On l'a dit, les *Principes du droit naturel* s'ouvrent de façon mimétique par rapport au *De Jure Naturae et Gentium*, sur deux chapitres consacrés à l'entendement et la volonté comme facultés constitutives de l'homme. Deux anomalies troubleront pourtant bien vite ce rapprochement. La première se présente comme une inconséquence de vocabulaire: le titre du premier chapitre (*De la Nature de l'Homme considérée par rapport au*

1. *PDN* II, I, § II, p. 2.
2. *PDN* I, I, § II, p. 2.

Droit : de l'Entendement et de ce qui a rapport avec cette faculté) est bien pufendorfien dans sa formulation et son objet. Mais sa première phrase donne pour objet général à l'ouvrage de « rechercher quelles sont les règles que la seule *Raison* prescrit aux hommes ». Elle est de résonance fortement grotienne. Entendement et raison seraient-ils des termes équivalents pour Burlamaqui et, à la faveur de cette équivoque, tenterait-il de ramener à l'unité des pensées si divergentes ? Cela est à voir. La seconde anomalie intervient un peu plus loin quand, avant de traiter de l'entendement, sont distinguées les facultés de l'homme [1]. Pour commencer, adoptant la révision lockéenne de Pufendorf par Barbeyrac, Burlamaqui invite à déréifier les facultés, en les concevant comme *puissances* et en les renvoyant à l'unité d'*un sujet*. Mais, plus surprenant, il distingue trois facultés et non deux : l'entendement, la volonté et… la liberté. Concevoir la liberté comme une faculté est en soi déjà insolite, la distinguer de la volonté est pour le moins en décalage avec les conceptions de Pufendorf. Encore une preuve de flottement conceptuel ? C'est à quoi il ne faut pas non plus conclure trop vite.

Les définitions assez conventionnelles de l'entendement et de la volonté inclineraient pourtant en ce sens. L'entendement est, chez Burlamaqui comme chez Pufendorf, la faculté de percevoir la nature des choses et de juger de leur conformité avec notre nature. La volonté est cette puissance qui nous fait rechercher notre bien en général : ce qui contribue à la *conservation*, la *perfection*, la *commodité* [2], le *plaisir* (leur obtention est le *bonheur*), mais elle n'a pas en elle le pouvoir de distinguer quel est notre bien particulier. Cela est encore assez Pufendorfien. Les modalités de la volonté, ce l'est déjà moins, sont : l'instinct, l'inclination et la passion [3]. Mais c'est au moment de définir la liberté, cette troisième faculté, que les choses se compliquent. Si, à son habitude, Burlamaqui coule ses premières phrases dans celles de Pufendorf, au point d'attribuer à la volonté *spontanéité* et *liberté* [4], c'est pour aussitôt marquer que la volonté et la liberté impliquant toutes deux délibération, « elles supposent toujours l'opération de l'entendement » [5]. Il distingue ensuite le libre du volontaire, seconde reprise de Locke *via* Barbeyrac. Sont volontaires mais non libres les actions qu'une passion nous insuffle ou celles qu'une *nécessité morale* nous

1. *PDN* I, I, § V, p. 6-7.

2. Burlamaqui use de ce terme selon la tradition juridique comme connotant l'intérêt ou l'*avantage* (*PDN* I, VII, p. 108).

3. *PDN* I, II, § I et II, p. 19-22.

4. *Ibid.*, § III.

5. *Ibid.*, p. 23.

impose (la raison est alors *calcul*). Ainsi le choix du moindre mal : préférer perdre la bourse plutôt que la vie.

Au cours de cette discussion, une importance majeure est attribuée à la « preuve » de notre liberté par le « sentiment intérieur », thématique traditionnelle, mais qui prend ici des accents nouveaux : le sentiment intérieur est donné comme le trébuchet de toute vérité concernant notre être et notre existence. Burlamaqui, au passage, justifie l'équivalence établie dans la langue commune entre la volonté et le cœur. Autant qu'un principe moteur, la volonté est un affect. On verra comment cette veine est prolongée, dans la seconde partie, pour qualifier le sentiment moral comme « instinct ». Cette thématique provient directement des théoriciens de la religion naturelle.

C'est au terme du chapitre que s'éclaire toute cette construction : les apparentes anomalies successivement soulignées prennent alors leur véritable sens[1]. Revenant sur l'unité de l'homme comme *sujet*, Burlamaqui insiste sur le concours des facultés : « se trouvant toujours dans le même sujet, elles agissent toujours conjointement ». Et il examine particulièrement le concours de l'entendement et de la volonté. Considéré séparément, l'entendement a pour objet la vérité, sa perfection est donc dans la connaissance « au moins des vérités évidentes qui intéressent notre devoir et notre bonheur ». Il pose alors cette définition : « L'entendement ainsi perfectionné et considéré comme ayant actuellement des principes qui lui font connaître et discerner le vrai et l'utile, c'est ce que l'on appelle proprement la Raison ». Considérée séparément, la volonté a pour objet le bonheur et le bien dont celui-ci dépend. Sa perfection consiste donc dans « la force et l'habitude de se déterminer toujours bien, c'est-à-dire, de ne vouloir que ce que la raison dicte, et de ne se servir de sa liberté que pour choisir le meilleur. Cette sage direction de la volonté se nomme proprement la vertu : on la désigne aussi quelquefois par le terme de raison ». Burlamaqui peut alors conclure que la raison est le concours de l'entendement et de la volonté et que, dans son sens le plus large elle est « l'âme elle-même envisagée avec toutes ses facultés, et comme en faisant actuellement un bon usage ». La liberté devait se distinguer de la volonté, parce que c'est elle qui peut engager les autres facultés à concourir et ainsi rendre possible la conformation de nos actions à nos devoirs. Nos actions faites par notre liberté et notre raison sont celles dans lesquelles concourent l'entendement et la volonté.

Cette requalification de la raison explique rétrospectivement la surprenante définition du droit, donnée initialement par Burlamaqui : « Le terme de *Droit*, dans sa première origine, vient du verbe *diriger*, qui signifie

1. *PDN* I, II, XIII et XIV, p. 43-46.

conduire à un certain but par le chemin le plus court»[1]. Il y a une correspondance complète entre les deux dimensions du droit, rectitude de la règle et conformation de l'action à la règle (conduite droite), et les deux dimensions de la raison, comme *recta ratio* et comme *ratio regens*. Le chapitre III le déclare expressément : l'homme est susceptible d'action morale et ses actions peuvent lui être imputées parce qu'il est, par sa liberté, capable d'opérer le concours de son entendement et de sa volonté et, ainsi, de suivre sa raison, autrement dit de se conformer au droit. Et le chapitre IV établit l'équivalence fondamentale entre raison et droit. La raison « est elle-même, si l'on veut, la règle primitive » et le droit se définit en général : « tout ce que la raison reconnaît certainement comme un moyen sûr et abrégé de parvenir au bonheur, et qu'elle approuve comme tel »[2].

On est ainsi mieux à même de concevoir le type de travail entrepris par Burlamaqui. Loin de faire preuve de la naïveté qu'on lui prête souvent, il se montre si conscient de l'origine de la divergence première entre Grotius et Barbeyrac que toute son entreprise est fondée sur cet effort initial pour surmonter l'opposition entre l'unité du concept de *droite raison* chez le premier et la distinction de la volonté et l'entendement chez le second. Surmonter et non annuler : c'est une unité de concours et non d'indifférenciation qui constitue la raison. Loin de revenir à Grotius, il intègre les bouleversements introduits par Pufendorf : avant tout l'idée que la moralité de l'homme est d'abord l'expression de sa liberté. Cela détermine, on le verra, toute sa problématique de l'obligation. Mais il faut aussi constater que cette opération s'accompagne de l'accentuation de deux autres déplacements initiés par Pufendorf. Le premier, déjà évoqué, consiste en un recouvrement l'un par l'autre du droit naturel et de la morale (que rendra manifeste la seconde partie). Le second pourrait se caractériser comme une *subjectivation* du droit naturel. La capacité de la *recta ratio* à constituer des obligations de droit naturel tenait, chez Grotius, à ce qu'il existait un honnête et un déshonnête *en soi* qu'elle avait pour *objet* de reconnaître. D'une autre façon, Leibniz aussi défendait une objectivation, *en Dieu*, par les vérités éternelles déposées dans son esprit. C'est au contraire, en termes propres, dans le *sujet*, comme perfection de ses facultés propres (les formulations lockéennes sont à cet égard une teinture superficielle), que Burlamaqui reconstitue son idée de la raison. La raison n'est plus tant la faculté de reconnaître le vrai, le bien et le juste, que le pouvoir de bien diriger notre entendement et notre volonté, de faire un bon usage de notre liberté, de faire concourir toutes nos facultés. C'est ce qui donne sa

1. *PDN* I, I, § II, p. 2-3.
2. *PDN* I, v, § IX, p. 75 et § X, p. 76.

coloration paradoxalement volontariste à ce que l'on pourrait par ailleurs qualifier de pur rationalisme. Cette figure n'est-elle pas constituante de ce que l'on va bientôt appeler la philosophie des Lumières? La querelle de l'obligation, jusque dans le débat entre Leibniz et Barbeyrac, se déroulait encore dans l'horizon du XVIIe siècle; la solution que tente lui donner Burlamaqui est de plain-pied dans le XVIIIe.

« L'OBLIGATION CONSIDÉRÉE EN GÉNÉRAL » : PREMIÈRE THÉORIE DE L'OBLIGATION

Les prémisses que l'on vient d'établir permettent à Burlamaqui de former son premier concept de l'obligation (on verra que sa théorie complète en articule plusieurs). Pour la première fois (ce sera toujours au sujet de l'obligation), sortant de son irénisme foncier, il se livre ouvertement à quelque chose comme une controverse (en prenant soin, cependant, de construire un miroir d'ombres qui dissimule ses interlocuteurs réels).

Reconnaître en la raison une faculté rectrice, c'est en faire une source d'obligation. Burlamaqui l'entend bien ainsi, qui définit *l'obligation considérée en général*: « Une restriction de la liberté naturelle produite par la raison, en tant que les conseils que la raison nous donne sont autant de motifs qui déterminent l'homme à une certaine manière d'agir préférablement à toute autre »[1]. Tous les termes de cette définition sont autant de décisions. La première et la plus importante sans doute est sa qualification non comme définition de l'obligation naturelle mais de l'obligation en général. Non que cette obligation ne soit pas naturelle, elle l'est bien sûr. Mais sa généralité implique que toutes les autres formes d'obligations en seront des cas particuliers. L'obligation civile ne sera pas une autre sorte d'obligation, mais une modalité particulière de celle-là. Elle devra en procéder. Cette thèse est directement corollaire de celle selon laquelle la société civile n'est pas en rupture avec la « société naturelle », mais représente son « perfectionnement »[2]. Que l'obligation soit une restriction de la liberté naturelle signifie (le libre s'oppose au nécessaire) que la raison produit une nécessité *morale* (la nécessité physique est contrainte) qui « détermine » notre volonté. Burlamaqui prend soin de rappeler que l'obligation est ce *lien* qui produit une *nécessité* morale. Mais cette détermination est constitutive de motifs et non d'effets : elle nous engage à vouloir, et à faire concorder notre volonté avec ce que notre entendement nous fait connaître pour vrai. Le vocabulaire est strict, et strictement

1. *PDN* I, VI, § IX, p. 93.
2. *PDN* II, VI, § II, p. 109. Voir aussi, *Principes du droit politique*, I, I.

opposé à celui de Pufendorf : le *conseil* proposé par la raison est constitutif d'un *motif*, il n'est pas le *commandement* d'une volonté qui impose l'*obéissance*. La nécessité morale se met en œuvre comme conduite volontaire.

En ce point, Burlamaqui présente sa conception comme également opposée à celles qu'il attribue respectivement à Clarke et Barbeyrac[1].

Clarke, un de ces « bons auteurs protestants » évoqués par la *Profession de foi du vicaire savoyard*, avait publié un traité de la religion naturelle d'une grande célébrité[2]. Qu'il puisse être choisi pour symboliser un courant important parmi « les Jurisconsultes et les Moralistes » dit assez l'extension prise par le jusnaturalisme et le déplacement de son centre de gravité vers la morale et le religion[3]. Au demeurant, l'idée qui lui est attribuée ne lui est pas spécifique : ce qui est bien *en soi* est par cela même constitutif d'une obligation. Et la réponse qui lui est faite est manifestement aussi (d'abord ?) adressée à Grotius : « Faire abstraction de tout intérêt par rapport à l'homme, c'est donc lui ôter tout motif d'agir ; c'est le réduire à un état d'inaction et d'indifférence ». Il faut fonder l'obligation dans le sujet : « C'est la constitution même de l'homme et la nature de la volonté, qui le veulent ainsi ».

Barbeyrac est considéré, quant à lui, comme le représentant de « la plupart des Jurisconsultes ». Pufendorf en particulier est manifestement visé. Burlamaqui cite les propos tenus par Barbeyrac dans son commentaire du *Jugement d'un Anonyme* : « Que notre raison n'étant au fond autre chose que nous-mêmes, personne ne peut, à proprement parler, s'imposer à soi-même une obligation. D'où l'on conclut : Que les maximes de la raison, considérées en elles-mêmes, et indépendamment de la volonté d'un supérieur qui autorise, n'ont rien d'obligatoire ». Sans aucunement contester que ce type d'obligation par un supérieur existe (on verra que c'est son troisième concept), Burlamaqui objecte aux deux versants de la thèse. Non seulement la raison peut nous obliger, mais il n'y a qu'elle qui, en dernière instance, le puisse :

> Mais si l'on ne remonte plus haut, en fondant même l'autorité de ce supérieur sur l'approbation que la raison lui donne, elle ne produira jamais qu'une contrainte extérieure, bien différente de l'obligation, qui par elle-même a la force de pénétrer la volonté et de la fléchir par un sentiment

1. *PDN* I, VI, § XI et XII, p. 94-98.

2. Samuel Clarke, *Traité de l'existence et des attributs de Dieu, des devoirs de la religion naturelle et de la vérité de la religion chrétienne*, trad. Ricotier, Paris, 1727.

3. Chez Bodin et chez Grotius, nous avions affaire au couple des *jurisconsultes* et des *politiques*.

intérieur; en sorte que l'homme est porté à obéir de son propre mouvement, de son bon gré, et sans aucune violence [1].

Barbeyrac (avec lui tous ces jurisconsultes qui se prononcent comme lui) « ne remonte pas jusqu'à la source primitive » de l'obligation, la raison, parce qu'il ne distingue pas bien deux sortes d'obligation : l'obligation interne et l'obligation externe. La première est produite par la raison, la seconde procède de l'autorité. La première donne son fondement à l'obligation dans le sujet, la seconde lui donne son efficacité dans les relations intersubjectives.

Toute la pensée de Burlamaqui se réduirait-elle à cette *remontée au principe*, il n'en devrait pas moins être compté au nombre des penseurs majeurs du jusnaturalisme. Non seulement, le premier, il est en mesure de poser en toute clarté cette affirmation radicale : le sujet est la source de toutes les obligations qui s'imposent à lui, *on n'est obligé qu'à ce à quoi on s'oblige,* mais il est en mesure de penser les conditions *in subjecto* de ce concept radicalement nouveau de l'obligation : la volonté, la raison et la liberté. La volonté comme cette faculté motrice qui fait que nos actes sont nôtres et susceptibles d'imputation. La raison qui fait que notre volonté peut concourir avec notre entendement. La liberté qui seule peut faire que la nécessité morale que connaît la raison peut être en même constituée en motif de nos actions. On verra qu'il est parfaitement conscient de l'importance de la décision qu'il prend ainsi (la première et la plus importante de celles qu'il prend au titre, selon ses termes propres, de la *jurisprudence naturelle*) même si, dans un premier temps, il semble la minorer.

Comme s'il lui en coûtait, en effet, de devoir se prononcer contre l'ensemble de la tradition du jusnaturalisme, Burlamaqui ne peut s'empêcher de présenter sa propre décision comme la mise en lumière, malgré les uns et les autres, de leur communauté de pensée : « Si l'on examine de près ces sentiments, en remontant jusqu'aux premières sources, l'on verra que ces différentes idées, réduites à leur juste valeur, loin de se trouver en opposition, peuvent se rapprocher et doivent même concourir, pour former un système bien lié avec toutes les parties qui lui sont essentielles, relativement à la nature de l'homme et à son état » [2]. À Grotius, on est redevable d'avoir reconnu dans la raison la source de l'obligation. À Pufendorf, d'avoir montré que c'est la volonté qui doit être obligée et que sa liberté en est la condition. Burlamaqui lui-même, en reconstituant l'unité compromise de la raison, aurait permis de ramener ces principes à leur identité. Mais, est-ce vraiment, à ses yeux et aux nôtres, minorer son apport propre

1. *PDN* I, VI, § XII, p. 98.
2. *Ibid.*, § XIII.

que d'en faire l'élucidation et la synthèse de la pensée de ses prédécesseurs ? Sans doute pas. Il fait ainsi de ses propres principes la vérité enfin conquise du jusnaturalisme.

C'est d'ailleurs sur ces principes qu'il va poursuivre la formation du « système bien lié » qu'il veut établir et compléter sa théorie de l'obligation en distinguant, dans les chapitres suivants, celle qui procède d'un droit et celle qui procède de la loi[1].

Le droit va être pris ici en un second sens, celui de droit subjectif. Suivant en cela la terminologie de Grotius, premier théoricien systématique du droit subjectif, il le définit comme *faculté*. Le droit est alors « le pouvoir qu'a l'homme de se servir d'une certaine manière de sa liberté et de ses forces naturelles, soit par rapport à lui-même, soit à l'égard des autres hommes, en tant que cet exercice de ces forces et de sa liberté est approuvé par la raison »[2]. Est ainsi constitué ce que Burlamaqui désigne explicitement comme « le fondement général des *droits de l'homme* »[3]. Cette définition est soigneusement pesée pour ne pas constituer une autre définition du droit, mais pour simplement spécifier celle, plus générale, donnée initialement. Elle permet de distinguer le simple pouvoir, capacité physique de faire, du droit, capacité morale de faire en accord avec la règle de la raison. Elle permet aussi de former un second concept de l'obligation. Celle-ci étant alors entendue comme la conséquence pour autrui des droits subjectifs qui sont reconnus à chacun. Le droit que j'ai est une obligation d'autrui à mon égard. Ce n'est pas non plus un autre principe d'obligation, mais la spécification du premier : autrui est obligé de respecter mon droit parce que sa raison lui prescrit de le faire. La symétrie entre droit et obligation n'est pas complète cependant : pour avoir un droit il suffit d'exister, pour être obligé il faut être en mesure de connaître ses obligations[4]. On remarquera dès maintenant l'importance de cet ordre de déduction : du droit et de l'obligation en général procèdent d'abord les *droits de l'homme* et les *obligations* qu'ils fondent, antérieurement à la loi.

À cette première spécification de l'obligation comme découlant des droits (subjectifs) de l'homme, en correspond une seconde qui se rapporte, elle, à la loi. Ce troisième concept de l'obligation est à peu près entièrement déterminé par la position dans laquelle il est envisagé. S'il n'y a d'obli-

1. *PDN* I, chap. VII et VIII.

2. *PDN* I, VII, § II.

3. *Ibid.* § IV, p. 104. Je souligne l'emploi de cette expression : contrairement à un sentiment largement répandu Pufendorf ne parle jamais proprement des « droits de l'homme » mais de ses devoirs.

4. *PDN* I, VII, p. 108. Burlamaqui invoque ici la fameuse règle *infans conceptus pro nato habetur quoties de commodis ejus agitur*, sous deux autres formulations.

gation que par la raison et si l'obligation envers l'autorité dépend de l'approbation qu'on lui donne (concept de l'obligation en général), la loi ne nous oblige qu'autant que nous en reconnaissons le bien fondé et que nous reconnaissons l'autorité de celui qui la pose comme elle-même fondée en raison. Si tous les hommes sont obligés les uns envers les autres par la reconnaissance des droits qui sont les leurs (concept spécifique de l'obligation découlant des droits subjectifs), l'autorité l'est aussi et aucune loi ne peut enfreindre les droits de l'homme. Ces propositions sont bien constituées par Burlamaqui. On pourrait attendre que de tels principes découlent inévitablement une conception franchement « démocratique » de l'autorité (l'approbation de chacun la fonde) et une conception « libérale » du pouvoir (les droits de chacun le limitent). Il n'est pas impossible que Burlamaqui ait contribué à diffuser de telles idées, mais il est assez loin de les partager[1]. Il faut en effet reconnaître que la définition de la loi qu'il infère de ces principes est bien éloignée de celle qu'on attendrait[2] :

> Je définis la loi : Une règle prescrite par le Souverain d'une société à ses sujets; soit pour leur imposer l'obligation de faire ou de ne pas faire certaines choses, sous la menace de quelque peine; soit pour leur laisser la liberté d'agir ou de ne pas agir en d'autres choses, comme ils le trouveront à propos, et de leur assurer une pleine jouissance de leurs droits à cet égard[3].

Burlamaqui insiste, pour une fois, sur l'originalité qui serait la sienne par rapport à Grotius et Pufendorf : en parlant de règle prescrite, il affirmerait, avec le second contre le premier, qu'il n'y a pas de loi sans la dimension du commandement et, avec le premier contre le second, que la loi comme le conseil ne contraint pas mais requiert une obligation interne. Sa conception propre de la loi serait donc de réunir obligation externe et interne[4]. Peu convaincantes du côté de la terminologie, ces explications dissimulent mal l'absence frappante dans cette définition de la loi de toute référence à la raison, si présente jusqu'ici, et dont on aurait attendu qu'elle la forme comme cela a été le cas pour l'obligation. Or il faut aller plus loin : cette définition de la loi est précisément formée en substituant, dans la définition de l'obligation en général, la prescription du souverain à la raison ! Faudrait-il donc comprendre que le perfectionnement apporté par le passage de la société naturelle à la société civile consiste en la

1. Il y a déjà longtemps que l'influence de Burlamaqui sur la pensée des acteurs de la révolution américaine a été signalée, cf. Ray Forrest Harvey, *Jean-Jacques Burlamaqui. A Liberal Tradition in American Constitutionalism*, Chapel Hill, University of North Carolina Press, 1937.

2. *PDN* I, IX et X.

3. *PDN* I, IX, § III, p. 116.

4. *Ibid.*, § V, p. 118-119.

substitution dans les conduites humaines de la volonté du souverain à la raison de chacun? La notion même de droit n'apparaît que dans la clausule de la définition, et de façon très ambiguë : s'agit-il des droits de l'homme, antérieurs à la loi, ou des droits impartis par elle? Certes, une remarque finale viendra rappeler le principe : « c'est aussi, en dernier ressort, sur cette approbation de la raison que le droit de commander est établi », mais cela n'éclaire guère sur son application.

Entre les concepts de l'obligation en général et de l'obligation spécifique découlant des droits (subjectifs) de l'homme d'une part, et le concept de l'obligation spécifique emportée par la loi (l'obligation souveraine) de l'autre, il semble ainsi y avoir une discontinuité brutale. Alors que les deux premières sont fondées sur l'approbation de la raison, cette faculté que chacun a en soi de faire concourir l'ensemble de ses facultés et donc de s'obliger, la troisième serait le résultat de l'obéissance de la volonté à une autre volonté que sa supériorité doterait d'un pouvoir d'obliger? Il en serait ainsi si cette première théorie de l'obligation débouchait directement sur les principes du droit politique. Or il en va bien différemment, dans la mesure même où, pour constituer le droit naturel dans son entier, il faut associer à la connaissance de ses principes dont il est question dans cette première partie leur fondement que donne seulement la seconde. Cette distinction donnera lieu à ce qu'on pourrait appeler la seconde théorie de l'obligation de Burlamaqui, sous laquelle la question de l'obligation civile sera pensée à nouveaux frais. On approchera ce qui rend nécessaire cette médiation en examinant la façon dont, après cette définition de la loi, est envisagée la question de la souveraineté.

Plus déconcertante encore que celle de la loi apparaît d'abord, en effet, la façon dont est formé le concept de souveraineté. Sa définition même est on ne peut plus classique et pourrait à la rigueur convenir à Bodin : « le Souverain est donc celui qui a le droit de commander en dernier ressort. *Commander* c'est diriger selon sa volonté et avec autorité, ou avec pouvoir de contraindre, les actions de ceux qui nous sont soumis »[1]. Même absence de référence à la raison et, *a contrario*, même attribution de la fonction rectrice à la volonté souveraine. Au demeurant, Burlamaqui livre cette définition bien rapidement, comme pour s'en débarrasser. Toute son attention va se focaliser sur la question du fondement de l'autorité, entendue ici comme celle de savoir à qui, et sur quels critères, doit être attribuée l'autorité souveraine[2] : qu'est-ce qui peut faire qu'on puisse prétendre au

1. *PDN* I, IX, § V, p. 120.

2. Cette question devra être bien distinguée de celle du fondement de l'obligation civile elle-même, envisagée dans la seconde partie des *Principes du droit naturel* ainsi que dans les *Principes du droit politique*.

« droit de commander » ? Sur ce point, une véritable discussion va être menée[1].

Le préalable de cette discussion, observe Burlamaqui, est que, pour prétendre à un droit de commander, il faut être en quelque chose supérieur à celui à qui l'on commande et non son égal[2]. Qu'est ce qui peut donc constituer cette supériorité ? Trois hypothèses sont successivement envisagées et réfutées. Elles sont respectivement recueillies chez Hobbes, Pufendorf et Barbeyrac.

La thèse de Hobbes est sommairement caractérisée comme fondant la supériorité et donc le droit de commander sur la force. Référence est faite au *De Cive*[3]. Parce qu'il est en mesure d'imposer sa volonté, le plus fort serait en droit de le faire. Burlamaqui appuie sa réfutation sur les principes qu'il a établis : la force produit une nécessité physique, une contrainte, pas une nécessité morale, une obligation. La force comme telle ne peut entraîner aucune approbation de la raison. Pour autant que la force sera jugée malfaisante, la raison nous conseillera au contraire la résistance, autant dire qu'elle nous y obligera. « Or, si nous avons le droit de résister, c'est un droit incompatible avec l'obligation d'obéir, et qui l'exclut évidemment »[4].

La seconde thèse envisagée, qui fonde le droit de commander sur la supériorité de nature d'un être sur d'autres, est considérée comme plus crédible. La référence faite à Pufendorf s'appuie sur une citation du *De Jure Naturae et Gentium*[5]. Elle est assez étrange : Burlamaqui ne signale pas que cet argument est évoqué par Pufendorf pour le révoquer (il l'attribue à Cicéron et Aristote). Dieu est supérieur à l'homme, l'homme aux animaux, l'âme au corps : chacun a droit de commander l'autre et ainsi tout supérieur à un inférieur. Et cette supériorité est celle de la connaissance qu'a celui qui commande de ce qui convient à celui qu'il commande. Pufendorf récuse ce raisonnement par deux arguments. Le premier est qu'un être intelligent n'a pas de raison de se dessaisir de son pouvoir de juger (« qu'il peut juger suffisant pour se conduire lui-même »), même s'il reconnaît qu'un autre être lui est supérieur. Le second est que la supériorité (même celle de Dieu) entraîne l'admiration, non l'obligation, commandée par la seule perspective du bien ou du mal que peut nous procurer celui qui nous oblige. Burlamaqui, en même temps que la thèse, réfute la réfutation de Pufendorf.

1. *PDN* I, IX.
2. *Ibid.*, § II, p. 122-123.
3. Hobbes, *De Cive*, chap. XV, § V.
4. *PDN* I, IX, § IV, p. 127. S'il y a une constante du jusnaturalisme, c'est le refus du droit de résistance.
5. *DNG*, I, VI, § XI, p. 98-100.

À son second argument, il oppose le premier : un être qui obéit à sa raison ne peut apporter son approbation qu'à une volonté déterminée (une loi) et non à un être, dans l'ignorance où l'on est de ce qu'il veut pour nous. Mais sa conclusion est la même, en cela au moins que la supériorité de nature ne constitue pas un droit de commander.

La troisième thèse, bien qu'attribuée à Barbeyrac, devrait plutôt être caractérisée comme celle de Pufendorf-Barbeyrac [1]. Dieu, comme créateur tout puissant, aurait une autorité naturelle sur l'homme, et de cette autorité découlerait toute espèce d'obligation. Rigoureux avec ses principes, Burlamaqui refuse cette thèse comme les deux précédentes. Elle reviendrait en fait à fonder l'obligation sur la puissance de Dieu. Or la puissance en elle-même ne produit que des effets. C'est un pouvoir qui produit une nécessité physique, pas un droit qui produit une nécessité morale. Il utilise pour le montrer une version étrange de l'hypothèse du malin génie : si Dieu était un dieu méchant, poursuivant le malheur des hommes, sa toute puissance serait la même, mais ne produirait aucune obligation (la structure du raisonnement l'infère : il y aurait alors un droit de résistance à Dieu). Ailleurs, la même conclusion est tirée du modèle épicurien d'un *deus sine cura* : un dieu tout puissant, qui ne voudrait rien pour les hommes ni n'exigerait rien d'eux, ne les obligerait pas. On revient donc au principe : seule l'approbation que donne la raison à une volonté peut constituer l'autorité.

La réponse apportée par Burlamaqui à la question posée (on ne s'en étonnera pas) va se présenter comme la synthèse, sous un nouveau principe, des deux dernières thèses : à la sagesse et à la puissance, il faut que soit jointe la bonté pour fonder un droit de commander. Il indique lui-même que Barbeyrac suggère quelque chose de tel, et nous pourrions ajouter que Pufendorf aussi. Mais le rôle que Burlamaqui fait jouer à la bonté est bien différent de celui que nous lui avons vu jouer chez eux. Pour Pufendorf, et pour Barbeyrac, la bonté de Dieu était donnée pour source du *sentiment d'obligation*, parce qu'elle pouvait produire une inclination de notre volonté (par l'amour de reconnaissance, l'espérance et la confiance). Ce n'est pas pour Burlamaqui la volonté mais la raison, raison reconstituée, qu'il s'agit d'obliger [2]. Encore une fois, il raisonne par hypothèse : si notre raison reconnaissait en un être à la fois la puissance de diriger le monde, la connaissance de ce qui est le meilleur pour nous, et la volonté de nous procurer ce bien (c'est la bonté), elle ne pourrait que nous « conseiller [ce

1. *PDN* I, IX, § VI, p. 130-132.
2. La place du sentiment d'obligation, essentielle, est ailleurs : on le verra très bientôt.

conseil vaudrait obligation] de nous abandonner à la direction d'un tel Maître »[1].

Loin d'être rhétorique, ce mode hypothétique rend compte de l'économie de la pensée de Burlamaqui et de la structure de son ouvrage : pour remplir le concept de l'obligation souveraine qu'il vient de former, il faut nécessairement non seulement qu'un tel être (Dieu) existe, mais que nous en ayons la connaissance par notre raison. En d'autres termes, le droit naturel ne peut prendre consistance que par la religion naturelle. C'est très exactement la démarche des *Principes du droit naturel* : sa première partie a construit la forme du droit naturel et le concept de l'obligation en général, ainsi que ses deux modalités spécifiques ; la seconde va remplir cette forme en lui donnant son fondement et, logiquement, produire une seconde théorie de l'obligation.

DROIT NATUREL ET RELIGION NATURELLE : SECONDE THÉORIE DE L'OBLIGATION

Disons-le d'emblée, la théorie de la religion naturelle développée par Burlamaqui n'est pas d'un grand intérêt. Ni dans sa partie spéculative (ses preuves de l'existence de Dieu, de la providence et de l'immortalité de l'âme ne sont ni très originales ni très élaborées), ni dans sa partie morale (son exposé des devoirs moraux est également conventionnel), ni dans son aspect proprement religieux (à aucun moment ne souffle cet esprit, si bien caractérisé pour le XVIIe siècle par l'expression « raison ardente », et qui au XVIIIe se dit plutôt comme « sentiment de Dieu »)[2]. Mais, Burlamaqui n'en est pas moins novateur, sur ce plan aussi, à la fois par la façon dont il pense l'articulation entre religion naturelle et droit naturel, que par les effets de structure qu'il en tire. Aussi aride soit-elle, la seule méthode pour le montrer est de rendre compte de l'enchaînement argumentatif[3]. Mais, on le verra dans un second temps, cette structure démonstrative est volontairement rendue problématique par la remise sur le chantier, au cœur même du raisonnement, de la question de l'obligation : cette discussion sera l'occasion de voir que l'antériorité de la déduction des principes sur leur fondement implique une sorte d'autonomie du droit naturel par rapport à la religion naturelle.

1. *Ibid.*, § VII, p. 133.

2. Pour la première expression, J. Lagrée, *op. cit.* En proposant la seconde on voudrait renvoyer à toute la thématique du *sentiment intérieur* ou *intime* qui parcourt le siècle entier.

3. Il serait inutile et fastidieux de rendre compte de cet enchaînement de façon uniforme : on insistera sur les séquences dans lesquelles Burlamaqui se distingue dans la tradition jusnaturaliste.

L'économie d'ensemble de la seconde partie des *Éléments du droit naturel* est assez claire : un premier versant (ses chapitres I à VI) établit qu'il y a bien une loi naturelle qui est prescrite par Dieu (on passe par les preuves de son existence), que nous pouvons la connaître, et montre quelles sont les lois qu'elle comporte, un second versant (les chapitres VIII à XIV) envisage l'application de ces lois (ce qui engage une théorie de la conscience) et leur sanction (ce qui amène les preuves de l'immortalité de l'âme). Sur l'arête qui sépare ces deux versants un *excursus*, pour nous de grande importance, porte tout entier sur la question de l'obligation (chapitre VII) : il occupe une position symétrique à celle du chapitre VI de la première partie, où était constituée la notion d'obligation en général. Cette description sommaire suffit à le montrer : il n'y a entre le droit naturel et la religion naturelle ni confusion ni séparation possible. On le verra, c'est en terme de *complétude* que Burlamaqui pense leur relation : droit naturel et religion naturelle sont le complément nécessaire l'un de l'autre. Mais dire que le droit naturel n'est complet qu'avec la religion naturelle, est-ce dire qu'il en dépend ? C'est ce qu'il faut tenter de voir.

Prouver l'existence de Dieu, tel est l'objet du premier chapitre, c'est prouver qu'il existe un être qui réunit la puissance, la sagesse et la bonté : il a donc le droit de nous commander. Mais un droit est une faculté dont on ne peut user que par l'action, sous une loi. Il faut donc encore montrer qu'il existe bien une loi naturelle. L'aptitude de l'homme à recevoir une telle loi, le besoin qu'il en a pour vivre, la bonté de Dieu, les exigences propres de la raison, sont autant de preuves que Dieu a formé de telles lois. Mais pouvons-nous connaître ces lois ? Cette question peut surprendre : n'a-t-elle pas été résolue une première fois dans la première partie ? Raisonner ainsi serait oublier ce qui est l'objet propre de la seconde : non l'obligation en général ni l'obligation spécifique qui découle des droits subjectifs, mais bien cette obligation qui vient de la loi. Le problème précis posé ici est celui de la connaissance de la loi naturelle. C'est ce qui permet de comprendre que la réponse donnée, sans être contradictoire, ne soit pas la même que dans la première partie.

Nous avons deux voies d'accès à la loi naturelle, affirme Burlamaqui : l'instinct moral et la raison : « J'appelle instinct moral ce penchant ou cette inclination naturelle, qui nous porte à approuver certaines choses, comme bonnes et louables; et à en condamner d'autres comme mauvaises et blâmables, indépendamment de toute réflexion »[1]. Quatre manifestations de cet instinct sont invoquées : la compassion, la bienveillance, le sentiment d'injustice, celui de gratitude. Toutes quatre, on le notera, forment une

1. *PDN* II, III, § 1, p. 33.

relation d'obligation. Cet instinct moral et le sentiment intérieur qui attestait notre liberté se distinguent par leurs objets. Dans le premier cas envisagé, nous n'avions rapport qu'à nous-mêmes. Ici il s'agit du rapport à autrui. Pour défendre l'existence d'un tel instinct, Burlamaqui relève que même les sauvages en témoignent, que c'est l'abâtardissement de cet instinct par les passions qui peut le masquer, que l'existence de cas de « monstres moraux » ne fait rien contre la règle. Cette idée d'instinct moral était d'une grande banalité déjà dans la littérature consacrée à la religion naturelle[1]. La particularité de Burlamaqui consiste… dans le rôle qu'il ne lui reconnaît pas ! Non seulement, en effet, c'est de la raison et d'elle seule qu'il fera dépendre notre connaissance des lois de la nature mais, sur le second versant de l'examen, quand il s'agira de leur application à nous-même, œuvre spécifique de la *conscience*, celle-ci sera définie par la raison et elle seule :

> La conscience n'est proprement que La raison elle-même, considérée comme instruite de la règle que nous devons suivre, ou de la loi naturelle, et jugeant de ma moralité de nos propres actions et de l'obligation où nous sommes à cet égard, en les comparant avec cette règle, conformément aux idées que nous en avons[2].

Il faut donc en finir une bonne fois avec l'idée que Burlamaqui aurait formé une représentation de la conscience comme instinct. La raison n'en entretient pas moins un rapport spécifique avec le sentiment moral, et ce rapport caractérise le mode de connaissance de la loi naturelle.

Les deux voies que sont l'instinct moral et la raison ne définissent pas une alternative mais une reprise de la première par la seconde : la raison « nous sert ici à éclaircir, à prouver, à étendre, à appliquer ce que le sentiment naturel indiquait déjà touchant le juste et l'injuste »[3]. La métaphore explicative alors donnée (la tendresse paternelle spontanée est fortifiée par la « réflexion » du père sur ses devoirs) caractérise bien l'usage de la raison dont il est question ici : c'est un usage réflexif. Réfléchir, c'est d'abord vérifier. Vérification positive : s'assurer que notre sentiment est « fondé en raison », et négative : seule la raison peut départager le vrai sentiment de la nature du « préjugé » qui en a toutes les apparences. C'est ensuite penser « par principes » : le sentiment n'est applicable qu'aux choses simples, il faut analyser les complexes en simples et déterminer les exceptions. Seule la raison peut le faire. Réfléchir enfin, c'est penser de

1. On peut encore sur ce point utiliser la documentation réunie par P.-M. Masson dans son édition critique de la *Profession de foi du vicaire savoyard*, Paris, Hachette, 1914.

2. *PDN* II, IX, § II, p. 159-160.

3. *PDN* II, III, § VIII, p. 41.

façon universelle : « on ne peut se faire des règles que par un discernement réfléchi ». Cette relation de réflexion semble bien caractériser le rapport entre religion naturelle et droit naturel pour Burlamaqui. De l'existence de Dieu découlent, en face de nous, celle de la loi naturelle et, en nous, celle du sentiment moral. Tels sont à proprement parler les fondements du droit naturel, et c'est la religion naturelle qui nous en assure. Mais le droit naturel proprement dit est constitué par la réflexion que la raison et elle seule peut conduire : d'elle dépend le fait que nous discernions les vrais sentiments des factices, ainsi que la connaissance par principes et la conduite selon des règles universelles. Le droit naturel est l'œuvre de la raison. Cette relation entre religion naturelle et droit naturel peut être désignée comme une relation de complétude.

La remontée aux principes opérée par la première partie des *Principes du droit naturel* avait dégagé cette proposition fondamentale : il n'y a d'obligation pour un sujet que celle qu'il reconnaît librement sous la seule autorité de sa raison. L'examen de l'obligation envers la loi naturelle que conduit la seconde partie dégage une double relation : à la religion naturelle et au sentiment moral pour le fondement et la présentation de cette loi, à la raison dans sa dimension réflexive pour sa connaissance [1]. Pour la première approche, l'obligation était antérieure à la loi; pour la seconde, elle la suppose. Burlamaqui ignore si peu la difficulté qu'il en fait l'objet d'une discussion frontale (elle lui donnera l'occasion de revenir de façon circonstanciée sur ce que nous avons appelé sa décision jurisprudentielle sur le droit naturel). Discussion menée sous ce titre sans équivoque : « Essai sur cette question : Y a-t-il quelque moralité dans nos actions, quelque obligation, et quelque devoir *antécédemment aux Lois naturelles*, et indépendamment de l'idée de Législateur » [2].

Conçu comme un essai, le chapitre VII de la seconde partie des *Principes* considère la question qu'il examine dans toute son étendue. Il est donc amené à reprendre les arguments sur l'obligation développés aux chapitres VI et VII de la première partie.

Le problème, de nouveau, est constitué par l'opposition entre eux des jusnaturalistes : Pufendorf, nommé et cité, et Grotius, désigné par la reprise de ses thèses dans ses propres termes. Burlamaqui, cette fois, formule frontalement ce que nous avions désigné comme le conflit des principes, à

1. En ce point l'exposé de Burlamaqui rejoint les standards jusnaturalistes : le loi naturelle définit les obligation envers Dieu (la religion), envers soi-même (l'amour de soi-même), envers autrui (la sociabilité).

2. *PDN* II, VII, p. 122. Titre. Cet exposé pourrait bien avoir été conçu pour une publication séparée.

l'intérieur de l'école du droit naturel : « ils ne s'accordent pas sur le premier principe ou la cause primitive de l'obligation et de la moralité »[1]. Les uns (c'est l'école de Pufendorf) ne voient pas d'autre source de l'obligation que la loi : « l'idée de *morale*, disent-ils, renferme nécessairement celle d'*obligation*; l'idée d'*obligation* celle de *loi*; et celle de *loi*, celle de *législateur*. Si donc vous faites abstraction de toute loi, et par conséquent du législateur, il n'y aura plus ni droit, ni obligation, ni devoir, ni moralité proprement dite »[2]. Les autres (c'est la tradition grotienne) partent de ce qu'il y des choses qui, en soi, sont honnêtes ou déshonnêtes, ils en tirent « que la raison ayant une fois reconnu cette différence essentielle et spécifique des actions humaines, elle impose à l'homme la nécessité de faire les unes et de s'abstenir des autres; et que c'est là le premier fondement de l'obligation, ou la source primitive de la moralité et du devoir ». Il s'agit donc d'évaluer ces positions et de se prononcer sur leur conflit.

Burlamaqui donne pour base à cet examen une série de préalables qui semblent d'abord conforter la thèse pufendorfienne : une action n'est pas bonne ou mauvaise en elle-même (tuer est juste ou non selon qu'on est soldat ou voleur), ni par son seul effet (la nécessité que le voleur soit puni ne justifie pas que je me fasse vengeance), mais seulement par sa conformité avec une *règle*. Mais deux distinctions vont changer la donne et empêcher toute lecture pufendorfienne de la réponse de Burlamaqui : 1) une règle n'est pas nécessairement une loi; seules sont des lois les règles posées par la volonté d'autrui, 2) la règle peut être intérieure (elle est « dans l'homme lui-même ») ou extérieure (elle est « hors de lui »). Ces deux distinctions ne se recouvrent pas : nous pouvons trouver une loi en nous.

Consolidant d'abord ce que son enquête a établi, Burlamaqui rappelle que nous avons rencontré trois règles *dans l'homme* : le sentiment moral, la raison et la volonté de Dieu. Une gradation allant de ce qui est à peine une règle (l'instinct moral) à ce qui est plus qu'une règle (la volonté divine est une loi) en passant par la raison (elle est strictement une règle). Ces trois « règles » se confirment l'une l'autre et c'est donc « sur ces fondements réunis que l'on doit élever l'édifice du Droit naturel, ou le système de la Morale »[3]. En ce point, une nouvelle théorie de l'obligation, celle formée dans la seconde partie sous l'idée de loi naturelle et en prenant pour fondement la religion naturelle, semble se substituer purement et simplement à la première : on n'est vraiment obligé que par la loi naturelle (la volonté de Dieu) manifestée en nous par l'instinct moral et connue par la

1. *PDN* II, VII, § I, p. 123.
2. *Ibid.* Référence est faite au *DNG*, I, II, § VI.
3. § IV, p. 128.

raison. Cette réponse, on y reviendra, est celle qui correspond au droit naturel complet ou achevé, lequel trouve son complément nécessaire dans la religion naturelle. Mais elle n'est pas le « premier fondement de l'obligation ».

L'enquête rebondit en posant de nouveau la question de « la cause primitive de l'obligation ». Toute règle portant par définition une « nécessité de raison » produit une obligation. Donc « la raison seule, indépendamment de la loi, suffit pour produire quelque obligation à l'homme ». Pour le prouver, utilisant la figure (proliférante à l'époque) de la robinsonnade, Burlamaqui affirme qu'un homme seul, n'ayant affaire qu'à lui-même, « se propose son propre bien, c'est-à-dire le bon état de son âme et de son corps ». Il concevra donc la règle de ce qui peut lui procurer ou lui ôter ce bien, et concevra les obligations envers lui-même qui en découlent. Il faut donc conclure que « la raison seule suffit pour établir un système de *moralité, d'obligation et de devoir* ».

Prenant à bras-le-corps l'objection selon laquelle on ne peut s'obliger soi-même, Burlamaqui n'hésite pas à en inverser le principe :

> La source de l'erreur, ou la cause de l'équivoque, est qu'on ne remonte pas jusqu'au premier principe, pour déterminer quelle est l'idée primitive de l'obligation. On l'a dit, et on le répète : Toute restriction de la liberté, qui est produite ou approuvée par la droite raison, forme une obligation véritable. Ce qui oblige proprement et formellement c'est le dictamen de la conscience, ou le jugement intérieur que nous portons sur telle ou telle règle, dont l'observation nous paraît juste, c'est-à-dire conforme aux lumières de la droite raison [1].

Sur le fond identique à la première décision, prise pour former le concept de l'obligation en général, cette formulation est cependant d'une portée bien supérieure. Par sa position d'abord : cette décision est ici renouvelée en aval de la définition de l'obligation spécifique envers la loi naturelle qui émane de la volonté de Dieu. En la plaçant au cœur même de cette seconde partie, c'est une hiérarchie des normes que pose Burlamaqui : le *dictamen* de la conscience précède l'obéissance à la loi divine. Cette décision revêt en outre une valeur architectonique : il faut nécessairement reconnaître l'indépendance du droit naturel par rapport à la religion naturelle. Mais, c'est peut-être le plus important, faire porter le jugement intérieur non sur la valeur de tel ou tel objet (en soi, ou pour nous), mais bien sur « telle ou telle *règle* », c'est proprement lui conférer le pouvoir du législateur. Là est au demeurant la vraie différence entre Burlamaqui et

1. *PDN* II, VII, § X, p. 138.

Grotius : la fonction de la raison était chez le premier de *jurisdiction*, elle devient chez le second de législation.

Burlamaqui se montre si parfaitement conscient de l'importance de la décision qu'il prend (on ne peut être que déconcerté, en constatant à quel point elle est communément ignorée) qu'il n'hésite pas, cette fois, à opposer le « langage ordinaire des Jurisconsultes » à ses propres propositions auxquelles « la nature de la chose » donne raison [1]. Il pousse même la thèse un peu plus loin : réduire l'obligation à celle que produit la loi suppose de se tromper aussi sur la nature même de cette obligation spécifique : « l'obligation que produit la loi ne détruit point la liberté ». C'est mettre les points sur les i : la liberté de la conscience est la condition de possibilité de l'obligation, elle est aussi ce qui fait d'elle sa propre législatrice. On doit donc créditer Burlamaqui de la formation de l'idée même d'une *législation morale*.

On ne s'étonnera pas que la fin de cet essai soit consacrée à endiguer les effets de rupture dont est porteuse une pareille décision [2]. Il faut distinguer deux concepts de l'obligation, l'une *antécédente*, l'autre *subséquente* à la loi. L'une se tire de la considération de l'homme pris en lui-même, l'autre de celle des relations qu'il a avec autrui (Dieu, les autres hommes). L'une est interne, l'autre externe. Elles ne s'opposent pas l'une à l'autre, mais au contraire se complètent et se confortent. L'obligation interne est ce qui permet que l'obéissance à l'autorité ne soit pas une simple contrainte. L'obligation externe conforte la première en la revêtant de l'autorité du supérieur reconnu en droit de commander.

C'est ce qui confère à la décision du jurisprudent Burlamaqui tous les caractères du jugement équilibré, caractères requis par les normes de la discipline et le tempérament de l'homme : la raison et la volonté de Dieu, ces deux principes de la moralité, doivent être conjugués. Les règles qu'ils produisent « se concilient parfaitement : elles sont même naturellement liées l'une à l'autre, et se fortifient par leur jonction ». Proposant à son tour une nouvelle lecture de l'*etiamsi daremus* de Grotius (ce sera la dernière pour nous), Burlamaqui croit pouvoir y reconnaître une anticipation de son système : même si nous ne considérons pas la volonté de Dieu, par la seule raison nous pouvons connaître nos obligations naturelles. Mais ce droit naturel resterait incomplet, puisque nous ne connaîtrions pas cette obligation spécifique qu'entraîne la loi. C'est pourquoi, il faut conclure qu'un « système complet de droit naturel » demande ces deux parties dont l'une a son principe dans la raison, et l'autre dans la volonté de Dieu.

1. § XI, p. 139.
2. § XII et XIII.

La première est indépendante de la seconde, mais, sans elle, incomplète : « pour avoir un système de Morale parfait, il faut y joindre la religion »[1].

Malgré ces dernières précautions, loin de revenir sur sa décision première, Burlamaqui est donc amené à la renforcer et la clarifier : il y a une obligation de droit naturel que produit la seule raison, et le droit naturel, à cet égard, est indépendant de la religion naturelle. Mais cette indépendance est en même temps une profonde et radicale incomplétude : l'obligation ainsi constituée est une obligation morale, sans sanction. En confirmant sa décision, Burlamaqui éclaire donc d'une lumière plus vive encore la difficulté centrale de sa pensée : de la représentation d'une conduite sous les principes de la droite raison peuvent se tirer l'idée de l'obligation en général, celle que nous avons envers nous-mêmes, et même l'idée de l'obligation envers autrui produite par les droits de l'homme, non celle de l'obligation envers la loi. Sans la religion naturelle, c'est la première conséquence de sa démarche, le droit naturel ne peut constituer qu'une obligation morale, non une obligation envers une loi. Ce qui est vrai de la loi naturelle, l'est encore plus nécessairement de la loi politique : réduit à ses propres moyens, le droit naturel ne peut fonder l'obligation politique. Pour le dire dans d'autres termes : en dénonçant la trahison par Pufendorf du droit naturel au profit de la souveraineté, Burlamaqui signerait l'échec de la tentative du jusnaturalisme, pour absorber le principe de souveraineté. De ce point de vue, De Jaucourt ne l'aurait que superficiellement compris.

Cette conséquence est-elle propre à la pensée de Burlamaqui ou n'est-elle pas inscrite dans le projet jusnaturaliste lui-même ? En formulant dans sa radicalité le principe qui le sous-tend : *on n'est obligé que par sa conscience*, ne met-il pas à nu cette conséquence radicale : il est impossible de penser l'obligation morale et l'obligation politique sous le même concept ? On se dira alors que le déplacement de la politique vers la morale, observé à plusieurs reprises, était inscrit dans l'idée même de droit naturel et que le jusnaturalisme ne peut avoir d'avenir que dans sa mutation en morale de l'obligation, laissant à repenser sur de nouvelles bases le concept de l'obligation politique. On peut créditer Hobbes d'avoir vu cette chaîne de conséquences. C'est aussi, on le verra, en aval de ce constat que Rousseau reprendra la question de l'obligation.

On ne sera pas étonné de reconnaître, avant cela, que la synthèse burlamaquienne, en même temps qu'elle représentait un aboutissement pour la tradition jusnaturaliste, créait les conditions de la crise la plus

1. Tel est le titre du paragraphe conclusif de ce chapitre et le dernier mot sur la question de Burlamaqui.

profonde qu'il ait jamais connu. Témoin et agent de sa construction, l'*Encyclopédie* l'est également de son ébranlement.

L'*ENCYCLOPÉDIE* ET LA CRISE DU DROIT NATUREL

Les volumes de l'*Encyclopédie* se suivent mais ne se ressemblent pas toujours. L'article « Devoir », paru dans le volume IV, signifiait une sorte de consécration de l'école du droit naturel par de Jaucourt, qui rassemblait tous les auteurs, comme le montrent une série d'articles, sous le nom de Pufendorf et sous les principes de Burlamaqui. Le volume V, paru à l'automne 1755, aurait logiquement dû marquer cette reconnaissance avec plus de solennité encore, puisqu'il devait comprendre, suivant l'ordre alphabétique, les diverses entrées commençant par le terme *droit*. Or, si le spectaculaire est là, c'est d'une toute autre manière : le volume V est le théâtre d'une mise en cause radicale de l'idée même de droit naturel et, globalement, de toute la tradition jusnaturaliste. L'auteur de cette charge ne sera pas le premier venu : Diderot lui-même. Le lieu choisi pour cela est le plus visible qu'on puisse imaginer : l'article qui porte en propre pour titre « Droit naturel ». On doit ici vraiment parler de théâtre : une véritable mise en scène juxtapose deux articles sur le même objet, qui s'opposent du tout au tout. De la recherche du *consensus* comme idéal, chez Burlamaqui, nous passons à la controverse comme éthique de pensée, avec Diderot.

Boucher d'Argis et Diderot : « droit naturel » et « droit de la nature »[1] – La liste des collaborateurs donnait pour auteur des articles de *Jurisprudence* « M. Toussaint, avocat au Parlement », membre de l'Académie de Prusse. En fait, dès la lettre C, Boucher d'Argis prit en charge les articles de nature juridique[2]. Il lui revenait donc, au moment même où sa collaboration prenait corps, de rédiger les articles déclinant la notion de Droit, ce qui incluait bien entendu le droit naturel. Il s'en acquitta avec sérieux, rédigeant notamment deux grands articles : l'un, « Droit des gens », lui donne l'occasion de résumer le *Droit de la Nature et des Gens* de Pufendorf (Grotius étant rapidement expédié comme trop confus), l'autre, « Droit naturel », après un historique plus favorable à Grotius, est presque entiè-

1. Je me permets de renvoyer, pour les aspects informatifs, à mon introduction au *Discours sur l'économie politique* de Rousseau, Paris, Vrin, 2002 et, pour l'analyse du texte de Diderot, à *La fabrique des concepts*, *op. cit.*, chap. 7. Elle est reprise ici de façon nettement infléchie par le cadre, bien différent, de l'enquête menée.

2. Toussaint est le rédacteur exclusif pour les lettres A et B, partage la lettre C avec Boucher d'Argis, lequel assure la rédaction de tous les autres jusqu'à l'article « Yvrognerie », où l'on apprend que la chose est d'une gravité proportionnelle à « l'état » de celui qui en est accusé : le cas le plus grave est celui d'un ecclésiastique.

rement consacré à un résumé des *Principes du droit naturel* de Burlamaqui, présenté comme « l'ouvrage le plus récent, le plus précis, et le plus méthodique que nous ayons sur le *droit naturel* ».

Boucher d'Argis, plus à l'aise dans les articles historiques et techniques, ne manifeste pas de grandes aptitudes théoriques (ce qui explique sans doute que de Jaucourt l'ait souvent suppléé ou complété par la suite sur ce plan). Son résumé, essentiellement descriptif, énumère la matière de l'ouvrage, chapitre après chapitre. Il n'en témoigne pas moins d'une perspicacité négative très forte puisque ses deux seules omissions correspondent exactement aux deux moments décisifs concernant l'obligation, dans la première comme la seconde partie du traité de Burlamaqui... Pour Boucher d'Argis, la double décision de Burlamaqui n'a jamais eu lieu. En somme, il lui fait subir le traitement infligé à Pufendorf par de Jaucourt.

Les articles « Droit des gens » et « Droit naturel » fournis par Boucher d'Argis étaient donc d'une honnête médiocrité. Regrettable pour des notions aussi importantes, la chose n'était pas dramatique : on pouvait y suppléer dans des articles moins généraux, ce qui était d'ailleurs conforme aux habitudes de l'*Encyclopédie*, où l'on traitait de préférence les questions les plus épineuses sous des entrées secondaires, voire camouflées. En ce qui concerne l'article « Droit naturel » du moins, la réaction de l'éditeur – Diderot en l'occurrence – fut toute autre. Sans aller jusqu'à supprimer l'article de Boucher d'Argis, il le rebaptisa « Droit de la nature ou Droit naturel », et lui imposa le camouflet de rédiger lui-même un autre article « Droit naturel » pour en prendre la place. Cette mesure exceptionnelle fut prise tardivement, comme en témoigne le changement après-coup et à peine dissimulé de titre : le texte de Boucher d'Argis renvoie bien à lui-même, comme portant sur le *droit naturel*. Le choix de Diderot revêt nettement le caractère d'une décision[1].

Ce n'est assurément pas la faible teneur de l'information donnée sur les doctrines du droit naturel que Diderot reprochait à son collaborateur : loin de le compléter à cet égard, il ne cite lui-même aucun des jusnaturalistes, ni ne fait état de façon tant soit peu précise de leurs élaborations. Il était pourtant en état de le faire : Rousseau, on le sait, l'avait amené à la lecture de Grotius et Pufendorf, et il était lui-même un lecteur attentif et perspicace de Locke et de Hobbes (on en verra les effets). C'est d'une toute autre nature qu'est son intervention, puisqu'il va commencer par mettre en doute

1. Cette dimension est soulignée par l'insertion de l'article à une place irrégulière dans l'ordre alphabétique : il vient s'intercaler entre deux articles consacrés aux sens géométrique et anatomique du terme *droit* et un troisième sur son sens juridique général, que suivront une série d'articles spécifiques, parmi lesquels l'article « Droit de la Nature ». Par ce procédé, l'article de Diderot surplombe tous ceux de Boucher d'Argis.

la possibilité même d'un droit naturel pour, dans un second temps, proposer les bases de sa refondation. À l'exact opposé de Boucher d'Argis, l'article de Diderot va donc de part en part se situer du côté des principes. Avant cependant d'en examiner la teneur, il faut insister sur la signification que revêt cette intervention, au regard de la pensée de Diderot, comme de sa stratégie propre pour l'*Encyclopédie*.

Si la politique intéresse Diderot, il ne s'y est jamais donné avec la même continuité ni la même fécondité qu'aux questions de philosophie de la nature, de la connaissance, à l'esthétique ou à la morale. Ses contributions sont rares et tardives[1]. Il choisit cependant d'intervenir en la matière dans l'*Encyclopédie* par quelques articles, dont trois fondamentaux (ce type d'articles est traité sur le mode du *discours*) : l'article « Autorité politique », l'article « Hobbisme » et notre article « Droit naturel »[2].

Dans le premier, il défend une conception très proche du contractualisme pufendorfien: aucune autorité naturelle n'ayant lieu entre les hommes (il n'y a d'autorité naturelle que celle de Dieu), l'autorité politique ne pourra être que d'institution. L'institution ne peut procéder que de la force ou du consentement. Le consentement lui-même ressortit d'un *pacte de soumission* qui fait des souverains les mandataires du bien de leur peuple auxquels leurs sujets doivent obéissance. Claire dans son intention mais très elliptique dans ses moyens, la caractéristique essentielle de cette prise de position est de faire l'économie de tout autre principe anthro-pologique que l'égalité et la liberté naturelles, et de caractériser le consentement et l'obéissance, comme l'autorité qui fait la médiation entre elles, de façon purement *politique*. On serait tenté de dire que la problématique de l'obligation y est précisément contournée.

Le célèbre article « Hobbisme » est plus difficile à pénétrer. Diderot y avance masqué, derrière le récit de la vie de Hobbes d'abord, puis derrière le montage d'une foule de citations de ses grands ouvrages, montage destiné à mettre à jour l'enchaînement complet du système. Il poursuit un objectif essentiel: montrer ce que peut être la force d'un matérialisme conséquent (c'est ainsi qu'est lu Hobbes, dans le prolongement d'Épicure et de Gassendi)[3]. Parmi les propositions que Diderot choisit de mettre en

1. En dehors des articles rédigés pour l'*Encyclopédie*, les textes « politiques » de Diderot sont tous postérieurs à 1770: *l'Apologie de l'abbé de Galieni* (1770), *Les Principes de politique des souverains* (1774), les *Entretiens avec Catherine II* (posthumes).

2. Il faudrait ajouter « Citoyen », « Pouvoir », « Puissance », « Représentants » et « Souverains » qui sont de moindre ampleur.

3. Au passage, il en profite pour étriller Rousseau, présenté comme l'inverse de Hobbes, par les principes et la méthode : ce texte est rédigé après leur dispute et avant la parution du *Contrat social* et de l'*Émile*.

valeur, deux sont éclairantes pour le texte que nous allons examiner : « vouloir, ce n'est pas être libre ; c'est tout au plus être libre de faire ce que l'on veut, mais non de vouloir » et « le droit naturel n'est autre chose que la liberté qu'a chacun d'user de son pouvoir de la manière qui lui paraîtra la plus convenable à sa propre conservation ». Conjuguées, ces deux propositions ont pour effet de ramener à l'identité les notions de droit et de pouvoir et de penser l'obéissance comme un effet. Une fois encore, on obtient une théorie du politique qui se passe de la relation d'obligation (ce qui, on le remarquera, n'est pas vraiment le cas de Hobbes).

De ce point de vue, l'article « Droit naturel » peut être lu comme explicitant ce qui est fait en silence par les deux premiers : la notion même d'obligation y est frontalement contestée et, surtout, la place que lui attribuent les jusnaturalistes. Mais Diderot n'en reste pas là : il constitue un nouveau principe de l'obligation qui, pour le coup, sera assez largement étranger à la pensée de Hobbes. L'article « Hobbisme », rappelons-le, est postérieur à l'article « Droit naturel » : Diderot aurait-il évolué vers un matérialisme plus prononcé ? Question délicate : sa pensée est plus polytopique qu'architectonique et relève de l'intervention stratégique plus que du système. Mais, si l'article « Droit naturel » s'inscrit dans la pensée de Diderot, il est avant tout conçu pour ce projet éditorial bien spécifique qu'est l'*Encyclopédie*, et ces deux logiques ne peuvent simplement se recouvrir.

De ce second point de vue, on ne peut réduire sa signification au seul contrepoint constitué avec l'article de Boucher d'Argis : c'est à l'ensemble des articles de droit, de morale et de politique inspirés par le jusnaturalisme que Diderot s'oppose. Or, il est important de le rappeler, ceux-ci sont dus pour la plupart à de Jaucourt. Si Boucher d'Argis est un de ces nombreux collaborateurs qui appartiennent au second cercle de l'*Encyclopédie*, de Jaucourt est assurément du premier cercle : de ceux qui contribuent à l'orientation d'ensemble de l'entreprise et avec qui Diderot se reconnaît une certaine communauté de pensée. Son rôle sera même renforcé après le désengagement de D'Alembert. L'*Avertissement* mis en tête du huitième volume, alors que l'entreprise – un temps compromise dans son existence même – est enfin assurée de sa conclusion, lui rend un vibrant hommage : « Le sentiment honnête et généreux qui nous a soutenus, nous l'avons aussi rencontré dans les autres. Tous nos Collègues se sont empressés à nous seconder ; et c'est lorsque nos ennemis se félicitaient de nous avoir accablés, que nous avons vu des hommes de lettres et des gens du monde qui s'étaient jusqu'alors contentés de nous encourager et de nous plaindre, venir à notre secours et s'associer à nos travaux. Que ne nous est-il permis de désigner à la reconnaissance publique tous ces habiles et courageux auxiliaires! mais puisqu'il n'en est qu'un seul que nous ayons la liberté de nommer, tâchons du moins de le remercier dignement. C'est M. le Chevalier de *Jaucourt*». Impliquant Diderot et de Jaucourt, le débat sur le droit naturel et la question de l'obligation s'inscrit donc au cœur même de la problématique de l'*Encyclopédie*.

Le cercle vicieux du droit naturel et le problème de l'obligation – Si le paradoxe est une posture intellectuelle quasiment naturelle chez Diderot, il revêt aussi une dimension proprement méthodique[1]: l'article «Droit naturel» en est un exemple privilégié. Le problème dont il va s'occuper consiste en l'énoncé de cette contradiction manifeste: l'idée de droit naturel est à la fois une des plus évidentes et des plus confuses dont nous usons.

> DROIT NATUREL, (Morale) L'usage de ce mot est si familier, qu'il n'y a presque personne qui ne soit convaincu au-dedans de soi-même que la chose lui est évidemment connue. Ce sentiment intérieur est commun au philosophe et à l'homme qui n'a point réfléchi; avec cette seule différence qu'à la question, «qu'est-ce que le droit?» celui-ci manquant aussitôt et de termes et d'idées, vous renvoie au tribunal de la conscience et reste muet; et que le premier n'est réduit au silence et à des réflexions plus profondes, qu'après avoir tourné dans un cercle vicieux qui le ramène au point même d'où il était parti, ou le jette dans quelque autre question non moins difficile à résoudre que celle dont il se croyait débarrassé par sa définition.
>
> Le philosophe interrogé dit, «le droit est le fondement ou la raison première de la justice». Mais qu'est-ce que la justice? «c'est l'obligation de rendre à chacun ce qui lui appartient». Mais qu'est-ce qui appartient à l'un plutôt qu'à l'autre dans un état de choses où tout serait à tous, et où peut-être l'idée distincte d'obligation n'existerait pas encore? et que devrait aux autres celui qui leur permettrait tout, et ne leur demanderait rien? C'est ici que le philosophe commence à sentir que de toutes les notions de la Morale, celle du droit naturel est une des plus importantes & des plus difficiles à déterminer?[2].

Diderot engage son propos en situant de façon elliptique mais précise la notion de droit naturel dans l'horizon du jusnaturalisme moderne. L'inscription de la notion sous la Morale est, dans l'ordre encyclopédique, une évidence: la philosophie (ou science) se divise en science de Dieu,

1. Rousseau et Diderot ont ces deux choses en partage. Pour l'usage du paradoxe chez Rousseau, voir la troisième partie de *La fabrique des concepts*, *op. cit.*, introduction de la seconde partie.

2. Ce préambule est suivi de paragraphes notés de I à IX, pour rendre plus souples les renvois, on renverra au texte de l'article en indiquant DN (Droit naturel) suivi du chiffre du paragraphe.

science de l'homme (ou morale) et science de la nature. Mais, dans l'usage de l'indexation des différents articles, cette mention unique revient à placer la notion de droit naturel dans l'ordre de la morale en un sens plus restreint, par distinction avec la jurisprudence et la politique : Diderot enregistre et accompagne le déplacement caractéristique de l'histoire du jusnaturalisme[1]. La modalité de l'évidence dont est affectée l'idée même de droit naturel implique aussi un élément de contextualité : la *familiarité* est l'accoutumance qui produit une sorte d'évidence par l'usage. Il n'est pas certain, pour Diderot, qu'elle diffère du préjugé. Du préjugé en tout cas, cette évidence participe par l'absence de fondement rationnel, comme c'est l'objet de cette entrée en matière de le montrer. Ce n'est pas tant d'ailleurs d'une idée première qu'il s'agit que d'un sentiment commun. De ce point de vue « l'homme qui n'a point réfléchi » est plus lucide que le philosophe, puisqu'il se borne à renvoyer à sa conscience, le philosophe s'imaginant pouvoir fonder son sentiment en raison. La conscience est ainsi entendue, contrairement à ce que l'on a vu chez Burlamaqui et conformément aux exposés standard de la religion naturelle, comme instinct moral. Cet homme « qui n'a point réfléchi » emploie au demeurant un vocabulaire codé : *sentiment intérieur*, *tribunal de la conscience*, au moment où écrit Diderot, sont des expressions qui renvoient à la religion naturelle. Le langage prêté au « philosophe » nous est également connu : c'est celui des théoriciens du jusnaturalisme. Pour un lecteur tant soit peu avisé de l'*Encyclopédie*, le message est clair : la religion naturelle est la philosophie spontanée – populaire serait-on tenté de dire – des jusnaturalistes, et leurs constructions « rationnelles » n'en sont que des habillages sans véritable consistance.

Diderot fait porter d'abord la question sur l'idée de droit qui entre dans la notion de droit naturel. Ce n'est pas que l'idée de nature y soit plus claire (on verra au contraire qu'une partie essentielle de son travail portera sur elle), mais celle de droit est le meilleur point de départ pour révéler la facticité de cette évidence. Celui qui n'a pas réfléchi peut se contenter de la métaphore du tribunal ; le jusnaturaliste devra en dire plus. Si le sentiment est la forme silencieuse du préjugé, le cercle vicieux en est la forme discursive. Naïve ou instruite, le caractère de la présupposition reste le même. Le propos tenu par le philosophe jusnaturaliste ne cible aucun auteur en particulier : les expressions citées sont celles des *Institutes* dans leur reformulation commune, depuis Grotius au moins. Définir le droit par la justice et la justice par le droit, ce cercle vicieux doit s'analyser comme l'effet

1. On remarquera que tous les autres articles de Diderot cités plus haut sont indexés « *droit nat.* et *polit.* ».

d'une double présupposition qui peut s'énoncer : chacun a droit à ce qui lui appartient, chacun est obligé d'attribuer à autrui son droit. La propriété et l'obligation sont les présuppositions du jusnaturalisme. Un paragraphe suivant l'autre et deux et deux faisant quatre, il faut comprendre que si, dans sa version religieuse et populaire, le droit naturel présuppose la conscience comme instinct moral, dans sa version savante il présuppose la propriété et l'obligation.

Si la notion de droit naturel était discrètement mais nettement contextualisée, les questions par lesquelles Diderot objecte à son explicitation « philosophique » ne le sont pas moins. Il se situe d'abord dans le cadre de l'état de nature, lequel lui paraît si évidemment attaché à la notion de droit naturel qu'une inadvertance formelle le fait évoquer comme un « état des choses » qui n'a pas été spécifié. Ce procédé est loin d'être gratuit. Il lui permet de définir l'état de nature par ces deux seuls caractères : l'absence de propriété et d'obligation, sans avoir besoin de rien présupposer de la nature de l'homme. L'état de nature n'est pas tant un état naturel de l'homme que cet état des rapports des hommes entre eux dans lesquels ni la propriété ni l'obligation n'ont été instituées.

Ces formulations sont appuyées sur une double référence implicite et finement croisée. Retenir comme définition générale du droit *ce qui appartient à chacun*, c'est s'inscrire dans le prolongement de Locke et de sa requalification du concept de propriété comme désignant, selon l'expression de Barbeyrac, « non seulement le droit qu'on a sur ses biens et sur ses possessions, mais encore sur ses actions, sur sa liberté, sur sa vie, sur son corps etc., en un mot toute sorte de droits »[1]. Pour Locke, ces droits sont bien constitutifs d'obligations que chacun, dans l'état de nature, peut légitimement sanctionner. D'un autre côté, l'idée de l'état de nature comme *cet état des choses où tout serait à tous* renvoie directement à Hobbes pour qui cet énoncé, parce qu'il ne raisonne pas en termes de droit mais de pouvoir, concerne bien en propre la possession et la convoitise qu'elle suscite, et ne produit chez autrui aucune espèce d'obligation. Le croisement de ces conceptions par Diderot impliquerait un état de nature dans lequel chacun pourrait non seulement faire tout ce qui est en son pouvoir (comme chez Hobbes) mais encore le revendiquer comme son droit. Dans l'état de nature chacun aurait tous les droits sans que cela constitue la moindre obligation pour qui que ce soit. On aurait alors un état de guerre issu non de

1. *DGN*, Préface du traducteur, p. XX, note *b*.

la confrontation des passions mais, si l'on peut dire, de celle des droits[1]. On verra que c'est bien le cadre de pensée que se donne Diderot.

Laissant de côté la question de la propriété, ou plutôt estimant qu'elle y est incluse, il va se tourner vers la relation du droit et de l'obligation. Le lecteur, se laissant porter par le sens obvie du raisonnement s'attend à voir affirmer (sur la même ligne argumentative que celle de l'article « Autorité politique ») qu'il n'y a pas d'obligation naturelle et que l'obligation ne peut naître que d'un contrat : que devrait aux autres celui qui ne leur promet rien et ne leur demande rien ? C'est ce que plus d'un semble avoir lu dans ces lignes. Pourtant, la rédaction de Diderot est bien différente. Il ne dit pas *rien promettre,* mais *tout permettre* : « que devrait aux autres celui qui leur permettrait tout, et ne leur demanderait rien ? » Il faut, pour comprendre ce que signifie l'introduction de cette clause, revenir à sa définition particulière, mi-hobbesienne mi-lockéenne, de l'état de nature. Chacun, avons-nous vu, y aurait tous les droits. Or, pour faire valoir ces droits envers les autres comme des droits, c'est-à-dire au sens lockéen du droit, il faudrait exiger qu'ils soient pour eux source d'obligation, que le droit d'un sujet oblige les autres, ce qui implique la réciprocité : un lien d'obligation mutuelle serait établi. C'est ainsi, avons-nous vu, que Burlamaqui produit, à partir de l'obligation en général, l'obligation spécifique qui donne son fondement aux droits de l'homme. Tout permettre aux autres et ne rien leur demander, c'est renoncer d'emblée à faire valoir ses droits comme constitutifs d'obligation. Par cette renonciation, on se dégage aussi soi-même de toute obligation : on est en droit de faire tout ce qu'on peut et veut faire. On en revient alors, dira-t-on, au pur modèle hobbesien et à résorber le droit dans le pouvoir ? Il n'en est rien : en renonçant à exiger d'autrui quelque obligation que ce soit, j'établis mon droit de faire tout ce qui est en mon pouvoir et de mon vouloir. La composante lockéenne du raisonnement de Diderot a bel et bien pour objet de changer le pouvoir de faire en un vrai droit de faire que l'on peut revendiquer pour soi. Ce raisonnement porte en soi une proposition terrible pour le droit naturel. Ce n'est pas seulement l'obligation spécifique envers la loi qu'il s'avère incapable de former : même le « fondement des droits de l'homme » qu'il propose se trouve ainsi ruiné. Toute la première partie de l'article, au travers d'une fiction théorique particulièrement puissante, celle du *raisonneur violent*, aura pour objet de développer cet argument jusque dans ses dernières conséquences. L'article « Droit naturel » a bel et bien pour objet la question du fondement des droits de l'homme.

1. Sa théorie des passions est le seul point sur lequel l'article « Hobbisme » exprime un désaccord avec Hobbes.

Avant de s'engager dans cette voie, Diderot invoque ce qui peut être lu soit comme une condition de possibilité, soit comme une clause de nullité de toute cette discussion :

> Il est évident que si l'homme n'est pas libre, ou que si ses déterminations instantanées, ou même ses oscillations, naissant de quelque chose de matériel qui soit extérieur à son âme, son choix n'est point l'acte pur d'une substance incorporelle & d'une faculté simple de cette substance ; il n'y aura ni bonté ni méchanceté raisonnées, quoiqu'il puisse y avoir bonté & méchanceté animales ; il n'y aura ni bien ni mal moral, ni juste ni injuste, ni obligation ni droit. D'où l'on voit, pour le dire en passant, combien il importe d'établir solidement la réalité, je ne dis pas du volontaire, mais de la liberté qu'on ne confond que trop ordinairement avec le volontaire. Voy. les articles VOLONTÉ & LIBERTÉ.

Ce texte est rédigé de façon à être indécidable. Que l'on prête à Diderot une position strictement matérialiste et la discussion est close : elle repose sur des concepts de la liberté et de l'obligation dépourvus de sens. Qu'on lui prête au contraire l'exigence finale et elle redevient nécessaire. On sait que les renvois dans l'*Encyclopédie* sont sujets à caution[1]. Ceux-ci méritent cependant mention : l'article « Liberté » et l'article « Volonté », tous deux anonymes, ne peuvent pas avoir échappé à la vigilance de Diderot. Le second, d'une grande sécheresse, donne de la volonté une définition d'un matérialisme sans fioriture et conclut : « il est difficile de se faire une notion quelconque de la liberté, surtout dans un enchaînement de causes et des effets, tels que celui dont nous faisons partie ». Le premier, long et complexe, est rédigé à la façon des sceptiques : il expose les théories « fatalistes » de Hobbes, Spinoza et Bayle, en les réfutant, puis celle de la liberté de la raison selon Leibniz, également récusée, pour présenter enfin sur un ton de dérision manifeste la « doctrine catholique » de la pleine liberté et responsabilité de l'homme. On se bornera à constater que, par ce préalable, Diderot donne davantage à son texte le statut d'une intervention stratégique, que d'une prise de position principielle.

Aussi bien, la façon dont est formée la fiction du raisonneur violent le montre, c'est avant tout à une réfutation du jusnaturalisme par lui-même que s'attache Diderot.

D'un certain point de vue, le raisonneur violent de Diderot est le prolongement d'une figure empruntée à Hobbes, celle du méchant comme *puer robustus*[2]. Dans la préface du *De Cive*, Hobbes notait que le fait de

1. Un récent colloque tenu à Nanterre portait sur ce sujet. La publication de ses actes apportera-t-elle des lumières sur les renvois qui sont en question ici ?

2. Hobbes, *Le Citoyen*, *op. cit.*, Préface.

reconnaître en l'homme l'appétit de possession et l'envie n'était pas en faire des êtres foncièrement méchants, la méchanceté n'étant pas dans ces passions naturelles mais dans l'absence de leur empêchement par la raison. Ce pour quoi on ne considère pas les enfants comme méchants, bien qu'ils soient gouvernés par leurs passions :

> Si vous ne donnez aux enfants tout ce qu'ils désirent, ils pleurent, ils se fâchent, ils frappent leurs nourrices, et la nature les porte à en user de la sorte. Cependant ils ne sont pas à blâmer, et on ne dit pas qu'ils sont mauvais, premièrement, parce qu'ils ne peuvent point faire de dommage, en après, à cause qu'étant privés de l'usage de la raison, ils sont exempts de tous les devoirs des autres hommes. [...] De sorte que je dirais volontiers, qu'un méchant homme est le même qu'un enfant robuste, ou qu'un homme qui a l'âme d'un enfant; et que la méchanceté n'est autre chose que le défaut de raison en un âge auquel elle a accoutumé de venir aux hommes, par un instinct de la nature, qui doit être alors cultivée par la discipline, et qui se trouve déjà assez instruite par l'expérience des dangers et des infortunes passées.

Diderot reprend cette fiction de l'enfant robuste et la radicalise[1]. Un homme, dans l'état de nature, pourrait se comporter comme cet enfant robuste tout en pouvant rendre compte de son comportement par sa raison. Jugeant que ses passions sont pour lui insurmontables et que la vie perdrait tous ses attraits s'il devait renoncer à les satisfaire, il pourrait parfaitement justifier la conformité de ses actions avec la raison. Deux principes lui suffiraient pour cela : l'amour de soi-même et l'équité. Au nom de l'amour de soi, il justifierait la préférence qu'il s'accorde en se donnant le droit de satisfaire ses passions; au nom de l'équité, il accorderait à tous le droit qu'il s'accorde à lui-même. Il appliquerait donc strictement la règle: « tout permettre, ne rien demander ». Et cette règle aurait bien le caractère d'un *principium generale* exigible de qui règle sa conduite par sa raison. On aurait ainsi constitué un modèle dans lequel tous auraient les mêmes droits et aucun n'aurait d'obligation. Une société formée d'individus de cette espèce et vivant selon de telles règles, serait bien, pour le coup, celle de la guerre de tous contre tous.

La question, dès lors, est de savoir, observe Diderot, ce que l'on pourrait répondre à un tel discours en ne s'appuyant que sur la raison[2]. Le premier argument que l'on peut opposer au raisonneur violent concerne l'équivalence qu'il établit entre le fait de s'accorder un droit et de reconnaître le même à autrui. Cela revient, et c'est « absurde » dit Diderot, à « faire

1. DN, § II et III.
2. DN, § IV et V.

vouloir à d'autres ce qu'on veut». Le second se tire de l'absence de règle permettant d'établir l'équivalence entre le danger auquel on s'expose et celui que l'on fait courir à autrui : qui en établira les critères ? Le troisième, plus général et plus radical, consiste à montrer que celui qui décide ainsi s'attribue une compétence universelle à laquelle il s'arroge le droit de soumettre les autres. Il faut donc lui répondre « que la question du *droit naturel* est beaucoup plus compliquée qu'elle ne lui paraît, qu'il se constitue juge et partie, et que son tribunal pourrait bien n'avoir pas la compétence dans cette affaire ».

Ces arguments (le dernier enveloppe les autres) ont cette particularité de ne pas porter sur la décision signifiée par le raisonneur violent mais sur la procédure qui lui permet de la prendre. Le raisonneur violent prend sa volonté pour règle de celle des autres : cela est tyrannique. Il donne à ses critères propres la valeur de l'universel : cela est arbitraire. Il se pose en législateur pour le genre humain et en juge universel : c'est une usurpation. Or quel est ce « tribunal » du haut duquel il prend ces décisions ? L'économie du texte de Diderot le dit sans aucun doute : c'est le tribunal de sa conscience. Et de fait, tous les arguments de Diderot, tout autant que contre le raisonneur violent et son étrange règle de droit, portent contre la conception burlamaquienne de l'obligation en général. Définir ce qu'est le droit par l'usage de sa propre raison, tenir pour honnête en soi ce que nous jugeons tel, faire des droits subjectifs que nous nous reconnaissons le fondement des droits de l'homme, ces traits ne sont-ils pas ceux du sujet burlamaquien et, au fond, de tous les jusnaturalistes ? Diderot l'indique clairement par la généralité, « le droit naturel » dont il use ici, comme il donne *quitus* par là à Burlamaqui de ce que sa doctrine exprime bien l'essence même du jusnaturalisme. La violence n'est pas tant dans l'étrange décision de cet homme qui veut se livrer sans frein à ses passions que dans le fait, au nom de la raison, de s'arroger le droit de légiférer pour le genre humain. Si nous lisons bien, le raisonneur violent est pour Diderot la vérité ultime du jusnaturalisme.

Qu'il en soit bien ainsi semble prouvé par la conclusion qu'il tire immédiatement de cette fiction théorique : « ôtons à l'individu le droit de décider de la nature du juste et de l'injuste »[1]. Faire de l'individu le sujet de l'obligation, au mieux, permet de fonder l'obligation morale et elle seule, au pire, ouvre la voie au raisonneur violent. On dira sans doute, que Diderot fait une injustice majeure aux jusnaturalistes, Burlamaqui compris, en passant sous silence le fait qu'ils ne laissent pas la raison ou la conscience de l'homme face à elle-même mais posent tous en face d'elles Dieu et sa loi.

1. DN, § VI.

Cela mérite d'être souligné : pour la première fois dans un texte portant sur le droit naturel, le terme Dieu n'apparaît même pas dans cet article (il est en revanche omniprésent dans celui de Boucher d'Argis). Mais, pour Diderot, cette objection n'en est pas une. Elle confirme seulement ce qu'il avait suggéré dès ses premières lignes : en dehors de la religion naturelle, le jusnaturalisme n'est rien qu'un cercle vicieux. Vicieux logiquement, mais aussi moralement. L'achèvement burlamaquien est aussi l'épuisement de la veine jusnaturaliste.

D'une nature l'autre : une tentative de sauvetage du jusnaturalisme – Diderot n'entend pourtant pas en rester à ce travail de sape ou, si l'on veut, de déconstruction. Le faire, et il n'est pas le seul qui tirera cette leçon de ce que l'on doit désormais considérer comme l'échec de l'entreprise jusnaturaliste, ne laisserait d'autre issue que d'en revenir à l'identification du droit naturel et du droit divin (soit sous sa forme volontariste à la façon de Pufendorf, soit sous forme rationaliste comme chez Leibniz), ou encore à l'identification du droit naturel et du droit positif (comme chez Hobbes auquel, d'évidence, renvoie l'expression canonique « décider de la règle du juste et de l'injuste » [1]). C'est une autre voie qu'il va suivre ici, se livrant en quelque sorte à une tentative de sauvetage du droit naturel, laquelle consistera à reformer le paradigme de la nature qui peut lui donner son fondement.

Le droit naturel des anciens renvoyait à la nature comme communauté d'existence des vivants (intégrant Dieu chez les stoïciens) ; le droit naturel des penseurs chrétiens médiévaux se dérivait, malgré la corruption du péché, de la nature de l'homme comme créature divine ; le droit naturel des jusnaturalistes prenait sa source dans la nature rationnelle et sociable de l'homme considéré comme individu. C'est un double processus d'individualisation et d'abstraction qui avait donc affecté, tout au long de son histoire, le paradigme de la nature[2]. On peut lire chez Diderot un mouvement inverse et conjugué de naturalisation et de socialisation du paradigme de la nature.

Retirer à l'individu le droit de décider du juste et de l'injuste, c'est-à-dire de fixer les droits et les obligations, ne pouvait le mener à attribuer ce

1. Voir par exemple, Hobbes, *Le Citoyen*, VI, § IX et sa reprise, XV, I : « Car j'ai fait voir au chapitre VI, art. IX, que les règles du bien et du mal, du juste et de l'injuste, de l'honnête et du déshonnête, étaient de la loi civile ; et partant qu'il faut tenir pour bien ce que le législateur a ordonné et pour mal ce qu'il a défendu ».

2. On a vu, et cela est bien connu, que le *jusnaturalisme atypique* de Hobbes prenait précisément son assise sur un autre paradigme, physique ou plus préciséemnt mécanique de la nature. Beaucoup plus naturaliste que physicien, Diderot ne peut sur ce point se retrouver vraiment dans la physique politique de Hobbes.

droit à Dieu, ni au souverain civil. Si, dans ses textes de politique, assez conservateurs, Diderot se tourne vers le consentement et le contrat de soumission pour former l'obligation, dans ce texte proprement moral qu'est l'article « Droit naturel » il esquisse une réponse autrement novatrice : « Mais si nous ôtons à l'individu le droit de décider de la nature du juste et de l'injuste, où porterons-nous cette grande question ? où ? devant le genre humain ». Le choix du terme de *genre* est en effet plus adéquat à sa pensée que celui d'espèce qu'il utilise concurremment : il lui permet de signifier un double statut naturel et social. La communauté de genre est cette instance qui est à la fois au-dessus des individus (l'existence individuelle est dépendante de l'espèce) et présente en eux (l'espèce est présente dans l'individu). Elle est une réalité naturelle mais ne peut se faire valoir que socialement. Raison pour laquelle Diderot renonce à l'éventualité, un bref moment esquissée, d'un droit naturel fondé sur la nature animale : « Si les animaux étaient d'un ordre à-peu-près égal au nôtre ; s'il y avait des moyens sûrs de communication entre eux et nous ; s'ils pouvaient nous transmettre évidemment leurs sentiments et leurs pensées, et connaître les nôtres avec la même évidence : en un mot s'ils pouvaient voter dans une assemblée générale, il faudrait les y appeler ; et la cause du *droit naturel* ne se plaiderait plus par-devant *l'humanité,* mais par-devant *l'animalité* »[1].

Cette nouvelle fiction montre ce qui fait la spécificité du genre humain : le langage et la communication, la délibération qu'ils rendent possibles, et la formation qui en découle de décisions communes, prises par convention. Cette spécificité permet de parler d'une *volonté générale* du genre humain. Elle s'exprime dans les individus et prend alors la place de la conscience : « la volonté générale est dans chaque individu un acte pur de l'entendement qui raisonne dans le silence des passions sur ce que l'homme peut exiger de son semblable, et sur ce que son semblable est en droit d'exiger de lui »[2]. Elle s'exprime aussi dans une sorte de droit positif des gens et dans les mœurs : « dans les principes du droit écrit de toutes les nations policées ; dans les actions sociales des peuples sauvages et barbares ; dans les conventions tacites des ennemis du genre humain entre eux ; et même dans l'indignation et le ressentiment, ces deux passions que la nature semble avoir placées jusque dans les animaux pour suppléer au défaut des lois sociales et de la vengeance publique »[3].

1. DN, § VI. Cette hypothèse à laquelle Diderot renonce, certains de nos contemporains l'ont reprise : ils font parler les animaux et se font leur truchement dans l'assemblée générale de l'humanité.

2. DN, § IX.

3. *Ibid.*

Sans développer toutes les particularités du concept de la volonté générale formé par Diderot (et contre lequel Rousseau a formé le sien)[1], il importe ici de marquer qu'il lui demande précisément de constituer un nouveau principe de l'obligation qui puisse prendre la place jusque-là occupée, successivement ou alternativement, ensemble ou de façon séparée, par Dieu, le souverain ou la raison. La volonté générale de l'humanité fixe les devoirs, elle constitue les droits, elle donne sa règle à la volonté comme à l'entendement. En un mot, elle prend la place que la loi de la nature, expression de la volonté de Dieu, occupait chez les jusnaturalistes. Cela ressort de l'envolée dans laquelle Diderot détermine ses fonctions :

> C'est à la volonté générale que l'individu doit s'adresser pour savoir jusqu'où il doit être homme, citoyen, sujet, père, enfant, et quand il lui convient de vivre ou de mourir. C'est à elle à fixer les limites de tous les devoirs. Vous avez le droit naturel le plus sacré à tout ce qui ne vous est point contesté par l'espèce entière. C'est elle qui vous éclairera sur la nature de vos pensées & de vos désirs. Tout ce que vous concevrez, tout ce que vous méditerez, sera bon, grand, élevé, sublime, s'il est de l'intérêt général et commun. Il n'y a de qualité essentielle à votre espèce, que celle que vous exigez dans tous vos semblables pour votre bonheur et pour le leur. C'est cette conformité de vous à eux tous et d'eux tous à vous, qui vous marquera quand vous sortirez de votre espèce, et quand vous y resterez. Ne la perdez donc jamais de vue, sans quoi vous verrez les notions de la bonté, de la justice, de l'humanité, de la vertu, chanceler dans votre entendement. Dites-vous souvent : Je suis homme, et je n'ai d'autres droits naturels véritablement inaliénables que ceux de l'humanité[2].

Le recours à l'emphase est souvent le substitut de l'élaboration conceptuelle : on peut penser que Diderot en donne ici une preuve. La construction de son propre concept de l'obligation n'a pas la rigueur acérée qui caractérisait, dans la première partie de son article, la déconstruction de l'édifice jusnaturaliste. C'est sans doute un effet, d'abord, du statut instable qu'a chez lui la généralité du genre, qui renvoie d'un côté à une universalité naturelle, donnée, de l'autre à une communauté instituée et délibérante. La volonté générale du genre humain est-elle l'expression de sa nature ou une décision collective ? Diderot laisse la question indécise. Cette hésitation est sans doute aussi (les deux aspects se répliquent) une conséquence de la difficulté qu'il y a à donner un contenu à une volonté sans sujet assignable

1. Je me suis ailleurs longuement attardé sur cette question : dans l'introduction au *Discours sur l'économie politique* et son commentaire et, surtout, dans *La fabrique des concepts* (toute la troisième partie). J'y reviendrai sous un autre angle dans le prochain chapitre.

2. DN, § VII.

auquel la rapporter. Un genre peut-il avoir une volonté ? Le genre a-t-il une unité de nature ou d'institution ? On est à cet égard étonné que Diderot n'ait pas usé plutôt de la notion de loi naturelle qui, au prix du passage du paradigme de la législation à celui des lois nécessaires de la nature, lui aurait permis de se passer de la subjectivation du genre qui ne parvient pas à acquérir dans son texte d'autre statut que métaphorique.

Mais cette dernière remarque peut se retourner : toute la stratégie de Diderot ne s'expliquerait-elle pas par un effort plus audacieux encore pour, on excusera ce barbarisme, « désubjectiver » la notion même de volonté ? Parler de la volonté générale du genre humain n'est métaphorique que si l'on suppose qu'il n'y a de volonté que d'un sujet et si l'on pense la volonté comme une faculté. Si, suivant à la lettre l'article « Volonté » – comme il semble bien que ce soit le cas de Diderot – on conçoit la volonté comme un effet qui renvoie à la série des causes qui la produisent et à celle des effets qu'elle-même induit, il peut y avoir réellement sens à parler de la volonté du genre et de ses effets dans les individus. Il n'y aurait plus à prendre la place ni de Dieu, ni du souverain, ni du sujet, mais à reconnaître que, pour une morale matérialiste, la loi morale est sans législateur. Mais alors, et c'est peut-être le fin mot de l'histoire, c'est la notion d'obligation elle-même qui devient métaphorique.

S'il y a, en un sens, refondation du droit naturel chez Diderot, c'est donc en tournant le dos à l'idée même d'obligation. Que Diderot n'avance pas sur ces questions à découvert peut relever bien sûr de la simple prudence. On reconnaîtra alors dans son texte une figure tardive de *l'art d'écrire*, au sens de Strauss. On pourrait aussi considérer que sa pensée procède par hypothèses parallèles, non par recherche d'une systématicité unique. Mais une troisième considération est ici nécessaire : en circonscrivant à la morale l'enquête menée sur le droit naturel, Diderot laisse de côté toute la question de l'obligation politique. S'il en avait décidé autrement – et si notre lecture de son texte est bien correcte – il aurait dû aller jusqu'à ses conséquences proprement hobbesiennes et ramener strictement le droit au pouvoir, faisant verser franchement le consentement du côté de l'obéissance passive. C'est à quoi il ne peut manifestement se résoudre. Au terme de son article, il tente bien d'articuler sa conception de l'autorité politique et celle du droit naturel : « puisque des deux volontés, l'une générale, et l'autre particulière, la volonté générale n'erre jamais, il n'est pas difficile de voir à laquelle il faudrait, pour le bonheur du genre humain, que la puissance législative appartînt, et quelle vénération l'on doit aux mortels augustes dont la volonté particulière réunit et l'autorité et l'infaillibilité de la volonté générale »[1]. S'il n'est pas difficile, en effet, de voir, dans la logique de l'article « droit naturel », que la puissance législatrice devrait être reconnue au genre humain, il ne est guère plus difficile de constater que son exercice est *in fine* délégué aux souverains : l'article « Droit naturel », comme l'article « Autorité politique », débouche sur une version moralisante du despotisme éclairé.

Diderot, à ses dépens, contribue donc à mettre en évidence ce fait essentiel : ce n'est que sous l'autorité de la loi divine et donc en intégrant la religion naturelle au droit naturel, que les jusnaturalistes pouvaient encore articuler l'obligation morale et l'obligation politique. Réduit à ses propres moyens, le droit naturel ne peut plus fonder qu'une morale : morale du sujet rationnel autonome comme chez Burlamaqui, morale matérialiste faisant du genre le principe déterminant des volontés de l'individu comme chez Diderot. Mais l'un comme l'autre laissent à découvert la question politique dans laquelle il n'est pas si simple de se défaire de la problématique de l'obligation.

C'est ce qui va conduire Rousseau à constituer sa propre pensée comme une double rupture : avec le jusnaturalisme et avec la conception de la volonté générale proposée par Diderot, et pour ce faire à repenser à nouveaux frais la relation entre obligation morale et obligation politique aussi bien que leurs fondements respectifs.

1. DN, IX.

CHAPITRE VI

OBLIGATION MORALE ET OBLIGATION POLITIQUE : LE PARTAGE DE ROUSSEAU

UNE HYPOTHÈSE RUINEUSE PARCE QUE TROP FÉCONDE ?

Les *Lettres écrites de la montagne* ont donné son point de départ à cette enquête. Rousseau y proposait une hypothèse globale de lecture de la modernité politique qui serait ordonnée à une question commune : *qu'est-ce qui fait que l'État est un ?* Cette question, on l'a vu, doit s'entendre selon sa lecture la plus forte : le principe recherché n'est pas seulement celui de la cohésion d'un tout et de son ordre, mais celui de sa formation, de sa *constitution*. L'unité ne pouvant résulter que d'une union, il faut expliquer comment est produite l'union du multiple en un tout. Un individualisme que nous avons qualifié à la fois de méthodologique et de politique serait la présupposition impliquée par la question commune. Le titre général des réponses données à cette question – c'est le second versant de l'hypothèse de Rousseau – serait lui-même commun : seule une *obligation qui les lie* pourrait faire des individus les membres d'un corps politique. L'obligation devant être entendue comme ce par quoi une volonté est liée, une seconde présupposition serait également commune à la modernité politique : la représentation de l'individu comme volonté. La question initiale doit alors être reformulée, elle devient celle du *fondement de l'obligation* : comment une volonté peut-elle être obligée ? Les présuppositions retenues ne laissent que deux voies pour fonder l'obligation : soit l'assujettissement à une volonté supérieure, soit la convention de volontés se liant les unes aux autres. Le principe commun qui les unit se trouve donc, d'un autre point de vue, la source de l'opposition des diverses pensées politiques. Rousseau assigne sa propre place dans le champ ainsi constitué et s'inscrit dans une généalogie : « suivant la plus saine partie de ceux qui ont discuté de ces matières, j'ai posé pour fondement du corps politique la convention de ses membres ».

Prenant au sérieux l'hypothèse de Rousseau, notre travail a consisté à interroger sa fécondité à partir d'un certain nombre de lieux choisis comme occupant une place de carrefour : une place décisive dans le champ de la pensée politique moderne. Consacré à Jean Bodin, le premier moment de cette enquête a conduit à un résultat d'autant plus saisissant qu'il prend à revers l'évidence intuitive qui gouverne généralement les lectures de son œuvre. Non seulement il s'avère possible de rendre compte de la pensée de Bodin comme d'une théorie générale de l'obligation mais, en rendant compte de l'articulation des *Six livres de la République* et de la *Juris universi distributio*, on peut reconnaître que s'y opère la mutation majeure qui donne naissance au concept moderne de l'obligation. En faisant de la loi la source de toute obligation civile et en la définissant comme volonté du souverain obligeant la volonté de ses sujets, Bodin requalifie l'obligation comme relation entre elles de deux volontés : celle qui commande, celle qui obéit. Sous le principe de souveraineté, il faudra lire le principe de la franche volonté. En même temps, il faudra comprendre que l'objet du premier principe est de circonscrire le second. La représentation de l'individu comme volonté est ainsi apparue comme la racine à la fois de la définition du souverain comme franche volonté et de celle de ses francs sujets. Vérifiant le modèle jusqu'à l'épure, nous avons même dû reconnaître une autre mutation majeure par rapport aux théories antérieures de la souveraineté. L'obligation souveraine, chez Bodin, doit être moins comprise comme un principe organisateur de l'ordre politique (principe de gouvernement) que comme le principe formateur du corps politique (principe de constitution) : la dépendance d'une même souveraineté *fait la cité*.

Le jusnaturalisme nous est d'abord apparu, dans sa figure grotienne, tout en s'inscrivant résolument dans la problématique de l'obligation, comme une tentative pour échapper à l'enfermement dans le cadre commun décrit par Rousseau et vérifié par Bodin. Pour cela, Grotius opère un triple déplacement : il fait, du politique au juridique, le chemin inverse de celui de Bodin, donne l'obligation naturelle pour fondement à l'obligation civile, enfin substitue à l'obligation de la volonté par une autre celle de la *recta ratio* par elle-même. Là où, pour Bodin, seule une volonté peut obliger une autre volonté, Grotius entend montrer que la nature de l'homme, celle d'un être capable d'agir par principes, d'user de règles générales, le rend susceptible de s'obliger lui-même. Cependant, pour pouvoir articuler l'obligation civile et l'obligation naturelle (l'*obligatio ex consensu* et l'*obligatio ex promisso*), Grotius est conduit à reprendre à son compte le modèle bodinien de la souveraineté, faisant de la *consociatio imperii* le fondement nécessaire de la *consociatio juris*. Sa théorie de l'obligation civile est au bout du compte réglée par le principe de souveraineté. De plus, pour fonder sur l'obligation naturelle le droit des gens, comme pour donner son origine à la société civile, il est conduit à supposer un droit naturel de punir antérieur à toute législation : une telle idée, en même temps que celle de loi naturelle, met en danger l'idée même de droit naturel. Mais il faut surtout observer que Grotius reconstitue le droit naturel sur un nouveau paradigme de la nature. Le droit naturel des anciens était fondé sur la nature commune aux êtres vivants, le droit naturel des penseurs chrétiens reposait sur l'essence divine de l'homme, cet être générique dont le nom collectif est Adam[1]. Chez Grotius, le droit naturel a sa source dans les facultés de tout individu humain, la rationalité et la sociabilité. Remarquable est à cet égard, au-delà de la convergence nominale, la rupture avec Aristote : c'est comme être générique que l'homme, chez celui-ci, est un *animal politique* ; c'est comme individu doté de facultés (l'usage en ce sens du terme *sujet* est plus tardif[2]) que l'homme, pour Grotius et tous les jusnaturalistes après lui, est un *être sociable*. Le droit naturel, mutation majeure par rapport à ses théoriciens antérieurs, bascule tout entier du côté de l'individualisme méthodologique, un individualisme méthodologique qu'on qualifierait (si ce vocabulaire encore intelligible à Barbeyrac n'avait pas disparu) de *pneumatique* plutôt que de psychologique[3].

C'est en suivant cette voie que le jusnaturalisme chez Pufendorf va être conduit à se reconstituer autour de la distinction de l'entendement et de la volonté, à attribuer la liberté à la volonté et, par une conséquence paradoxale, à faire de la volonté d'un supérieur la seule source possible de l'obligation. En se mettant résolument sous le signe de la distinction entre volonté et entendement, Pufendorf est en effet poussé à une double radicalité : radicalité de l'affirmation de la liberté de la volonté (elle l'amène à poser une liberté originaire, antérieure à la loi divine), radicalité de la nécessaire soumission de la volonté à une volonté supérieure, sans laquelle aucune obligation n'est possible. Cela implique sa rupture avec la *recta ratio* de Grotius et son refus de ce qui faisait chez celui-ci l'idée même d'obligation naturelle : le fait que l'on puisse s'obliger soi-même. Cela explique également la structure très particulière de la théorie pufendorfienne de l'obligation. L'obligation procède toujours du commandement d'une volonté supérieure dotée du pouvoir de contraindre. L'obligation

1. Depuis le *Décret* de Gratien jusqu'à Bossuet on peut reconnaître cette constante.
2. On l'a vu plus haut : cet usage est, en revanche, nettement établi chez Burlamaqui.
3. DNG, I, I, § 1, note 1.

naturelle est celle qu'entraîne la loi divine, commandement de Dieu. Le Dieu de Pufendorf est un souverain absolu. Cependant, les hommes ne sont pas naturellement supérieurs les uns aux autres. Il faut donc que la souveraineté civile procède du consentement. Mais, comme toute souveraineté, la souveraineté civile s'exerce comme commandement et exige la soumission. Le souverain de Pufendorf est un Dieu élu.

Le jusnaturalisme semble ainsi pris dans un étau : soit il fonde l'obligation naturelle sur la raison et se trouve former un concept de l'obligation morale dont il a le plus grand mal à tirer l'obligation politique, soit il pense l'obligation comme sujétion d'une volonté à une autre et vide de contenu moral la relation d'obligation. La pensée de Burlamaqui se présente, on vient de le voir, comme une tentative originale pour échapper à ce dilemme. Rompant résolument avec Pufendorf, il démontre que, par la raison seule, conçue comme le concert de l'entendement et de la volonté, on peut véritablement fonder une obligation de soi par soi, qui est obligation envers soi et envers autrui : cette obligation naturelle est *le fondement des droits de l'homme*. Mais il reconnaît avec une grande rigueur dans les principes que le droit naturel ainsi conçu est incapable de fonder cette troisième sorte d'obligation qu'est l'obligation envers la loi. Il faut pour cela se doter d'abord de l'idée de loi naturelle qui, parce qu'elle est irréductible à celle des lois nécessaires de la nature, ne peut elle-même trouver son fondement que dans la volonté de Dieu, connue par la religion naturelle. Il y a donc deux concepts du droit naturel pour Burlamaqui, l'un fondé sur l'idée seule de la raison, qui constitue une théorie de l'obligation morale, l'autre fondé sur la religion naturelle, qui seul peut donner son fondement à l'idée d'une obligation politique. En ce sens, on peut dire tout aussi bien que Burlamaqui accomplit le projet du droit naturel et qu'il établit le constat de son échec radical. Accomplissement dans la fondation d'une théorie de l'obligation morale, échec dans la tentative pour fonder sur l'obligation morale l'obligation politique.

Si le but de notre enquête était de valider dans sa globalité la proposition de Rousseau, il semble que nous y soyons parvenu : la problématique de l'obligation constitue bien le champ commun à l'intérieur duquel se constituent, s'affrontent et cherchent à s'articuler aussi bien la représentation du corps politique sous le principe de souveraineté que la représentation de l'individu comme libre volonté. Mais ce succès ne déborde-t-il pas les intentions de Rousseau ? En mettant en lumière l'échec des théories du droit naturel à penser ensemble obligation naturelle et obligation politique, sauf à mettre le droit naturel sous la dépendance de la religion naturelle, n'est-ce pas la contradiction insurmontable de la problématique de l'obligation que nous avons fait apparaître ? En se situant lui-même dans ce cadre commun,

Rousseau ne conduit-il pas à porter sur lui le même diagnostic ? Religion naturelle, volonté, liberté naturelle, souveraineté : les concepts-clés de sa pensée sont bien ceux dont l'articulation vient de nous apparaître impossible. L'histoire que Rousseau nous a donnée à lire serait donc aussi la sienne et ce serait le cas de dire : *de te fabula narratur*.

PRINCIPE SAIN, PRINCIPE SÛR : RETOUR AUX *LETTRES ÉCRITES DE LA MONTAGNE*

L'hypothèse de Rousseau doit donc être prise au sérieux lorsqu'il s'agit de lui-même. En acceptant le cadre commun du questionnement sur l'unité du corps politique, en reprenant à son compte la problématique de l'obligation comme le cadre dans lequel elle doit être posée (« Tout est d'accord jusqu'ici »), il définit sa propre pensée politique comme une théorie de l'obligation. Il va même beaucoup plus loin, puisqu'il assigne sa propre place dans la généalogie qu'il dresse à partir de la typologie ainsi constituée : il dit avoir *suivi* ce qui forme, à ses yeux, *la plus saine partie de ceux qui ont discuté ces matières*. Nous avons vu que Locke et Sidney devaient être identifiés comme les représentants de cette ligne de pensée. Cette déclaration d'allégeance doit, bien évidemment, être prise avec circonspection : on voit mal celui qui affirme, dans l'*Émile*, que « le droit politique est encore à naître »[1] se considérer simplement comme un épigone de Locke et de Sidney, ni recevoir sans rien en remanier une problématique qu'il partagerait avec des auteurs – de Bodin à Burlamaqui, en passant par Grotius et Pufendorf, Hobbes et Locke, et même Bossuet –, auxquels il n'a cessé de se confronter. Il faut donc y regarder de plus près et, pour cela, revenir à la sixième des *Lettres écrites de la montagne*[2].

Que veut dire exactement Rousseau en qualifiant de *saine* cette partie des penseurs de la politique qui donnent la convention comme fondement au corps politique ? C'est ce que l'on peut mieux déterminer en lisant le passage qui suit immédiatement et dont la fonction est précisément d'introduire à la logique propre du *Contrat social* :

> Indépendamment de la vérité de ce principe, il l'emporte sur tous les autres par la solidité du fondement qu'il établit ; car quel fondement plus sûr peut avoir l'obligation parmi les hommes, que le libre engagement de celui

1. OC IV, p. 836.

2. On revient ici au texte (LEM VI, OC IV, p. 806 *sq.*) dont l'examen a été engagé dans le premier chapitre.

> qui s'oblige? On peut disputer tout autre principe[1]; on ne saurait disputer celui-là.

Faire de la convention le fondement de l'obligation, c'est poser un principe *sain* parce que *vrai*, mais aussi un principe solide ou sûr. Cette distinction demande à être explicitée. Dans les deux cas, on pose le libre engagement d'une volonté pour source de l'obligation. Dire qu'un tel principe est vrai (et, par là, saine la pensée qui le reconnaît), c'est affirmer que les hommes étant libres, nulle obligation véritable ne peut naître que de cette liberté même. Dire que ce principe est sûr (ou solide), c'est soutenir que seuls de tels engagements sont susceptibles d'unir des individus libres en un corps politique dont ils deviennent les membres.

Ces énoncés s'éclairent (comme ils l'éclairent en retour) par la première phrase du préambule du *Contrat social*: « Je veux chercher si dans l'ordre civil il peut y avoir quelque règle d'administration légitime et sûre ». Le sain ici, c'est le légitime. La règle d'administration recherchée (entendons une règle qui détermine ce que doit être le gouvernement, les deux termes étant synonymes pour Rousseau) consistera en la souveraineté de la volonté générale. Cette règle est sûre parce qu'elle permet d'assurer l'obéissance des sujets au gouvernement comme commissaire de la volonté souveraine. Elle est légitime parce qu'elle est compatible avec la liberté naturelle de l'homme qui, devenue liberté politique, est exercée par lui comme membre du souverain. Loin de signaler un flottement de Rousseau, le système d'équivalence entre le sain, le vrai et le légitime dit précisément le statut du principe : il se fonde dans la nature de la chose (le sain s'oppose au dépravé), il l'exprime (la vérité s'oppose au factice et au mensonger), il fait de la nature une règle pour l'art politique (c'est le remède à la dépravation, le bon artifice). Le principe sain, celui de la légitimité, est celui que Rousseau partage avec ceux qu'il dit suivre. Dans le *Contrat social*, ce principe est posé. « L'homme est né libre » : tel est le principe sain, critère de légitimité qui fait que « l'ordre social » ne peut être fondé que sur des conventions.

Que ce principe soit solide est, au contraire, l'objet propre de toute la démonstration produite par le *Contrat social*. Son premier livre établit que, par le pacte social, « chaque individu [...] se trouve engagé sous un double rapport; savoir, comme membre du Souverain envers les particuliers, et comme membre de l'État envers le Souverain ». La théorie du contrat est

1. Ici, Rousseau ajoute en note : « Même celui de la volonté de Dieu, du moins quant à l'application. Car, bien qu'il soit clair que, ce que Dieu veut, l'homme doit le vouloir, il n'est pas clair que Dieu veuille qu'on préfère tel Gouvernement à tel autre, ni qu'on obéisse à Jacques plutôt qu'à Guillaume. Or, voilà de quoi il s'agit ».

bien destinée à montrer que le lien social peut se lire à la fois comme exercice de la liberté (chacun « reste aussi libre qu'auparavant ») et comme un lien d'obligation (chacun « se met sous la suprême direction de la volonté générale »). Les livres suivants ont pour objet de montrer comment la volonté générale peut seule assurer la solidité du principe par la constitution du corps politique et la généralisation des volontés particulières[1].

On pourrait dire que l'expression *droit politique*, qui désigne le régime de discursivité propre du *Contrat social*, croise les deux statuts du principe. Raisonner en droit, c'est établir le principe sain et légitime; raisonner en politique, c'est démontrer sa sûreté. Il serait aussi possible, sur ces premières indications, de régler le rapport entre le second *Discours* et le *Contrat social*. Dans le premier texte, Rousseau aurait établi la légitimité du principe, la liberté naturelle de l'homme, et montré que seule la société civile corrompue crée des rapports de servitude, jusque sous la forme du faux contrat passé par les riches avec les pauvres. C'est la raison pour laquelle, explicitement et implicitement, la présence de Locke et Sidney y serait si grande. Dans le *Contrat social*, en revanche, il se serait attaché à montrer que l'on peut raisonner, en politique, en conformité avec ce principe et « rendre légitime » la société civile. Rousseau s'y confronte alors avec Grotius et Pufendorf, explicitement, et avec Hobbes, implicitement. Le *Contrat social* serait donc le lieu où s'élabore la théorie de l'obligation politique qui correspond au principe de la liberté naturelle établi par le second *Discours*.

Une telle lecture de l'économie de sa pensée, à certains égards bien commode, permettrait de définir Rousseau, dans des termes similaires à ceux employés plus haut au sujet de Locke, comme un jusnaturaliste de type particulier. En ne partant pas des facultés de l'homme (pour cette raison qu'elles sont toutes constituées par son histoire) mais du principe de la conservation de soi, en ne partant pas de la sociabilité mais de la seule idée de son indépendance naturelle, Rousseau constituerait la liberté en principe anthropologique de son système politique et en condition de possibilité d'une obligation légitime. En ce sens, il deviendrait défendable de dire que les principes du système de Rousseau sont dans les *Discours* et que sa théorie politique s'en tire comme une conséquence. Il aurait ainsi enfin accompli ce à quoi les jusnaturalistes avaient échoué, former en droit naturel une véritable théorie de l'obligation et ramener à l'unité les deux principes corollaires mais ennemis de la modernité: la souveraineté de l'État et la liberté des individus. Cette lecture de Rousseau est partagée par nombre de ceux qui lui en font crédit, voyant en lui la réconciliation de la

1. Sur ce point voir mon introduction au *Contrat social*, Paris, GF-Flammarion, 2001.

modernité avec elle-même, et par ceux qui dénoncent les incohérences auxquelles l'aurait conduit la quadrature du cercle requise par un tel système : il aboutirait à l'assujettissement le plus contraignant à l'État de l'individu dont il postule d'abord l'absolue liberté. Poursuivant dans cette voie, on suggèrera que ce sont là les conséquences de ce que Rousseau n'a pas assez *suivi* Locke : au lieu de supposer, comme celui-ci, une loi naturelle dont l'homme est l'interprète, il attribuerait au sentiment intérieur un droit de parler au nom de la nature. En faisant de la conscience non plus un juge mais un législateur, il la mettrait à la place de Dieu[1].

Pour reçue qu'elle soit, et par certains aspects éclairante, cette compréhension du projet de Rousseau ne permet pas de rendre compte de ce qui caractérise vraiment sa théorie de l'obligation politique, ni de la relation qu'elle entretient avec la conception très particulière qui est la sienne de l'obligation morale. Elle conduit surtout à ignorer le fait que, sous sa reprise nominale, Rousseau opère une véritable refondation de ce qu'il reçoit comme la problématique commune. C'est du moins, ce que je vais tenter de montrer.

LE FONDEMENT POLITIQUE DE L'OBLIGATION

La distinction de la vérité du principe et de sa solidité nous est apparue comme renvoyant à deux modes de raisonnement : *en droit* et en *politique*. Rapporter ces deux dimensions, comme il est en partie justifiable de le faire, respectivement au second *Discours* et au *Contrat social*, reviendrait-il à penser que le second ne fait qu'appliquer des principes déjà établis dans le premier ? Ce serait singulièrement minorer le statut du *Contrat social* et le sens de son sous-titre : *principes du droit politique*. Aussi bien, si Rousseau engage son premier chapitre en posant ce que le second *Discours* a établi : « L'homme est né libre », ses derniers mots sont pour affirmer : « je dois établir ce que je viens d'avancer ». Est-ce à dire qu'il va constituer à nouveaux frais son anthropologie ? Bien que certains se soient employés à lire ainsi les premiers chapitres réfutatifs qui excluent que la supériorité naturelle, la force et l'aliénation consentie puissent former une véritable

1. À certains égards, c'est André de Muralt qui a suggéré de cette lecture l'interprétation la plus conséquente, inscrivant Rousseau dans la droite ligne de toute la modernité politique : *L'unité de la philosophie politique. De Scot, Occam et Suarez au libéralisme contemporain*, Paris, Vrin, 2002. Sa restitution de bien des séquences de cette histoire recoupe celle que j'ai proposée ici, sur une période plus courte. Mais, à l'évidence, ces recoupements n'empêchent pas une divergence fondamentale : la lecture de Rousseau que propose ce chapitre en est le témoignage clair.

obligation, on peut montrer que tel n'est pas le cas. Les principes du droit politique sont tirés de la nature même du corps politique. Comprendre ce que Rousseau se propose de faire dans le *Contrat social*, c'est comprendre que la seule considération du problème proprement politique – comment faire que le corps politique soit un – conduit à établir par une autre voie la nécessité du même principe : il n'y a d'autre fondement pour l'obligation que « le libre engagement de celui qui s'oblige ». Ces deux démonstrations, celle du *second Discours* et celle du *Contrat social*, sont convergentes mais *indépendantes* l'une de l'autre. C'est précisément ce que s'emploie à mettre en évidence l'analyse du *Contrat social* proposée par la sixième des *Lettres écrites de la montagne*[1].

Cette analyse présente cette première particularité de faire en quelques sorte l'économie des quatre premiers chapitres du premier livre. Radicalisant ce qu'affirmait la première phrase du chapitre v : « Quand j'accorderais tout ce que j'ai réfuté jusqu'ici, les fauteurs du despotisme n'en seraient pas plus avancés », Rousseau désigne dans le chapitre v (*Qu'il faut toujours remonter à une première convention*) un second point de départ de son raisonnement. Ce qui doit s'entendre ainsi : y aurait-il une servitude naturelle, la force pourrait-elle produire le droit, la servitude volontaire serait-elle pensable, on n'aurait toujours pas produit le principe constitutif d'un corps politique. La démonstration positive est indépendante de la réfutation et suffit à porter les principes du droit politique dont la racine est dans cet énoncé : l'autorité politique détentrice du pouvoir d'obliger ne peut procéder que de la volonté même de ceux qu'elle oblige.

De ce second point de vue, déterminé par la question : *comment fonder l'unité politique ?*, l'accent doit être déplacé. Il s'agit de comprendre – c'est le problème commun – comment fonder « l'ordre social », c'est-à-dire un lien d'obligation. C'est pourquoi l'argument déterminant en faveur du consentement est que, seul, il permet de donner à l'obligation un fondement *sûr*. Le principe constitutif est congruent avec le principe sain (la liberté naturelle est ce qui fait du consentement le seul fondement légitime de l'ordre social) mais il en est indépendant. La réfutation elle-même, dans les premiers chapitres du *Contrat*, n'est pas étrangère à cette dimension : l'héritage de l'autorité est incertain, la force n'est pas durable, l'engagement des pères n'entraîne pas celui des fils, une aliénation complète est vaine. Seul l'engagement positif par lequel une volonté libre constitue une obligation contractuelle, une convention, peut la lier de façon indiscutable.

1. L'interprétation ici défendue de cette « analyse » fait l'objet du commentaire que j'ai proposé de cette lettre : *La religion, la liberté, la justice. Un commentaire des Lettres écrites de la montagne*, *op. cit.*, p. 107-126. Je reprends ici son moment central.

Les plus proches de ses prédécesseurs (Sidney, Locke) ont fait du consentement le *présupposé* de l'union, Rousseau en fait le *principe constitutif*. Cette distinction va le pousser à former, pour penser ce que cette convention a de spécifique, la notion de contrat social.

Dire en effet que la liberté seule peut fonder l'obligation n'est pas dire comment elle le peut. Cette belle formule est équivoque. La libre décision de soi envers soi ne crée aucun engagement[1]. L'engagement réciproque de deux personnes crée une obligation morale n'induisant aucun effet de contrainte[2]. Si l'on pense l'obligation comme engagement déterminant une obéissance envers autrui, on contredit le principe[3]. L'analyse de son propre texte par Rousseau produit ce premier résultat remarquable : *c'est une théorie de l'obligation politique qu'il faut constituer.*

Si la fonction accordée au principe commun distingue Rousseau de ses prédécesseurs, c'est le cas, *a fortiori*, de sa mise en œuvre :

> Mais par cette condition de la liberté, qui en renferme d'autres, toutes sortes d'engagements ne sont pas valides, même devant les tribunaux humains. Ainsi, pour déterminer celui-ci, l'on doit en expliquer la nature ; on doit en trouver l'usage et la fin ; on doit prouver qu'il est convenable à des hommes, et qu'il n'a rien de contraire aux lois naturelles. Car il n'est pas plus permis d'enfreindre les lois naturelles par le Contrat social, qu'il n'est permis d'enfreindre les lois positives par les contrats des particuliers ; et ce n'est que par ces lois mêmes qu'existe la liberté qui donne force à l'engagement[4].

Ce qui fait la liberté d'un engagement, et donc peut fonder une obligation, n'est pas seulement son caractère volontaire. C'est aussi son objet, sa « fin ». Il faut que celle-ci ne soit pas contraire aux lois naturelles. Intuitivement, on comprend ce que Rousseau entend par là : nul ne peut, même librement, renoncer à sa vie[5] ni à sa liberté[6]. Mais la référence aux « lois naturelles » fait problème.

Derathé fait un usage central de ce texte dans le chapitre qu'il consacre à la position de Rousseau à l'égard du droit naturel[7]. L'orientation générale

1. CS I, 7 : « Nul n'est tenu aux engagements pris avec lui-même ».

2. *Ibid.* La loi politique « rend légitimes les engagements civils ».

3. C'est pourquoi Rousseau récuse le contrat de soumission, dans toutes ses versions, de Hobbes à Barbeyrac.

4. *LEM*, OC III, p. 807.

5. Sur ce point, cf. B. Bernardi, « Le droit de vie et de mort selon Rousseau : une question mal posée ? », *Revue de Métaphysique et de Morale*, n° 1/2003, p. 89-106.

6. Contradiction dénoncée dans CS I, 4.

7. R. Derathé, *J.-J. Rousseau et la science politique de son temps*, *op. cit.*, p. 151-171. Ce texte est cité p. 158.

de son propos consiste à distinguer les théories modernes du droit naturel, que Rousseau récuse, de la loi naturelle, héritée du stoïcisme, qui serait l'assise de sa pensée. La fonction de la loi naturelle est précisément, pour Derathé, de fonder l'obligation et de donner aux engagements une « *sanction morale* »[1]. L'obligation de respecter ses engagements serait une règle morale antérieure au lien politique et sa condition de possibilité : la règle *pacta sunt servanda*, loi naturelle par excellence, métapolitique et métajuridique. Curieusement, pour appuyer cette thèse, il s'appuie non sur Rousseau mais sur Pufendorf : « Mais comment les sociétés ont-elles pu se maintenir si l'on ne croyait pas auparavant qu'il fût juste de tenir sa parole et injuste d'y manquer »[2]. Contrairement à ce que dit Derathé, la Lettre VI, suivant une autre voie, s'efforce de substituer à cette problématique morale une problématique politique de l'obligation.

On conviendra, pour commencer, de la distinction entre loi naturelle et théories modernes du droit naturel. D'ailleurs, dans les *Lettres écrites de la montagne*, les deux occurrences de la notion de *droit naturel* sont reprises du texte des représentations[3]; Rousseau utilise pour sa part l'expression *lois naturelles*. Mais « retrouve-t-on » ici, comme dit Derathé, « la distinction traditionnelle admise par tous les théoriciens du droit naturel » entre loi naturelle et lois positives? Et doit-on admettre que, pour Rousseau, « l'obligation de respecter le pacte a son unique fondement dans la loi naturelle et dans le devoir de tenir ses engagements » ?

Une observation mineure doit d'abord être faite : Rousseau parle ici des lois naturelles au pluriel[4]. Que peut signifier cette pluralité? Certes, Pufendorf aussi peut employer au pluriel la notion de loi naturelle, globalement dans le sens que lui donne Derathé. Mais Rousseau donne clairement à cette expression son statut par la proportion qui commente cette proposition : les lois naturelles sont au contrat social ce que les lois positives sont aux contrats des particuliers. Cette proportion obéit à une règle de translation qui va de la nature à l'institution. On connaît la façon dont Rousseau pense cette translation : l'ordre des lois d'institution doit s'efforcer d'imiter la nécessité des lois de la nature. « Si les lois des Nations pouvaient avoir comme celles de la nature une inflexibilité que jamais aucune force humaine ne pût vaincre, la dépendance des hommes redeviendrait alors celle des choses, on réunirait dans la République tous les

1. *Ibid.* p. 159 (c'est Derathé qui souligne).

2. *Droit de la nature et des gens*, VIII, I, § 5, *op. cit.*, t. II. p. 358. Derathé invoque aussi Hobbes : *Le Citoyen* (*De Cive*), chap. III, § 1, trad. S. de Sorbière, *op. cit.*, p. 113.

3. *LEM*, I, OC III, p. 690; VI, OC III, p. 812.

4. Derathé parle toujours de *la* loi naturelle, les textes de Rousseau qu'il cite, *des* lois naturelles.

avantages de l'état naturel à ceux de l'état civil... »[1]. Le pluriel *lois naturelles* équivaut aux lois de la nature.

Que sont ces lois de la nature quand il s'agit de l'homme ? Le *Contrat social* le dit en toutes lettres : « Cette liberté commune est une conséquence de la nature de l'homme. Sa première loi est de veiller à sa propre conservation, ses premiers soins sont ceux qu'il se doit à lui-même, et, sitôt qu'il est en âge de raison, lui seul étant juge des moyens propres à se conserver devient par là son propre maître »[2]. Les lois qui découlent de la nature de l'homme expriment une nécessité immanente. Le concept de la loi dont use ici Rousseau est plus proche de Spinoza que des théoriciens du droit naturel. On peut donc interpréter le passage qui nous occupe de la façon suivante, qui confirme la compréhension intuitive initialement proposée : l'obligation politique ne peut déroger à cette loi qui veut que l'homme ne peut, en s'obligeant, faire usage de sa liberté qu'en faveur de la conservation de sa vie et de sa liberté. Comme les contrats entre particuliers ne peuvent pas déroger aux lois positives (ils seraient nuls), le contrat social ne peut déroger aux lois de la nature (il serait vain).

Une difficulté demeure dans ce passage décisif. La proportion que nous venons d'examiner (Lois naturelles/contrat social = lois positives/ contrats entre particuliers) est suivie de cette remarque : « et ce n'est que par ces Lois-mêmes qu'existe la liberté qui donne force à l'engagement ». Quelles sont « ces lois-mêmes » ? Le mouvement de la lecture fait remonter aux lois naturelles, la relation d'antécédence désigne les lois positives, le parallélisme établi semble les conjoindre. Il paraît en effet qu'il faut rapporter cette proposition aux deux sortes de lois. En ce qui concerne les lois positives, il s'agit d'un principe fondamental de droit : ne peut contracter que celui en qui la loi reconnaît un sujet de droit, c'est-à-dire qui peut librement s'engager[3]. Cette condition donne au contrat force de droit et oblige légalement au respect des contrats librement souscrits. L'obligation juridique tire sa force contraignante de la liberté des contractants. L'analogie conduit à poser que le contrat social ne peut être pensé qu'à condition que les contractants soient considérés comme libres : l'obligation politique de respecter le contrat social tire sa force de cette liberté reconnue et préservée. La liberté des contractants fait la force de l'obligation, d'elle dépend la « solidité » de l'union, sa « sûreté ».

Le raisonnement de Rousseau ne consiste donc pas à poser la liberté naturelle de l'homme et à en déduire que les hommes ne peuvent se lier

1. *Émile*, OC IV, p. 311.
2. *CS*, I, 2.
3. L'incapacité et la contrainte frappent de nullité les contrats.

entre eux que par libre consentement. Cela, il l'a démontré dans le second *Discours,* en accord avec cette «plus saine partie» de ses devanciers. L'objet de la démonstration du *Contrat social* est différent: comme, pour exiger le respect des contrats, le droit positif doit considérer des libres sujets de droit, le droit politique, pour exiger le respect du contrat social, doit considérer les membres de l'État comme y étant librement engagés. La liberté est le fondement le plus sûr de l'ordre politique parce qu'elle est seule à pouvoir produire une obligation. Il y a une approche anthropologique du principe du libre engagement, il en est une autre proprement politique. Les deux sont complémentaires mais indépendantes. C'est la seconde que *l'analyse* de la lettre VI met en évidence. Elle est la seule réponse adéquate à la question: qu'est-ce qui fait l'unité du corps politique? La façon dont il reforme la problématique commune et dont il donne un nouveau statut au principe du libre consentement constitue bien, aux yeux de Rousseau, le noyau de sa pensée politique.

Aussi bien, une fois la problématique ainsi déterminée, c'est sur un mode déductif que l'analyse se poursuit. La rigueur de la déduction conditionne la sûreté de l'obligation[1]. Elle portera d'abord sur la notion même de contrat social.

> J'ai pour résultat de cet examen que l'établissement du Contrat Social est un pacte d'une espèce particulière, par lequel chacun s'engage envers tous, d'où s'ensuit l'engagement réciproque de tous envers chacun, qui est l'objet immédiat de l'union[2].

Rousseau ne cite ni ne résume le chapitre «Du pacte social», il le commente et dégage la structure conceptuelle du contrat dont il s'agit. La notion de contrat est pertinente parce qu'il s'agit d'un engagement réciproque constitutif d'une obligation. Mais ce contrat n'a pas la structure d'un contrat civil, parce qu'il n'engage pas deux volontés particulières l'une envers l'autre mais la volonté de chacun et celle de tous. Ce à quoi chacun s'engage, c'est à obéir à la volonté générale. Ce à quoi tous s'engagent, c'est à préserver la vie et la liberté de chacun: tel est bien «l'objet immédiat de l'union»[3]. Le plus remarquable dans cette formulation est que l'obligation créée par le contrat social est d'abord celle du souverain envers les particuliers. C'est elle qui fixe les «bornes du

1. *CS*, I, 6: «Les clauses de ce contrat sont tellement déterminées par la nature de l'acte, que la moindre modification les rendraient vaines et de nul effet».

2. *LEM*, OC III, p. 807.

3. La formulation du «problème fondamental dont le contrat social donne la solution», *CS*, I, 6, le disait en toutes lettres.

pouvoir Souverain »[1]. L'obligation des particuliers envers le souverain lui est suspendue : ce n'est que parce le contrat social la reconnaît pour libre que la volonté de chacun est obligée d'obéir à la volonté commune. L'obligation ne précède pas le contrat, elle en procède. Son institution politique donne son effectivité à la liberté naturelle. On retrouve par une autre voie le résultat auquel Roger Masters était arrivé : chez Rousseau, « la loi naturelle est non naturelle »[2].

Les caractères qui distinguent le contrat social du contrat civil sont ordonnés à la spécificité de l'obligation politique.

– L'obligation de tous envers chacun rend possible celle de chacun envers tous : la préservation de la vie et de la liberté de chacun étant la règle du souverain, il ne peut vouloir leur nuire sans entraîner sa dissolution immédiate et délier les membres du corps politique de toute obligation. Rousseau souligne le caractère suspensif de cette condition : « Il n'est pas possible que le corps se veuille nuire à lui-même, *tant que le tout ne veut que pour tous* »[3].

– Aussi importante est la seconde remarque : « Il est encore d'une espèce particulière, en ce qu'il lie les contractants sans les assujettir à personne ; et qu'en leur donnant leur seule volonté pour règle il les laisse aussi libres qu'auparavant »[4]. Plus précise que celle du *Contrat social*[5], cette formulation définit l'obligation politique : elle lie sans assujettir. Ce lien consiste à faire que le citoyen ait affaire à la volonté générale comme à sa propre volonté. Non seulement il n'obéit à personne mais il n'obéit pas, il veut[6]. Bien différente est l'obligation qui, comme membre de l'État, l'assujettit à la loi.

Rousseau rend bien compte de sa démarche comme de l'élaboration rigoureuse du concept de l'obligation politique : elle est irréductible à l'obligation morale, comme le contrat social, qui en est le titre, est irréductible au contrat synallagmatique.

La théorie rousseauiste de l'obligation politique est, on vient de le voir, en rupture complète avec le jusnaturalisme. Pour Rousseau comme pour Hobbes, ce n'est pas l'obligation (naturelle) qui est le fondement de l'obligation politique mais le lien politique qui est constitutif de

1. *CS*, II, 4 : chapitre dont la portée est généralement sous-évaluée.
2. Roger D. Masters, *La Philosophie politique de Rousseau*, trad. G. Colonna d'Istria et J.-P. Guillot, Lyon, ENS Édition, 2002, p. 311-315.
3. *LEM*, OC III, p. 807. Je souligne.
4. *Ibid.*
5. *CS*, I, 6 : « Enfin chacun se donnant à tous ne se donne à personne ».
6. Locke, Sidney et Cumberland pensent la convention comme consentement, Rousseau comme volonté.

l'obligation. Pour autant, le pouvoir d'obliger – qui est le propre de la souveraineté – est-il pour lui, comme il l'est pour Hobbes, la source positive de toute norme? Si tel était le cas, la philosophie de Rousseau articulerait une théorie immanentiste de la norme et de l'obligation morales et une théorie décisionniste de la norme et de l'obligation politiques. Si tel était le cas encore, la dissociation dont je parlais plus haut prendrait une allure schizophrénique et, à tout le moins, imposerait de faire du droit de résistance – comme confrontation des deux obligations – la question décisive de son système. Plus présente qu'on ne croit souvent, cette question n'a cependant pas dans la pensée de Rousseau une telle place. Aussi bien, le rapport entre norme et souveraineté chez Rousseau n'est pas celui établi par Hobbes, encore moins celui que Schmitt reconnaît entre la décision et la norme. Il n'est jamais aussi opposé à Hobbes qu'en ce lieu où il nous semble pourtant en être le plus proche. La voie qu'il cherche à tracer est aussi divergente de celle de Hobbes que du jusnaturalisme, parce que, s'il refuse de fonder l'ordre politique sur une norme supérieure et transcendante, il refuse tout autant de faire de la norme un pur effet du pouvoir d'obliger ou, si l'on préfère, de la décision qui la pose. S'il peut échapper à cette alternative, c'est qu'il pense ce qu'on peut appeler un *principe immanent de normativité*. L'invention du concept de volonté générale et la refondation de celui de souveraineté en sont les moyens essentiels.

Nulle part sans doute cette double opposition n'est plus clairement lisible que dans le *Discours sur l'économie politique*, lorsque, reprenant une formule de Diderot pour mieux s'y opposer, Rousseau donne sa première définition de la volonté générale :

> Le corps politique est donc aussi un être moral qui a une volonté; et cette volonté générale, qui tend toujours à la conservation et au bien-être du tout et de chaque partie, et qui est la source des lois, est pour tous les membres de l'état par rapport à eux et à lui, la règle du juste et de l'injuste.

Faire de la volonté du corps politique *la règle du juste et de l'injuste*, n'est-ce pas prendre très exactement le contre-pied du jusnaturalisme et se ranger purement et simplement du côté de Hobbes? On sera d'autant plus porté à le penser que Rousseau, pour illustrer ce principe, cite l'exemple des jeunes spartiates obligés par la loi à voler leur subsistance, exemple directement repris de Hobbes[1]. Mais, à y regarder de plus près, dans le même mouvement, il prend une distance tout aussi grande avec lui. La volonté du corps politique, pour Hobbes, c'est la volonté du souverain, au

1. *Le Citoyen*, chap. VI, § XVI, *op. cit.*, p. 161-162.

point que c'est cette volonté même, comme pouvoir de décider et d'obliger par sa décision, qui donne son unité au corps politique et fait de la multitude un peuple. Hobbes va même jusqu'à affirmer que le souverain *est* le peuple. Rousseau inverse la proposition : le peuple est le souverain. C'est pourquoi la volonté souveraine est la volonté générale, c'est-à-dire, comme nous l'avons vu, celle du peuple entier, « du tout voulant pour tous ». Rousseau ne se contente pas d'attribuer la souveraineté au peuple, il affirme que le peuple est le seul titulaire possible de la souveraineté, qu'il ne peut y avoir de souveraineté « légitime et sûre » que celle du peuple. Mais ce ne n'est pas tout. La généralité de la volonté générale n'est pas seulement définie formellement par son sujet, le tout; elle l'est substantiellement par son objet. Elle « tend à la conservation et au bien être du tout et de chaque partie ». La conservation de la vie, la liberté et le bien être de tous et de chacun, constituent dans leur unité la norme interne de la volonté générale. Le verbe tendre marque très précisément l'immanence : c'est de la nature du corps politique que résulte ce principe normatif qui fixe tout à la fois l'objet et les bornes de la souveraineté. Sans surprise, nous retrouvons ce que l'analyse du *Contrat social* proposée par les *Lettres écrites de la montagne* a mis en évidence : la volonté générale ainsi substantiellement définie est le seul principe dont on puisse attendre qu'il puisse former l'unité du corps politique et fonder une obligation pour les volontés particulières.

On fera sans doute remarquer ici que Rousseau a dissocié l'obligation morale et l'obligation politique pour arriver à leur donner le même contenu normatif. Ou, pour le dire autrement, on pourra avancer que les principes de la morale et du droit politique sont également dépendants de son anthropologie. Ces objections ne sont pourtant pas sans réponse. La double dérivation de l'obligation est indispensable parce que l'une, purement morale, ne produit aucune contrainte, l'autre au contraire produit l'obéissance à la loi commune. On pourrait aussi observer que, si les principes du droit politique sont ceux que requiert l'anthropologie de Rousseau, on pourrait tout aussi bien dire que son anthropologie est celle que requièrent ses principes du droit politique.

À reprendre les choses de plus haut, on observera qu'en constituant sa théorie de l'obligation politique, Rousseau donne au corps politique comme norme interne de toutes ses décisions (norme entendue à la fois comme sa condition de possibilité et sa fin propre) la vie, la liberté et le bien-être de la société prise dans son unité et de chacun de ses membres en particulier. Parce que cette norme est immanente, elle n'est suspendue à aucun ordre normatif, naturel ou divin, *supra* ou métapolitique, parce qu'elle est constitutive de l'ordre politique lui-même, elle interdit de séparer la décision de la norme et s'oppose donc radicalement au décisionnisme.

Tout l'effort de la pensée de Rousseau peut ainsi se comprendre comme tentative pour échapper à l'étau que représentaient les deux oppositions constitutives de la modernité : entre l'individu et l'État, entre la norme et la décision.

LE FONDEMENT MORAL DE L'OBLIGATION

Rousseau, on vient de le voir, opère une rupture radicale avec le jusnaturalisme sous toute ses formes, y compris celle si particulière qu'en avait proposée Diderot dans l'article « Droit naturel » dont la lecture a produit sur sa pensée un véritable effet de cristallisation [1]. De ce qui est à ses yeux l'échec du jusnaturalisme à fonder l'obligation politique sur l'obligation naturelle, il tire cette conséquence : le fondement de l'obligation politique ne peut être qu'un fondement politique. Cependant, dire que le fondement de l'obligation politique doit et peut être *sui generis* n'empêche en aucune façon de penser, par ailleurs et de façon indépendante, une théorie de l'obligation morale : cela semble même d'autant plus nécessaire, sauf à laisser les conduites individuelles sous le seul empire de la loi positive, ce dont on ne peut guère créditer le chantre de la conscience comme instinct divin. De ce point de vue, reconnaître l'échec des théories du droit naturel devait en même temps le conduire à penser leur succès en ce qui concerne l'obligation morale, chez Grotius et chez Burlamaqui. Chez ce dernier en particulier, nous avons vu comment sur le seul principe de la raison, entendue comme unité de l'entendement et de la volonté et, sous elle, de toutes les facultés de l'homme, il était possible de donner un fondement aux droits de l'homme et aux obligations qui en découlent [2]. Rousseau pourrait fort bien être, en morale, un jusnaturaliste. Souvent, au demeurant, il a été compris ainsi : comme l'étrange attelage d'un jusnaturalisme moral et d'un hobbisme politique. Cette façon de lire Rousseau, qu'on y voie une articulation légitimée par les principes de son anthropologie ou une des multiples manifestations de son inconséquence, semble doublement validée : par la religion naturelle du Vicaire savoyard, toute entière orientée vers la constitution de ce que Rousseau appelle les « dogmes moraux », et par la religion civile, dans le *Contrat social*, qui fait du sentiment moral de

1. Voir *La fabrique des concepts*, *op. cit.*, chap. VII et VIII.

2. Rousseau n'évoque pratiquement jamais Burlamaqui. On peut tenir pour acquis que celui-ci n'a pas eu d'influence véritable sur sa pensée. Il est par contre hors de doute, à la différence de Thomasius et de Vattel, qu'il l'ait lu : la place que lui attribue l'Encyclopédie et celle qu'il occupait sur la scène genevoise suffisent pour en avoir la certitude.

l'obligation la garantie dans le cœur des citoyens du respect de leurs obligations civiles.

Il nous faudra cependant, cette fois encore, renoncer à une idée reçue : il n'y a pas d'obligation naturelle chez Rousseau et sa théorie de l'obligation morale est aussi étrangère au jusnaturalisme que celle de l'obligation politique.

Il n'y a pas d'obligation naturelle – Cette proposition abrupte peut d'abord surprendre, elle n'en est pas moins indissociable des principes anthropologiques de Rousseau et de sa théorie même du sentiment moral. De ces deux points de vue, elle se rattache à la distinction fondamentale de l'existence absolue et de l'existence relative de l'homme.

Toute l'argumentation du second *Discours*, la chose est suffisamment connue pour qu'il suffise d'en montrer les conséquences, est ordonnée à l'établissement de cette thèse fondatrice : la condition naturelle de l'homme est celle d'un être indépendant qui n'a de rapports que fortuits et fugitifs avec ses semblables. Les hommes vivent « épars et sans liaison ». Cette thèse n'affirme pas – ce serait une pure tautologie – que sans société il n'y a pas d'obligation civile, mais bien que, sans société, il n'y a aucune forme d'obligation. C'est précisément à établir ce point, contre Locke, qu'est consacrée la note XII[1]. Citant longuement le *Traité du gouvernement civil*, dans la traduction de Jean Coste, Rousseau transcrit les pages dans lesquelles, reprenant un *topos* bien établi, Locke fait de la famille une société naturelle[2]. Si toutes sortes d'animaux sont un certain temps dans la dépendance de leur procréateurs pour leur survie, ce temps est beaucoup plus long pour les hommes :

> Et en cela, à mon avis, consiste la principale, si ce n'est la seule raison, pour laquelle le mâle et la femelle, dans le genre humain, sont obligés à une société plus longue que n'entretiennent les autres créatures. Cette raison est que la femme est capable de concevoir, et est, *de facto*, pour l'ordinaire, derechef enceinte et accouche longtemps avant que l'enfant qu'elle a déjà, soit en état de se passer du secours de ses parents, et puisse lui-même pourvoir à ses besoins. Ainsi, un père étant obligé de prendre soin de ceux qu'il a engendrés, et de prendre ce soin-là pendant longtemps, il est aussi dans l'obligation de continuer à vivre dans la société conjugale, avec la même femme, de qui il les a eus, et de demeurer dans cette société beaucoup plus longtemps que les autres créatures [...][3].

1. Second *Discours*, OC III, p. 214-218.

2. *TGC*, chap. VII, de la « Société civile ou politique », § 79 et 80.

3. § 80 : « And herein I think lies the chief, if not the only reason, why the male and female in mankind are tied to a longer conjunction than other creatures, viz. because the female is

Locke passe ici de la dépendance nécessaire dans laquelle est l'enfant, au devoir d'assistance de ses parents, et de la nécessité dans laquelle l'homme et la femme sont pour cela de cohabiter à l'obligation de vivre conjugalement (malgré les approximations de sa traduction, Coste rend fidèlement l'enchaînement). Si Rousseau discute longuement les données factuelles (Locke, selon lui, use de preuves morales dans un domaine, l'histoire naturelle, où seules les preuves factuelles devraient valoir), c'est la subreption qui fait passer du lien nécessaire au devoir et à l'obligation qu'il dénonce au terme de son argumentation. Non pour en contester le principe (on verra au contraire que, pour Rousseau, de l'être au devoir être la conséquence est possible) mais pour souligner que les conditions qui l'autorisent n'existent pas dans l'état de nature[1] : « car cette espèce de mémoire par laquelle un individu donne la préférence à un individu pour l'acte de la génération exige, comme je le prouve dans le texte, plus de progrès ou de corruption dans l'entendement humain qu'on ne peut lui en supposer dans l'état d'animalité dont il s'agit ici ». Cette *espèce de mémoire* implique le sentiment de la permanence d'une relation et la capacité à comparer dont naît la préférence : l'un et l'autre supposent le développement du pouvoir de généraliser que seule la vie sociale amène[2] :

> Le raisonnement de Locke tombe donc en ruine et toute la dialectique de ce philosophe ne l'a pas garanti de la faute que Hobbes et d'autres ont commise. Ils avaient à expliquer un fait de l'état de nature, c'est-à-dire d'un état où les hommes vivaient isolés et où tel homme n'avait aucun motif de demeurer à côté de tel homme, ni peut-être les hommes de demeurer à côté les uns des autres, ce qui est bien pis, et ils n'ont pas songé à se transporter au-delà des siècles de société.

Il n'y a pas dans l'état de nature d'obligation parce que l'obligation est une relation qui unit des êtres déterminés entre eux : c'est pourquoi, on y

capable of conceiving, and de facto is commonly with child again, and brings forth too a new birth, long before the former is out of a dependency for support on his parents help, and able to shift for himself, and has all the assistance is due to him from his parents : whereby the father, who is bound to take care for those he hath begot, is under an obligation to continue in conjugal society with the same woman longer than other creatures [...] ».

1. C'est de façon générale, dans le domaine politique (lorsqu'il s'agit de comprendre comment la nature du corps politique est constitutive de ses normes propres) comme dans l'ordre anthroplogique, c'est le cas ici, une condition d'intelligence de la pensée de Rousseau que de voir que, pour lui, de la nature à la norme (ce qui n'est pas dire du fait au droit) la conséquence est possible. L'*Émile* tient pour thèse que toute bonne éducation et toute bonne institution politique doivent tendre à l'effacement de la différence entre la nécessité de nature et la règle instituée. C'est un point souvent mal compris.

2. Sur ce point, voir *La fabrique des concepts*, *op. cit.*, chap. X et XI.

reviendra, il est si difficile d'être obligé envers un être collectif et presque impossible de l'être envers l'humanité.

Mais la pitié observera-t-on? Précisément: la pitié n'est jamais définie par Rousseau dans les termes de l'obligation naturelle. Avec l'amour de soi dont elle est inséparable, elle est caractérisée, dans le second *Discours*, comme une « impulsion interne », celle de la « commisération », et elle se distingue par là de l'obligation morale dont les devoirs sont « dictés par les tardives leçons de la sagesse »[1]. La pitié est un sentiment qui nous porte spontanément dans une direction, non un devoir qui se présente à nous comme une exigence. Sentiment prémoral dans le second *Discours*, elle est appréhendée dans l'*Émile* comme source possible de la moralité, mais pas selon la modalité de l'obligation: la pitié et l'amour de soi sont bien des sources de la moralité, selon un principe expansif qui va de soi vers autrui, mais cette logique expansive se fait selon une modalité qui est celle de l'amour. L'amour est absolu parce qu'il est rapport de soi à soi et a rapport à autrui comme une extension de soi[2]. C'est de l'amour de soi que dérive l'amour de Dieu (Rousseau ne pense pas, comme font les jusnaturalistes, la relation à Dieu sur la modalité de l'obligation). C'est encore de l'amour de soi que naît l'amour d'autrui. Parce que l'amour-propre est relatif, il est au contraire la source de toute corruption morale (et on verra que l'obligation n'est pas un prolongement de l'amour de soi mais une antidote à l'amour-propre). C'est encore une note du second *Discours* qui met en place l'opposition fondamentale (note XV)[3]:

> Il ne faut pas confondre l'Amour-propre et l'Amour de soi-même; deux passions très différentes par leur nature et par leurs effets. L'Amour de soi-même est un sentiment naturel qui porte tout animal à veiller à sa propre conservation et qui, dirigé dans l'homme par la raison et modifié par la pitié, produit l'humanité et la vertu. L'Amour-propre n'est qu'un sentiment relatif, factice et né dans la société qui porte chaque individu à faire plus de cas de soi que de tout autre, qui inspire aux hommes tous les maux qu'ils se font mutuellement, et qui est la véritable source de l'honneur.

Il n'y a pas chez Rousseau d'obligation naturelle. La pitié et l'amour de soi sont bien la racine naturelle de sentiments moraux mais ceux-ci doivent être pensés sous la modalité de l'amour, non sous celle de l'obligation. Si l'amour de soi est susceptible de donner naissance au sentiment d'humanité

1. Second *Discours*, préface, OC III, p. 126.
2. Pour une argumentation approfondie de ce point, *La fabrique des concepts, op. cit.*, chap. VI : « L'intérêt : lieu commun et différence ».
3. Second *Discours*, OC III, p. 219.

et à la vertu, on sera tenté de penser que la morale de Rousseau se passe purement et simplement de la relation d'obligation. Cette idée est défendable : la question morale est pour Rousseau de savoir *ce qui nous importe*, non ce à quoi nous sommes obligés. Mais si la morale de Rousseau n'est pas fondée sur l'obligation, il pense bien un fondement moral de l'obligation.

Le fondement moral de l'obligation civile dans la Lettre sur la vertu – Le texte de cette importante lettre est peu connu : il est pourtant d'un apport majeur pour la compréhension de la pensée de Rousseau[1]. Datant très vraisemblablement de 1757, il appartient au cycle des œuvres rédigées entre l'exil volontaire, la sortie de Paris, et les exils successifs et contraints qu'entraîneront la condamnation de l'*Émile* et celle du *Contrat social.* C'est un moment où les principes de Rousseau sont clairement établis et ordonnés : on peut penser d'ailleurs que ce texte est rédigé pour assurer leur complétude et lever une équivoque. Son caractère épistolaire est manifestement fictif et son titre lui a été donné par ses éditeurs[2]. Rousseau y relève un défi : définir la vertu. Ce n'est pas un défi parce que la reconnaissance de ce qu'est la vertu serait difficile (la « voix intérieure » nous le dit clairement) mais parce qu'en rendre raison l'est beaucoup plus : « la nature nous a donné des sentiments et non des lumières »[3]. Il faut écouter la nature pour tenter de comprendre ce qu'elle nous dit. Mais nous ne pouvons le faire que du sein de la condition où nous sommes : celle d'êtres vivants en société.

La première découverte que l'on doit faire, en effet, c'est que la problématique de la moralité n'a de sens que pour l'homme civil :

> Il me semble premièrement que tout ce qu'il y a de moral en moi-même a toujours ses relations hors de moi, que je n'aurais ni vice ni vertu si j'avais toujours vécu seul, et que je serais bon seulement de cette bonté absolue qui fait qu'une chose doit être telle par sa nature. Je sens aussi que j'ai perdu cette bonté naturelle par l'effet d'une multitude de rapports artificiels qui sont l'ouvrage de la société [...][4].

1. Bien que publié une première fois à la fin du XIXe siècle, ce texte n'a été repris ni dans les *Œuvres Complètes*, ni dans la *Correspondance Complète*, ni dans le recueil des *Lettres philosophiques* établi par H. Gouhier, Paris, Vrin, 1972, auquel il manque fort. Jean Storobinski et Charles Wirz en ont donné une édition critique dans les *Annales J.-J. Rousseau*, vol. XLI, 1997, p. 313-327. Ce texte étant difficilement accessible, on rendra service en en citant de larges extraits.

2. Fiction déterminée au demeurant : Rousseau dit compter plus sur les « lumières » que sur la « bonne foi » de son correspondant...

3. *Lettre sur la vertu*, p. 319.

4. *Ibid.*, p. 320.

Si, comme on l'a vu, dans l'existence absolue de l'état de nature la bonté naturelle tient lieu de moralité, la question de la vertu se pose doublement dans l'existence civile : l'être absolu est devenu relatif et la morale est ce qui doit régler ses relations avec autrui, l'être naturel est devenu social et connaît des besoins nouveaux, des désirs, des passions que la société a introduits en lui. Négativement, la morale nous est devenue nécessaire, positivement elle nous est devenue possible. La vertu ne saurait donc être la bonté naturelle préservée mais celle, d'une autre espèce, que requiert notre existence devenue relative :

> Il suit de là qu'il faut me considérer à présent comme existant d'une autre manière et m'approprier pour ainsi dire une autre sorte de bonté convenable à cette nouvelle existence. Aujourd'hui que ma vie, ma sûreté, ma liberté, mon bonheur dépendent du concours de mes semblables, il est manifeste que je ne dois plus me regarder comme un être individuel et isolé, mais comme partie d'un plus grand tout, comme membre d'un plus grand corps de la conservation duquel dépend absolument la mienne et qui ne saurait être mal ordonné que je ne me sente de ce désordre.

Le parallèle évident de ce texte avec celui sur le législateur dans le *Contrat social* est du plus grand intérêt[1]. On observera pour commencer que le travail que l'homme vertueux doit faire sur lui-même est le même que l'œuvre du législateur cherche à accomplir : admettre que l'être indépendant qu'il était est devenu la partie d'un tout. Mais par l'art politique, il s'agit de réaliser ce que l'homme civil doit reconnaître en lui-même comme un fait accompli. Le législateur vise la bonne constitution de l'état civil, l'homme vertueux prend en compte celle, très imparfaite, dans laquelle il vit. Tout aussi notable est la dimension immédiatement politique que prend la préoccupation morale : tout désordre du corps politique se reflète nécessairement comme vice dans la constitution de chacun de ses membres.

Est ainsi créé un rapport de mutuelle dépendance qui ne se réduit pas à la dépendance matérielle. L'univers de relations dans lequel les hommes sont entrés fait qu'ils sont désormais liés par des liens d'obligation : « Ainsi l'identité de nature, la faiblesse commune, les besoins mutuels et la société qu'ils ont rendue nécessaire me donnent des devoirs et des droits communs à tous les hommes »[2]. Les relations sociales, de fait, constituent entre les membres de la société des liens de droit. Mais le système de relations envisagé est ici plus civil que politique : dans un premier jet, Rousseau avait

1. Sa première rédaction, dans le *Manuscrit de Genève*, est sans doute très proche dans le temps de cette lettre, OC III, p. 313.

2. *Lettre sur la vertu*, p. 321.

d'ailleurs utilisé l'expression « société générale ». Ce système lie autant les hommes les uns aux autres que chacun à la société entière. Cependant, de la dépendance à l'obligation, la conséquence est-elle bonne ? Trois objections de son interlocuteur vont être successivement envisagées par Rousseau.

Peut-on, en invoquant le peu de profit que l'on aurait tiré de cette existence civile, récuser les obligations qu'elle implique ? À cette première question, Rousseau répond catégoriquement par la négative : non au terme d'un calcul des coûts et avantages (ce que l'on reçoit de la société étant plus que ce qu'elle nous prend) mais en considérant ce que ce n'est pas notre avoir, ce dont nous jouissons, qui est en question, mais notre existence. Aussi misérable soit-elle, c'est de la société que nous la tenons : l'homme ne vit pas *dans* la société et n'échange pas *avec* elle, il est un homme civil. À l'individualisme méthodologique qu'imposait la problématique de la constitution du corps politique correspond donc tout aussi nécessairement un holisme méthodologique dans la considération de la société civile. Tout aussi logiquement la fiction nécessaire de l'état de nature devient une fiction mensongère pour l'homme social :

> Ne nous regardons point comme ces hommes primitifs et imaginaires qui n'avaient besoin de personne parce que la nature seule pourvoyait à tout. La nature a pour ainsi dire abandonné ses fonctions sitôt que nous les avons usurpées. L'homme social est trop faible pour pouvoir se passer des autres, il a besoin de tout dès l'instant de sa naissance jusqu'à celui de sa mort, et riche ou pauvre il ne pourrait subsister s'il ne recevait rien d'autrui.

Le point de départ de la vertu est la reconnaissance de la nécessité : celle qui procède de la dépendance de la société dans laquelle est l'homme civil n'est pas moindre que celle qui, pour tous les êtres, procède des lois de la nature. Nous n'existons pas plus indépendamment de la société que de la nature.

Le fait que les relations sociales soient placées sous le signe de l'intérêt peut-il nous délier de nos obligations ? Telle est la deuxième objection : dois-je quelque chose à celui dont les rapports avec moi ne sont réglés que par son profit ? Ici une figure très singulière apparaît, que l'on pourrait penser comme un analogue pour la société civile (à plusieurs reprises dans ce texte semble affleurer un concept présmithien ou préhégélien de la société civile) de ce que le pacte social est pour la société politique : « ce n'est pas comme particuliers que nous sommes débiteurs les uns des autres, mais comme membres de la société à laquelle chacun doit tout »[1]. Nous sommes tenus les uns envers les autres non par les avantages que nous nous

1. *Lettre sur la vertu*, p. 322.

devons personnellement mais par le système global d'échanges dans lequel nous sommes tous engagés et dont dépendent chacune de nos existences.

La troisième objection envisagée est de nature proprement politique : « Vous me parlerez, je le prévois, des désordres de l'état social où le bien public sert de prétexte à tant de maux ». À cette objection, Rousseau répond (mais de façon moins nette que ne le fera, nous le verrons, son précepteur à Émile) qu'il ne faut pas confondre « l'ordre civil » et « ses abus » : on peut penser ici qu'il refuse de voir imputer à la société entière ce qui relève du gouvernement et décliner les obligations que nous avons envers tous sous prétexte de l'iniquité de ceux qui sont en charge des affaires publiques.

Cette distinction entre l'ordre social et ses abus va d'ailleurs gouverner toute la fin du texte, qui se transforme en une sorte de panégyrique des bienfaits de l'existence sociale dans lequel on doit, cette fois, reconnaître une autre version du chapitre VIII du premier livre du *Contrat social*, « De l'état civil » :

> Mais un avantage infiniment supérieur à tous les biens physiques et que nous tenons incontestablement de l'harmonie du genre humain est celui de parvenir par la communication des idées et le progrès de la raison jusqu'aux régions intellectuelles, d'acquérir les notions sublimes de l'ordre, de la sagesse et de la bonté morale ; de nourrir nos sentiments du fruit de nos connaissances, de nous élever par la grandeur de l'âme au-dessus des faiblesses de la nature, et d'égaler à certains égards par l'art du raisonnement les célestes intelligences ; enfin de pouvoir à force de battre et de vaincre nos passions dominer l'homme et imiter la Divinité même [1].

L'objet des deux textes est identique mais le signe du raisonnement inversé : là ou le *Contrat social* oppose aux *changements remarquables* apportés par la société civile *les abus de cette nouvelle condition* qui dégradent l'homme *au-dessous de celle dont il est sorti*, ce sont au contraire ici les avantages de la société civile qui compensent largement ses abus. À l'irréel d'un texte (« il devrait bénir sans cesse l'instant heureux qui l'en

1. *Lettre sur la vertu*, p. 324. Que l'on compare avec CS I, VIII : « Ce passage de l'état de nature à l'état civil produit dans l'homme un changement très remarquable, en substituant dans sa conduite la justice à l'instinct, et donnant à ses actions la moralité qui leur manquait auparavant. C'est alors seulement que la voix du devoir succédant à l'impulsion physique et le droit à l'appétit, l'homme, qui jusque-là n'avait regardé que lui-même, se voit forcé d'agir sur d'autres principes, et de consulter sa raison avant d'écouter ses penchants. Quoiqu'il se prive dans cet état de plusieurs avantages qu'il tient de la nature, il en regagne de si grands, ses facultés s'exercent et se développent, ses idées s'étendent, ses sentiments s'ennoblissent, son âme tout entière s'élève à tel point, que si les abus de cette nouvelle condition ne le dégradaient souvent au-dessous de celle dont il est sorti, il devrait bénir sans cesse l'instant heureux qui l'en arracha pour jamais, et qui, d'un animal stupide et borné, fit un être intelligent et un homme ».

arracha à jamais »), correspond dans le second un précepte moral : « Voilà les vrais dédommagements qui consolent un honnête homme au sein du malheur des pertes de la nature et des abus de la société »[1]. Faut-il voir ici une hésitation de la pensée de Rousseau, un dérapage rhétorique hors de ses principes ? Il paraît possible de rendre compte de cette dualité de façon plus convaincante comme celle de deux registres distincts : celui de la pensée politique (raisonnant pour la société entière et s'élevant au-dessus d'elle en esprit, elle juge de l'histoire de l'homme) et celui de la morale (considérant l'homme civil comme personne particulière, elle fixe les règles de sa conduite au sein de la société dans laquelle il vit). C'est très exactement de l'obligation morale qu'il s'agit ici : ce devoir auquel, en me considérant moi-même et moi seul, mais en tant que mon existence est liée non seulement à d'autres hommes en particulier mais à la société dans son entier, je dois me reconnaître tenu.

Qu'il faille faire valoir cette lecture est bien confirmé par les bornes précises dans lesquelles Rousseau inscrit, dans sa péroraison, les implications de la *Lettre sur la vertu*. L'obligation morale règle mon rapport à moi-même en tant que je suis un homme civil, elle règle aussi mon rapport à l'humanité socialisée à laquelle j'appartiens, elle ne constitue pas l'obligation politique qui est la mienne comme citoyen[2].

Le premier point est établi en partant du principe, constamment affirmé chez Rousseau, que l'objet de la moralité est le bonheur :

> Voulons-nous maintenant rechercher ce qui peut nous rendre heureux en ce monde ? Rentrons en nous-même et consultons notre cœur. Chacun sentira que son bonheur n'est point en lui mais dépend de tout ce qui l'environne. [...]
> Tels sont les liens indissolubles qui nous unissent tous et font dépendre notre existence, notre conservation, nos lumières, notre fortune, notre bonheur et généralement tous nos biens et nos maux des relations sociales.

L'obligation morale que l'homme de la nature ne peut connaître, parce qu'il est un être absolu, est au contraire inscrite dans la nature de l'homme civil, parce qu'il est un être relatif : non seulement parce qu'il vit dans la société et en rapport avec d'autres hommes mais surtout parce qu'il est devenu en lui-même, dans son cœur, un être de relation.

L'altérité dont l'homme civil fait la découverte en lui-même n'est pas spécifiquement celle de la société politique à laquelle il appartient (il faut pour cela d'autres conditions) mais plus généralement celle de l'humanité entière :

1. *Ibid.*
2. *Lettre sur la vertu*, p. 325-327.

> Je crois donc qu'en devenant homme civil j'ai contracté une dette immense avec le genre humain, que ma vie et toutes ces commodités que je tiens de lui doivent être consacrées à son service; je vois de plus que si je puis me procurer une sorte de bien être exclusif et quelques plaisirs douteux en sacrifiant tout à moi seul, je ne saurais pourtant m'assurer un état de paix et une félicité durable que dans une société bien ordonnée; je vois que si je ne respecte pas en autrui les droits que je veux qu'on respecte en moi, je me rends le commun ennemi de tous et n'ai d'autre sécurité dans l'inique possession de mes biens que celle des brigands qui dévorent dans leurs cavernes les dépouilles des infortunés.

Si l'humanité n'est pas un concept politique pour Rousseau (d'où son refus de la « société générale du genre humain », de la volonté générale du genre selon Diderot, et sa critique du cosmopolitisme), elle peut être un concept moral : le rapport de l'homme à l'humanité dans l'ordre civil est sans doute même ce qui fait l'objet propre de la moralité. Ce texte pourrait être une seconde réponse au « raisonneur violent » imaginé par Diderot (par bien des traits, le destinataire de la *Lettre sur la vertu* lui ressemble) : le *Manuscrit de Genève* se plaçait d'un point de vue anthropologique et politique, la *Lettre sur la vertu* reprend la question en termes moraux. Une seconde fois, cependant, Rousseau suggère ce que pourrait être l'articulation entre morale et politique : mon bonheur et celui des autres dépendent de ce que la société soit « bien ordonnée », je ne puis donc me désintéresser de sa bonne ou mauvaise constitution politique. Rousseau se livre d'ailleurs à un hommage transparent à Genève (les termes sont ceux de la *Dédicace* du second *Discours*) avant de conclure : « tant qu'il y a des hommes je suis obligé de rendre à l'humanité tous les bienfaits que j'ai reçus d'elle ».

Il n'y a pas d'obligation naturelle chez Rousseau mais il y a un fondement moral de l'obligation. Celui-ci ne trouve pas sa source dans la nature mais dans la constitution de l'homme civil : cette nature, pour le meilleur et le pire, civilisée. Ce fondement moral de l'obligation n'est pas celui de l'obligation politique, mais de l'obligation de l'homme envers l'humanité. L'obligation morale, si elle ne peut fonder l'obligation politique, peut cependant conforter le sentiment de l'obligation dans le cœur des citoyens.

Le gain de clarté ainsi apporté à la pensée de Rousseau est suffisamment important pour qu'il soit utile de montrer que, loin d'être isolée (cette « lettre », restée à l'état de brouillon, a été laissée aux mains de Moultou), la théorie de l'obligation morale formée ici a des prolongements et des corollaires en des points cruciaux de l'œuvre qui, en retour, l'éclairent. On le montrera en étudiant la façon dont l'*Émile* définit les relations respectives à l'humanité, la patrie, le pays, puis en examinant les relations entre obligation politique et obligation morale dans le *Contrat social.*

L'humanité, la patrie, le pays : une morale politique – L'*Émile* a pour objet la formation de la personne, il est le lieu où s'exprime naturellement la pensée morale de Rousseau (les *Lettres morales* font partie, en un sens, de son dossier préparatoire). Il consiste en une vaste expérience de pensée, dont les paramètres sont nettement établis : le passage à l'état civil étant donné, avec son cortège de progrès et d'abus, comment former pour l'existence civile un homme qui soit, autant que faire se peut, préservé de la corruption commune ? D'un point de vue moral la question se posera d'abord de la façon suivante : comment assurer le passage de l'existence absolue dans laquelle Émile est d'abord élevé à l'existence relative qui doit nécessairement devenir la sienne ? Comment, en particulier, peut se former en lui l'idée d'humanité ?

La façon dont est abordée cette question, au début du livre IV, confirme ce que nous avons d'abord montré : ce n'est pas sous le signe de l'obligation mais sous celui du sentiment moral que Rousseau l'envisage, en suivant le mouvement d'expansion qui, de l'amour de soi, nous fait passer à celui d'autrui. L'expérience première qu'Émile fait en lui-même de l'altérité est celle du désir sexuel[1]. Jusque-là, il n'avait eu affaire à autrui que hors de lui-même, l'amour va le lui faire découvrir en lui :

> Tant qu'il n'aimait rien, il ne dépendait que de lui-même et de ses besoins ; sitôt qu'il aime, il dépend de ses attachements. Ainsi se forment les premiers liens qui l'unissent à son espèce. En dirigeant sur elle sa sensibilité naissante, ne croyez pas qu'elle embrassera d'abord tous les hommes, et que ce mot de genre humain signifiera pour lui quelque chose. Non, cette sensibilité se bornera premièrement à ses semblables ; et ses semblables ne seront point pour lui des inconnus, mais ceux avec lesquels il a des liaisons, ceux que l'habitude lui a rendus chers ou nécessaires, ceux qu'il voit évidemment avoir avec lui des manières de penser et de sentir communes, ceux qu'il voit exposés aux peines qu'il a souffertes et sensibles aux plaisirs qu'il a goûtés, ceux, en un mot, en qui l'identité de nature plus manifestée lui donne une plus grande disposition à s'aimer. Ce ne sera qu'après avoir cultivé son naturel en mille manières, après bien des réflexions sur ses propres sentiments et sur ceux qu'il observera dans les autres, qu'il pourra parvenir à généraliser ses notions individuelles sous

1. Émile est prêt pour la passion amoureuse : il a été élevé en conformité avec la nature, aucunement comme un homme de la nature, sans quoi il en serait resté à l'appétit sexuel indéterminé que le second *Discours* opposait à Locke. Il faut aussi préciser que d'autres expériences de l'altérité ont précédé, celle du jardinier par exemple (elle avait introduit l'idée d'obligation), mais ces expériences relevaient d'une nécessité extérieure.

> l'idée abstraite d'humanité, et joindre à ses affections particulières celles qui peuvent l'identifier avec son espèce.

S'il y a bien ici l'indication d'une genèse morale de l'idée d'humanité, elle ne constitue pas une relation d'obligation mais un sentiment. Celui-ci est une extension de l'amour de soi : Émile aime ceux en qui il apprend à « s'aimer ». L'amour est un opérateur passionnel de généralisation, d'une généralisation bien particulière d'ailleurs puisqu'elle procède par identification : en l'autre, on n'aime pas tant un autre soi-même que la prolongation de soi. Aussi bien, de l'objet singulier du désir sexuel à l'humanité, la distance est immense. Si Rousseau marque cette possible continuité, c'est pour souligner que l'écart ne peut être franchi, par l'humanité comme par l'individu, qu'au terme d'un long processus de *réflexion*, de *culture*, de *généralisation* : toutes opérations dont, nous l'avons vu, le *Contrat social* et la *Lettre sur la vertu* font les principaux avantages que nous devons à l'état civil. L'amour de l'humanité ne peut être que le résultat du passage par une multiplicité de médiations : on ne saurait attendre qu'elles aient été produites pour constituer une morale. C'est ainsi d'ailleurs que l'on peut concevoir la prise de relais dont le livre IV est le théâtre : la religion naturelle représente un circuit court de l'amour de soi à celui de l'humanité par la médiation de l'amour de Dieu (on aime volontiers, dit Rousseau, ceux qui sont aimés de qui l'on aime). Aussi bien élevé qu'ait été Émile, il ne saurait atteindre aussi vite ce que l'humanité civilisée ne peut connaître que comme son lointain accomplissement[1].

La question est envisagée dans d'autres termes au moment où, parvenu au terme de son éducation, Émile devra affronter cette seconde et essentielle forme de l'altérité : celle qu'implique son entrée dans la vie sociale. Cette fois, la problématique sera bien celle de l'obligation. Ce sont les toutes dernières pages de l'ouvrage : Émile s'est engagé envers Sophie. Muni de principes solides, ceux des *Institutions politiques*, il a voyagé deux ans durant dans toutes les sociétés d'Europe, à la recherche du lieu le plus approprié pour être le cadre de son existence civile. Revenu auprès de son précepteur, il va en recevoir d'ultimes recommandations de morale sexuelle, précédées toutefois d'une leçon de *morale politique*. Rendre compte de sa teneur expliquera cette dernière expression.

Interrogé sur les résultats de son enquête, Émile répond par une longue diatribe inspirée d'un stoïcisme assez particulier puisque dépourvu de toute espèce de sens de l'*officium*. Imbu de l'enseignement qu'il a reçu, il considère que l'on n'est libre qu'en « cédant à la nécessité », celle des lois

1. Dans le chapitre *De la religion civile*, cet horizon est représenté par la « religion de l'humanité ».

de la nature et celle des lois civiles auxquelles on est soumis. Il entend renoncer à choisir « un coin de terre » pour le faire sien, à la possession même d'une chaumière, « empire et liberté, étant deux mots incompatibles ». Ses richesses lui seront indifférentes. Si on les lui laisse, il en usera. Si on les lui ôte, il satisfera ses besoins par son travail. Peu lui importera le lieu de sa vie, pourvu qu'il ne soit assujetti à aucune autre forme de liens que ceux que la nécessité impose et à ce seul lien volontaire que l'amour de Sophie a suscité. Le tableau ainsi constitué, est d'une grande limpidité : Émile veut être un homme sans obligation.

La réponse du précepteur (Rousseau) s'inscrit dans la droite ligne de la *Lettre sur la vertu,* mais la prolonge de façon circonstanciée concernant le rapport de la morale à l'ordre politique, d'abord négativement puis positivement. Pour commencer, loin de le désapprouver, son précepteur abonde dans le sens du constat fait par Émile sur les sociétés existantes : « C'est en vain qu'on aspire à la liberté sous la sauvegarde des lois. Des lois ! où est-ce qu'il y en a, et où est-ce qu'elles sont respectées ? Partout tu n'as vu régner sous ce nom que l'intérêt particulier et les passions des hommes »[1]. Ce n'est donc pas de l'ordre politique que l'on peut attendre les principes de sa conduite mais seulement de la liberté morale de celui qui n'obéit qu'à la voix de sa conscience : « La liberté n'est dans aucune forme de gouvernement, elle est dans le cœur de l'homme libre ; il la porte partout avec lui. L'homme vil porte partout la servitude. L'un serait esclave à Genève, et l'autre libre à Paris ».

La vertu morale est-elle pour autant compatible avec l'indifférentisme politique auquel s'est résolu Émile ? C'est précisément à redresser cette erreur que va s'employer son maître :

> Si je te parlais des devoirs du citoyen, tu me demanderais peut-être où est la patrie, et tu croirais m'avoir confondu. Tu te tromperais pourtant, cher Emile ; car qui n'a pas une patrie a du moins un pays. Il y a toujours un gouvernement et des simulacres de lois sous lesquels il a vécu tranquille. Que le contrat social n'ait point été observé, qu'importe, si l'intérêt particulier l'a protégé comme aurait fait la volonté générale, si la violence publique l'a garanti des violences particulières, si le mal qu'il a vu faire lui a fait aimer ce qui était bien, et si nos institutions mêmes lui ont fait connaître et haïr leurs propres iniquités ? Ô Émile ! où est l'homme de bien qui ne doit rien à son pays ? Quel qu'il soit, il lui doit ce qu'il y a de plus précieux pour l'homme, la moralité de ses actions et l'amour de la vertu. Né dans le fond d'un bois, il eût vécu plus heureux et plus libre ; mais n'ayant rien à combattre pour suivre ses penchants, il eût été bon sans mérite, il n'eût point été vertueux, et maintenant il sait l'être malgré ses

1. *Émile*, V, *OC*, IV, p. 857.

> passions. La seule apparence de l'ordre le porte à le connaître, à l'aimer. Le bien public, qui ne sert que de prétexte aux autres, est pour lui seul un motif réel. Il apprend à se combattre, à se vaincre, à sacrifier son intérêt à l'intérêt commun. Il n'est pas vrai qu'il ne tire aucun profit des lois ; elles lui donnent le courage d'être juste, même parmi les méchants. Il n'est pas vrai qu'elles ne l'ont pas rendu libre, elles lui ont appris à régner sur lui.

Une sorte de pensée de derrière gouverne ce texte : la société civile, même corrompue, est indispensable à la formation de notre moralité. Cette affirmation, il faut y insister une fois encore, n'est pas une inconséquence de Rousseau. L'iniquité des sociétés existantes ne doit pas être passée au compte des profits et pertes, les avantages de la vie sociale étant supérieurs à ses inconvénients ! Il s'agit, et c'est bien autre chose, de savoir quel usage moral faire de son existence civile. La distinction entre la patrie et le pays est de ce point de vue décisive. Elle a une double portée, politique et morale. On ne peut parler de patrie que là où le peuple est souverain et où les lois sont l'expression de la volonté générale. Genève a été une patrie, elle l'est de moins en moins, et aux yeux de Rousseau va bientôt cesser de l'être. La France sans doute est un pays : une existence commune, l'assujettissement à un même pouvoir, une histoire, un système de lois positives auxquelles tous sont soumis. Un pays est une espèce dégradée de corps politique mais un corps politique quand même[1] : au prix de la « violence publique », il protège tout de même ses membres des « violences particulières ». Mais cette distinction a surtout une fonction morale : ce n'est pas envers la puissance politique mais envers la société civile qui – si l'on peut dire – subsiste sous elle que chacun de ses membres doit se sentir obligé. Ce qu'il lui doit avant tout, c'est sa propre existence comme être moral, laquelle doit le conduire à se comporter comme s'il avait une véritable patrie. L'homme vertueux est, par obligation morale, ce que le citoyen est par l'obligation politique ou, pour le dire autrement, il y a une morale politique qui garde ses exigences, là même où l'exercice de la citoyenneté est impossible. La morale personnelle est une morale publique par provision.

Ce point établi, il en découle une conséquence déterminante : si, dans la *Lettre sur la vertu*, l'obligation morale envers l'humanité restait extraordinairement indéterminée dans son application, la réponse du précepteur à Émile va montrer que le lien moral d'obligation ne peut trouver son effectivité que dans sa détermination concrète. C'est par la société civile déterminée à laquelle on appartient, celle qui nous a formé et dans laquelle on vit, que l'on est engagé dans des liens véritables avec l'humanité :

1. L'*Extrait du Projet de paix perpétuelle* de l'abbé de Saint-Pierre parle de l'Europe dans des termes voisins.

> Ne dis donc pas: que m'importe où que je sois? Il t'importe d'être où tu peux remplir tous tes devoirs; et l'un de ces devoirs est l'attachement pour le lieu de ta naissance. Tes compatriotes te protégèrent enfant, tu dois les aimer étant homme. Tu dois vivre au milieu d'eux, ou du moins en lieu d'où tu puisses leur être utile autant que tu peux l'être, et où ils sachent où te prendre si jamais ils ont besoin de toi. Il y a telle circonstance où un homme peut être plus utile à ses concitoyens hors de sa patrie que s'il vivait dans son sein. Alors il doit n'écouter que son zèle et supporter son exil sans murmure; cet exil même est un de ses devoirs. Mais toi, bon Émile, à qui rien n'impose ces douloureux sacrifices, toi qui n'as pas pris le triste emploi de dire la vérité aux hommes, va vivre au milieu d'eux, cultive leur amitié dans un doux commerce, sois leur bienfaiteur, leur modèle: ton exemple leur servira plus que tous nos livres, et le bien qu'ils te verront faire les touchera plus que tous nos vains discours.

C'est une fausse lecture de ce texte, me semble-t-il, que de le rapprocher des passages, sans cesse évoqués, où Rousseau dit du citoyen qu'il est « dur à l'étranger ». Il ne s'agit pas ici d'une logique d'exclusion mais d'un principe d'engagement. Le terme n'existe pas encore, mais ce que son maître apprend dans ces lignes à Émile doit se penser comme relevant de la solidarité. Pour le dire d'une autre manière, les sociétés corrompues, de domination et d'inégalité, ne requièrent pas seulement la morale comme substitut de la volonté générale, elles contribuent, par leur corruption même, à révéler la nécessaire dimension politique de la morale. Le contre-exemple que Rousseau donne de lui-même le confirme : il ne présente pas son exil comme le choix d'une posture morale qui servirait de substitut à la dimension politique de la citoyenneté devenue impossible mais, bien au contraire, il voit dans son exil une forme de son zèle envers la République de Genève, et dans le « triste emploi de dire la vérité aux hommes » la forme sous laquelle il peut satisfaire ses obligations envers ses concitoyens. Quelques années plus tard, il présentera son « abdication » comme l'ultime acte de citoyenneté qu'il lui soit possible d'accomplir pour la République de Genève.

LA GENÈSE DU SENTIMENT D'OBLIGATION

Le dernier moment de notre analyse a commencé à le suggérer : si la question du fondement de l'obligation doit, pour Rousseau, être rigoureusement scindée (on ne peut fonder ni l'obligation morale sur l'obligation politique ni l'obligation politique sur l'obligation morale), il n'est pas interdit de penser qu'elles se confortent l'une l'autre. On peut même considérer que sa théorie de l'obligation trouve son complément nécessaire à la fois dans une genèse politique du sentiment moral et dans une genèse morale de l'obligation politique.

Genèse politique du sentiment moral – On a vu comment le livre II de l'*Émile* envisageait que, par un mouvement d'expansion continu, l'amour de soi puisse donner naissance à l'amour de l'humanité. On vient de montrer que le livre V fait de l'engagement politique un devoir moral. On peut discerner, en plusieurs lieux de l'œuvre de Rousseau, l'esquisse d'une *genèse politique du sentiment moral d'obligation.*

Ces termes ont chacun leur importance. L'expression de genèse politique doit ici être prise en un sens strict : d'une certaine façon, la *Lettre sur la vertu* nous a montré que la seule considération de notre existence sociale devait faire que nous nous sentions obligés envers l'humanité, mais c'était plus comme membres de la société civile que d'un corps politique (ce pourquoi cette obligation vaut aussi lorsque l'on n'a qu'un pays au défaut d'une patrie). À présent, il s'agit de voir ce que le fait d'être citoyen modifie dans notre constitution morale. La question n'est pas non plus celle du fondement de l'obligation politique (nous en avons rendu compte au début de ce chapitre), ni celle d'un éventuel fondement politique de l'obligation morale (si cette idée a un sens, comme Pufendorf a pu le penser, elle est écartée par Rousseau). C'est du sentiment d'obligation qu'il est question, cet affect par lequel nous nous éprouvons comme liés aux autres hommes par des devoirs.

Le *Manuscrit de Genève*, la première rédaction du *Contrat social*, semble correspondre au moment où Rousseau s'est le plus préoccupé de cet aspect de sa pensée. Qu'il n'ait pas repris les passages concernés dans la rédaction définitive ne me semble pas refléter un changement de ses conceptions sur ce point, mais constitue plutôt l'effet d'un nécessaire recentrage sur ce qui devait être l'objet propre de l'ouvrage : le fondement politique de l'obligation. L'*Émile*, d'un autre côté, a pour objet propre le fondement et la genèse morale de l'obligation. L'un et l'autre texte, au demeurant, portent les traces précises de cette troisième dimension de la problématique rousseauiste de l'obligation.

C'est par une thèse sur ce qu'il appelle *l'histoire de la morale* que Rousseau aborde cette question, dans le second chapitre du *Manuscrit de Genève* consacré à la réfutation de la conception diderotienne de la volonté générale et de l'idée de société générale du genre humain qui – aux yeux de Rousseau – la sous-tend. Diderot voudrait que nous consultions en nous-même la volonté générale du genre humain. Mais concevoir une telle idée, objecte Rousseau, exigerait que nous ayons naturellement une capacité à généraliser qui n'est que le produit, long, difficile, et contradictoire de la socialisation. Cette objection vaut autant contre Grotius, Leibniz et Burlamaqui. L'idée d'une société générale du genre humain ne peut se former en nous, qu'en généralisant celle des sociétés particulières dans lesquelles nous vivons : « Ce n'est que de l'ordre social établi parmi nous que nous tirons les idées de celui que nous imaginons. Nous concevons la société générale d'après nos sociétés particulières [...] et nous ne commençons proprement à devenir hommes qu'après avoir été Citoyens »[1]. Qu'il en soit ainsi est confirmé par l'histoire : « Les saines idées du droit naturel et de la fraternité commune de tous les hommes se sont répandues assez tard et ont fait des progrès si lents dans le monde qu'il n'y a que le Christianisme qui les ait suffisamment généralisées ». Parce que Rousseau en tire sa condamnation *politique* du cosmopolitisme, on n'a retenu que la portée négative de cette thèse[2]. Elle a pourtant indéniablement une portée positive : être citoyen est ce qui peut nous faire devenir homme, être lié au corps politique par la citoyenneté nous ouvre au lien moral avec l'humanité.

Cette seconde dimension de sa thèse est explicitement développée par un autre passage du *Manuscrit de Genève*[3]. Venant de définir la loi comme « acte de la volonté générale », Rousseau entend montrer qu'on peut, à partir de là, dire ce que sont « les vrais fondements de la justice et du droit naturel ». Le principe de la volonté générale consiste (c'est une autre formulation de ce que nous avons appelé son principe de normativité interne) en ce que « chacun préfère en toutes choses le plus grand bien de tous ». Ces *tous-là*, cela est clair, ce sont les membres du corps politique auquel nous appartenons. C'est l'obligation politique dont il s'agit, même si elle a une évidente dimension morale. Mais Rousseau n'en reste pas là. Il revient à ce que nous avons appelé le versant positif de sa thèse initiale :

> Étendez cette maxime à la société générale dont l'État nous donne l'idée, protégés par la société dont nous sommes membres, ou par celle où nous vivons, la répugnance naturelle à faire du mal n'étant plus balancée en nous par la crainte d'en recevoir, nous sommes portés à la fois par l'habitude, par la raison à en user avec les autres hommes à peu près comme avec nos Concitoyens, et de cette disposition réduite en acte naissent les règles du droit naturel raisonné, différent du droit naturel proprement dit, qui n'est

1. *Manuscrit de Genève*, I, II, *OC* III, p. 287.

2. Le caractère proprement politique (et non moral) de la critique du cosmopolitisme est un des points majeurs de la pensée de Rousseau. La confusion est fréquente pourtant, comme sont, pour les mêmes raisons, très discutables bien des lectures de ses textes sur le patriotisme.

3. *Manuscrit de Genève*, II, IV, *OC* III, p. 328-329. J'ai, sous la question de la généralisation, consacré un long développement à ce texte : *La fabrique des concepts*, *op. cit.*, p. 465-471.

> fondé que sur un sentiment vrai mais très vague et souvent étouffé par l'amour de nous-mêmes.

La signification de ce texte doit bien être circonscrite. Rousseau n'envisage pas la formation d'une société politique du genre humain, pas plus – pour cette raison même – qu'une extension de la relation d'obligation politique définie au paragraphe précédent[1] : il montre seulement 1) que la protection que nous offre la société, inhibant la crainte des autres née des premiers moments du passage à l'état civil, peut laisser de nouveau s'exprimer la « répugnance naturelle à faire du mal »[2], et 2) que l'humanisation de nos mœurs par la société civile peut développer en nous la représentation de ce qui nous lie à tous les autres hommes. Ce sont là deux *sentiments*, l'un rattaché à la bonté naturelle l'autre à la bonté morale, dont le recouvrement est permis par le développement de la raison comme capacité de généralisation. La portée de ce passage est évidemment considérable en ce qu'il règle le rapport de Rousseau avec l'idée de droit naturel : certes fondé en nature, le droit naturel proprement dit ne peut avoir de pertinence humaine que par sa refondation dans la nature de l'homme civil, comme droit naturel raisonné. Mais la civilité, cette fois, s'entend en un sens proprement politique : ce sont bien les relations d'obligation politique qui suscitent en nous le sentiment moral de nos obligations envers l'humanité. On doit tout autant mesurer les limites de la perspective ainsi tracée : non seulement elle implique des hommes ayant une patrie de laquelle ils soient réellement les citoyens, mais ce ne peut être qu'au terme d'un long processus de civilisation – entendons de généralisation de la volonté particulière par la volonté générale – que l'on pourrait en attendre de tels effets. C'est le sens de la caractérisation constante chez Rousseau du Christianisme : une anticipation prodigieuse d'une humanité qui n'existe pas encore.

La religion civile : genèse morale du sentiment d'obligation politique – La religion occupe encore une place importante dans une figure symétrique de celle que nous venons de tracer. S'il peut y avoir une genèse politique du sentiment de l'obligation morale, il peut y avoir aussi une *genèse morale du*

1. Une telle extension est aux yeux de Rousseau doublement impossible à raison de la nature du corps politique, considéré comme puissance (le corps politique est un être relatif à d'autres corps politiques) ou comme souveraineté (la volonté générale est toujours celle d'une communauté politique déterminée).

2. C'est un des enjeux majeurs de sa discussion avec Hobbes, dans le second *Discours* comme dans les *Principes du droit de la guerre*.

sentiment de l'obligation politique. Telle semble bien la place exacte de la religion civile dans l'économie de la pensée de Rousseau[1].

Une fois encore, il faut circonscrire l'objet à examiner. Que la religion puisse être au fondement de l'obligation politique, c'est une idée que Rousseau écarte radicalement. Les lectures que l'on voit parfois proposées du chapitre « Du Législateur » sont à cet égard insoutenables. La place que la religion occupe dans la formation des sociétés n'est en aucune façon celle du fondement, elle est exactement celle d'un substitut : dans un état de l'humanité et de la société où la généralisation des volontés particulières ne peut être produite, le législateur use d'un simulacre de généralité, l'inspiration divine, et, ne pouvant convaincre, persuade. Rousseau conclut d'ailleurs son chapitre de la façon la plus nette : « Il ne faut pas de tout ceci conclure avec Warburton que la politique et la religion aient parmi nous un objet commun, mais que dans l'origine des nations l'une sert d'instrument à l'autre »[2]. On observera pourtant déjà que si la religion peut jouer ce rôle, c'est qu'il ne s'agit pas de constituer l'obligation elle-même mais le sentiment de l'obligation. Un sentiment peut être persuadé. Mais c'est à l'évidence la place attribuée par Rousseau à la religion civile qui, pour la question qui nous occupe, est la plus importante. Celle du chapitre qui lui est consacrée dans le *Contrat social* est en soi éclairante : il ne s'agit pas, dans le livre IV, de la constitution du corps politique mais de son maintien. D'abord dans l'expression de la volonté générale (élections, assemblées), puis dans les rapports entre le gouvernement et la volonté générale (tribunat, dictature), enfin dans la conformation des volontés particulières à la volonté générale (censure, religion civile). La religion est donc, en deux sens, un supplément de la volonté générale : elle est son (dangereux) substitut dans la formation des sociétés, et son adjuvant dans leur « fonctionnement ». Il faut préciser ce second point.

Le reproche fameux fait par Rousseau au christianisme dit clairement, par antiphrase, ce qu'il faut attendre de la religion civile. *Religion de l'homme*, le christianisme fait que les hommes se représentent les uns les autres comme des *frères*. C'est une religion morale.

> Mais cette Religion n'ayant nulle relation particulière avec le corps politique laisse aux lois la seule force qu'elles tirent d'elles-mêmes sans leur en ajouter aucune autre, et par là un des grands liens de la société particulière reste sans effet. Bien plus; loin d'attacher les cœurs des

1. Sur ce point mon analyse retrouve certains aspects de celles de Ghislain Waterlot, *Rousseau, religion et politique*, Paris, PUF, 2004.

2. J'ai tenté de montrer que la notion d'instrument avait sans doute ici un paradigme chimique, l'instrument étant ce qui joue un rôle dans la composition chimique sans entrer dans la composition elle-même, *La Fabrique des concepts*, *op. cit.*, p. 163-168.

Citoyens à l'État, elle les en détache comme de toutes les choses de la terre : je ne connais rien de plus contraire à l'esprit social.

La religion civile devra donc faire ce que le christianisme ne fait pas : ajouter une force aux lois que celles-ci n'ont pas. La force des lois, c'est précisément d'obliger ; il ne saurait donc être question que la religion civile oblige d'une obligation morale (c'est ce que fait le christianisme) ni d'une obligation politique (c'est ce que la volonté générale seule peut faire par les lois). Son ordre propre sera donc celui du *sentiment d'obligation* : c'est précisément ce que dit l'expression *attacher les cœurs des Citoyens à l'État*. La particularité de ce sentiment est de ne pas avoir pour objet l'obligation morale mais bien l'obligation politique : ce n'est pas à l'homme mais au citoyen que la religion civile s'adresse. Au moment de formuler ce qu'il appelle les *dogmes positifs* de la religion civile, Rousseau les circonscrit exactement à cette fonction. Parce que constitutifs d'une croyance, les premiers dogmes positifs, « l'existence de la Divinité puissante, intelligente, bienfaisante, prévoyante et pourvoyante, la vie à venir, le bonheur des justes, le châtiment des méchants » sont les conditions de possibilité ou plutôt la garantie du dernier, qui est leur véritable objet : reconnaître « la sainteté du Contrat social et des lois ». Il faut aussi remarquer que l'ordre dans lequel ces deux déterminations du dogme positif essentiel sont présentées n'est pas indifférent : s'adressant au citoyen, membre du souverain, c'est par le contrat social qu'il faut commencer, et ensuite seulement invoquer les lois : celles-ci l'obligent comme sujet précisément parce qu'il est d'abord citoyen. C'est parce qu'il sera persuadé de la sainteté du contrat que le citoyen se sentira obligé par les lois. La religion civile est à l'homme qui a une patrie ce que la morale politique du livre V de l'Émile était à celui qui n'a qu'un pays [1].

Cette compréhension du statut de la religion civile assigne sa place dans la théorie rousseauiste de l'obligation et, par là, en assure sans doute une meilleure intelligibilité. Cependant, ne signale-t-elle pas aussi un problème essentiel pour sa pensée politique ? Si la fonction de la religion civile est, selon les termes de Rousseau, d'ajouter aux lois une force qu'elles n'ont pas en elles-mêmes, et si cette force est le sentiment de l'obligation politique et des obligations civiles qu'elle fonde, cela signifie-t-il qu'en dehors de la religion civile il n'est pas d'autre source du sentiment de l'obligation politique ? Conclure ainsi supposerait que les lois *sont* la volonté générale et que celle-ci n'a d'autre force que celle des lois. Pour répandue qu'elle soit, cette lecture de Rousseau relève d'une double confusion. Les lois ne

1. Ces deux figures occupent des places exactement symétriques, au terme de l'*Émile* et du *Contrat social*.

sont pas la volonté générale mais son expression ou, plus précisément, sa déclaration. Les lois seules obligent, au sens strict, et fondent l'obligation des sujets envers l'État, mais la volonté générale ne s'épuise pas dans les lois. Elle est aussi source, la source essentielle même, du sentiment d'obligation. Pour comprendre ce point, il faut reconnaître que le concept de volonté générale formé par Rousseau bouleverse la problématique de l'obligation.

La volonté générale et le renversement de la problématique de l'obligation

En présentant sa propre analyse du *Contrat social,* Rousseau se place sous une question commune selon lui à la modernité politique : quel est le fondement de l'obligation? Il s'inscrit parmi ceux qui répondent: ce fondement ne peut être que dans la convention. Prenant au sérieux ces déclarations, nous avons cherché à les vérifier et, surtout, à reconnaître ce qui, dans sa réponse, singularise Rousseau. Nous avons d'abord observé que, rompant avec la tradition jusnaturaliste, il ne cherchait pas à fonder l'obligation politique sur l'obligation naturelle mais produisait une théorie *sui generis* de l'obligation politique. Rousseau ne fait pas de la liberté de chacun le postulat de la formation du lien social mais, indépendamment de cette vérité, il entend montrer que ce principe est inscrit dans la nature du corps politique : le lien d'association implique que l'on considère ceux qui y sont engagés comme l'étant par leur propre volonté. La vie, la liberté, le bien-être de ses membres sont, indissociablement, la condition de possibilité et l'objet même de l'association politique. Dans sa conception de l'obligation morale – cela a été notre second constat – Rousseau rompt de façon tout aussi nette avec le jusnaturalisme: pour lui, il ne saurait y avoir d'obligation naturelle. L'amour de soi et la pitié constituent bien des sentiments prémoraux, mais ceux-ci ne se développent véritablement comme principes de moralité que sous l'effet des relations que nous nouons dans la société civile et des effets de généralisation dont ces relations sont porteuses. L'obligation est une relation et suppose l'homme engagé dans les rapports de la société civile. L'obligation morale découle de cette seconde nature qui est celle de l'homme civil dont l'existence est devenue relative parce que faite de dépendances réciproques. La vertu consiste à tirer de ces rapports nécessaires les devoirs que chacun a envers tous. Pour être ainsi distinguées par leurs fondements respectifs, obligation morale et obligation politique ne sont pas étrangères l'une à l'autre. Cela a été l'objet d'un troisième moment de l'analyse. L'obligation morale est par elle-même porteuse de l'exigence de ce que l'on peut appeler un engagement politique : notre existence morale individuelle et collective est trop liée au caractère bien ou mal ordonné de la société pour que nous puissions dire « que m'importe ! ». Les liens de la citoyenneté, parce qu'ils sont porteurs de la généralisation de notre volonté, sont la source la plus sûre du développement de notre sentiment moral d'obligation. En retour, enfin, il peut y avoir une genèse morale du sentiment de notre obligation politique.

Caractériser la théorie rousseauiste de l'obligation dans sa complexité et sa cohérence permet aussi de voir son originalité parmi les pensées qui font de la convention le fondement de l'obligation. Il se pourrait cependant qu'en rester là nous fasse manquer l'essentiel : remontant de la réponse à la question, il faut encore nous demander quel sens a exactement, pour Rousseau, la question du fondement de l'obligation.

En examinant la typologie proposée par la sixième des *Lettres écrites de la montagne*, nous avons observé que la question du fondement de l'obligation devait s'entendre comme celle de la modalité de constitution de l'autorité souveraine : qu'est-ce qui peut faire qu'une volonté ait sur une autre une autorité qui l'oblige ? Dans le cadre d'une telle question, faire de la convention le fondement de l'obligation revenait à dire que des volontés libres ne peuvent obéir qu'à une autorité à laquelle elles ont consenti. Cette « plus saine partie » à laquelle se rattache Rousseau faisait donc du consentement la source de l'autorité politique. La démarche du Locke dans le second *Traité du gouvernement civil* en est exemplaire.

Nous avons vu, au travers de l'analyse que Rousseau fait du *Contrat social*, qu'il nous poussait à y reconnaître deux lignes discursives. La première – elle correspond à sa lecture commune – commence en affirmant la liberté originaire de l'homme, montre que ni l'inégalité naturelle, ni la force, ni l'aliénation volontaire ne peuvent l'obliger, et en déduit que nul n'aura d'autorité que par le consentement de ceux sur qui elle s'exerce. Ce consentement étant la source du lien social, le contrat social – cet engagement réciproque du tout et de ses parties – est posé au fondement du corps politique. On remarquera que, jusqu'à sa dernière étape, celle du contrat, ce cheminement s'inscrit dans le cadre classique : c'est en faisant du tout le souverain et en passant du consentement au contrat social que Rousseau innoverait. Pour le meilleur selon les uns, pour le pire selon les autres. Or, c'est une autre ligne discursive que l'analyse de Rousseau met en lumière. Elle ne consiste pas à déployer les conséquences de la liberté originaire de l'homme mais à démontrer que la reconnaissance de cette liberté est nécessaire à la formation de l'idée même de corps politique. Dans cette seconde perspective, les premiers chapitres réfutatifs ont une fonction d'appoint, non d'arguments déterminants : ils servent avant tout à montrer qu'aucune obligation véritable ne naît des principes envisagés. L'argument décisif est énoncé par le cinquième chapitre : le mode d'unité que requiert le corps politique, l'association, ne suppose pas le consentement d'une volonté à son obligation envers une autre mais la formation d'une volonté commune. Le contrat social apparaît alors comme l'explicitation de ce que requiert cette formation d'une volonté commune, cet « acte par lequel un peuple est un peuple ». Pour cette seconde lecture, celle de Rousseau, il n'y a pas de solution de continuité du consentement au contrat social, parce qu'il est la seule forme que peut prendre le consentement de volontés libres. Le rapport entretenu par ces deux lignées discursives – elles innervent bien toutes les deux le texte – dit très précisément le rapport entretenu par Rousseau avec cette « plus saine partie des auteurs » qu'il dit suivre. Ce rapport est celui du coucou : il fait ses œufs dans leur nid.

L'effet essentiel de l'opération que l'on vient de décrire, en ce qui concerne la question qui nous occupe, est une refonte complète de la notion même d'obligation politique. À suivre la première ligne argumentative, en effet, on reste dans le cadre de la question classique : comment et à qui le pouvoir d'obliger va-t-il être dévolu ? En suivant la seconde, la question devient de savoir quels seront l'objet et l'étendue de l'obligation. On demande dans un cas : qui obligera ? Dans l'autre : à quoi le lien social nous oblige-t-il ? Se trouve ainsi posé ce qui va régler le remaniement rousseauiste de la problématique de l'obligation : du rapport d'une volonté à une autre, l'accent est déplacé vers la rapport de la volonté à son objet. Ce déplacement est enregistré par le concept même de la volonté générale. Au moment de le former, dans le *Discours sur l'économie politique* comme dans le *Contrat social*, c'est d'abord par son objet (la protection de la vie, de la liberté et des biens de tous et du tout) que Rousseau définit la généralité. Le rapport de la volonté générale et des volontés particulières n'est pas tant constitué par le fait que l'une est la volonté commune et les autres celles des particuliers, mais par ce que l'objet de l'une est le tout et celui des autres ses parties. La supériorité de la volonté générale n'est pas celle d'une instance dominante mais englobante. Lorsqu'il s'agit de discuter de l'étendue des pouvoirs d'obliger de la volonté générale, sous l'intitulé *Des bornes du pouvoir souverain*, Rousseau ne se pose pas la question de savoir jusqu'à quel point la volonté particulière peut être obligée mais quels sont les domaines auxquels s'étend le pouvoir souverain d'obliger. Une fois ce constat fait, on peut le prolonger dans une foule de directions : la volonté n'est pas définie dans son rapport à une autre volonté mais dans son rapport à son objet, le pouvoir d'obliger n'est pas celui de commander à une volonté mais celui de décider sur un certain ordre de choses. Le modèle du pouvoir dans le *Contrat social* passe de la domination à la législation [1].

En constatant à quel point Rousseau prend ses distances avec ceux dont il se réclame, on objectera sans doute qu'il s'est lui-même donné cette filiation putative et que, pensant sous le principe de souveraineté, il s'inscrit plus dans le prolongement de Bodin (ou d'une certaine façon de Hobbes) que dans celui de Locke. En un sens, cela est vrai. Sa définition de la loi comme la place qu'il lui donne semblent bien s'inscrire dans un tel sillage, et les attributs de la souveraineté sont bien proches de ceux que lui reconnaît Bodin. Bodin cependant n'est pas mieux partagé que Locke. C'est à un véritable détournement conceptuel que se livre Rousseau [2]. Nominalement, la double définition bodinienne de la souveraineté (le pouvoir d'obliger, le pouvoir de faire loi) est purement et simplement reprise, mais l'inversion de sa structure révèle, cette fois encore, une complète rupture dans la conception de l'obligation. Chez Bodin, c'est le pouvoir d'obliger dont est doté la volonté souveraine qui fait de cette volonté une loi : très exactement, le commandement fait la loi. C'est pourquoi, est indifféremment loi tout ce que commande le souverain : une nomination ou un privilège accordé comme une décision circonstancielle. Inversant la relation, Rousseau fait dépendre le pouvoir d'obliger de celui de faire loi : c'est parce que la volonté générale se constitue comme loi qu'elle est souveraine. Preuve en est que, lorsque le peuple prend des décisions particulières, nomme à des emplois, juge même des circonstances, ce n'est pas comme souverain mais comme magistrat. Ce n'est plus le pouvoir d'obliger qui fait la loi mais la loi le pouvoir d'obliger. La loi, au demeurant, ne fait que cela. Nous l'avons vu, réduite à ses seules forces, elle n'agit pas sur le cœur des citoyens : elle est constitutive de l'obligation, pas du sentiment d'obligation. Mais ce qui est vrai de la loi ne l'est pas de la volonté générale : la loi n'est la volonté générale que dans l'exercice de son pouvoir d'obliger. Réduire la volonté générale à la loi – c'est le propre des lectures dites républicaines de Rousseau – mutile profondément sa pensée. Pour que la volonté générale puisse se déclarer, il faut d'abord qu'elle se forme. Or la question de la formation de la volonté générale, omniprésente chez Rousseau, suppose un remaniement fondamental de la notion même de volonté.

On a vu la place prise, dans l'histoire de la problématique de l'obligation, par la distinction de l'entendement et de la volonté pour

1. C'est pourquoi le gouvernement peut être commis et pas la souveraineté : en mettant le commandement sous la législation Rousseau en a disqualifié l'enjeu.

2. Le chapitre IV de *La fabrique des concepts*, *op. cit.* est consacré à ce détournement du concept de souveraineté.

l'homme, et corollairement par celle de la décision et du conseil pour le souverain. Malgré les efforts de Grotius pour préserver l'unité de la *recta ratio* et ceux de Burlamaqui pour penser la raison comme harmonie de l'entendement et de la volonté, la problématique de l'obligation est constamment pensée comme relation de volontés : c'est une volonté qui oblige, c'est une volonté qui est obligée. Parce que Rousseau use de ce vocabulaire, on discerne souvent insuffisamment le remaniement considérable dont il l'affecte. Pourquoi la volonté est-elle dite générale ? Parce qu'elle est volonté commune ? Sans doute. Mais Rousseau use peu de cette expression et, après avoir utilisé celle de *volonté collective,* y a vite renoncé. Parce que son objet est général et non particulier ? Également. Là réside la différence entre acte de souveraineté et acte de gouvernement, entre loi et décret. Mais une troisième raison a déterminé ce choix terminologique, qui est sans doute la plus importante et subsume les deux précédentes : la volonté est générale parce qu'elle est dotée d'un pouvoir de généralisation, parce qu'elle a en elle une dimension fondamentalement cognitive. La volonté générale n'est pas tant une autre volonté que celle des particuliers que la volonté particulière généralisée. C'est ce que montre bien la façon dont Rousseau pense la formation de la volonté générale comme généralisation des volontés particulières.

On sait les difficultés que soulève la pensée de Rousseau s'agissant du processus de délibération (sous ce terme il pense la formation de la volonté générale et sa déclaration). Sans que cela les résolve pour autant, on commence à mieux en comprendre la nature lorsque l'on y discerne des difficultés fondamentalement cognitives : délibérer ce n'est pas tant décider que l'on veut que reconnaître ce que l'on doit vouloir : « Il s'ensuit de ce qui précède que la volonté générale est toujours droite et tend toujours à l'utilité publique : mais il ne s'ensuit pas que les délibérations du peuple aient toujours la même rectitude. On veut toujours son bien, mais on ne le voit pas toujours »[1]. Les obstacles qui se dressent devant la formation de la volonté générale, Rousseau le relève régulièrement, sont ceux qui empêchent le souverain de reconnaître son intérêt, de « voir son bien ». Le problème politique fondamental pour lui est un problème de reconnaissance : « le public veut le bien qu'il ne voit pas… il faut [lui] apprendre à connaître ce qu'il veut »[2]. Mais les solutions à ce problème sont d'ordre politique. La figure du législateur le montre *a contrario* : son office exceptionnel repose précisément sur le fait qu'il n'y a pas de volonté générale et qu'il faut lui donner un substitut. Le statut de la volonté générale

1. *Contrat social*, livres II et III.
2. *Contrat social*, livres II et VI.

s'éclaire en considérant le processus par lequel elle se forme. La société est pour Rousseau sa propre institutrice en ce double sens qu'elle se donne sa constitution et se forme elle-même en généralisant la volonté de chacun de ses membres : c'est le double caractère de la volonté générale, volonté du tout et volonté de chacun en tant qu'il veut pour le tout. L'art politique consiste donc dans l'organisation de la délibération publique, de telle façon que la volonté générale puisse se reconnaître elle-même. Et ce processus, pour une large part, consiste en la généralisation des volontés particulières. Puisque l'objet de la volonté d'un être est son intérêt (ou *ce qui lui importe*) la question essentielle est de savoir ce qu'une volonté se représente comme son intérêt, l'opinion qu'elle en a. Généraliser des volontés particulières, c'est leur faire considérer leur intérêt sous l'éclairage de l'intérêt commun. Les concepts de *raison publique* et de *lumières publiques* permettent à Rousseau de penser cette généralisation des volontés particulières par la volonté générale, généralisation dont nous avons déjà vu les effets proprement moraux. Toute l'attention qu'il porte aux mœurs, à l'opinion, à l'éducation, trouve ici sa raison d'être. Il faut donc prendre au sérieux la proposition conclusive du chapitre « De la loi », qui conditionne la déclaration de la volonté générale à « l'union de l'entendement et de la volonté dans le corps social »[1]. Unir l'entendement et la volonté, c'est former la volonté générale. Sa généralisation est ce qui à la volonté conjoint l'entendement.

Formellement, la volonté générale occupe donc chez Rousseau une place symétrique à celle que Burlamaqui avait attribuée à la raison en lui assignant pour tâche de reconstituer l'unité que Grotius avait voulu sauvegarder sous le nom de *recta ratio*, idée abandonnée par les deuxième et troisième générations du jusnaturalisme. Mais cette symétrie formelle met en lumière la dissymétrie des problématiques et des principes. Parce qu'il reste à l'intérieur de l'école du droit naturel, Burlamaqui veut fonder l'obligation politique sur l'obligation morale. Il lui faut, contre Pufendorf, ramener à l'unité l'entendement et la volonté. Rousseau entend, pour sa part, fonder un droit politique. C'est moins à Pufendorf qu'il doit répondre qu'à Bodin et Hobbes, et ramener à l'unité, dans la conception de la souveraineté, la décision et le conseil. La volonté générale est cette volonté qui oblige indistinctement par les bonnes raisons qui fondent ses décisions et la légitimité de son pouvoir d'obliger. Elle est un opérateur de généralisation qui doit se comprendre non comme exercice d'une faculté de l'individu mais comme effet de la puissance commune de légiférer par le processus de

1. *Ibid.* Pour un développement de ces points et particulièrement concernant les concepts de raison publique et de lumières publiques : *La Fabrique des concepts*, chap. XI et XII.

la délibération. Son effet est double. Pour le corps politique, c'est la déclaration de la volonté générale par la loi; pour chacun de ses membres, c'est la substitution dans la représentation de soi de l'existence relative du membre de la société à celle d'un être par nature indépendant et absolu [1]. Ce sont là, respectivement, le fondement de l'obligation et la racine du sentiment d'obligation.

Les déplacements induits par la formation du concept de volonté générale impliquent une redéfinition complète de la nature même de l'obligation. Il suffira, pour en souligner la portée, de dégager les changements opérés par Rousseau dans la conception même du lien.

Dans notre présentation de sa théorie de l'obligation, le plus dérangeant pour la lecture standard de Rousseau est sans doute la conception de la civilité qui sert de socle à l'obligation morale : nous sommes des êtres relatifs, non seulement parce que nous vivons en société mais parce que la civilité s'est pour ainsi dire installée en nous. Elle est devenue notre nature. Ces liens d'interdépendance sont des liens nécessaires; la vertu consiste à les reconnaître comme constitutifs de notre existence et par conséquent de nos devoirs. Contrainte, consentante, ou encore spontanée, c'est toujours la volonté qui, pour les penseurs de la question commune, était constitutive de la relation d'obligation. Rousseau la redéfinit en termes de nécessité et de dépendance réciproque. Les liens d'obligations sont d'abord ces liens qui font que notre existence particulière est nécessairement liée à l'existence commune. Ce sont les liens de la société civile. Notre existence naturelle était absolue, notre existence civile est relative. Dire que nous sommes obligés c'est reconnaître que nous sommes des êtres de relation.

Le lien par lequel des volontés se lient entre elles, le lien politique, est lui-même tout aussi profondément remanié. La volonté obligée, que cette obligation procède de l'imposition ou du consentement, était une volonté qui avait affaire à celle d'un supérieur. Qu'un peuple se reconnaisse des chefs ou qu'une volonté impose son commandement, c'était toujours une relation verticale qui constituait l'obligation. La signification du contrat social chez Rousseau, entièrement contenue dans son concept de *l'acte d'association*, a précisément pour objet de constituer l'obligation sur un plan d'horizontalité. Non *à partir* d'un tel plan : tous les théoriciens du double contrat et plus généralement tous ceux qui font du consentement la source de l'autorité politique vérifient ce modèle, mais en restant *dans* ce plan : l'association n'est pas seulement l'origine de l'obligation, elle la constitue. Preuve en est que l'obligation des sujets envers l'État cesse avec

1. CS I, VI et II, VII.

leur citoyenneté. Le lien social est la condition de possibilité des obligations civiles : celle du sujet envers l'État, celles des particuliers entre eux. L'obligation politique est la constitution du lien nécessaire en lien volontaire. Ce n'est plus l'obligation qui lie mais le lien social qui oblige.

Rousseau, si l'on met en rapport ces deux premiers traits, est parfaitement fidèle à son programme : accepter la nécessité des choses pour refuser toute dépendance des hommes. Mais il va beaucoup plus loin en passant, dans la conception de l'obligation, d'un paradigme de l'indépendance à un paradigme de l'autonomie. Le pouvoir d'obliger, sous la volonté générale, est redéfini comme pouvoir de légiférer. Ce modèle de la législation s'oppose aussi bien à celui du commandement qui faisait de toute volonté du souverain une loi, qu'au modèle de la *jurisdiction* qui, chez les jusnaturalistes, faisait de l'homme l'interprète et l'administrateur de la volonté divine. C'est cette conception, on l'a vu, qui conduit Rousseau a refuser la distinction du conseil et de la décision, faisant de la délibération constitutive de la volonté générale un processus indissociablement cognitif et politique.

Interdépendance, association, législation : à partir de ces trois paradigmes, Rousseau transforme très clairement la problématique de l'obligation en celle du lien social.

CONCLUSION

ENTRER DANS LA MODERNITÉ ?

Nous nous étions donné pour objet d'interroger la fécondité d'une hypothèse formulée par Rousseau : la problématique de l'obligation aurait présidé à la constitution de la pensée politique moderne. De Bodin à Rousseau lui-même, de la fin du XVIe à celle du XVIIIe siècle, il nous est apparu, en effet, que la question de l'obligation se formait au lieu de rencontre de deux représentations vectrices de la modernité : celle de la société sous le concept d'État, celle de l'homme sous celui d'individu. L'État, l'individu : deux concepts dotés d'un extraordinaire pouvoir d'expansion qu'expriment le principe de souveraineté et celui de la liberté de conscience. Tous deux sont l'objet d'une déclaration au cours du XVIe siècle : la Réforme et l'absolutisme les symbolisent. Le XVIIe siècle est tétanisé par leur confrontation et tout entier tendu vers la recherche de leur conciliation sous le signe des droits et de la loi. Cette synthèse, de Grotius à Pufendorf, et au-delà jusqu'à Burlamaqui, est l'objet même de ceux que l'on appelle jusnaturalistes. Le contractualisme est l'espace dans lequel ils cherchent à l'effectuer. C'est à cet égard une extraordinaire incompréhension que de reprocher aux théoriciens du droit naturel – comme on le fait de façon récurrente – de flotter entre deux principes antagonistes (liberté de la conscience et souveraineté) et deux logiques opposées (volontarisme et rationalisme) quand ils se vouent à la recherche de leurs possibles conciliations. Dès lors que l'individu est pensé, dans son rapport à lui-même, comme conscience se déterminant par libre examen et, dans son rapport à autrui, comme volonté dont l'obéissance ne peut être que consentie, l'obligation ne peut plus être comprise comme lien de droit découlant d'un lien de fait, elle doit être tirée de la volonté même de celui qu'elle lie[1]. Consacré à Rousseau, le dernier moment de notre enquête a confirmé non seulement qu'il formait, comme ses prédécesseurs, une théorie complète de l'obligation mais que celle-ci rendait compte de l'économie d'ensemble de sa pensée.

Pour parvenir à ce résultat, cependant, Rousseau est amené à une série de ruptures avec le jusnaturalisme dont il constitue, sous bien des rapports, le syndic de liquidation. L'école du droit naturel cherchait à fonder l'obligation politique sur l'obligation morale, elle-même comprise comme obligation naturelle, Rousseau récuse l'idée même d'obligation naturelle : seul l'être relatif qu'est devenu l'homme de la société civile est susceptible d'obligation. L'obligation morale ne peut se comprendre à partir du rapport de soi à soi comme être absolu (ce rapport peut générer un sentiment moral, non l'obligation) mais seulement par la reconnaissance de son propre être comme relatif. L'homme civil n'est pas un homme qui est entré en relations avec d'autres, les relations sociales sont entrées en lui. Même ainsi requalifié, si le sentiment d'obligation morale peut être une sorte d'adjuvant du lien social, il ne saurait le constituer : c'est un sentiment d'obligation, une inclination de notre volonté, non une obligation au sens strict qui lie la volonté par son propre engagement. De plus, ce sentiment nous attache aux autres hommes en général, à l'humanité civile, non à une communauté politique en particulier. C'est pourquoi le fondement de l'obligation politique proprement dite doit être *sui generis,* non un fondement moral mais un fondement politique. Ce fondement politique de l'obligation est cette convention, le contrat social, qui lie d'un engagement réciproque tous avec chacun, le tout avec ses parties.

La singularité de la définition du contrat a souvent occulté celle, tout aussi décisive, de la fonction que Rousseau lui assigne. Plusieurs distinctions successives sont nécessaires pour le montrer. Rousseau ne se borne pas à dire que le fondement politique de l'obligation est possible (cette proposition est commune à tous les théoriciens du contrat), il le pense comme nécessaire. Et cette nécessité n'est pas seulement celle, conditionnante, qui découle de la liberté originelle de l'homme – cette proposition-là est celle qu'il partage avec la « plus saine partie » de ceux qui ont traité de politique, au premier rang desquels Locke et Sidney –, elle est encore une nécessité constitutive de la nature même du corps politique : pour que la volonté générale puisse avoir valeur d'obligation, il faut qu'elle considère les volontés particulières comme liées à elle par leur libre engagement.

1. Une récapitulation de ces discussions sur l'obligation a été proposée dans les premières pages du chapitre VI.

C'est ce libre engagement qui la constitue. On ne peut obliger une volonté qu'au prix de la reconnaissance de sa liberté : il ne peut y avoir de société que d'hommes libres [1]. Cette troisième proposition n'énonce pas seulement la condition formelle de consistance de l'association mais encore le principe de sa formation : cette dernière distinction conditionne l'intelligibilité du *Contrat social.* Le premier point de vue permet de comprendre (c'est l'objet du premier livre de le montrer) à quelle condition la loi oblige : ce n'est que parce que les membres du corps politique sont supposés être les auteurs de la loi comme citoyens qu'ils peuvent être obligés comme sujets à lui obéir. C'est à la production de ce théorème, bien souvent, que s'arrêtent les lectures de Rousseau. Seul le second point de vue, cependant, permet de comprendre la formation de la volonté générale, l'exercice de sa souveraineté, sa déclaration comme loi (ce sont les objets des trois livres suivants du *Contrat social*) : ce n'est pas seulement comme supposition nécessaire en droit que la liberté de chacun est requise mais aussi comme condition d'effectivité, dans l'exercice de la citoyenneté. La communauté politique (si l'on veut, le corps politique) ne peut se borner à considérer ses membres comme libres, elle doit les rendre effectivement tels : en assurant les conditions de la formation de leur liberté (c'est ce que Rousseau pense comme généralisation des volontés particulières) et en suscitant son exercice (son lieu est l'assemblée comme espace de délibération commune) [2]. Non seulement, donc, le libre engagement des volontés est la condition de l'association qui forme le corps politique mais l'exercice de la liberté politique est celle de son existence. Ce sont les citoyens qui font la cité : faire des citoyens est le premier objet du corps politique.

Identifier cette thèse centrale doit conduire à reconnaître que Rousseau, plus qu'il ne la reprend à son compte, retourne la problématique de l'obligation sur elle-même. La question commune consistait, depuis Bodin, à se demander comment une volonté peut être obligée, elle devient désormais celle de savoir comment rendre effective cette liberté qui seule peut constituer l'association des volontés particulières en l'unité d'un corps politique. Comment généraliser les volontés particulières ? Comment créer dans la délibération les conditions de la déclaration de la volonté générale ? Si la volonté de l'homme est libre, se demandait-on, comment peut-on faire

1. Rousseau, on l'a montré, transforme ainsi en principe constitutif de la souveraineté la franchise de la volonté qu'il s'agissait, chez Bodin, de circonscrire.

2. Ces deux questions sont également essentielles pour Rousseau mais, si l'on peut mettre en évidence chez lui une réflexion très élaborée sur la généralisation des volontés particulières, celle qui concerne la problématique de la délibération est beaucoup moins développée et, on le sait, porteuse de bien des difficultés. On ne peut que regretter l'absence de ce « traité à part » exigé par « cette importante matière » comme le dit le *Contrat social* (livre IV, chap. I).

de lui un sujet ? Si la société ne peut-être que l'association d'hommes libres, demande Rousseau, comment faire d'eux des citoyens ? Plus encore que le passage d'une volonté obligée à une volonté qui s'oblige, c'est le passage d'une liberté d'indépendance à une liberté d'autonomie qu'il s'agit d'assurer pour répondre à cette question. Une autonomie que Rousseau, sous le concept de volonté générale, comprend comme autolégislation. De la problématique de l'obligation, concluait notre dernier chapitre, Rousseau passe à celle du lien social. Il faut ajouter cette détermination : c'est en termes politiques que cette question doit être posée et résolue. Le lien social ne peut trouver sa consistance que dans la formation et l'exercice de la liberté politique qui fait le citoyen.

Il serait tentant de faire de la séquence historique que notre enquête a examinée, et du rapport que la pensée de Rousseau entretient avec elle, une lecture euphémisante. La modernité aurait d'abord appréhendé le principe de la liberté constitutive de l'homme dont elle était elle-même porteuse comme une menace non seulement pour l'autorité politique mais pour la possibilité même du lien social[1]. D'où la formation de la problématique de l'obligation, ordonnant la pensée politique à cette question critique : comment peut-on assujettir une volonté libre ? Le principe de souveraineté et l'obligation naturelle auraient constitué les deux grandes réponses, tout à la fois opposées et conjuguées, à cette question[2]. Les pensées politiques de l'âge classique seraient vouées à l'exploration de leur consistance respective et de leur possible articulation. Rousseau, retournant la problématique et faisant de la liberté le fondement même de l'ordre politique, aurait substitué à la problématique de l'obligation celle du lien social et à la réponse par l'assujettissement une réponse par la citoyenneté. Ce n'est pas en luttant contre elle-même mais en assumant son propre principe que la modernité pourrait penser ce qui fait l'unité du corps politique. Ce tournant représenterait la véritable entrée dans la modernité politique, qui aurait prolongé le geste de Rousseau tout en prenant ses distances avec lui, en se

1. Le spectre de l'anarchie plane sur l'œuvre de Bodin qui en déploie la figure au terme des *Six livres de la République*, SLR, VI, V, *op. cit.*, p. 198 *sq.*, *L'État en pure anarchie*.

2. Nous l'avons suggéré à plusieurs reprises : le principe de souveraineté et celui de la liberté constitutive de l'homme pourraient bien n'être qu'un seul et même principe et, généalogiquement, le concept du souverain pourrait avoir sa réplique dans celui du franc sujet. Bodin le savait qui dit que la démocratie est ce régime dans lequel les citoyens sont de « petits rois ». SLR, VI, IV. p. 154. De même, la distinction entre les bonnes raisons et la franche volonté comme principes de la décision souveraine pourrait être le paradigme de la distinction entre l'entendement et la volonté. Du sujet assujetti au sujet des philosophies du sujet la filiation serait plus consistante qu'on ne pense communément.

plaçant sous le double signe des droits de l'homme et du gouvernement représentatif[1].

Cette lecture euphémisante est celle que la modernité politique s'est efforcée et s'efforce encore souvent de se donner d'elle-même. Mais cet idéal de soi se heurte, tel était notre point de départ, à une double perte d'efficience, symbolique et pratique, que l'on désigne communément comme crise du lien social et que l'on peut décrire comme dissolution du sentiment d'obligation. Dénoncer cet idéal comme une illusion ou s'y accrocher sur le mode de l'objurgation morale : telle est l'alternative qui semble marquer le moment contemporain. Il sera cependant possible d'y échapper – c'était le but de cette enquête de le permettre – à la condition de lire d'une autre manière cette histoire et de penser dans d'autres termes l'identité de la modernité politique. Pour cela, il faut reconnaître d'abord que, loin d'avoir prolongé le tournant engagé par Rousseau, la modernité politique s'est inscrite dans la prolongement du jusnaturalisme et que Rousseau, loin de disqualifier la question de l'obligation, la requalifie en faisant de la capacité du corps politique à produire un sentiment d'obligation sa condition d'existence.

Aurions-nous vu plus clair que Rousseau lui-même et, pour ainsi dire, lu derrière son dos en discernant dans sa pensée la substitution de la problématique du lien social à celle de l'obligation, de la citoyenneté à la sujétion ? Cette question, pour être pertinente, doit être formulée autrement : pourquoi Rousseau éprouve-t-il la nécessité, lors même qu'il rompt avec la configuration qu'il en reçoit, de s'inscrire dans la problématique de l'obligation ? On ne saurait trouver les éléments d'une réponse que dans sa propre théorie de l'obligation

La séparation entre l'obligation morale et l'obligation politique et la mise en évidence d'un fondement proprement politique de l'obligation en est le premier trait. Nous avons vu dans cette proposition le résultat d'un double constat : négativement, on ne peut fonder l'obligation politique sur l'obligation morale, parce que celle-ci n'est que le sentiment d'un devoir qui incline la volonté mais ne l'oblige pas ; positivement, l'engagement

1. Les différentes formes du *revival* républicain sont l'expression d'une telle lecture de la modernité. Sous la forme classique française, le républicanisme se met sous le signe de Rousseau et de la *Grande Révolution*. Cette double référence est mise à distance par nombre de néorépublicains : J.-F. Spitz en donne un bon exemple dans *La liberté politique*, Paris, PUF, 1995. Ph. Pettit (*Républicanisme : une théorie de la liberté et du gouvernement*, Paris, Gallimard, 2004) cherche plus radicalement à affranchir le républicanisme de ce qu'il considère comme la double hypothèque de la *French connection*. Il pourrait incidemment rendre ce grand service d'affranchir Rousseau de ses lectures « républicaines ».

réciproque de la volonté particulière et de la volonté commune constitue une véritable obligation du sujet envers la loi dont comme citoyen il est l'auteur. Les liens qui mettent l'homme civil dans la dépendance de la société sont des liens nécessaires; les liens qu'il reconnaît l'attacher à l'humanité comme être devenu essentiellement relatif sont des liens de devoir; seuls les liens qu'il a contractés en devenant membre d'un corps politique sont des liens de droit et, à proprement parler, des liens d'obligation. Cette obligation contractuelle postule, comme sa condition de possibilité, la liberté des contractants. L'hypothèse de l'état de nature est, de ce point de vue, rigoureusement nécessaire à la constitution de la société civile en société politique et de la dépendance en obligation. Pour un être réputé libre, l'obligation ne peut être que conventionnelle; une autorité qui oblige, à la différence d'un pouvoir qui contraint, ne peut être que l'émanation des volontés qu'elle lie. Seul un être libre de tout lien peut être obligé. Que la problématique du lien social soit pensée comme problématique de l'obligation ne dit rien d'autre que ceci: le lien social n'est pas donné, il doit être constitué. Cette thèse ne consiste en aucune façon à nier l'existence de liens de fait (on a vu au contraire que le concept de société civile désigne pour Rousseau l'ensemble des liens dans lesquels l'homme social est pris) mais affirme que la constitution d'une société politique implique la renonciation à faire de ces liens de nécessité le fondement de liens de droit. Plus même, ce n'est qu'en défaisant les relations de « dépendance personnelle » créés par la société civile que l'association politique peut constituer le lien social.

La liberté n'est pas seulement la condition de possibilité de l'association, ce qui la fonde en droit, l'exercice de cette liberté dans la formation de la volonté générale est sa condition d'effectivité: c'est le second trait de la théorie rousseauiste de l'obligation politique que nous avons dégagé. Le sujet n'est lié que parce que le citoyen se lie. La relation d'obligation ainsi redéfinie a une fonction critique évidente. Sa portée est d'abord négative: toute usurpation de la volonté générale entraîne un effet de déliaison. Au regard de la société entière, Rousseau désigne précisément cet effet comme dissolution du corps politique; au regard de chacun de ses membres, si le citoyen est empêché dans l'exercice de sa citoyenneté, il est délié de ses obligations. Positivement, cela implique que l'exercice de la liberté politique et lui seul produit le lien social. C'est ce qui sous-tend le refus rousseauiste de la représentation: à mesure même qu'elle implique le dessaisissement par les citoyens de l'exercice de leur souveraineté, la représentation délie les sujets de leurs obligations envers la loi. Cela est vrai en aval: on est moins engagé par la décision prise en notre nom par ceux qui nous représentent que par celle que l'on a directement contribué à prendre.

Mais cela est d'abord vrai en amont : la participation au processus de la décision est avant tout un facteur de généralisation de la volonté des citoyens. L'argumentation de Rousseau sur ce point est le plus souvent mal comprise parce qu'insuffisamment reliée à la question de la délibération et à son rôle dans la formation de la volonté générale. La loi, qui est la déclaration de la volonté générale, est le terme de la délibération. La délibération elle-même, considérée comme le processus qui conduit à cette déclaration, consiste en la généralisation des volontés particulières, c'est-à-dire la reconnaissance par chacune de ce que l'intérêt commun, objet de la volonté générale, est ce qui lui importe vraiment[1]. Des deux lignes d'argumentation qui sous-tendent le refus rousseauiste de la représentation, on a reconnu la première (c'est l'affirmation selon laquelle il est impossible de commettre son pouvoir de vouloir) et on y a vu le modèle passéiste de la cité-état et du citoyen magistrat. Mais on a rarement discerné cette autre ligne argumentative – la plus importante me semble-t-il – qui fait signe au contraire vers ce qui constitue, pour Rousseau, le cœur même de la modernité politique : en l'écartant du processus délibératif, la représentation prive le citoyen du principe même de généralisation de sa volonté. On en fait une personne privée qui, immanquablement, ne pourra considérer que son intérêt séparé[2].

Considérée de ce dernier point de vue, la théorie de l'obligation politique implique une troisième dimension, celle de la formation du sentiment d'obligation. La généralisation des volontés particulières, en effet, est un processus indissociablement cognitif et passionnel dans lequel la connaissance de l'intérêt commun et l'amour de la patrie, les lumières publiques et les mœurs se confortent réciproquement. Rousseau, dans le *Contrat social*, fait des mœurs une quatrième sorte de loi, à côté des lois

1. CS, III, XV, *Des députés ou représentants* : « Mieux l'État est constitué, plus les affaires publiques l'emportent sur les privées dans l'esprit des Citoyens. Il y a même beaucoup moins d'affaires privées, parce que la somme du bonheur commun fournissant une portion plus considérable à celui de chaque individu, il lui en reste moins à chercher dans les soins particuliers. Dans une cité bien conduite chacun vole aux assemblées ; sous un mauvais Gouvernement nul n'aime à faire un pas pour s'y rendre ; parce que nul ne prend intérêt à ce qui s'y fait, qu'on prévoit que la volonté générale n'y dominera pas, et qu'enfin les soins domestiques absorbent tout. Les bonnes lois en font faire de meilleures, les mauvaises en amènent de pires. Sitôt que quelqu'un dit des affaires de l'État, *que m'importe ?* on doit compter que l'État est perdu ».

Nous avons rencontré ce « Que m'importe ! » dans notre dernier chapitre, en analysant la *morale politique* de l'Émile. Mais n'était-ce pas ces textes qui ont inspiré à Balzac le « Qu'est-ce que cela me fait ? » dénoncé dans le passage du *Curé de campagne* cité en introduction ?

2. Tocqueville, on le sait, est un grand lecteur de Rousseau : il est en discussion constante avec lui. Il me semble possible de montrer que, sur ce point précisément, il prolonge sa réflexion.

politiques qui forment la constitution du corps politique, des lois civiles qui règlent les rapports de ses membres entre eux, et des lois criminelles[1]. On peut dire que, comme le législateur, c'est de la formation des mœurs que le *Contrat social* s'occupe en secret[2]. Que Rousseau parle des mœurs comme d'une « sorte de loi » éclaire sa théorie de l'obligation d'un jour très particulier. S'il ne s'agit pas, bien sûr, de légiférer sur les mœurs : « la loi ne règle pas les mœurs », Rousseau n'en pose pas moins une affirmation étonnante : « c'est la législation qui les fait naître »[3]. Cette proposition doit s'entendre de deux manières. Elle implique d'une part que la constitution de la société forme le caractère des hommes ; une société bien ordonnée fait des hommes libres, une société de tyrannie leur donne des mœurs d'esclaves[4]. Elle porte aussi cette idée que c'est l'exercice de la souveraineté qui donne à l'homme les mœurs d'un citoyen. En tout état de cause, si les mœurs rendent possible la formation du lien social, c'est en retour la société politique qui est formatrice des mœurs : ils font tenir l'édifice politique mais, l'image de la clé de voûte le dit nettement, tiennent tout autant à lui. Cette même ligne de pensée se prolonge, nous l'avons vu, dans l'idée qu'il y a une genèse proprement politique du sentiment de l'obligation morale. Les mœurs dont le corps politique a besoin ne peuvent pas être enracinées dans la nature (les mœurs sont des habitudes qui se substituent à l'instinct) ni formées par la société civile (telle qu'elle est, la société civile ne peut produire que des mœurs corrompues qui tirent vers des relations de dépendance et non d'association) ; c'est l'ordre politique lui-même qui doit les former. Telle est la tâche de la volonté générale en tant que formatrice de

1. CS, II, XII : « À ces trois sortes de lois, il s'en joint une quatrième, la plus importante de toutes ; qui ne se grave ni sur le marbre ni sur l'airain, mais dans les cœurs des citoyens ; qui fait la véritable constitution de l'État ; qui prend tous les jours de nouvelles forces ; qui, lorsque les autres lois vieillissent ou s'éteignent, les ranime ou les supplée, conserve un peuple dans l'esprit de son institution, et substitue insensiblement la force de l'habitude à celle de l'autorité. Je parle des mœurs, des coutumes, et surtout de l'opinion ; partie inconnue à nos politiques, mais de laquelle dépend le succès de toutes les autres : partie dont le grand Législateur s'occupe en secret, tandis qu'il paraît se borner à des règlements particuliers qui ne sont que le cintre de la voûte, dont les mœurs, plus lentes à naître, forment enfin l'inébranlable Clef ».

2. Voir sur ce point mon introduction au *Contrat social*, Paris, GF-Flammarion, 2001, p. 28-34.

3. CS, IV, VII.

4. Voir sur ce point le *Discours sur l'économie politique*, *op. cit.*, p. 60 : « La patrie ne peut subsister sans la liberté, ni la liberté sans la vertu, ni la vertu sans les citoyens ; vous aurez tout si vous formez des citoyens ; sans cela vous n'aurez que de méchants esclaves, à commencer par les chefs de l'état ».

l'opinion. C'est pourquoi, à la catégorie des mœurs, Rousseau tend à substituer celle d'*opinion publique*[1].

Dans les trois dimensions que l'on vient de rappeler, l'inscription par Rousseau de la problématique du lien social dans la continuité de celle de l'obligation politique a pour fonction de mettre à nu ce double trait constitutif de la société moderne : ce n'est que leur déliaison principielle qui permet de penser le lien de libertés entre elles, ce n'est que dans l'exercice de la liberté politique que le lien social peut se constituer comme union de volontés libres. Le renoncement à faire de l'obligation naturelle le fondement de l'obligation politique et la récusation de la représentation comme mode d'exercice de la liberté politique ne sont pas des éléments que l'on pourrait dissocier de la problématique du lien social constituée par Rousseau : ce double refus est au contraire constitutif de cette problématique.

En faisant des principes des droits de l'homme son fondement principiel et du gouvernement représentatif son mode d'effectivité, la pensée démocratique des XIXe et XXe siècles, aussi bien dans ses conceptions libérale que républicaine, ne s'est pas inscrite dans la continuité de Rousseau mais en rupture avec elle, en laissant pour compte son orientation centrale, comme un bras mort de la modernité[2]. C'est plutôt dans le prolongement de la tradition jusnaturaliste qu'elle s'est inscrite[3]. Le tournant Rousseauiste de la problématique politique n'a pas eu lieu.

Délier puis lier, délier pour lier, passer du *nexum* à l'*obligatio* : tel semble l'étrange ballet en quoi la modernité consiste. Encore faut-il ne pas se tromper sur la nature de ce constat.

La modernité n'a pas supprimé l'existence de liens de fait (ceux que l'on pense sous la catégorie de *nexum*), tout au plus en a-t-elle détruit d'anciens et produit de nouveaux. Mais, en faisant dépendre l'obligation de

1. Cette équivalence suggérée en CS II, XII est explicite en CS IV, VII et gouverne bien d'autres textes. Cette dimension de la pensée de Rousseau a été manifestement ignorée par Habermas, ce qui affecte profondément sa généalogie de l'idée d'opinion publique, cf. *L'espace public*, trad. M. B. de Launay, Paris, Payot, 1993, p. 103-112.

2. On pourrait montrer, me semble-t-il, que la pensée juridique et politique de Kant a opéré cette forclusion de la problématique rousseauiste. Je me bornerai ici à cette simple indication. C'est à lui donner consistance que devra d'abord s'employer le second volet de cette étude qui aura pour objet la problématique de l'obligation et du lien social de la fin du XVIIIe siècle à celle du XXe siècles, de Kant à Rawls.

3. On a déjà rappelé l'influence que les idées de Burlamaqui avaient eu sur ceux qui furent les créateurs des États-Unis d'Amérique. Il serait intéressant de rechercher plus systématiquement qu'on n'a fait jusqu'ici comment ses idées, de façon directe ou indirecte (notamment *via* l'*Encyclopédie*) ont pu contribuer à former la pensée de nombre des acteurs de la Révolution française.

la libre volonté des individus, elle a disjoint le *nexum* de l'*obligatio*, enlevant au premier toute capacité à constituer la seconde. C'est la capacité des liens de fait à constituer un ordre normatif qui est le plus profondément affectée[1]. La liaison, si évidente dans les sociétés traditionnelles, entre mœurs et morale nous est devenue quasiment inintelligible[2]. C'est en sens inverse à la morale que l'on demande de former les mœurs, et c'est ce qui explique que le discours moral soit si souvent convoqué : il l'est même de façon aussi répétitive qu'inopérante parce que l'obligation morale, par définition, ne peut s'adresser qu'à la volonté de la personne quand les mœurs forment (ou formatent) les sentiments collectifs et au travers d'eux les comportements individuels.

Nous avions initialement distingué deux sens possibles du sentiment d'obligation : d'un côté un affect, renvoyant à un lien toujours déjà donné, de l'autre un sentiment moral constituant un devoir. C'est d'abord cette distinction elle-même que la représentation moderne de l'homme comme volonté libre a produite, ensuite la possibilité même de former le second à partir du premier qu'elle a rendu impossible. En ce sens, la modernité produit une véritable analyse de l'obligation et dissout la figure de son unité que représentaient les *mœurs*.

Il serait possible de lire dans une série de textes de Freud une réflexion sur ce bouleversement et les effets qu'il induit (et pas seulement dans celui qui porte le titre de *Malaise dans la culture*). Ainsi les *Considérations actuelles sur la guerre et la mort* (1915) mettent l'accent sur deux traits constitutifs de la modernité[3]. D'abord l'accroissement constant, au risque de devenir intolérable, de l'exigence de refoulement adressée par la société aux individus : la société civilisée « s'est laissée entraîner à pousser les exigences morales aussi haut que possible et ainsi elle a forcé ses membres à s'éloigner encore d'avantage de leur constitution pulsionnelle. Ceux-ci sont maintenant contraints à une constante répression pulsionnelle et la tension qui en résulte se traduit par les phénomènes de réaction et de compensation les plus remarquables ». Ce premier fait doit être rapproché

1. Il est très frappant de constater que la description du fait moral faite par Durkheim il y a bientôt cent ans – en plus d'un point toujours d'une grande actualité – renvoie à un état de la société où le mouvement de la modernité était en ce sens encore en très large part inchoatif. É. Durkheim, « Détermination du fait moral », communication faite à la Société française de philosophie en 1906, recueillie dans *Sociologie et Philosophie*, Alcan, 1924 ; PUF, 1996.

2. Du moins dans nos sociétés : toute cette analyse ne vaut en effet que pour les sociétés qui sont entrées dans cette transformation initiée en Occident et qui a pris le nom de modernité. Pour une large part, elle reste étrangère à toute une part de l'humanité.

3. Trad. par un collectif, sous la direction d'André Bourguignon, in Freud, *Essais de psychanalyse*, Payot, 1981. La comparaison de ce texte avec celui de Durkheim évoqué plus haut serait intéressante à plus d'un titre.

d'un second : l'illusion que la société se fait sur le ressort réel de la maîtrise des pulsions qu'elle obtient des individus. Des deux sortes de facteurs « internes » et « externes » qui y contribuent, le rôle des premiers est gravement surestimé quand, pour une large part, les seconds sont prépondérants. De sorte que, bien souvent, l'individu « vit, psychologiquement parlant, au dessus de ses moyens et mérite objectivement d'être appelé hypocrite ». Il est possible, partant de ces réflexions de Freud, de suggérer d'une part que les mœurs, la morale sociale, sont au cœur des *facteurs externes* et que d'autre part l'appel au sentiment moral de l'obligation ne peut s'appuyer que sur ce qu'il appelle *facteurs internes*. En affaiblissant les premiers et en renforçant l'exigence au regard des seconds, la modernité ne nourrit-elle pas le malaise que constate Freud ? S'il est bien vrai que la modernité tend à dissoudre cette forme hybride de lien qui se situait entre la nécessité et l'obligation volontaire, et que Freud qualifie de « facteur externe », deux questions pourraient être envisagées. N'y aurait-il pas lieu d'abord de voir dans le *nœud*[1] que la psychanalyse discerne au fondement de la sublimation une autre figure intermédiaire, analogue psychiquement de ce que les mœurs sont socialement ? En dissolvant l'obligation par les mœurs, la société moderne ne demanderait-elle pas à l'individu de porter lui-même le poids dont les sociétés traditionnelles le délestaient pour une part en le lui imposant comme contrainte sociale ?[2]

Est-ce que, pour autant, nous sommes désormais dans l'impossibilité de penser l'obligation ? Nous avons vu que ce n'était en aucune façon le cas. Au contraire, la représentation de l'individu comme personne, libre volonté, est porteuse de deux façons distinctes d'un concept de l'obligation : de l'obligation morale comme loi interne de son autonomie, de l'obligation politique comme corollaire de l'auto-institution de la société. Loin d'être des concepts faibles, ce sont là des concepts extrêmement forts de l'obligation. Mais précisément, cette force à un coût que l'on pourrait simplement qualifier d'exigences de la liberté. Or ce coût, tout porte à le penser, c'est aujourd'hui qu'il faut vraiment le payer.

À cela plusieurs sortes de raisons contribuent. La première (les analyses tocquevilienne ou marxienne sont à cet égard plus que jamais pertinentes) est que la société dans laquelle nous vivons est une société où les facteurs de

1. On restera ici en deçà de l'élaboration propre à Lacan de cette notion.

2. On a pu penser que le propos de Freud évoqué ici, fortement marqué par le victorianisme dominant de la fin du XIXe siècle, était désormais caduc. Ce qui est peut-être vrai du premier moment de son constat si on l'isole, ne l'est sans doute pas si on tient leur articulation : la diminution de la pression externe ne conduit-elle pas nécessairement à exiger plus encore de l'exigence interne (y compris lorsque cette exigence se présente comme « pousse à jouir ») ?

déliaison sont toujours plus actifs. Sous les vocables de mondialisation et de globalisation, c'est aussi à une extension maximale du processus de déliaison que l'on assiste. La seconde est que les modalités anciennes de l'obligation qui, durant toute la durée de ce que l'on serait tenté d'appeler la première modernité ont continué, par un effet de viscosité sociale, à structurer les mentalités et les comportements, arrivent aujourd'hui à leur épuisement. La troisième est l'affaiblissement de la forme hybride de sentiment d'obligation qu'a constitué dans le cadre des États-nations le civisme-patriotisme au cours des deux derniers siècles[1].

Face à l'épuisement des modèles traditionnels de l'obligation et à la crise du lien civique, l'exigence de l'autonomie morale paraissant trop haute et abstraite, le sentiment de l'obligation semble s'évanouir. Il n'y a donc rien d'étonnant à voir se répandre la tentation de refuser l'héritage de la modernité ou de la déclarer en faillite : autrement dit à renoncer au principe de l'autonomie. Si tel devait être le cas, la modernité ne se serait jamais accomplie. Mais il est aussi possible de faire une autre lecture de ce à quoi nous sommes confrontés, de donner une autre réponse à cette question lancinante : quel est ce moment que nous vivons ? L'expression de *post-modernité*, souvent mise en avant pour répondre à cette question, quelque caractérisation qu'on en donne, suppose que la modernité soit derrière nous. Les difficultés que nous avons aujourd'hui à penser l'idée d'obligation pourraient suggérer une autre réponse, paradoxale, à cette même question : ce que nous appelons l'époque moderne ayant vécu jusqu'ici en tirant des traites sur celles qui l'ont précédée, son crédit épuisé, elle doit enfin vivre à son propre compte. Perdue l'évidence du lien de fait, l'obligation ne peut être que voulue : d'une volonté personnelle et morale, d'une volonté commune et politique. Contre l'orientation constituée par Rousseau, la modernité a cherché à prolonger la confusion jusnaturaliste de ces deux voies : n'aurions-nous pas surtout besoin de discerner leurs conditions respectives ? Encore ne faut-il pas substituer une illusion à une autre. Rousseau ne nous lègue pas une solution mais un problème : comment faire de l'exercice de la liberté politique la source du lien social ?

La modernité n'est pas derrière nous, elle nous fait face : nous *entrons* dans la modernité.

1. On peut penser que le civisme-patriotisme (cette expression est volontairement problématique) a représenté une sorte d'analogue politique de ce que les mœurs étaient pour les sociétés de tradition. C'est en tout cas ainsi que l'on peut comprendre la fonction attribuée par Rousseau à « l'amour de la patrie » (*CS*, III, chap. XV).

BIBLIOGRAPHIE

Sources

ALTHUSSIUS, *Politica methodice digesta*, (3e éd.), Herborn, 1603, éd. C.J. Friedrich, Cambridge, Harward University Press, 1932.

BODIN Jean, *Les six livres de la République*, édition de 1593, Corpus des œuvres philosophiques de langue française, Paris, Fayard, 1986, 6 vol.

– *Methodus ad facilem historiarum cognitionem, Méthode pour faciliter la connaissance de l'Histoire*, trad. du latin, d'après l'édition de 1572, par Pierre Mesnard, Publications de la faculté des lettres d'Alger, Les Belles Lettres, Alger, 1941.

– *Juris universi distributio*, 1580, éd. et trad. par Lucien Jerphagnon, commentaire par Simone Goyard-Fabre, *Exposé du droit universel*, Paris, PUF, 1985.

BOSSUET Jacques-Bénigne, *Politique tirée des propres paroles de l'Écriture*, Paris, Pierre Cot, 1709.

BURLAMAQUI Jean-Jacques, *Principes du droit naturel*, Genève, Barillot et fils, 1747.

– *Principes du droit politique*, Amsterdam, Zachaise Chatelain, 1751, réimp. Caen, Université de Caen, 1984.

CLARKE Samuel, *Traité de l'existence et des attributs de Dieu, des devoirs de la religion naturelle et de la vérité de la religion chrétienne*, trad. Ricotier, Paris, 1727.

CUMBERLAND Richard, *Traité philosophique des lois naturelles* (1672), trad. J. Barbeyrac, Amsterdam, Pierre Mortier, 1744, reprint Université de Caen, 1989.

DIDEROT Denis, article « Droit naturel » de l'*Encyclopédie*.

DURKHEIM Émile, « Détermination du fait moral », in *Sociologie et Philosophie* (Alcan 1924), PUF, 1996.

ENCYCLOPÉDIE (Dictionnaire raisonné des sciences, des arts et des métiers) par une société de gens de lettres, mis en ordre et publié par M. Diderot et quant à la partie mathématique par M. D'Alembert, Paris, Briasson, 1751-1780, 35 vol. Les articles cités sont de Diderot, Boucher d'Argis et De Jaucourt.

GROTIUS Hugo, *De Jure Belli ac Pacis, editio nova,* Amsterdam, Blaeu, MDCXLII, abrégé en *DJBP*; traduction Barbeyrac, *Le Droit de la Guerre et de la Paix*, Amsterdam, Pierre de Coup, MDCCXXIV, reprint Université de Caen, 1984; traduction P. Pradier-Fodéré, Paris, Guillaumin et Cie, 1867, reprise Paris, PUF, 1999.

– *Meletius*, trad. J. Lagrée, in *La raison ardente*, Paris, Vrin, 1991.

HOBBES, *De Cive*, texte latin de 1642, repris dans les *Opera latina*, t. II, rééd. Aalen, 1966; traduction Sorbière, *Le Citoyen ou les Fondements de la politique*, Paris, GF-Flammarion, 1982.

– *Leviathan*, texte anglais de 1651, édité par C. B. Macpherson, Penguin Classics, Londres, 1985; traduction F. Tricaud, Paris, Sirey, 1971.

LEIBNIZ, *Monita quaedam ad Samuelis Puffendorfii principia*, Gerh. Wolth. Molano directa, in *Opera omnia* par L. Dutens, Genève, Fratres de Tournes, 1768, tome IV, p. 275-283; traduction Barbeyrac, *Jugement d'un Anonyme sur l'Original de cet Abrégé*, en annexe de la 5e éd. des *Devoirs de l'Homme et du citoyen* de Pufendorf, reprint Hildesheim, Olms, 1992.

– *Le droit et la raison*, choix de textes traduits et présentés par R. Sève, Paris, Vrin, 1994.

LOCKE John, *Two Treatises of Government*, éd. P. Laslett, Cambridge, Cambridge University Press, 1967.

– *Traité du gouvernement civil*, trad. Mazel, Paris, GF-Flammarion, 1984.

– *Le second traité du gouvernement civil*, trad. J.-F. Spitz, Paris, PUF, 1994.

– *Essai philosophique concernant l'entendement humain*, trad. Coste, 5e édition, Amsterdam et Leipzig, J. Schreuder et P. Mortier, 1755, reprise, Paris, Vrin, 1989; trad., préface et notes par J.-M. Vienne, en édition de poche, Paris Vrin, Livres I et II, 2001, Livres III et IV, 2006.

MARX Karl, *Critique du droit politique hégélien*, trad. A. Baraquin, Paris, Éditions sociales, 1975.

— et ENGELS Frédéric, *Manifeste du parti communiste,* (seconde trad. parue dans *Le socialiste de Paris* en 1886), Paris, Éditions sociales, 1968.

MONTAIGNE, *Les Essais*, éd. Jean Platard, Paris, Les Belles Lettres, 1946, 6 vol.

PUFENDORF Samuel, *De Jure Naturae et Gentium*, Londoni Scanorum (Lund), Junghans, 1671.

– *Le droit de la nature et des gens,* trad. Barbeyrac, 4e éd. Bâle, Thourneisen, 1732, reprint Caen, 1987,

– *De Officio Hominis et Civis juxta legem naturalem*, Lund, Junghans, 1672.

– *Les Devoirs de l'Homme et du citoyen*, 1707, 6e éd. Londres, Jean Nourse, 1712.

– *Elementorum jurisprudentiae universalis, libri II*, Hagae-Comitis, A. Vlagq, 1660, Gesammelte Werke, Band 3, Berlin, Academie Verlag, 1999.

– *Eris scandica, qua adversus libros de jure naturali et gentium objecta diluuntur*, Francfort sur le Main, F. Knoch, 1686, Gesammelte Werke, Bund 5, Berlin, Academie Verlag, 2002.

RAMSAY, *Essai philosophique sur le gouvernement civil*, La Haye, 1719 (1721).

ROUSSEAU, *Œuvres complètes*, « Bibliothèque de la Pléiade », Paris, Galimard, 5 vol., 1959-1995.

– *Du Contrat social*, éd. B. Bernardi, Paris, GF-Flammarion, 2001.
– *Discours sur l'économie politique*, édition commentée, B Bernardi (dir.), Paris, Vrin, 2002.
– *Principes du droit de la guerre*, B. Bernardi et G. Silvestrini éd., *Annales Jean-Jacques Rousseau*, XLVI, Genève, Droz, 2005.
– *Lettre sur la vertu*, J. Storobinski et C. Wirz éd., *Annales J.-J. Rousseau*, t. XLI, Genève, Droz, 1997.
SIDNEY Algernon, *Discourses concerning Government*, Thomas G. West éd., Indianapolis, Liberty Classics, 1990, *Discours sur le gouvernement*, trad. P. A. Samson, La Haye, Van Dole, 1704.
– *Maximes de la Cour discutées et réfutées*, trad. Paulette et Lucien Carrive, Paris, Kimé, 1998.
TOCQUEVILLE Alexis de, *De la démocratie en Amérique*, éd. présentée par F. Furet, Paris, Flammarion, 1981 ; première édition historico-critique revue et augmentée par E. Nolla, 2 tomes, Paris, Vrin, 1990.
WARBURTON William, *Dissertations sur l'Union de la Religion, de la Morale, et de la Politique*, tirées d'un ouvrage de M. Warburton, par Monsieur de Silhouette, La Haye, chez Adrien Moetjens, 1742.

ÉTUDES

ANTOINE Agnès, *L'impensé de la démocratie. Tocqueville, la citoyenneté et la religion*, Paris, Fayard, 2003.
ASCH Ronald G., Duchhardt Heinz (dir.), *Der Absolutismus – ein Mythos? Strukturwandel monarchischer Herrschaft in West- und Mitteleuropa (ca. 1550-1700)*, Köln/Weimar/Wien, Böhlau (Münstersche historische Forschungen, 9), 1996.
BERNARDI Bruno, *La fabrique des concepts, recherches sur l'invention conceptuelle chez Rousseau*, Paris, Honoré Champion, 2006.
– *La religion, la liberté, la justice. Un commentaire des Lettres écrites de la montagne*, B. Bernardi, F. Guénard, G. Silvestrini (dir.), Paris, Vrin, 2005.
– « Impossible obligation », *Conférence* n° 19, automne 2004, p. 75-106.
– *Qu'est-ce qu'une décision politique ?*, Paris, Vrin, 2003.
– « Le droit de vie et de mort selon Rousseau : une question mal posée ? », *Revue de Métaphysique et de Morale*, n° 1, 2003, p. 89-106.
BOULNOIS Olivier, *La puissance et son ombre*, Paris, Aubier, 1994.
CARRIVE Paulette, *La pensée politique d'Algernon Sidney*, Paris, Méridiens Klincksieck, 1989.
CHANTEUR Janine, « La loi naturelle et la souveraineté chez Jean Bodin », dans *Théologie et droit dans la science politique de l'État moderne*, Rome, École française de Rome, 1991.
COURTINE Jean-François, *Nature et empire de la loi*, Paris, EHESS/Vrin, 1999.
CURTIUS Ernst Robert, *La Littérature européenne et le Moyen Âge latin*, trad. Jean Bréjoux, Paris, PUF, 1956 ; rééd. « Agora », Paris, Presses Pocket, 1991.

DERATHÉ Robert, *Jean-Jacques Rousseau et la science politique de son temps*, Paris, PUF, 1950 ; Paris, Vrin, 1995.

DRAGO Roland, « La notion d'obligation en droit public et droit privé », dans *L'obligation*, F. Terré (dir.), « Archives de Philosophie du droit », 44, Paris, Dalloz, 2000, p. 43-49.

DUFOUR Alfred, *Droits de l'homme, Droit naturel et Histoire*, Paris, PUF, 1991.

– « Jusnaturalisme et conscience historique. La pensée politique de Pufendorf », *Cahiers de Philosophie politique et juridique*, n° 11, Caen, 1987.

FOUCAULT Michel, *Qu'est-ce que les Lumières ?, Dits et Écrits* t. 2, Paris, Gallimard, 1994.

GAUDEMET Jean, « Naissance d'une notion juridique. Les débats sur l'"obligation" dans le droit de la Rome antique », dans *L'obligation*, F. Terré (dir.), « Archives de Philosophie du droit », 44, Paris, Dalloz, 2000.

HABERMAS Jürgen, *L'espace public*, trad. M. B. de Launay, Paris, Payot, 1993.

HAGGENMACHER Peter, *Grotius et la doctrine de la guerre juste*, Paris, PUF, 1983.

– « Droits subjectifs et système juridique chez Grotius », dans *Politique, droit et théologie chez Bodin, Grotius et Hobbes*, L. Foisneau (dir.), Paris, Kimé, 1997.

HARVEY Ray Forrest, *Jean-Jacques Burlamaqui. A Liberal Tradition in American Constitutionalism*, Chapel Hill, University of North Carolina Press, 1937.

HENSHALL Nicholas, *The Myth of Absolutism. Change and Continuity in Early Modern Europe*, London and New York, Longman, 1992.

HUNTER Ian, *Rival Enlightments : Civil and Metaphysical Philosophy in Early Modern Germany*, Cambridge, Cambridge University Press, 2001.

JAUSS Hans Robert, *Pour une esthétique de la réception,* trad. Claude Maillard, Paris, Gallimard, 1978 ; rééd. Tel-Gallimard, 1994.

JEULAND Emmanuel, « L'énigme du lien de droit », *Revue trimestrielle de droit civil*, Dalloz, n°3, juillet-septembre 2003, p. 455-474.

KRYNEN Jacques, *L'empire du roi. Idées et croyances politiques en France,* XIIIe-XVe siècles, Paris, Gallimard, 1993.

LAGRÉE Jacqueline, *La raison ardente. Religion naturelle et raison au* XVIIe *siècle. Étude et traduction du* Meletius *de H. Grotius*, Paris, Vrin, 1991.

– « Grotius, droit naturel et religion naturelle », dans *L'interpretazione nei secoli XVI e XVII*, G. Canziani et Y.C. Zarka (dir.), FrancoAngeli, Milano, 1993, p. 487-514.

LANDOLT Philip, « D. 12.6. 60 pr. et l'obligation naturelle », *Revue internationale des droits de l'Antiquité*, 3e série, t. XIV, 1998, p. 255-264.

LANTELLA Lelio, « Note semantiche sulle definizione de 'obligatio' », *Studi Grosso*, IV, 1971, p. 107-116.

LARRÈRE Catherine, article « Pufendorf », *Dictionnaire de Philosophie politique et juridique*, P. Raynaud et S. Rials (dir.), Paris, PUF, 1996.

LAURENT Pierre, *Pufendorf et la loi naturelle*, Paris, Vrin, 1982.

MAIRET Gérard, présentation des *Six livres de la République de J. Bodin*, Paris, Le Livre de poche, 1993.

– *Dieu mortel*, Paris, PUF, 1987,

– *Le Principe de souveraineté*, Paris, Gallimard, 1997.

MASTERS Roger D., *La Philosophie politique de Rousseau*, trad. G. Colonna d'Istria et J.-P. Guillot, Lyon, ENS Éditions, 2002.

MESNARD Pierre, *L'essor de la philosophie politique au XVIe siècle*, Paris, Vrin 1969 ; Paris, Vrin, 2005.

MOORE Benoît, « La classification des sources des obligations : courte histoire d'une valse-hésitation », *Revue juridique Thémis*, n° 36, 2002, p. 275-296.

MURALT André de, *L'unité de la philosophie politique. De Scot, Occam et Suarez au libéralisme contemporain*, Paris, Vrin, 2002.

NEGRI Antonio, *Le pouvoir constituant* (1992), trad. E. Balibar et F. Matheron, Paris, PUF, 1997.

PARISOLI Luca, « Obligation naturelle et obligation positive ; science normative et perfection spirituelle dans l'École franciscaine », dans *L'obligation*, F. Terré (dir.), « Archives de Philosophie du droit », 44, Paris, Dalloz, 2000, p. 65-85.

PETTIT Philip, *Républicanisme : une théorie de la liberté et du gouvernement*, Paris, Gallimard, 2004.

PHILONENKO Alexis, « Droit et Politique », *Dictionnaire de Philosophie politique*, P. Raynaud et S. Rials (dir.), Paris, PUF, 1996.

RAMPELBERG René-Marie, « L'obligation romaine : Perspective sur une évolution », dans *L'obligation*, F. Terré (dir.), « Archives de Philosophie du droit », 44, Paris, Dalloz, 2000.

RILEY Patrick, *The General Will before Rousseau. The Transformation of the Divine into the Civic*, Princeton University Press, 1986.

SÈVE René, *Leibniz et l'école moderne du droit naturel*, Paris, PUF, 1989.

SPITZ Jean-Fabien, *Bodin et la souveraineté*, Paris, PUF, 1998.

– *La liberté politique*, Paris, PUF, 1995.

– « La théorie du double contrat chez Grotius et Pufendorf », *Cahiers de philosophie politique et juridique*, n°11, 1987, p. 77-85.

STEINBERG Jules, *Locke, Rousseau, and the Idea of Consent (an Inquiry into the Liberal-Democratic Theory of Political Obligation)*, Westport, London, Greenwood Press, 1978.

TERREL Jean, *Les théories du pacte social : droit naturel, souveraineté et contrat de Bodin à Rousseau*, Paris, Seuil, 2001.

TIERNEY Brian, *Religion et droit dans le développement de la pensée constitutionnelle*, trad. J. Ménard, Paris, PUF, 1993.

– *The Idea of Natural Rights*, Atlanta, Scholars Press, 1997.

TUCK Richard, *Natural Rights Theories, their Origin and Development*, Cambridge, Cambridge University Press, 1978.

– « Grotius, Carneades and Hobbes », *Grotiana*, vol. 4, 1983.

VILLEY Michel, *La formation de la pensée juridique moderne*, Paris, Montchrestien, 1968.

TABLE DES MATIÈRES

Imprimerie de la Manutention à Mayenne (France) – Juillet 2007 – N° 200-07
Dépôt légal : 3e trimestre 2007